对外经济贸易大学国际经济贸易学院智库建设研究成果
对外经济贸易大学中国企业“走出去”协同创新中心研究成果
北京市社会科学基金项目阶段性研究成果

中国跨国公司发展报告

（2017）

卢进勇　蓝庆新　王辉耀　主　编
李建明　杨国亮　黄珊珊　副主编

对外经济贸易大学出版社
中国·北京

图书在版编目（CIP）数据

中国跨国公司发展报告．2017／卢进勇，蓝庆新，王辉耀主编．—北京：对外经济贸易大学出版社，2017.12

ISBN 978-7-5663-1871-8

Ⅰ．①中…　Ⅱ．①卢…　②蓝…　③王…　Ⅲ．①跨国公司-经济发展-研究报告-中国-2017　Ⅳ．①F279.247

中国版本图书馆 CIP 数据核字（2017）第 282163 号

中国跨国公司发展报告（2017）

卢进勇　蓝庆新　王辉耀　**主　编**

李建明　杨国亮　黄珊珊　**副主编**

责任编辑：张俊娟

对 外 经 济 贸 易 大 学 出 版 社

北京市朝阳区惠新东街 10 号　　邮政编码：100029

邮购电话：010-64492338　　发行部电话：010-64492342

网址：http://www.uibep.com　　E-mail：uibep@126.com

北京时代华都印刷有限公司印装　　新华书店经销

成品尺寸：185mm×260mm　　23.5 印张　　543 千字

2017 年 12 月北京第 1 版　　2017 年 12 月第 1 次印刷

ISBN 978-7-5663-1871-8

定价：65.00 元

本发展报告系：

对外经济贸易大学国际经济贸易学院智库建设的研究成果（批准号：JMZK01）

对外经济贸易大学中国企业“走出去”协同创新中心的研究成果（批准号：201501JL003A）

北京市社会科学基金项目“北京企业对外投资发展与全球公司构建策略研究”的阶段性研究成果（批准号：16YJB025）

本书作者

霍建国 商务部国际贸易经济合作研究院原院长、研究员。撰写第二篇专题报告一。

王志乐 北京新世纪跨国公司研究所所长、商务部研究院研究员。与郭凌晨（北京新世纪跨国公司研究所）共同撰写第二篇专题报告九。

卢进勇 对外经济贸易大学国际直接投资研究中心主任、教授。负责全书框架结构和篇章体系的设计；与蓝庆新共同拟订第一篇主报告编写大纲；与康大伟（对外经济贸易大学）、李小永（对外经济贸易大学）、赵志浩（对外经济贸易大学）共同撰写第二篇专题报告十六；与对外经济贸易大学的韦洪斌、辛佳颖、张雅琪、项璐瑶、梁璐、殷竹馨、李佩滢、康大伟、赵志浩、王英凯、周晓蕾、王汉、翟志成、刘威共同撰写第四篇案例报告一至十八。

王辉耀 中国与全球化智库（CCG）主任、教授。撰写第二篇专题报告十三。

蓝庆新 对外经济贸易大学国际经济贸易学院教授、博士生导师。与韩萌（对外经济贸易大学）共同撰写第一篇主报告；与张丽平（国务院发展研究中心金融研究所副所长、研究员）共同撰写第二篇专题报告十。

杨国亮 对外经济贸易大学国际经济贸易学院教授、博士生导师。参与修改和撰写第四篇案例报告一至十八；与张晨烨（对外经济贸易大学）、李小永共同整理和编写第五篇榜单与文献一至十。

张　辉 北京大学经济学院副院长、教授。与唐毓璇（北京大学经济学院博士后）、易天（北京大学经济学院博士）共同撰写第二篇专题报告三。

李建明 中国企业家联合会副理事长、研究员。撰写第三篇分析报告一。

陈涛涛 清华大学经济管理学院教授、博士生导师。与柳士昌（清华大学）、徐润（清华大学）共同撰写第二篇专题报告十五。

黄晓明 新西兰惠灵顿维多利亚大学教授。撰写第二篇专题报告十二。

刘华芹 商务部研究院研究员。撰写第二篇专题报告二。

秦建国 交通运输部规划研究院高级工程师、经济学博士。撰写第二篇专题报告六。

王海霞 中交集团水运规划设计院经济与产业研究所所长、副总工程师。与尹慧慧（高级经济师）、吴晓磊（高级工程师）共同撰写第二篇专题报告十一。

杨立强 对外经济贸易大学国际经济研究院副研究员、国际直接投资研究中心副主任。撰写第三篇分析报告二；与张亦扬（对外经济贸易大学）共同撰写第二篇专题报告七。

黄珊珊 中交集团三公司投资部博士后。撰写第二篇专题报告八。

李　锋　外交学院国际经济学院副教授、博士。撰写第二篇专题报告四。

温丽琴　中北大学经济与管理学院讲师、博士。撰写第二篇专题报告十四。

李秀娥　中国石油大学（华东）经济管理学院讲师、博士。与从博云（中国石油大学〈华东〉）共同撰写第二篇专题报告五。

序　言

对外经济贸易大学国际经济贸易学院承续着中国近代国际贸易学术之脉，历经60多年的发展壮大和几代人的努力，至今已发展成为一所在海内外有着重要影响和广泛学术声誉的学院。在新的历史时期，学院积极响应国家关于建设中国特色新型高校智库的号召，力争在我国构建开放型经济新体制的进程中发挥战略研究、政策建言、人才培养、舆论引导等重要功能，带动学院社会服务能力的整体提升。学院将持续关注国家在开放型经济建设中亟须解决和研究的问题，加强与国内外智库单位的合作与交流，积极搭建并支持学院的智库平台，改革管理方式，创新组织形式，结合学院的学科特色，遴选支持一批具有鲜明特色的智库中心，力争建设一批专题数据库、推出一批智库型学者、发布系列智库产品。

为鼓励产生一批国家亟须的有持续影响力的高质量智库成果，国际经济贸易学院决定整合优质资源，突出重点，每年资助若干项智库研究课题。2015年10月，学院遴选了首批智库项目，选题涵盖中国企业对外投资、中国跨国公司、人民币国际化、中国跨境电子商务等热点问题。这次卢进勇教授主编的《中国跨国公司发展报告》就是其中之一。我们希望这些系列报告能跟踪相关重要议题的最新进展，理论结合实际，展开综合全面、深入持久的研究，不断提升影响力并力争为党和政府的科学决策提供高水平智力支持。

对外经济贸易大学国际经济贸易学院院长

洪俊杰

2015年12月6日于惠园

前　言

2016 年，世界经济进入了深度调整期，英国“脱欧”以及美国大选等一系列“黑天鹅”事件使“逆全球化”思潮一度升温，给各国间的开放合作带来了诸多不确定性，经济合作与发展组织（OECD）最新数据显示，2016 年全球对外直接投资规模为 1.61 万亿美元，同比下降 7%，世界经济的弱势复苏以及全球经济政策的不确定性使得国际投资陷入低迷。与此同时，2016 年，中国经济仍保持了平稳健康发展，实现了“十三五”的良好开局。在“一带一路”建设的大力推动以及对外开放政策的积极引导下，中国企业的对外投资保持了快速增长的态势，在进一步巩固了中国对外直接投资大国地位的同时，也实现了中国跨国公司国际化经营水平的显著提升。

2016 年，中国企业对外直接投资额达 1 832 亿美元，其中中国境内投资者共对全球 164 个国家和地区的 7 961 家境外企业进行了非金融类直接投资，累计实现投资 11 299.2 亿元人民币（折合 1 701.1 亿美元，同比增长 44.1%），不但增速达到了 2015 年的 3 倍，而且投资额首次跨过万亿元大关，连续第二年位列世界第二，仅次于美国。中国对外投资的快速发展不仅惠及中国企业，带动了中国相关产品、装备、技术、服务“走出去”，推动了国内经济转型升级，而且惠及世界，有力促进了世界经济和东道国的经济增长，实现了互利共赢、共同发展。据统计，2016 年，中国境外企业销售额 1.5 万亿美元，同比增长 8.2%；向所在国缴纳税费 400 亿美元，同比增长 28.2%；雇用外方员工 150 万人，较 2015 年年末增加 27.5 万人。2016 年，中国跨国公司对海外制造业，信息传输、软件和信息技术服务业以及科学研究和技术服务业的投资分别为 310.6 亿美元、203.6 亿美元和 49.5 亿美元。其中，对制造业投资占对外投资总额的比重从 2015 年的 12.1% 上升为 18.3%；对信息传输、软件和信息技术服务业投资占对外投资总额的比重从 2015 年的 4.9% 上升为 12.0%。中国跨国公司在世界的影响力不断增强，成为支持国内结构调整和转型升级的重要力量，也成为带动世界投资与发展的重要力量。

从 2015 年开始，我们组织编写《中国跨国公司发展报告》，每年一本，2017 年是系列年度报告的第三本。《中国跨国公司发展报告（2017）》的主题是“中国跨国公司与‘一带一路’建设”。我们认为，“一带一路”倡议作为中国开放经济发展的重要战略，自提出以来，以其丰富的内涵和务实的合作实践，引发了全世界的关注和相关国家的积极响应，从而在复杂多变的国际形势下为全球发展提供了可行的行动方案。中国跨国公司在“一带一路”倡议的指引下，不断前进，不断成熟，在广大发展中国家形成了良好的声誉，也直接提升了自身开拓国际市场的能力。2016 年，中国跨国公司在“一带一路”沿线国家的直接投资达到了 145.3 亿美元，占比将近 10%；与“一带一路”相关国家新签对外承包工程合同额 1 260.3 亿美元，占同期中国对外承包工程新签合同额的 51.6%，完成营业额 759.7 亿美元，占同期总额的 47.7%；在“一带一路”沿线国家建立初具规模的合作区 56 家，累计投资 185.5 亿美元。2017 年 1—8 月，中国跨国公司对“一带一路”沿线的 52 个国家投资 85.5 亿美元，占同期总额的 12.4%，比 2016 年同期增加 4.3 个百分点；在“一带一路”沿线国家新签对外承包工程合同额 845.1 亿美元，占同期总额的 56.5%，同比增长 21%；完成营业额 432.4 亿美元，占同期总额的 48.9%，同比增长 1.2%。在中国对企业对外投资进行管控、整体对外投资同比下降 40% 以上的背景下，对“一带一路”的投资成为热点，也说明“一带一路”日益成为中国跨国公司海外投资的重要方向。2017 年 5 月，“一带一路”国际合作高峰论坛在北京召开，吸引了诸多国家参加，“一带一路”建设成为世界各国推动全球化发展、反对保护主义的重要举措，也成为中国跨国公司发展的新契机和新方向。

《中国跨国公司发展报告（2017）》由卢进勇、蓝庆新、王辉耀担任主编，李建明、杨国亮、黄珊珊担任副主编，由多位该领域的知名专家和研究人员共同撰写。本报告是对外经济贸易大学国际经济贸易学院智库建设的系列研究成果之一，同时也是对外经济贸易大学中国企业“走出去”协同创新中心的一项研究成果，此外还是北京市社会科学基金项目阶段性研究成果。在此，对各位专家对本报告成稿的大力支持和辛勤工作表示由衷的感谢！对本校国际经济贸易学院洪俊杰院长，对外经济贸易大学出版社刘传志副总编、郭华良主任和张俊娟编辑等对本报告出版给予的大力支持一并表示感谢！

本书编者

2017 年 9 月 15 日

目　　录

第一篇　主报告：中国跨国公司与“一带一路”建设

第二篇　专题报告：中国跨国公司发展领域热点与难点问题专题探讨

第三篇　分析报告：“中国跨国公司 100 大”及其他榜单分析

第四篇　案例报告：典型中国跨国公司案例研究

第五篇　榜单与文献

第一篇

主报告：中国跨国公司与“一带一路”建设

一、2016—2017年中国对外直接投资与跨国公司的新发展

2016年，世界经济进入了深度调整期，英国“脱欧”以及美国大选等一系列“黑天鹅”事件使“逆全球化”思潮一度升温，给各国间的开放合作带来了一定的挑战。经济合作与发展组织（OECD）最新数据显示，2016年全球对外直接投资（FDI）规模为1.61万亿美元，同比下降7%，世界经济的弱势复苏以及全球经济政策的不确定性使得国际投资陷入低迷。而与此形成鲜明对比的是，2016年，中国经济仍保持了平稳健康的发展，实现了“十三五”的良好开局。在中国“一带一路”建设的大力推动以及对外开放政策的积极引导下，中国企业对外投资保持了快速的增长态势，在进一步巩固中国对外直接投资大国地位的同时，也实现了中国跨国公司国际化经营水平的显著提升。

（一）中国企业对外直接投资规模快速扩大

在全球经济缓慢复苏、跨国投资不振的大背景下，2016年，中国企业对外直接投资仍然取得了不俗的成绩。商务部和国家外汇管理局统计数据显示，2016年中国企业对外直接投资额达1 832亿美元，其中中国境内投资者共对全球164个国家和地区的7 961家境外企业进行了非金融类直接投资，累计实现投资11 299.2亿元人民币（折合1 701.1亿美元，同比增长44.1%），不但增速达到了2015年的3倍，而且投资额首次跨过万亿元大关，连续第二年位列世界第二，仅次于美国。中国对外投资的快速发展不仅惠及中国企业，带动了中国相关产品、装备、技术、服务“走出去”，推动了国内经济转型升级，而且惠及世界，有力促进了世界经济和东道国的经济增长，实现了互利共赢、共同发展。据统计，2016年，中国境外企业销售额1.5万亿美元，同比增长8.2%；向所在国缴纳税费400亿美元，同比增长28.2%；雇用外方员工150万人，较上年年末增加27.5万人。

与此同时，自2003年中国有关部门权威发布年度对外直接投资数据以来，中国对外直接投资实现了连续14年的增长，2016年的流量是2002年的67.9倍，2002—2015年的年均复合增长速度高达35.3%，表现出了强劲的增长态势，特别是2008年、2009年以及2012年，在全球对外直接投资流量降幅超过10%的环境下，中国仍保持了持续的正增长。从存量上看，截至2002年年底，中国对外直接投资存量为299亿美元，居全球第25位，而到了2016年年底，对外直接投资存量上升为1.28万亿美元，是2002年的42.8倍，名次也上升至全球第6位，可见，中国已成为了名副其实的资本输出大国，且对外投资也已成为了中国企业参与全球资源配置、与世界共同发展的重要方式。2002—2016年的中国对外直接投资统计结果如表1-1所示。

表 1-1　　2002—2016 年中国对外直接投资统计结果

年份	流　量			存　量	
	金额/亿美元	全球排名/位	同比/%	金额/亿美元	全球排名/位
2002	27.0	26	—	299.0	25
2003	28.5	21	5.6	332.0	25
2004	55.0	20	93.0	448.0	27
2005	122.6	17	122.9	572.0	24
2006	211.6	13	43.8	906.3	23
2007	265.1	17	25.3	1 179.1	22
2008	559.1	12	110.9	1 839.7	18
2009	565.3	5	1.1	2 457.5	16
2010	688.1	5	21.7	3 172.1	17
2011	746.5	6	8.5	4 247.8	13
2012	878.0	3	17.6	5 319.4	13
2013	1 078.4	3	22.8	6 604.8	11
2014	1 231.2	3	14.2	8 826.4	8
2015	1 456.7	2	18.3	10 978.6	8
2016	1 832.0	2	26.8	12 800.0	6

数据来源：《2015 年度中国对外直接投资统计公报》、《世界投资报告 2017》及商务部数据。

此外，从国内资本净流动方向来看，近年来，中国资本净输出趋势日渐强化。2008 年，中国对外直接投资流量仅为外商直接投资的 60.5%，表现为典型资本净输入国特征。但截至 2016 年年底，对外直接投资近 16% 的年均增幅远远超过了外商直接投资的年均增速 4%，使得投资输入输出金额逐渐接近，且 2014 年，中国实际利用外资金额为 1 195.6 亿美元，低于对外直接投资净额 1 231.2 亿美元近 40 亿美元，首次实现了投资输出额超过投资输入额。而 2016 年，在中国对外直接投资流量创下 1 832 亿美元历史新高的情况下，资本的净输出额被进一步扩大，达到了 572 亿美元，2008—2016 年中国对外直接投资和外商直接投资的增速变化与投资额变化分别如图 1-1、图 1-2 所示。由此可见，中国已经逐渐形成了资本净输出国的新格局，且在中国政府一系列贸易和投资自由化、便利化举措的推动下以及中国企业“走出去”经验不断丰富的条件下，未来对外投资还将实现爆发式增长。也就是说，在经济新常态下，中国对外投资超过吸引外资，成为资本净输出国将成为新常态，从而将进一步促进中国开放型经济新体制建设迈上新的台阶。

（二）中国企业对欧洲、北美洲及亚太地区的投资热情高涨，“一带一路”相关国家和地区平台效应凸显

中国对外投资的国家和地区分布广泛，目前已遍及亚洲、拉丁美洲、欧洲、北美

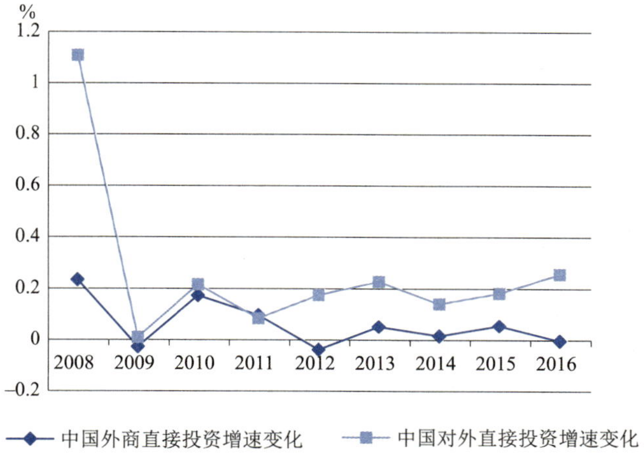

图 1-1　2008—2016 年中国对外直接投资及外商直接投资的增速变化

数据来源：《2015 年度中国对外直接投资统计公报》、《世界投资报告 2017》及商务部数据。

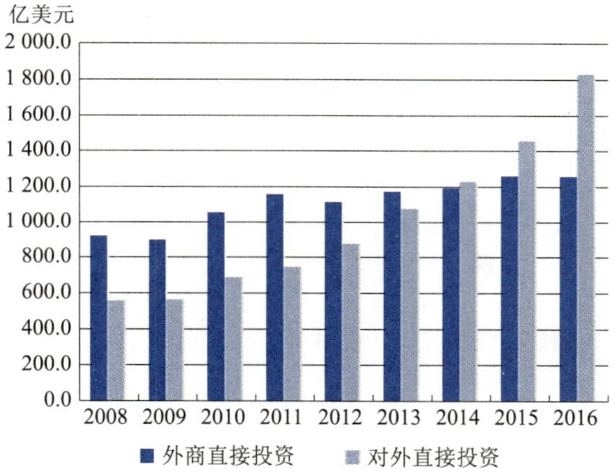

图 1-2　2008—2016 年中国对外直接投资及外商直接投资额变化

数据来源：《2015 年度中国对外直接投资统计公报》、《世界投资报告 2017》及商务部数据。

洲、大洋洲和非洲。而在此之中，欧洲、北美洲和亚太地区更是成为了中国企业投资的焦点。从图 1-3 显示的中国企业 2016 年境外投资区域分布来看，中国对这三个区域的投资额已达到了对外直接投资总量的 89%。从单个国别来看，中国对于美国的投资增幅最为明显，2015 年，中国对美国直接投资首次超过美国对华投资。2016 年，中国对美直接投资达 460 亿美元，是 2015 年的 3 倍。此外，中国对外投资中“一带一路”平台效应凸显。“一带一路”建设的持续推进，推动了中国产品、服务及资本的海外输出，加速了中国企业国际化进程，为中国企业打开了更为广阔的市场空间。2016 年，中国企业对“一带一路”沿线国家的直接投资额为 145. 3 亿美元；对外承包工程新签合同额 1 260. 3 亿美元，占同期中国对外承包工程新签合同额的 51. 6%；完成营业额 759. 7 亿美元，占同期总额的 47. 7%。截至 2016 年年底，中国企业在“一带一路”沿线国家建立初具规模的合作区 56 家，累计投资 185. 5 亿美元，入区企业 1 082 家，总产值 506. 9 亿美元，上缴东道国税费 10. 7 亿美元，为当地创造就业岗位 17. 7 万个。可见，“一带一路”倡议的积极效应正在逐步显现，“一带一路”建设促进了中国的资金、技术、设备等与发展中国家的资源、劳动力等紧密结合，推动发展中国家实现优势互补、资源共享，达到了合作共赢的目的。随着沿线国家在经济、政治、贸易、农业、科技、交通、金融、人文等领域的交流合作不断加深，未来，“一带一路”建设必将成为中国“走出去”企业提升经营效率、降低运营成本以及实现健康、可持续发展的核心力量。

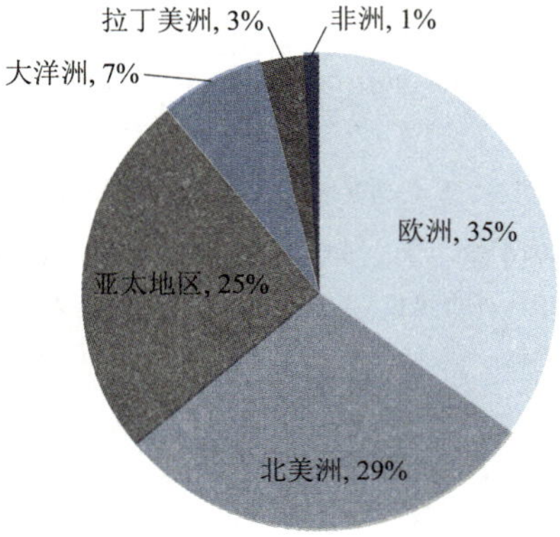

图 1-3　中国企业 2016 年境外投资区域分布

数据来源：《2016—2017 年中国企业对外投资十大趋势》报告。

（三）制造业对外投资势头强劲

中国企业投资行业结构不断优化。从早期的倚重寻求自然资源转向全球战略布局，投资产业由早期集中在能源矿产类扩展到制造、金融、信息传输、计算机服务、软件等多个领域（见图 1-4）。尤其是以中国“智造”为核心的制造业成为了 2016 年的输出亮点，占海外投资总比重的 1/3 以上，达到了 36%，较 2015 年上升了 22. 3 个百分点。而对信息传输、软件和信息技术服务业的投资热情也非常高，投资占比由 2015 年的 4. 7% 增至 2016 年的 11%。

（四）中国对外投资主体结构持续优化，民营企业海外活跃度上升

在国家政策的鼓励以及企业自身配置资源和拓展市场需求的推动下，近年来中国民营企业海外活跃度不断上升（见图 1-5），2015 年，中国民营企业对外投资额达 1 830. 19 亿美元，较 2014 年增加 787. 81 亿美元，同比增长 75. 6%。2016 年，民营企业对外投资金额为 1 549. 1 亿美元，相比 2015 年虽有小幅下滑，但对外投资案例数达到了 395 起，同比增长 1. 3%。随着中国经济步入新常态，民营企业在国内的生存空间受到了一定程度的挤压，人力成本持续走高，融资成本堪忧，再加上跨国企业加大了对中国市场的挖掘力度，使得中国民营企业不得不加快“走出去”的步伐，从而增强自身的市场竞争能力。因此，近年来，中国大量民营企业依靠其自身优势开展对外投资，开展

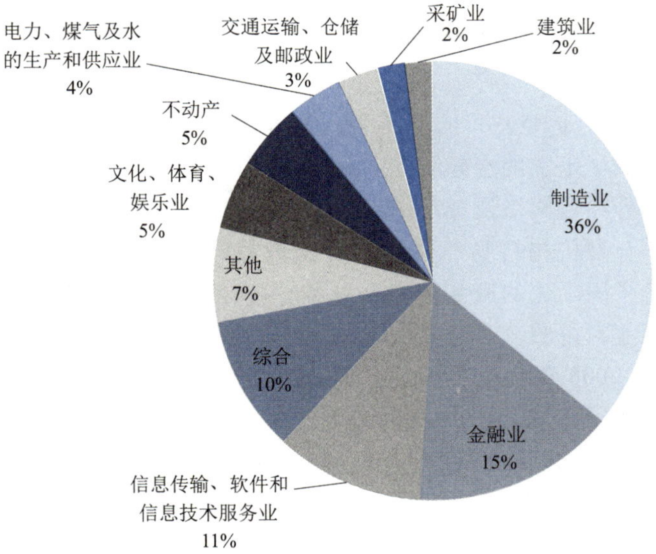

图 1-4　中国企业对外投资行业分布

数据来源：《2016—2017 年中国企业对外投资十大趋势》报告。

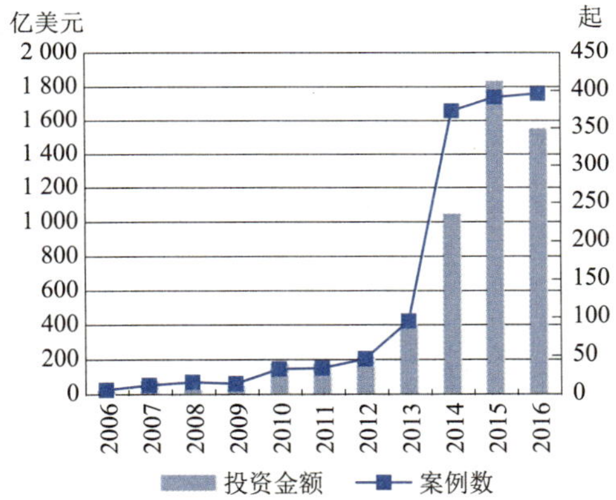

图 1-5　2006—2016 中国民营企业海外投资情况

数据来源：《2016—2017 年中国企业对外投资十大趋势》报告。

国际化经营，并在中国政策的鼓励之下，特别是“一带一路”建设的进一步深化推进，更为自身“走出去”搭建了一个更加宽广的平台，无论是投资数量还是投资规模都迈上了一个新的台阶。据统计，2016 年全年民营企业海外并购交易数量是国有企业的 5.1 倍，且根据 2017 年第一季度的数据分析，83% 的海外并购交易是由民营企业参与发起的。而在大规模的并购案例中，也不乏万达、美的、海尔等民营企业均超 10 亿美元的海外并购项目。这在很大程度上表明了中国民营企业的国际化思维正不断成熟，全球化发展战略也日益清晰，并不断向着跨国公司乃至全球公司迈进，如华为集团、吉利集团等企业的海外业绩逐年上升，已经初步达到了全球公司的标准。随着民营企业海外投资的不断发展，未来将有更多的民营企业受益于全球化经营，并在对外直接投资中占据绝对主导地位。

（五）金融支持“走出去”的步伐加快

中国金融机构对“走出去”的支持力度逐渐加大，效果逐渐显现，为企业的海外拓展和跨国经营提供了坚实的金融服务。

首先，银行海外经营网络及资产的迅速扩张为中国企业跨境结算和海外运营提供了有力的金融支撑。金融机构自身的国际化水平是实现对企业金融支持的根本保障与前提，只有真正具备了国际化的服务网络和业务，才能有效地满足企业的海外金融需求。近年来，中国金融业对外投资额不断扩大，2007 年，中国金融业对外直接投资总额仅为 16.7 亿美元，而 2008 年就达到了 140.5 亿美元，虽然在 2009 年稍有回落，但总体上升趋势依然明显，到了 2016 年，中国对外金融类直接投资流量更是达到了 186.9 亿美元。对外投资额的扩张也直接带来了中国金融机构的国际化水平及其网络化布局的迅速发展。根据《2015 年度中国银行业社会责任报告》的数据，截至 2015 年年末，总计 22 家中资银行在海外开设了 1 298 家分支机构，覆盖全球 59 个国家和地区。其中，大型商业银行的境外总资产约 1.5 万亿美元，较 2003 年增长约 7.5 倍。随着金融机构海外布局的不断完善，中国企业的海外融资压力得到了很大缓解，与此同时，中国金融机构还根据既有的合作优势，为企业提供了授信、结算、理财、咨询等一系列金融服务，在提升自身经营业绩的同时，也为企业提供了更加便利的条件，从而实现了经营效益和社会效益的双丰收。

其次，国家开发银行、中国进出口银行等政策性银行以及各商业银行对重要的海外收购或投资项目提供了低息贷款支持。商务部国际贸易经济合作研究院、国务院国有资产监督管理委员会（以下简称“国资委”）研究中心发布的《中国企业海外可持续发展报告 2015》显示，在被调查的中资企业中，海外并购融资渠道上，57% 选择了境内金融机构。如 2016 年 6 月 27 日，中国化工集团宣布完成对瑞士农业化学和种子公司先正达的收购，得到了中信银行 127 亿美元的银团贷款支持，从而完成了 2016 年最大的并购案。

最后，人民币对外投资比重上升。尤其是在人民币进入特别提款权（SDR）货币篮子，离岸人民币市场规模增加、流动性持续扩张的形势下，中国企业境外投资规模日益扩大，投资领域不断拓展，使得以人民币进行结算的对外投资规模迅速上升。据中国人民银行的统计数据，2016 年以人民币进行结算的对外直接投资为 10 619 亿元，同比增长 44.2%，占人民币结算的直接投资业务的 20.31%。可见，人民币形式的对外投资正趋于活跃，人民币国际化的深化发展将进一步降低中国企业海外经营的汇兑风险以及烦琐的审批程序带来的成本，从而将进一步激发国内企业对外投资的热情。

（六）中国跨国公司海外并购业务大幅增加，且从单一控股向多元化转变

2016 年，中国跨国企业海外并购迎来了井喷时代，商务部数据显示：2016 年全年，中国企业共实施对外投资并购项目 742 起，实际交易金额 1 072 亿美元，相较于 2015 年增幅高达 96.9%（见表 1-2）。尤其吸引眼球的是，航母式大额海外并购项目频频发生，

全年共有 51 宗大额海外投资交易金额超过 10 亿美元，几乎是 2015 年纪录的两倍。如中国化工集团公司斥资 430 亿美元收购了瑞士农药厂商先正达（Syngenta）100% 的股权，创下了中国企业海外收购最大金额的纪录；腾讯控股有限公司宣布收购日本软银集团以及部分员工所持的最多约 84.3% 的芬兰移动游戏开发商超级细胞（Supercell）的股权，总对价为 86 亿美元。这不但是中国互联网公司最大规模的收购案，也是近年来全球手机游戏行业最大金额的并购；青岛海尔股份有限公司整合通用电气下属家电业务相关资产，涉及金额达 351 亿元人民币，进一步巩固了家电行业全球领导者地位；美的集团斥资 292 亿元人民币收购德国库卡（KUKA）公司 94.55% 的股权，一跃进入全球工业机器人四强行列。由以上案例可以看出，随着中国跨国公司实力的增强和国际化战略的推进，海外并购在对外直接投资中的地位正逐渐凸显，并成为中国跨国企业扩展事业版图、提升国际影响力的重要手段。

表 1-2　2004—2016 年中国对外直接投资并购情况

年份	金额/亿美元	同比/%
2004	30.0	—
2005	65.0	116.7
2006	82.5	26.9
2007	63.0	-23.6
2008	302.0	379.4
2009	192.0	-36.4
2010	297.0	54.7
2011	272.0	-8.4
2012	434.0	—
2013	529.0	21.9
2014	569.0	7.6
2015	544.4	-4.3
2016	1 072	96.9

数据来源：《2015 年度中国对外直接投资统计公报》及商务部数据。

值得注意的是，由于过分追求绝对控股可能会导致中国部分海外投资企业业务过度依赖于国内，因而降低了其海外独立运营的意识，不利于海外营销网络及信息渠道的形成，并且也可能降低与当地企业及其他并购企业的横向联系，因此无法有效进行全球范围内的资源优化配置以及产品生产与销售的合理布局。因此，近年来，中国企业跨国并购活动开始从单一寻求控股转向战略合作。根据中国与全球化智库的分析数据，2002—2007 年，中国企业年均并购案例数在占股 30% 以下的仅有 4 起，而 2008—2013 年这一数字就达到了 16 起。随着越来越多的企业“走出去”，非控股的并购案例逐年增多，这反映了中国企业在跨国并购中表现得更为灵活和成熟，不但提升了并购的成功率，降低了投资风险，而且也为企业应对未来更复杂的交易及实现整合打下了基础，通过较低的成本实现了技术、管理、品牌等多元目标，从而很好地提升了企业竞争力。

（七）中国跨国企业对外投资意愿显著增强，国际化经营步伐加快

一方面，在新常态下，中国经济发展处于换挡期、阵痛期、消化期“三期叠加”的新阶段，社会改革和发展到了矛盾集聚、风险积压，需要攻坚克难、爬坡过坎的关键期，国内产能过剩，实体经济有待转型，环境压力加大，出口尽显疲态。面对这一经营现状，“走出去”日益成为中国跨国企业拓展市场、提升技术以及加速转型升级的动力之源，并在全球化的浪潮之下，不断提升自身国际化经营能力，以期打造世界水平的全球公司，从而实现健康、可持续发展。另一方面，近年来，全球经济环境发生了较大的变化，自金融危机以及欧债危机之后，世界经济一直处于缓慢复苏阶段，部分经济体甚至一直徘徊于衰退的边缘，市场环境与融资环境的恶化不但使得海外项目资产价值被低估，并且为了带动本国经济的复苏，许多国家给予了中国企业更多的优惠条件，这在很大程度上降低了中国企业的投资成本，从而为中国企业对外投资提供了难得的机遇。此外，中国“走出去”政策促进、服务保障以及风险控制等体系也在不断完善，有效提升了中国企业对外投资合作的法制化和便利化水平，从而为企业营造了更加公平、宽松的外部环境。这些方面均在一定程度上提升了中国跨国企业海外发展的信心，因此其对外投资意愿明显增强。

（八）“抱团集群出海”成效明显，成为中国跨国公司对外投资的新方式

随着中国企业对外投资热情的不断高涨，资本净输出国已成为了新常态下中国未来发展的必然趋势，但由于海外经营经验的相对缺乏以及企业经营能力的相对有限，“单打独斗”“分兵出击”的传统投资模式已不再适应新常态下中国跨国企业“走出去”的目的与需求。特别是对于个体资金有限、海外经验不足的中小规模跨国公司来说，面对当前越来越复杂的国际投资竞争环境，单靠企业自身能力明显力不从心，因此，为了进一步提升企业的海外投资效益，实现产业优势互补，“抱团集群出海”成为了其“走出去”的必然选择。同时，中国政府对于“抱团出海”也给予了充分的鼓励与支持，例如 2015 年 5 月 13 日出台的《国务院关于推进国际产能和装备制造合作的指导意见》指出：营造基础设施相对完善、法律政策配套的具有集聚和辐射效应的良好区域投资环境，引导国内企业抱团出海、集群式“走出去”。同年 5 月 23 日，李克强总理在秘鲁出席中资企业座谈会时也指出：在“走出去”过程中，面对地域文化差异和各种风险，企业一定要抱团出海，防止恶性竞争。国家会在金融等方面给予相应的政策支持。这不但为未来中国企业“走出去”指明了方向，也为更大规模、更高层次的“抱团出海”奠定了基础。在这些条件的作用下，中国不但有大批的优秀民营跨国企业通过采取“抱团集群式出海”实现了协同发展，并在国际化道路上稳步前进。例如，由江苏省纺机协会牵头，无锡丝普兰喷气织机制造有限公司、常州市宏大电气有限公司、无锡新联印染机械有限公司、博路威机械江苏有限公司、江苏省纺织工业（集团）进出口有限公司 5 家纺机企业共同发起的中国苏纺纺机联盟，通过“抱团出海”，充分利用产品差异，实

现优势互补，在印度、越南、印度尼西亚（以下简称“印尼”）、巴基斯坦、孟加拉国等国打响了知名度。并且国有企业与国有企业、国有企业与民营企业之间的协同也在不断地深化。例如，四川能投集团与国家投资集团、中国化工集团联合建设的马来西亚沙巴州化肥项目，通过国际产能合作，利用海外的原料和市场优势，实现了传统产业的海外发展并带动了国内主业的转型升级。又如中航国际投资公司“牵手”民营企业深圳大族激光公司以联合收购的形式，完成对全球主要航空自动化装配线供应商 ARITEX 公司的并购等都是“抱团集群出海”的典型。可见，“抱团集群出海”在减少国内跨国企业海外恶性竞争的同时，也进一步实现了海外资本的有效配置，从而达到了企业间互利共赢的目的，因而，在未来，中国将有更多跨国企业通过“抱团集群”走出国门，以实现中国跨国公司海外效益及经营能力的全面提升。

（九）中国跨国企业更加注重履行海外社会责任，更加注重当地利益融合，海外经营更加成熟

近年来，中国企业在对外投资经营中，越来越注重履行海外社会责任，并将履行社会责任作为提高自身核心竞争力、增强企业软实力的重要内容。根据中国社会科学院发布的《中国企业社会责任研究报告（2016）》，中国企业 300 强社会责任发展指数已由 2009 年的 15.2 分上升到了 2016 年的 35.1 分。其中，社会责任发展指数达到五星级的企业数量明显增加，由 2010 年的 1 家增加到 2016 年的 36 家，四星级的企业数量整体上呈现增长趋势，由 2010 年 13 家增加到 2016 年 51 家（见图 1-6）。可见，社会责任已受到越来越多企业的关注，并得到了积极的改善与履行。

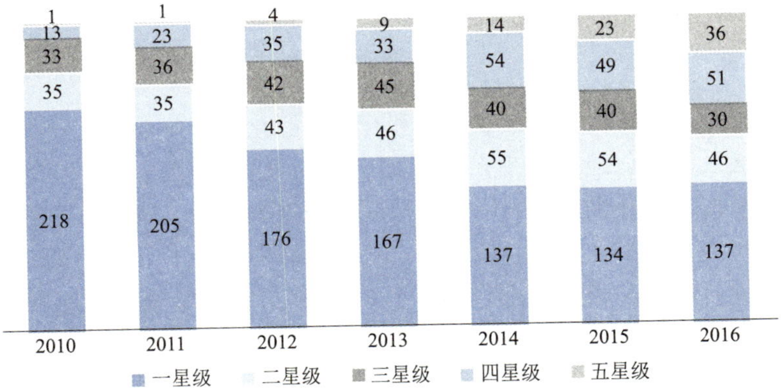

图 1-6　2010—2016 年中国企业 300 强社会责任发展指数分布

数据来源：《中国企业社会责任研究报告（2016）》。

同时，中国政府对于海外企业的社会责任问题也给予了高度的重视，近年来商务部、国家发展和改革委员会（以下简称“国家发展改革委”）、财政部、国家外汇管理局等相关部门先后出台了一系列规章制度以及指导文件，对推动中国企业履行海外社会责任、实现海外可持续发展起到了十分积极的作用。例如 2011 年 3 月，商务部会同外交部、国有资产监督管理委员会（以下简称“国资委”）以及中华全国工商业联合会

（以下简称“全国工商联”）发布的《境外中资企业（机构）员工管理指引》、2013年2月商务部、环境保护部联合发布的《对外投资合作环境保护指南》以及2014年9月商务部重新修订发布的《境外投资管理办法》等，分别从劳工、环境、企业文化建设等方面对中国企业在海外经营过程中的社会行为进行了规范与指导，推动了中国企业更好更快融入当地社会，实现互利共赢、共同发展。此外，行业协会、商会等团体也成为推动“走出去”企业履行海外社会责任的重要力量。例如，中国纺织工业协会制定的中国纺织企业社会责任管理体系CSC9000T是中国第一个行业性、自律性的社会责任机制，在充分考虑了行业特点以及国内外法律及政策的基础上，有效地督促企业在社会责任方面不断改进，以达到其可持续发展的目标，这对于推动中国企业履行海外社会责任、提升国际形象同样意义重大。在中国政府机构及非政府行业组织的积极引导下，中国企业履行海外社会责任的内生动力得到了进一步的提高，在实现互利共赢的基础上，中国企业也受到了东道国当地的广泛好评。例如，巴西伽辛（GASENE）天然气长输管道EPC总承包项目是中国石化与巴西合作的第一个重大项目，项目执行期间，中石化为当地累计创造了约2.1万个就业岗位，施工操作员工本地化率达到了99%，为促进当地经济和社会的发展、改善当地人民的生活条件做出了巨大贡献；中铝集团在秘鲁的铜矿项目在开工前先投资建设了污水处理厂，解决了困扰矿区居民70年的水污染问题，还斥资2亿多美元为矿区建设了系列现代化城镇设施。这些措施不但塑造了企业的海外品牌形象，而且也促进了与当地文化的融合，保证了企业在海外的可持续发展。企业海外经营更加成熟，企业在国际化过程中得到了锻炼，初步具备了向全球公司迈进的基础。

（十）中国跨国公司以创新为驱动，着力打造以“我”为核心的全球价值网络

当前，中国跨国公司面临着产业转型和开展国际化经营的双重任务，要实现二者的协同发展，即通过国际化经营实现产业转型，同时通过产业转型更好地开展国际化经营，就必须积极把握创新驱动这一趋势，从原来的重视市场、规模向重视知识产权、管理效率、核心技术等软实力转变，从而进一步延长自身产业价值链，进而打造以“我”为核心的全球价值网络。中国长期作为国外跨国企业的生产基地、原料基地和销售市场，使得中国企业长期处于被动参与全球资源整合的境况，并始终在全球价值链低端徘徊。与此同时，国内成本优势的逐渐丧失以及发达国家产业回流的进一步挤压，使得中国企业面临着“高端回流”和“中低端分流”的双层竞争困境。为了从根本上突破这一现状，中国的跨国公司在积极主动嵌入全球价值链的同时，应不断深化在品牌、管理、技术等领域的对外合作，努力实现在价值链中的不断攀升。目前，中国跨国企业的“走出去”战略已经从将“产品、技术、服务”输出去的传统阶段转变至寻求全球资源整合配置的新阶段，在国家宏观政策的引领下，以“一带一路”为代表的对外合作平台正在深化建设，这无疑为中国跨国企业整合区域和全球资源，构建全球价值网络提供了绝佳机遇。通过对外投资发展重构基于现代产业体系和沿线国家市场需求的双环流价值链，是要基于中国经济发展需要和相关发展中国家和地区工业化需要，重新调整与沿

线相关国家之间的经贸产业关系，整合中国企业赖以生存的资源和快速发展的产业关联、循环体系，打造契合“一带一路”区域的价值链治理结构，奠定中国产业转型升级和经济持续高速发展的基础。中国已有越来越多的优势产业与“一带一路”沿线国家开展了密切的合作，并凭借着较强的经济互补性，在未来将有更大的合作空间，在实现了产业链和价值链的进一步延长以及进一步发挥产业前后联动效应的同时，将进一步提升中国企业的创新与现代化水平，从而有利于中国企业全球价值网络的重构。在全球价值链融合的平台上搭建双环流价值体系，不是要放弃已有的全球需求和市场份额，而是从发达国家引领中国转化为中国引领发展中国家融入全球价值链，开拓市场范围和需求，提高经济可持续发展能力。

二、中国跨国公司在“一带一路”建设中的地位与作用

（一）中国跨国公司在“一带一路”建设中的地位

1. 中国跨国公司是推动中国经济发展的中坚力量，是深化“一带一路”建设的重要基础

随着近年来经济全球化的不断发展以及中国对外开放战略的不断深化，中国企业纷纷加快了“走出去”的步伐，涌现出了一批如华为、海尔、吉利、五矿、中石油、中石化、三一重工、阿里巴巴等世界知名的跨国公司。中国企业联合会的调研表明，2016年，中国跨国公司中前100名的海外资产总额达到7.1万亿元，比5年前提高了1.18倍；海外营业收入达到4.7万亿元，比5年前提高了52.6%；海外员工总数达到101万人，比5年前提高了1.4倍。中国的跨国公司从小到大、从少到多、从弱到强，已成为推动中国经济发展不可或缺的关键动力。通过构建以中国跨国公司为主导的跨境产业链可助力实现国内外产业互联互动互促，推动国内产业转型升级，使“走出去”战略进入到提质、增效和升级的新阶段，这不但有利于中国企业向全球价值链的高端攀升，摆脱“低端锁定”，并且也有利于“一带一路”建设的深化推进。依托中国企业自身在资金、管理、技术、品牌等方面的优势，在沿线国实现采购原料、配置人员、安排生产与研发的广泛布局，有力贯彻互利共赢的开放战略，在帮助东道国加快工业化和基础设施现代化步伐的同时，进一步降低跨国企业的经营成本并拓展市场渠道，在推进共商、共建、共享、共赢的基础上，提升“一带一路”的凝聚力和向心力。

2. 跨国公司是国际投资的主要载体，是推进“一带一路”建设的根本动力

当前，“一带一路”倡议已经进入加快落实阶段。“一带一路”建设坚持市场化运作，因而企业是重要主体，在推进中国同有关国家多领域互利共赢的务实合作中肩负着重要使命。作为中国对外投资的主要载体，通过资本的扩张以及生产的延伸，中国跨国企业在“一带一路”沿线国的多元化布局已取得了实质性进展。商务部数据显示，2016年，中国企业对“一带一路”沿线53个国家的直接投资达145.3亿美元，占同期

总额的 8.5%，且较 2003 年的水平增长了超过 70 倍。中国企业对相关 61 国的新签合同额 1 260.3 亿美元，占同期对外承包工程新签合同额的 51.6%，完成营业额 759.7 亿美元，占同期总额的 47.7%。与此同时，截至 2016 年年底，中国企业已经在沿线 20 多个国家建立了 56 个经贸合作区，累计投资超过 185 亿美元，入区企业已达 1 082 家，总产值 506.9 亿美元，涵盖了加工制造、资源利用、农业产业、商贸物流、科技研发、综合开发等多个领域，为东道国增加了近 11 亿美元的税收和 18 万个就业岗位。中国跨国企业纷纷加大了对沿线国的规模化、系统化投资，并与沿线国建立了综合业务网络和多元化产业合作伙伴关系。例如，截至 2017 年年初，美的集团在海外已有 12 个生产基地，覆盖白俄罗斯、意大利、印度、越南、泰国、马来西亚、埃及等国，为当地解决了 3 万人的就业问题。2016 年，“一带一路”沿线市场为美的的海外销售贡献近 60 亿美元，增长势头良好。美的集团还计划 2018 年、2019 年在印度投资新建一个热水器、冰箱、洗衣机等产品的生产基地，以更好地满足当地庞大的市场需求。又如中国通信设备龙头企业之一——华为公司近年来也积极开展与沿线国的对接，在欧洲、印度、美国、俄罗斯、加拿大等多个国家设立海外研究所，2017 年 6 月 1 日，其第 7 个开放实验室在泰国曼谷宣告建立，在带动了当地数字化发展的同时，也将中国的“一带一路”思想推向国际市场。跨国公司的对外直接投资具有明显的连锁竞争效应，为了提升企业自身的市场竞争力与地位，中国跨国企业竞相加快了投资“一带一路”的步伐，且受益于不断简化的审批程序以及不断出台的鼓励政策，中国企业对“一带一路”的投资热情仍将延续。与此同时，互联互通是“一带一路”发展的先决条件，因而以“中国建造”为核心的基础设施建设，对“一带一路”的重要意义不言而喻。目前，以中巴、中蒙俄、新亚欧大陆桥等经济走廊为引领，以海陆空通道和信息高速路为骨架，以铁路、港口、管网等重大工程为依托的复合立体基础设施网络正在逐步形成。中国跨国企业凭借丰富的工程经验以及先进的技术工艺肩负起了实现域内互联互通的重任，并完成了一系列设施理念超前、结构造型复杂、科技含量高、使用要求高、施工难度大的重大工程，不但为中国践行“一带一路”倡议铺平了道路，而且也带动了相关产业链的转型升级，为中国及“一带一路”沿线国的经济发展注入了新的活力。近年来，中国企业与沿线国在基建领域合作更加密切，如 2017 年 3 月，中国建筑股份有限公司签订了“一带一路”项目合作谅解备忘录公告，与澳大利亚签署了 37.5 亿美元的基建一揽子协议，项目包括港口、铁路及铁矿石资源矿山的大型组合建设开发。4 月，中国铁建股份有限公司和中国电力建设集团有限公司（以下简称“中国电建”）签署了印尼雅万高铁 47.01 亿美元的 EPC（勘察设计施工总承包）建设协议。而 2016 年中国电建在“一带一路”沿线 35 个国家执行 479 份项目，合同金额达 2 170 亿元，新签合同 636.14 亿元，同比增长 61.25%。除了与“一带一路”沿线国家直接开展项目合作外，还有一些建设领域的互联网企业致力于用科技助力“一带一路”建设的落地实施，为各企业提供技术支持与服务。以国内领先的数字建筑平台服务商广联达为例，其提出的“数字建筑”概念，通过云计算、大数据、物联网、移动互联网、人工智能以及建筑信息化管理（BIM）等新技术，建立贯穿建筑设计、交易、采购、施工、运营维护各阶段的数字建筑产业平台，推动“走出去”的建筑企业实现精益建造、数字建造、绿色建造。此外，这类科技企业本身同样也在布局全球化战略，目前广联达在新加坡、印度尼西亚、阿拉伯联合酋长国（以下简称“阿联酋”）、印度等“一带一路”沿线国家已开拓多年，并在美国、英国、芬兰等国设立子公司、办事处、研发中心，2017 年 4 月随着习近平主席对芬兰的访问，广联达在未来将持续整合以芬兰、英国为首的欧洲市场，发挥芬兰在“一带一路”经济走廊中的纽带作用，积极响应国家号召，把握创新机遇，进一步推动中国建筑信息化不断发展。可见，随着区域内基础设施改善和互联互通需求的不断增加，未来中国跨国企业将在“一带一路”建设中发挥更大的作用，推动“一带一路”国际合作的深化发展，实现区域合作共赢。

3. 跨国公司是国际贸易的助推器，是开启“一带一路”市场的“金钥匙”

贸易畅通是推进“一带一路”建设的重要内容，也是大有可为的重要领域。而跨国公司作为推动中国国际贸易的重要力量，近年来对“一带一路”贸易畅通做出了巨大的贡献，并取得了显著成就。《“一带一路”贸易合作大数据报告（2017）》显示，2016 年中国与沿线国家贸易总额约为 9 535.9 亿美元，占中国对外贸易总额的比重达 25.7%，较 2015 年上升了 0.4 个百分点，超过中国对外贸易的总体增速，合作成果超出预期。中国向沿线国家的出口自 2011 年以来整体呈现上升态势，2016 年向沿线国家出口额 5 874.8 亿美元，达到近年来的高位。中国跨国企业不断拓展“一带一路”市场规模，不仅使得域内货物和资源跨国界流动日益增强，而且也使得中国与沿线国的市场依存度不断提高。如作为一家连续 14 年位居中国乘用车出口第一、出口量占同期中国乘用车出口总量 30% 以上的汽车企业，奇瑞在海外市场的经营布局已深耕多年。凭借着自身的开放优势，奇瑞积极响应国家“一带一路”倡议，以不断提升的产品品质实力和品牌形象，着力扩大“一带一路”朋友圈，健全沿线国销售服务网络。截至 2017 年上半年，奇瑞汽车市场已经覆盖“一带一路”沿线 60 多个国家中的 46 个国家，与当地合作伙伴建立长期友好合作关系，2016 年奇瑞在“一带一路”国家的销量已占到奇瑞出口总量的 80% 以上，在全面优化其国际业务经营状况的同时，也向全世界展示了中国汽车品牌在海外市场的风采。与此同时，中国政府一直努力提升与沿线国的贸易投资便利化水平，截至 2016 年 6 月 30 日，中国已对外签署自贸协定 14 个，涉及 22 个国家和地区，正在谈判的自贸区 8 个，正在研究的自贸区 5 个，且随着国际社会关注度越来越高，认同感增强，“一带一路”贸易畅通水平得到了快速提升，这使得中国跨国企业对走进“一带一路”沿线国家充满了信心。依托跨国企业自身技术优势以及与沿线国较强的产业互补性，中国产品和中国品牌将越来越得到当地消费者的认可和欢迎，产品流通也将大为顺畅。通过企业不断发展、壮大，其沿线国市场体系将得到进一步完善，从而推动了“一带一路”合作进程的全面加速。

4. 跨国企业是中外文化融合的关键媒介，是“一带一路”和谐发展的重要保障

不同文明之间的交流互鉴，是当今世界文化发展繁荣的主要渠道，也是世界文明日益多元、相互包容的时代标志。文化传承与创新已经成为各国经济贸易合作的“软”支撑。跨国企业扬帆海外，是一个奋斗与拼搏的过程，也是一个与不同文化碰撞交融的过程。文化融合得好坏，甚至会影响到企业“走出去”的成败。正如杰克·韦尔奇所说：“企业资产重组可以一时提高公司的生产力，但若没有文化上的改变，就无法维持较高的生产力。”切实推进民心相通，弘扬丝路精神，推进文明交流互鉴，重视人文合作，是中国在深化“一带一路”建设过程中的根本要求，而中国的跨国企业作为建设“一带一路”的主力军和骨干力量，更要坚持文化先行，树立文化引领经济的高度自觉性，推动传统文化的传承与现代文化的创新，通过进一步深化与沿线国家的文化交流与合作，促进区域合作，实现共同发展。由于“一带一路”沿线国家在社会制度、宗教信仰、文化传统、经济体制、法律制度、开放程度等方面各有差异，以及与此相联系的不同的价值判断、市场规则、行为方式、生活习俗，这些都在一定程度上影响着区域经济合作的深度和广度、进程时序以及企业的营商环境、经营管理的正常运行，因此，推动中外企业文化融合已成为了中国跨国企业国际化经营中跨文化管理的一项重要基础性工作，不但对于企业实现安全、高效、优质的国际化发展意义重大，并且也为“一带一路”倡议的顺利实施提供了良好的宣传与支撑。如浙江吉利控股集团有限公司（以下简称“吉利”）在2013年收购的英国百年企业锰铜公司，它生产的伦敦出租车，是英国的经典文化符号之一。完成收购后的4年里，吉利在充分保留了锰铜原有文化特征和产品风格的基础上，整合吉利、沃尔沃、伦敦出租车的优势，充分发挥协同效应，开发了全新一代的新能源车型TX5。这款车型具有零排放能力，既传承了伦敦出租车的传统功能、文化特征，又提升了伦敦出租车的性能，赋予了伦敦出租车崭新的时代精神。与此同时，吉利在英国考文垂投资建设了一座全新的现代化工厂，这是十多年来英国新建的首家汽车工厂，也是迄今为止中国企业在英国最大规模的一笔绿地投资。新工厂在2017年3月正式落成，为当地创造了千余个高技术含量的工作岗位，同时还通过提高英国和欧盟的零部件供应商比例，为英国新增超过500个相关工作机会。这些投入和努力，不但树立了人们对中英合作的信心，得到了英国各界的广泛认可，并且还得到了英国政府给予的近一亿英镑的财政资助。吉利的成功是“一带一路”倡议落实的一个缩影，不仅让中英经贸和技术合作得到了深化发展，也为两国的友好互信奠定了人文基础。可见，完善文化价值内涵、提高文化的融合水平是提高公司跨国经营能力和国际影响力的必要条件，更是中国构建“一带一路”合作共赢关系，加快沿线国市场对接、机制对接、产能对接的有效途径。“一带一路”建设为发掘中国与相关国家的历史渊源提供了新的依据，唤起了世界各国对中国形象的记忆和共鸣。从历史上看，古丝绸之路绵亘东西，最初由商业贸易驱动而形成，具有鲜明的经济特色。随着政治、宗教、文化等元素的融合发展，作为文化交流的先行者，中国跨国公司已成为了维护“一带一路”经济互利、政治互信的重要纽带。以经济为先导、以商贸为桥梁、以文化为引领，中国跨国公司将成为中外文化融合的关键媒介，为中国在“一带一路”建设中提升文化软实力、发展睦邻友好关系、形成利益共同体助力添彩。

（二）中国跨国公司在“一带一路”建设中的作用

随着世界经济相互依存程度的不断提升以及现代科学技术的快速发展，跨国公司已成为了促进全球经济发展、深化国际合作、加强优势互补、实现区域繁荣的重要力量。而“一带一路”是中国实行全方位对外开放的重大举措，“一带一路”倡议顺应了世界多极化、经济全球化、区域一体化、社会信息化的潮流，秉持开放的区域合作精神，旨在促进经济要素有序自由流动、资源高效配置和市场深度融合。作为对外经济合作的市场载体，“一带一路”倡议的落实不但为中国跨国企业发展营造了良好的外部环境，并且也为其充分发挥自身作用，推动“一带一路”建设的顺利实施提供了机遇，为中国和沿线国家开展技术及经贸合作创造了有利条件，对于促进“一带一路”区域社会经济发展具有重要的意义。

1. 中国跨国公司有力推动了“一带一路”区域经济技术的合作与交流

跨国公司是国家参与国际经济技术合作交流的重要承担者与推动者，而跨国公司的竞争力首先也是表现在它的无形资产和知识资本上，包括技术、专长、品牌、商誉和营销技巧等，这是其进行跨国经营的必要条件。通过研发合作及技术转移，中国的跨国企业已开始积极寻求海外资源，深化拓展实质性科技合作，以合作建立联合实验室及创新平台、开展科技园区合作及技术研发、联合培养人才等方式，加强对相关领域的认知和把握，研发适应本土化发展的专用适用技术，提出有针对性的解决方案，促进相关技术和产能合作。如海尔在融入到海外市场的开拓过程中，坚持本土化“研发、制造、销售”三位一体的海外布局，整合全球优质资源，构建了中国、美国、亚洲、欧洲、澳大利亚五大研发中心，通过内部 1 150 名接口人，紧密对接 10 多万家一流资源、120 多万名科学家和工程师，组成一流资源的创新生态圈，并根据不同地区用户的个性化需求进行产品创新，以差异化的产品类型，进入当地的主流渠道销售，真正满足用户需求。到目前，海尔集团已在海外建立起 8 个工业园，24 个制造工厂，工厂的布局已经覆盖了全球除大洋洲以外 4 大洲的 18 个国家和地区，本土化制造水平不断提升。与此同时，通过广泛开展跨国兼并与收购，中国跨国公司大量引入国外先进的流程、技术和知识产权，从而带动了自身核心技术水平的快速提升。例如，为了全面进军智能制造领域，2017 年，美的集团先后收购了以色列运动控制系统解决方案提供商高创（Servotronix）超过 50% 的股份以及全球机器人四大家族之一的德国库卡 94.55% 的股权。作为智能化解决方案提供商，库卡接下来将与美的集团合作开拓亚洲，尤其是中国的市场，并向自主移动机器人以及物流市场拓展。而高创凭借其 30 年在运动控制与机器人领域的丰富经验将帮助美的集团充实在运动控制和伺服电机等专业领域内的技术和产品储备，成为其产业链上的关键一环。此外，为了进一步提升生产能力并开拓海外市场，中国跨国企业也开始了向“一带一路”区域的技术输出，如 2017 年，浙江吉利控股集团有限公司与马来西亚最大的整车企业多元重工业集团正式签署股权收购协议。而收购的特别之处，不是吉利公司付出了 11 亿元的收购费用，而是吉利公司要按照协议向多元重工许可部分汽车技术专利和品牌使用权，形成强强联合，共同开拓东南亚市场。由以上案例可见，中国跨国公司通过“一带一路”区域经济技术的合作与交流，不但实现了自身经营能力的有效提升，而且也为东道国的发展带来了切实的利益，从而在很大程度上加强了中国与沿线国互信与依赖，进而为“一带一路”深化建设提供了有力的支撑。

2. 中国跨国公司有效带动了“一带一路”区域贸易的发展

近年来，中国在“一带一路”区域中的贸易增长较快，而跨国公司则发挥了重要作用。

首先，中国跨国公司根据企业面临的国际合作与竞争，进行了大规模的国际化生产，生产能力不断提高，为其在“一带一路”区域开展国际贸易奠定了雄厚的物质基础。跨国公司通过实行跨国、跨地区的全球性经营，开展多领域的对外贸易，促进了“一带一路”区域国际贸易规模的不断扩大。例如，作为全球领先的消费电器、暖通空调、机器人及工业自动化系统的科技企业集团，美的集团具有明显的优势，拥有领先的技术、创新的产品和可靠的质量。随着“一带一路”建设的不断深化，美的把拥有巨大增长潜力的沿线国区域作为其市场竞争的主要地区，不仅使这一地区的贸易规模扩大，而且随着投资、生产、研发、销售力度的加大，大大促进了这一地区经济贸易的发展。2016 年，“一带一路”沿线市场为美的海外销售贡献近 60 亿美元，且未来增长势头依旧良好。又如，广东佛山的陶瓷砖生产企业蒙娜丽莎集团也瞄准了人口数量庞大的“一带一路”沿线市场，依托“一带一路”倡议所带来的机遇，蒙娜丽莎集团不断加强产品创新，并加紧了对沿线国的重点布局。2016 年，“一带一路”沿线市场贡献了蒙娜丽莎海外销售额的 65%。公司通过产品升级，规避了海外贸易壁垒，2016 年在整个行业陶瓷砖出口下降 30% 多的背景下，出口实现逆势增长 14%。还应看到，相当数量的中国跨国公司在“一带一路”区域不断新建和扩建子公司，兼并和收购国外企业，并向国外子公司提供必需的生产设备、原材料和半成品，大大带动了国内产品和技术的出口。同时，由于生产专业化和协作化程度较高，跨国公司产生了大量的生产要素内部买卖行为，不仅有利于国际经济技术的合作与交流，而且也使得跨国公司内部的贸易数额不断增加，从而促进了“一带一路”贸易规模的不断扩大。

其次，跨国公司将生产分工深入到价值增值的各个链接点上，从而为“一带一路”国际分工的深化提供了微观基础。国际分工只是发生在最终产品之间，而国际贸易则是国际分工实现的唯一途径。当跨国公司进入区域一体化，甚至全球一体化经营阶段，分散在海外各地的子公司不再是独立运作或仅与母公司发生联系，而是保持着与母公司及其他子公司间高度一体化的联系。中国跨国公司依据在“一带一路”沿线国上建立的比较优势，将生产活动和其他功能性活动进行了更加细密的专业化分工，而其海外投资企业所服务的对象也不再是分散、独立的单国市场，而是整个跨国公司体系所占据的区域市场。如 2016 年海尔集团在俄罗斯全资投资 5 000 万美元建设俄罗斯冰箱工厂，而海尔布局俄罗斯其实不仅仅是看中了俄罗斯市场，而是将俄罗斯作为其进军西亚和东欧市场甚至是西欧市场的中转站，以俄罗斯为中心，便于海尔部署全球化“拼图”。过去出口中亚的家电需海陆联运，通过国内渡轮运输到俄罗斯港口再进行转运，整体运输周期高达 30 天，但是在俄罗斯建起冰箱工厂后，过去长达 30 天的运输周期可以直接通过陆运缩短为 7 天。反应周期的大幅度缩减使海尔能够以更灵活的姿态应对市场竞争。与此同时，海尔在俄罗斯项目建设过程中，90% 以上的设备为中国制造，直接带动国内设备企业近 3 000 万美元出口额，带动国内十多家装备制造企业实现产能输出。同时，工厂还带动部分中国配套厂家“走出去”，到海尔俄罗斯工厂周边建厂，带动当地实业产业转型。可见，海尔在用一己之力输出商业模式的背后，更是身体力行推动“一带一路”贸易升温，成为了中国企业开拓“一带一路”市场的成功典范。跨国公司使其体系内部的产品、技术及人员在遍布于“一带一路”子公司之间的跨国界流动程度更高，分工联系更为紧密，沿线各国生产过程经由跨国公司分支机构的活动建立起有机的内在联系，形成了协调有序的“一带一路”生产经营体系。

最后，作为资本和生产国际化的重要经济组织，中国跨国公司在参与“一带一路”经济技术合作与竞争以及贸易的过程中，也将形成一系列规章和条款，从而有效促进“一带一路”贸易畅通的发展和完善。跨国公司是其本国制定对外贸易规则的重要参与者，并对国际性贸易规则的制定及完善也有重要的参考作用。中国跨国公司在开拓“一带一路”市场过程中，应敢于率先打破旧有的贸易规则，为进一步消除贸易壁垒、地区保护主义及贸易歧视性政策提出意见和提案，从而促进“一带一路”贸易规则更加合理和完善，保护中国及沿线各国对外贸易的正当权益，进而推进“一带一路”贸易合作的健康、可持续发展。

3. 中国跨国公司促进了区域内生产要素的加速流动，实现了“一带一路”资源配置的优化重组

区域的资源配置，对一国或地区而言，是指在区域经济合作的背景下所具有的在区域配置各种经济资源的能力。这种能力的强弱，既反映着一国或地区对该区域经济走势和发展的影响力，又反映着一国或地区利用国际资源来优化本国或本地区资源配置的能力，以及保障本国或本地区经济可持续发展的能力。不难看出，提高区域经济资源配置能力是开放型经济国家（尤其是大国）在发展中追求的一个重要目标。由于“一带一路”各沿线国在生产技术以及占有资源方面存在着很大的差别，因此对于同一产品所产生的效益也各不相同。而中国的跨国公司恰好为生产要素的自由流动提供了渠道，使其可以最大化地发挥效用，从而扩大产品的优势，实现资源的优化利用。在“一带一路”倡议的引领下，中国跨国公司积极拓展沿线国业务，布局沿线国市场，并以获取适应自身发展需求的资源为目标，在沿线国开展国际化经营，聚集各类生产要素，实现了自身竞争力的快速提升。如“一带一路”沿线的许多国家，有丰富的发展资源，而中国过剩的产能在这些沿线国家并没有饱和，由于产业发展的差异性，优势过剩产能的转移，既能帮助沿线国相关产业的发展，又有利于中国跨国企业充分利用国外的优质资源，在扩大其利润水平的同时，带动自身产业结构的转型升级。蒙牛是中国第一家将乳品销售到国外的乳品企业，也是第一个在海外开展全产业链布局的乳品企业。作为中粮集团主力发展的 18 个专业化公司之一，近年来，得益于其第一大股东中粮央企改革的号召力，蒙牛率先布局“一带一路”沿线，通过对外投资与合作的方式，不断推动中国乳业实现产业再造，逐渐形成全球联动式的发展路径。如今，蒙牛已经构建起了一条全新的海外全产业链，在促进乳业生产要素在全球范围内加速流通的同时，也为更多中国乳品企业进入国际市场提供了一条稳固的“高速公路”。与寻求原料资源不同，华为通过广泛吸纳国际人才资源，实现了其核心技术的领先优势。华为 2016 年 8 月发布的主题为“联接未来”的《2015 年可持续发展报告》显示，截至 2015 年年底，华为全球员工总数约 17 万人，海外聘用的员工总数超过 3.4 万人，海外员工本地化率达到了 72%。华为的本地化行动以及全球化经营兼备的发展方针，使其创新能力能够有效地整合到企业的全球价值链中去，并通过这个价值链将本地的创新成果推广到“一带一路”沿线甚至全球，使本地创造真正发挥出了全球价值。通过利用国外国内两个市场的多元资源，中国跨国企业正在与沿线各国构建着“利益共同体”“成长共同体”，这不仅是中国实践“一带一路”倡议的标志性成果，也构成中国跨国公司提升全球竞争话语权和影响力的直接推动力。在中国跨国公司的带动下，“一带一路”沿线国间的资源配置将更趋优化，这对于提升“一带一路”整体资源利用效率具有重要的影响。

4. 中国跨国公司提升了“一带一路”沿线国对中国的文化认同

文化认同是“一带一路”建设的社会基础。文化认同可有效增进沿线各国间的相互了解、信任和友谊，使沿线各国能“心往一处想，劲往一处使”，心甘情愿地联手推动“一带一路”建设。文化是“一带一路”的灵魂，中国跨国公司作为中华文化的代表，集中体现着中国文化的精神内涵，因此，想要在沿线国家民众中形成一种相互欣赏、相互理解、相互尊重的人文格局，就离不开跨国公司的良好文化建设与支撑。坚持经济合作和人文交流共同推进，注重在人文领域精耕细作，尊重各国人民的文化历史、风俗习惯，加强同沿线国家人民的友好往来，为“一带一路”建设打下广泛社会基础是中国跨国企业所肩负的国家使命，也是维护“一带一路”沿线国经贸安全、为自身打造良好经营环境的必然要求。“一带一路”沿线国家有 60 多个，人口 40 多亿，发达国家和发展中国家同在，宗教信仰繁多，人与人之间由于利益不同、观念不同、信仰不同，难免会发生冲突和矛盾，而中国跨国企业凭借其积累的海外经验，不但有利于各国文化摩擦的消除，并且也有利于进一步推进中外文化融合。以开放包容的文化理念兼容并蓄不同国家、地区文化的精华，滋养自身的企业文化生命，使之焕发旺盛的活力和强健的市场适应力，促进企业双边和多边合作的开展。同时，作为国家文化软实力的传播者，中国跨国企业在树立国家形象方面也扮演着十分重要的角色，如美国企业尊重个人价值，重视自我价值的实现，提倡竞争精神、务实精神，鼓励创新、利益共享。德国企业具有强烈的质量意识，重视产品和服务的质量，德国制造做工严谨，这使得其在世界市场上具有较强的竞争力，占有特殊的市场份额。这些国家的企业“走出去”，毫无疑问也将国家的软实力散播到了世界各个角落。因此，通过打造自身的发展理念与规则，中国跨国企业将为中国“一带一路”建设塑造文化品牌，为更深更广的区域经济合作开拓空间。与此同时，积极履行社会责任是跨国企业顺利实施国际化运营、赢得国际市场信任的通行证。加强海外社会责任履行，坚持诚信经营，尊重所在国习俗，保护当地环境，维护当地员工权益，提高本土化率，积极参与社区建设，力所能及地支持所在国公益慈善事业也是中国跨国企业树立负责任的国际形象、赢得所在国政府和社会尊重与认同的关键所在。因此，牢固树立可持续发展的理念，坚持与社会和环境全面协调发展，更好地树立企业公民的良好形象将有效促进中国跨国企业品牌形象和国际影响力的提升，并使得中国在“一带一路”建设中“和平、发展、合作、共赢”的合作理念得到充分的诠释，从而对中国加快推进“一带一路”建设具有十分积极的作用。

三、中国跨国公司支持和服务于“一带一路”建设的途径和方式

（一）推进基础设施建设，提升区域互通水平

基础设施是指能够为社会的生产和居民的生活提供公共服务的工程构筑、设备设施等，是社会经济活动能够正常开展的一般物质条件，主要包括交通设施（铁路、公路等）、能源设施（石油、电力等）、通信设施（电信网、卫星等）、水利设施（水库、大坝等）等。良好的基础设施可以便利生产资料的配置，提高生产效率，降低生产成本，促进信息、人员等资源的流动，从而扩大地区的开放开发程度，带动就业与人民福祉的提高，带动经济的持续发展。

“一带一路”建设是中国与“丝路”沿线国家分享优质产能、共商项目投资、共建基础设施、共享合作成果的重要渠道。作为世界上跨度最大的经济大走廊以及世界上最具发展潜力的经济带，“一带一路”沿线国家和地区众多，涵盖中亚、南亚、西亚、东南亚和中东欧等地区，这些地区多属于新兴经济体和发展中国家，是目前全球贸易和跨境投资增长最快的地区之一，随着它们工业化和城市化进程的加快，其对基础设施投资的需求也愈发旺盛。但限于社会经济水平的限制，“一带一路”沿线国总体基础设施水平不高，《全球竞争力报告（2015—2016）》数据显示，全球140个主要经济体的基础设施竞争力指数平均值为4.02（最高值为7），“一带一路”沿线国家里，半数以上的国家（35个）基建指数位于全球均值以下。中亚地区国家中，仅有哈萨克斯坦指数高于全球平均水平；东南亚地区半数国家指数低于全球平均水平；南亚地区国家更是基础设施建设极为落后，仅斯里兰卡指数刚刚达到全球平均水平，其他国家指数均远低于全球平均值。同时，据亚洲开发银行估计，“丝绸之路经济带”区域未来10年的基础设施投资需求将达8万亿美元。而“一带一路”沿线多数中低收入国家资本形成率仅为本国国内生产总值（GDP）的25%，其中仅20%能用于基建投资，因此牛津经济研究学院估算，至2030年，“一带一路”沿线国家所需的6万亿美元投资基金将面临巨额缺口。可见，基础设施的严重不足已成为制约“一带一路”建设快速推进的重要瓶颈。

反观中国，改革开放30多年来，通过将市场机制引入公共产品供给领域以及完善多元投资主体等方式，中国企业的基础设施建设水平已经走在了很多国家的前面，包括机场、高速公路、高速铁路等建造技术，可以和发达国家媲美。而“一带一路”庞大的基建需求将拉动沿线国家区域整体开发建设，不但为中国跨国企业阶段性、结构性供大于求的基础建设优势产能，包括交通、钢铁、水泥等行业，提供了发展出路以及国际合作空间，而且也为“一带一路”沿线国家借鉴中国企业在基础设施建设中积累的经验和做法提供了平台，从而为区域整体基础设施可持续发展、促进区域共同繁荣发挥了重要的作用。近年来，一批重大基础设施项目稳步推进，“中国制造”“中国建造”“中国服务”受到越来越多沿线国家的欢迎。如中国企业承建的东南亚最大钢厂成功投产、

在俄罗斯的最大电力能源类投资项目正式投产、中国企业承建的埃塞俄比亚首个国家工业园正式运营、中巴经济走廊首个重大能源项目竣工投产等。商务部数据显示，2016年全年，中国企业在“一带一路”沿线国家对外承包工程新签合同额 1 260.3 亿美元，占同期中国对外承包工程新签合同额的 51.6%；完成营业额 759.7 亿美元，占同期总额的 47.7%，同比增长 9.7%，超过平均值近两倍。2017 年，这一抢眼表现仍在持续，中国企业在“一带一路”沿线国家的新签合同额、完成营业额继续牢牢占据半壁江山。在“一带一路”的建设过程中，基础设施互联互通是优先领域。而“一带一路”建设在给中国跨国企业带来巨大发展机遇的同时，也对其提出了更高的要求，使其为加快形成在“一带一路”区域内技术成熟、功能配套、安全高效的现代化基础设施服务体系，建立起联通国内外、覆盖城乡的综合交通运输和通信网络服务体系做出应有的贡献。

（二）完善金融服务体系，提升金融支撑能力

在“一带一路”建设中，无论是基础设施的互联互通，还是经贸合作的不断深化，都需要大量的资金融通，每一步都离不开金融的支持。“一带一路”倡议需要多层次、多元化的融资方案进行对接，也需要中国跨国金融机构与同业、境外金融机构开展合作。

近年来，中国金融机构认真贯彻“一带一路”倡议，大力拓宽服务范围、完善服务网络、加强风险管理，为“一带一路”提供全方位金融服务，取得了明显成效，“一带一路”也成为中国金融机构重要的业务增长点。如中国银行已在 20 个“一带一路”沿线国家设立了分支机构。截至 2016 年年底，中国银行在“一带一路”沿线国家共跟进境外重大项目约 420 个，提供各类授信支持约 600 亿美元。中国工商银行紧紧围绕国家战略布局，积极为中资企业“走出去”和“一带一路”建设提供全方位、综合化的金融服务。截至 2017 年一季度末，中国工商银行已在“一带一路”沿线 18 个国家和地区设立 127 家分支机构，按照市场化、商业化和可持续原则累计支持了 212 个项目，累计承贷额超 670 亿美元。广泛的海外布局以及综合化经营的特点使中国跨国金融企业能够更加全面地满足企业“走出去”多元化的金融需求，并凭借其特有的信息优势，量身定制具有高附加值、低交易成本的金融服务，从而为“一带一路”的顺利实施提供了有力的资金保障。构建一个有序、立体的“一带一路”金融服务体系，既是充分发挥中国金融软实力的重要举措，又是各类金融机构优势互补、风险共担，最大限度地保证各自利益不受损害的有效途径。中国跨国金融机构近年来一直致力于建立稳定、可持续、风险可控的金融保障体系，创新投资和融资模式，通过与开发性金融机构、政策性金融机构以及境外金融机构的积极合作对接，形成成本可接受的融资方案，从而力求进一步突破“一带一路”的融资瓶颈。此外，除了国内金融机构进一步“走出去”，寻求“一带一路”沿线国家的机构与业务布局外，包括金融市场联通、金融基础设施的联通以及与金融监管当局之间的交流与合作等在内的金融互联互通也在中国跨国金融机构的带动下全面推进，从而实现了“一带一路”金融市场开放水平、沿线国融资的便利化程度以及“一带一路”金融安全的全方位提升。

（三）发掘合作潜力，提升区域创新水平

推进“一带一路”建设和实施创新驱动发展战略都是贯彻落实党中央提出的新发展理念的重大战略举措。“一带一路”建设和创新驱动发展战略的紧密结合，不仅有利于拓展中国跨国企业创新发展的空间和舞台，而且有利于提升中国“一带一路”国际合作的水平和层次。世界各国创新发展的历史表明，推动跨国企业国际合作、发展国际投资与贸易是提升企业及区域创新能力的重要途径。一方面，跨国企业通过国际合作有利于取长补短，学习创新领先国家的既有科技成果和商业化经验，迅速提升本企业的科技创新实力；另一方面，市场规模与创新活动之间存在显著的正向关系，创新型产品和服务需要巨大的国际市场来支撑，而大规模和多样性的市场需求反过来又提高了创新的积极性。随着企业创新能力的不断提升，技术的外溢性可有效带动其母国及投资东道国的创新步伐，从而改善区域整体的生产能力及研发水平。

“一带一路”沿线60多个国家各具特色和优势，创新合作的前景广阔、领域众多、形式丰富，是一个正待挖掘的“金矿”。如以色列、新加坡等国在世界创新型国家中名列前茅，创新指数排名明显高于中国；俄罗斯、乌克兰等国军事工业较为发达，具备较强的基础研究实力；捷克、波兰等中东欧国家则拥有较为雄厚的工业基础，在机械制造领域有一定优势。与这些国家积极开展合作，既有利于提高中国企业的科技水平和创新能力，也有利于提高“一带一路”传统产业的质量和效益水平，促进实体经济转型升级。西亚国家是石油、天然气等能源大国，经济实力较强，同时也有提升科技创新能力、实现转型发展的需求，和中国在能源科技领域的合作前景非常广阔。中亚国家矿产开发和种植业资源丰富，已经和中国一些科技型企业开展了相关领域的合作开发。东南亚发展中国家较多，劳动力成本相对较低，是中国科技成果和产业创新资源向外转移转化的重要承接地带，而帮助“一带一路”国家推进基础设施建设，同样也是中国与沿线国家合作开展高端装备研发和产业化应用的重要平台和载体。

中国跨国企业为推动国内相对先进技术向沿线国家扩散以及吸收消化国外高端创新成果创造了交流通道，通过在沿线国投资办厂、建立研发中心或实验基地，有力地助推了“一带一路”创新共同体建设。同时，在政府的大力支持下，以企业为主体的“一带一路”建设协同创新机制正在发挥作用，通过与“一带一路”沿线高校、科研机构的联合技术攻关，区域创新效率将得到更大程度的提升，对于充分发挥科技创新在“一带一路”建设中的引领和支撑作用，促进区域共同繁荣和可持续发展具有十分重要的意义。

（四）加快人才体系建设，打造国际人才高地

人力资源是生产力发展的第一原动力，在资源全球共享的当今世界，包括人才在内的各种资源迅速在全球范围内流动，人才构成、人才素质要求、人才活动空间都随之国际化。与此同时，随着“一带一路”倡议的推进和落实，具有国际视野、通晓商务知识、精通所在国语言、熟知所在国文化的高层次国际化复合型人才的匮乏日益凸显，而人才恰恰是关系到“一带一路”建设是否可以顺利进行的关键因素。跨国企业作为中

国对接海外市场的“前沿阵地”，是国际化人才资源最为丰富的载体。依托国际化人才的管理经验及专业技术，近年来，中国跨国企业生产经营水平得到了迅速提升。而为了进一步适应“一带一路”业务的发展需要，以实现企业和员工的共同发展为目标，着力打造国际化、职业化、市场化的人才队伍，不断推动企业在“一带一路”中的创新发展，中国跨国企业也加快了国际化人才体系的构建。

一方面，跨国企业积极探索建立国际化人才培养的校企合作机制，通过校企共建、人才对接等方式，充分利用国内外优质的教育资源，为企业定向培养适应“一带一路”倡议需求的国际化人才。如西北大学与陕西省国土资源厅和陕西省煤业化工集团等单位开展合作培养留学生工作，并已与陕西煤业化工集团中大石油公司签署了“丝路建设千人计划”培训项目，计划用十年时间，为吉尔吉斯斯坦培养 1 000 名应用技术型人才。通过强化校企合作机制，中国跨国企业不但快速壮大了自身对于急需人才的储备，并且也进一步提升了国际化人才的培养效率及水平，从而为中国推进“一带一路”建设提供了人才保障。另一方面，随着近年来中国跨国企业“走出去”步伐不断加快，越来越多的中国企业开始在国际舞台上崭露头角。在人才机制上，中国跨国企业在海外人才引进方面也逐渐同国际接轨，并成为了越来越多海外学子及人才实现职业规划和追求理想的重要平台。作为中国企业“走出去”的典型代表，华为的人才战略一直备受业界瞩目。通过全球人才洞察项目，华为在不同国家采取灵活的区域性人才策略，在彰显对不同文化的尊重和融合能力的同时，有效提升了其对国际化人才的吸引力。2015 年年底，华为聘用的海外员工已达到 3.4 万人，占全球员工总数的 20%，来自全球 163 个国家和地区的员工构成使得华为拥有了更为广阔的全球视野，并为其海外市场的拓展创造了更为有利的条件。可见，中国跨国公司不断完善的人才体系建设，不但使其自身的国际经营能力得到了显著提升，而且也使中国成为了全球“高精尖缺”人才的新高地，为中国“一带一路”建设不断深入推进提供了人才支撑。

（五）打通人文交流渠道，推动合作共赢发展

国之交在于民相亲，民相亲在于心相通，而实现民心相通，首要而有效的手段就是文化交流。文化交流既是推动人类文明进步和世界和平发展的重要软力量，也是各国间搭建友谊之桥、合作之桥的重要途径。无论“丝绸之路经济带”，还是“21 世纪海上丝绸之路”，都蕴含着以人文交流为支撑、以开放包容为理念的重要内容。因此，推动“一带一路”沿线各国间的合作共赢发展，既需要经贸合作的“硬”支撑，同样也离不开文化交流的“软”助力。因此，我们可以说，“一带一路”不仅仅是中国当前对外开放的经济及外交战略，更是发扬中华文化“走出去”的重要通道。通过“一带一路”建设，沿线各国的文化交流与贸易往来将得以进一步深化，从而有效促进区域合作，实现长期可持续发展。同时，“一带一路”建设的不断推进将有利于沿线各国对外来文化的合理内容的融汇与吸收，从而促进区域内不同文明的共同发展、共同繁荣。

“一带一路”建设顺利实施，必须坚持“政府引导、企业主导、文化先导”的路径，通过不断深化与沿线国家的文化交流与合作，促进共赢发展，让命运共同体意识在沿线国家落地生根。中国跨国企业作为弘扬中华文化的引领者，通过打通与沿线国的人

文交流渠道，拓宽了中国文化交往发展的空间，培育并践行了“一带一路”地区共通的价值观，为中国与沿线国家的政治互信以及经贸交往提供了软支撑。如南方电网公司作为国内率先“走出去”的电网企业，既注重打造精品工程，又注重服务当地社会经济发展和造福民生，模范履行海外社会责任。一方面，南方电网公司在老挝、越南开展的电力合作项目，打造了老挝南塔河 1 号水电站项目、越南永新燃煤电厂一期项目、越南小中河水电站项目及老挝北部电网 230 千伏 EPC 项目等众多精品工程和民心工程，受到老挝和越南政府及社会各界高度评价。另一方面，该公司主动履行属地社会责任，积极支持当地发展。通过修建道路改善当地交通条件，高质量建设移民新村，援建小学并无偿移交当地政府，大力推动留学生培养、慈善公益等人文交流，努力促进民心相通。中国像南方电网这样热衷于开展跨国公益行动、积极履行海外社会责任的跨国企业还有很多，这些中国企业的积极努力，不但使中国同沿线国家关系长远发展的社会和民意基础得到了巩固和扩大，并且也带动了中国的文化精神在“丝路”中弘扬传播，成为了促进沿线各国合作共赢发展的重要力量。

四、中国跨国公司更好地支持和服务“一带一路”建设的政策建议

（一）全面提升中国跨国公司开展“一带一路”经贸合作的风险防控水平

“一带一路”建设是党中央的重大战略决策，在开创了中国全方位对外开放新格局的同时，也为中国跨国企业开展对外经贸合作指明了新方向。融入“一带一路”建设是中国跨国企业在更高水平参与国际竞争、实现转型升级的历史机遇。但由于“一带一路”沿线许多国家的情况千差万别，政治、经济、社会环境差异巨大，因此，“一带一路”倡议尽管为中国跨国公司提供了广阔的合作前景与发展机会，但也给中国企业带来了许多风险，不但严重影响了企业自身的海外经营收益，而且对于深化“一带一路”建设也有十分不利的影响。综合审视中国企业“走出去”的安全风险，全面增强企业对“一带一路”沿线国家的安全风险防控能力，将有效提升“一带一路”建设的边际效益，保障“一带一路”建设的稳步推进。

第一，“一带一路”区域既是地缘政治冲突的热点地带，也是全球主要政治力量角逐的焦点区域，因而政治风险被认为是中国企业开展“一带一路”经贸合作重要的限制因素。中国与全球化智库在 2014 年 10 月发布的《中国企业国际化报告（2014）》蓝皮书显示，政治风险已成为中国企业国际化面临的主要风险。该蓝皮书分析了 2005 年至 2014 年期间发生的 120 起“走出去”失败案例，其中 25% 的案例失败是由政治原因所致。而中国出口信用保险公司发布的《国家风险分析报告》，通过对全球 192 个主权国家进行国家风险评级（分为 1~9 级），“一带一路”沿线涉及的国别，其国家风险等级普遍分布在 4~7 级，区域风险较高，政治环境令人担忧。面对这一境况，中国跨国公司应该做好政治风险的评估工作，评估可能导致投资损失的政治因素，同时，建立

监控和预警系统，跟踪“一带一路”沿线国家的政治形势变化，及时反馈，有效的监控系统能够使中国企业在政治风险到来之前采取措施，有效规避风险。此外，中国企业还可通过投保政治风险保险以及利用多边机构的担保服务对汇兑限制、战争、政治暴乱、政府违约等政治风险进行合理转移，以应对复杂多变的“一带一路”政治环境。

第二，“一带一路”沿线各国自然条件与生态环境较为恶劣，缺乏治理的经验和技术，不但存在着较为严重的污染隐患，并且频发的自然灾害可能会影响到中国跨国公司的海外工程进度、质量和安全，同时给其竣工后的运营和维护工作也带来了一定的挑战。鉴于此，中国企业应充分做好事前的环境调研，依靠多方资源，发挥政府和相关机构的职能，完善环境预警机制和应急管理机制，并加强保险机制对风险的防范。

第三，“一带一路”沿线国家法律体系主要分为大陆法系和英美法系两大类，此外还有一些属于伊斯兰法系。不同的法律体系和社会背景使得沿线各国在外商投资、基础设施建设、招投标等方面的法律法规差别较大，加之有些国家立法不够完备，法律条款经常修改，在执法力度上也常常对外国投资企业有所歧视，使得中国跨国企业在“一带一路”建设中面临着严重的法律风险。中国企业应在充分了解东道国相关法律和政治环境、国外同类企业在东道国的成功经验和失败经历的基础上，制订一体化的海外投资风险防范方案。同时，依托国内外律师事务所、会计师事务所以及自身营销网络对信息的有效结合，构建企业法律风险防控体系，在保护企业合法收益的同时，也为中国“一带一路”建设的实施提供经验借鉴。

综上所述，中国跨国企业在同“一带一路”沿线开展合作之前，一定要进行深入细致的市场调研、环境评估和风险评估，充分了解合作目的国在政治、经济、法律、人文、自然等方面的环境因素，科学计算投资成本和预期收益，制定谨慎而周密的合作策略，从而在实现企业国际竞争力有效提升的同时，为中国“一带一路”建设提供安全保障。

（二）全面发挥中国跨国公司在科技创新中的引领和支撑作用

当前，“一带一路”建设对加强科技创新合作提出了紧迫需求，中国与不少沿线国家在发展需求和条件方面有很多共同之处，以创新推动经济增长动力的转换，成为了中国与“一带一路”沿线国对未来发展方向的共识，并为双方的创新技术合作提供了广阔的前景。全面发挥科技创新在“一带一路”建设中的引领和支撑作用，共享科技成果和创新发展经验，将成为中国跨国公司获取领先技术、持续增强相关领域竞争力的主要途径，同时也将成为促进“一带一路”沿线共同繁荣和可持续发展的重要抓手。

一方面，通过积极的技术对接与合作，中国企业的研发能力将得到显著提升，并有效带动区域整体产业的快速发展。如以色列是全球知名的创新国度，但其国内市场窄小，缺乏将高新科技产业化、规模化、商业化的土壤，而中国目前对创新、科技及产业转型升级的需求非常大，亦有广阔的技术应用市场和资源，近年来，中国企业对于以色列的技术投资十分活跃，2014 年，百度、奇虎 360 等公司以 1.94 亿美元共同投资以色列卡梅尔风险投资公司（Carmel Ventures），专注于数据中心基础设施、大数据、网络安全、金融科技等方向；2015 年，腾讯和人人网等投资的以色列创投新贵奇点创投公司（Singulariteam），则主要关注物联网、机器人、金融科技、增强现实等。2016 年至今，阿里巴巴投资的推歌公司（Twiggle）、增强现实公司（Infinity AR）和拉默斯公司（Lumus），以及美的公司收购的高创公司（Servotronix），亦分别涉及机器学习和自然语言处理、增强现实及机器人领域。深圳光启集团同样于 2016 年宣布在以色列设立国际创新基金，重点投资在识别、机器智能、增强现实等领域的当地公司。中国和以色列之间创新合作的不断深入，不但为以色列企业拓展中国市场业务开辟了渠道，并且也带动了中国跨国企业创新能力的显著提升，从而形成新的商业机会，实现两国经济的增速发展。

另一方面，中国跨国企业应不断加强技术输出，在有效提升自身国际竞争水平的同时，填补国外技术空白，推动“一带一路”整体技术水平跃升。如哈萨克斯坦由于经济实力较强，对中国技术的需求远超资金需求，希望通过与中国企业以组建合资企业或联合开展技术研究的方式引进中国的技术和资本；吉尔吉斯斯坦由于经济基础薄弱，对中国资金和技术同样需要；塔吉克斯坦在农产品深加工技术方面，乌兹别克斯坦在种植业、养殖业、饲料加工业、农业机械制造业等方面，土库曼斯坦在农业新品种引进、农业节水技术、太阳能技术等方面，都对中国企业的技术有较强的需求和合作愿望。中国企业可充分利用这些合作意愿，依托与中亚各国之间的技术互补性，通过加大技术输出力度，进一步开拓海外市场，并带动相应沿线国产业转型升级，从而为推动“一带一路”经济转型发展营造良好的技术创新环境。

（三）全面提升中国跨国公司在“一带一路”建设中的金融保障能力

金融不仅是社会资源配置的核心手段，还是产业变革、社会演化、文化传播、信息交互和国家安全的重要依托。而“一带一路”是一个复杂体系，在进一步打开了中国企业“走出去”潜在空间的同时，也对中国的金融服务能力提出了更高的要求。以金融支持促进沿线国合作共赢已成为“一带一路”建设深化发展的关键，而对于中国的跨国企业来说，提升在“一带一路”建设中的金融保障能力，将有利于其海外经营的有序开展，从而对于稳健、高效地推进“一带一路”建设具有十分重要的意义。

第一，进一步加快中国金融跨国企业在“一带一路”中的布局。虽然近年来中资银行明显加大了在“一带一路”市场的拓展力度，但随着国内“走出去”的企业越来越多，“走出去”的范围也越来越广，以当前金融机构海外布局的数量和服务能力而言，其仍无法满足与日俱增的融资需求。跨境金融服务作为当前国内金融业务的全新增长点，其服务能力与金融机构的国际化经营水平密切相关，因此，为了有效破解中国企业的海外融资瓶颈，中国金融机构的国际化进程也应进一步加快，从而为中国跨国企业架设起通往“一带一路”的资金桥梁。

第二，提升金融机构创新服务水平。推进“一带一路”建设离不开金融创新的支持，通过开展金融创新，中国金融机构将进一步撬动民间资金、社会资本与国际资本的全面参与，从而在满足跨国企业多元化金融服务需求的同时，也将有效弥补“一带一路”建设巨大的资金缺口。如近年来，中国互联网金融无论是在金融创新速度，还是在服务实体经济发展能力上都取得了重大突破，尤其是以 P2P 个人与个人之间网贷系统平台、众筹、第三方支付为代表的互联网金融创新服务模式的发展，为“一带一路”沿线国家中小企业融资带来更多便利。与此同时，中国互联网金融发展已领先于世界，在“一带一路”政策引领下，将给众多金融创新停留在概念层面的沿线国家提供借鉴、复制的机会，从而为在“一带一路”建设中充分发挥企业主体作用创造更加有利的条件。

第三，加快建立金融机构与“走出去”企业的战略合作伙伴关系。中国金融机构应充分利用自身优势，为“走出去”的国内企业提供差异化、专业化和综合化的金融服务。通过与客户结成战略合作伙伴关系，在满足“走出去”企业综合金融需求的同时，拓展自身的客户资源及发挥专业优势，形成双赢的局面。“一带一路”建设的蓬勃开展需要持续建立健全多层次、全方位的金融服务体系。

通过加快“一带一路”布局，完善创新服务，加强合作力度，中国金融机构将更加广泛和深度融入“一带一路”建设大局之中，从而为提升“一带一路”金融服务能力做出应有的贡献。

（四）全面提升中国跨国公司在“一带一路”建设中的本土化经营水平

中国跨国公司在“一带一路”沿线国家的经营方式将是影响其海外战略能否成功的重要因素。根据现有中国跨国企业在对外投资贸易中的经营经验，可以通过提高本土化水平降低经营风险，从而推动中国“一带一路”建设行稳致远。

第一，尽量选择可靠的当地合作伙伴，解决经营中遇到的问题。“一带一路”沿线有的国家的投资政策和产业政策易变，税务、司法、海关等执法机关随意性较强。因此，中国企业在开展国际合作时宜多选择合资方式，且要选择可靠的合作伙伴。当地可靠的合资方更熟悉本国情况，代表公司出面同政府有关部门交涉更有利于各类问题的顺利解决。如果中国企业设立独资企业，则应聘请有实力的顾问，帮助协调和解决与各级政府部门和其他企业之间的相关事宜，从而提升经营效率，降低协调成本。

第二，遵守当地法律，聘请当地有经验的律师为法律顾问。中国企业应该在涉及自身重要利益的经营环节上，提前注意利用法律手段保护合法权益。比如，就投资活动可能涉及的利润汇出、劳务许可、享受优惠政策等问题，应该在项目启动前，聘请当地有经验的律师作为法律顾问，与当地合作伙伴明确协商，并争取写入投资协议。按照法律规定的正常程序办事，不轻信任何口头承诺或口头协议。

第三，处理好与当地员工和工会的关系。中国企业投资与经营，应熟悉当地的劳动法等法律法规，尽量多聘用当地人员，妥善处理与当地员工和工会的关系，减少劳资纠纷。要严格遵守当地法律在员工雇用、解聘、社会保障等方面的规定，依法签订雇用合同，足额发放员工工资和福利金，缴纳规定的社保费。最大限度地保证安全生产，对员工进行必要的技能培训。解聘员工时，要按雇用合同规定处理。保持与工会组织的必要沟通，注意了解员工的思想动态，进行必要的疏导，发现问题及时处理。

第四，积极发展与当地政府和议会的关系。中国企业不仅要与当地中央政府主管部门建立良好关系，还需要与议会、地方政府积极发展关系。了解中央政府和地方政府的职责划分，关注议会各专门委员会的职责及涉及外企经营的重要议题，与有影响力的议员保持沟通和交流。

第五，尊重当地居民的风俗习惯，承担必要的社会责任。中国企业应了解和尊重被投资国的社会传统、文化背景等，处理好与当地居民的关系。通过赞助、支持和参与当地社会活动，提升中国企业海外形象，促进与当地社会的融合。中国企业还应积极参与当地环境保护、扶危济困、助学等公益事业和慈善事业，树立企业良好形象，提高当地社会对中国企业的认可度。要熟悉并尊重当地的风俗习惯和宗教。尤其是在商务社交和企业工作安排方面，要注意尊重当地风俗习惯，尊重各国的宗教信仰，以期获得当地社会各界的广泛支持。

总之，不断提升中国跨国企业的本土化经营水平，将在很大程度上促进中国企业与东道国社会与公共关系的融洽度，从而在改善企业海外经营环境的同时，也为中国进一步挖掘与“一带一路”沿线国家的合作潜力奠定了基础。

（五）加大中国跨国企业国际化复合型人才培养及引进力度

国际化复合型人才的匮乏已成为制约中国企业海外发展的重要瓶颈，也是阻碍“一带一路”建设深化的关键问题。由于中国企业开展海外经营起步较晚，因此企业对于在国际市场上的经营与运作普遍缺乏经验，由此导致并购项目失败以及经营损失等案例不在少数。同时，中国会计师、律师、税务师等中介机构发展程度低、风险评估能力弱，而既通晓国际贸易、国际投资、知识产权保护、国际商事争端解决等专业知识，又具有优秀的外语表达能力的国际化高层次人才严重匮乏，导致了中国跨国企业国际化发展滞后，进而在一定程度上拖慢了中国“一带一路”建设的步伐。

一方面，“一带一路”倡议背景下中国“走出去”企业国际化人才培养方式的调研数据显示：这些企业国际化人才培养的主要方式有内部实践锻炼（占比32%）、内部组织语言培训（占比22%）、员工自学（占比16%）、内部组织业务技能培训（占比6%）、委托高校学历教育（占比3%）、委托高校非学历培训（占比3%）、与高校联合非学历培训（占比6%）、与高校联合办学（占比6%）、送出国学历教育或培训（占比3%）、无任何培训（占比3%）。数据分析表明，中国“走出去”企业的国际化人才培养以自我培养为主，而培养质量和数量远远不能满足企业发展战略需求。因此，中国企业应针对自身特点及需求，积极与高校及职业教育机构联手，对口培养既掌握专业技术及管理知识又熟悉国际惯例的复合型人才，同时借助高校平台，大力推动小语种人才的培养，以满足“一带一路”建设的需求，降低“走出去”企业的对外交流障碍。

另一方面，伴随着全球经济的发展，各国对人才的需求持续增大，加之国际人才发展的不平衡以及人才流动的不均衡，从而使得中国跨国公司面临着对于海外高层次人才的引进困境。为了打破当前国际化人才引进的各项束缚，中国企业应制定更加开放、更加均衡的引才政策，不断完善引进人才的保障机制，强化激励机制，从而拓宽高层次海外人才引进渠道，形成高效快捷的引才模式。积极引进一批具有国际经营能力、熟悉国际运营模式的海外高端人才，充分利用其语言及经验优势，不断提升中国跨国企业人才队伍的整体实力和核心竞争力，从而在实现中国跨国公司国际化水平跃升的同时，加快中国“一带一路”建设的整体推进与深化落实步伐。

参考文献

[1] 徐念沙．中国企业在“一带一路”中的机遇挑战与落脚点［J］．企业文明，2016（12）：33-34.

[2] 齐晓凡，丁新举．“一带一路”战略下中国企业海外投资风险应对［J］．企业管理，2017（1）：85-87.

[3] 赵华林．中央企业在“一带一路”战略中大有可为［J］．环境经济，2017（Z1）：72-74.

[4] 陈四清．完善“一带一路”金融服务体系［J］．中国金融，2017（8）：9-11.

[5] 姜安印．“一带一路”建设中中国发展经验的互鉴性——以基础设施建设为例［J］．中国流通经济，2015，29（12）：84-90.

[6] 李蒲健．争做“一带一路”基础设施建设的引领者［J］．中国勘察设计，2016（1）：40-43.

[7] 卢国学．中国企业“走出去”的风险与控制——从综合安全视角审视中国的“一带一路”建设［J］．东南亚研究，2015（6）：56-63.

[8] 李瑶，董衍美．服务“一带一路”战略的实践探索［J］．职业技术教育，2015，36（30）：22-24.

[9] 黄河，Starostin Nikita．中国企业海外投资的政治风险及其管控——以“一带一路”沿线国家为例［J］．深圳大学学报（人文社会科学版），2016，33（1）：93-100.

[10] 方旖旎．中国企业对“一带一路”沿线国家基建投资的特征与风险分析［J］．西安财经学院学报，2016，29（1）：67-72.

[11] 胥慧颖．提升民营企业在“一带一路”中的作为［J］．中小企业管理与科技（中旬刊），2016（2）：157.

[12] 孙德升．以科技引领支撑“一带一路”战略实施［J］．环渤海经济瞭望，2016（4）：24-26.

[13] 孙轻宇．中国跨国企业国际化成长路径与模式研究［J］．现代管理科学，2012（10）：70-72.

[14] 王寅．中国技术获取型海外并购整合研究［D］．杭州：浙江大学，2013.

[15] 牛锡明．提升“一带一路”金融服务能力［J］．中国金融，2017（9）：37-39.

[16] 梁志兵．企业参与“一带一路”金融支持［J］．中国金融，2017（9）：62-63.

[17] 杨红英，童露．“一带一路”战略背景下校企合作培养国际化人才的机制研究［J］．现代教育科学，2017（6）：104-109.

第二篇

专题报告：中国跨国公司发展领域热点与难点问题专题探讨

一、科学把握战略机遇期，积极稳妥发展海外投资

商务部数据显示，2016 年中国境内企业全年共对全球 164 个国家和地区的 7 961 家境外企业进行了非金融类投资，累计投资金额为 1. 12 万亿元人民币，折合 1 701. 1 亿美元，同比增长 44%。而 2017 年上半年 1—5 月份的数据显示，中国实现对外投资 345. 9 亿美元，同比下降 53%。是什么因素导致海外投资的大起大落，是市场变了还是政策变了？中国企业海外投资应如何走，企业应如何在新的形势下把握好海外投资的发展机会？管理层又应如何根据当前海外投资的新特点、新变化，做到在防范风险的同时，还要继续支持海外投资的健康稳定发展？这是摆在我们面前的一个重要研究课题。随着国内外形势的变化，企业可能会考虑做出新的调整和选择，同时政府主管部门也需要认真考虑如何适应新的形势变化，进一步调整规范监管政策，确保政策实施的公开透明，为中国企业的转型升级，为中国企业进一步提升国际竞争力创造良好的政策环境。本文拟通过对中国企业海外投资的复杂动因及风险分析，对企业应采取的应对措施提出建议。

（一）企业投资形式呈现多元化，海外投资动因日趋复杂

在此我们需要分析一下 2016 年海外投资快速增长的主要动因，从积极的因素看，应该承认，海外投资的快速增长是符合一般规律的，随着中国经济的快速发展和经济总量的不断提升，中国已经进入到海外投资的高增长阶段。根据英国经济学家邓宁的投资理论，人均收入在超过 8 000 美元之后，一国的资本流出将超过资本流入并将进入快速发展阶段。2015 年，中国人均收入已达到 8 000 美元，说明中国已进入到了大规模海外投资的发展阶段。此外，从投资结构看，中国企业的海外投资领域正在由矿山能源开采转向制造业和服务业，而近期更是呈现了多元化发展趋势。这一趋势表现在美国市场上就是中国目前在美国的投资主要集中在八大领域，包括酒店度假村、名牌豪华酒店、洗碗机和咖啡机生产领域、重型机械、好莱坞制作商、软件分销商、证券交易所及网络游戏商，这些在美国市场发展十分成熟的服务业已经成为中国企业海外投资的主要标的。鉴于中国目前正处于转型升级的艰难阶段，从中国企业发展的需要看，企业正常的海外兼并主要包括以下几种类型。

一是通过兼并收购海外发展成熟的服务业，中国企业可以直接进入该行业的经营领域，继承并沿用原有的销售渠道和网络并能保持一定的盈利水平。

二是通过兼并收购生产型企业，可以学习掌握原有企业的产品研发技术和管理水平，提高中国企业在国际市场上的竞争能力，并可以掌握该企业现有的技术水平和研发能力，借用原有的销售渠道和网络，扩大企业的规模和盈利水平。

三是通过兼并收购可以和国内企业的发展融会贯通，通过市场的双向传导作用把国外成熟的经营理念和模式引入国内，拓展新的盈利模式，同时可以发挥国内企业的制造、组装能力，扩大生产规模和市场销售份额。

四是通过兼并收购可以促进企业经营管理水平的提升，提高企业国际化经营的能力和水平，对于做大做强企业，加快形成企业参与国际竞争的新优势有积极的促进作用。

当然，2016 年中国企业海外并购的快速发展不排除存在以下潜在的多种复杂动因。

一是多数企业认为美国经济已进入强势复苏阶段，认为此时收购美国的一些具有成熟商业模式的服务行业肯定可以带来稳定的投资回报。在对美国经济的分析和判断上，多数企业缺乏对美国经济深层次矛盾的理解和把握，盲目乐观。此外，对于中美文化的差异缺乏感性认识且并未高度重视。从潜在风险看会遇到两种可能：一种是一旦遇到新的经济萧条或市场震荡，企业经营会遇到困难或出现亏损；另一种是由于存在中外文化差异可能会在经营理念和发展模式上产生分歧或矛盾，或将影响企业的经营效益。

二是企业对目前金融信贷高杠杆的风险认识不足。大多数兼并收购的案例从外方看都是中方以海外融资支付方式完成的，但实际上投资者一般都是以大量的银行贷款或投资基金来完成支付的，很多企业的融资贷款投入高达 90%。对于经营效益好的企业应该是没问题的，但对于本已负债较重的企业而言风险就比较高了，其中由于投资公司和基金的积极参与，企业对高杠杆收购的风险认识不足，认为只要有银行贷款就没问题了，有的对于投入产出的测算也不够严谨，有的甚至对银行还款的方案都没有概念，这种行为将构成潜在的企业债务风险。

三是受人民币贬值的预期心理驱动，自 2015 年 8 月 11 日人民币汇改以来，由于受到国内经济下行压力和美元快速升值的双重影响和冲击，人们的心理预期发生了巨大变化，人民币一度面临明显的贬值压力。而大多数企业对人民币未来的发展存有疑虑，担心人民币会持续贬值，所以抢在人民币贬值之前大规模地投资海外市场以期获取汇率波动好处或更高的投资回报率。

四是企业盲目投资，非理性投资激增。这类企业一般以大型企业为主，为了响应国家鼓励“走出去”的号召，这些企业都在国际市场上积极寻求投资机会。因为这些企业在国内较容易获得银行贷款，通过海外兼并收购可以进一步将资产规模做大，进而以更大的资产规模做抵押，再进一步提高融资贷款额度。以此发展，其结果是企业的资产负债规模越来越大，一旦遇到经营风险，则企业发展可能会遇到巨大的困难，甚至导致银行不良贷款发生，由此也构成了当前海外投资潜在的风险之一。

五是部分上市公司或民营企业由于盲目轻信国际上对中国经济的负面分析，一方面认为中国经济将长期面临下行压力，另一方面则相信人民币资产将面临持续缩水压力。所以这些企业以加强全球资产配置为由防范资产缩水，即通过大规模海外兼并收购的方式和手段，实现其大规模转移资产的目的。这些企业的海外投资收购大都采取了在海外融资贷款的形式，不仅逃避了国内监管，形成了新的负债，而且造成了国内外汇储备在短时间内大规模外流，反过来又形成对人民币汇率的贬值压力，对国民经济运行造成负面影响。结果很可能是随着美元的持续加息以及国际贷款利率的上升，这些企业最终会遇到偿还海外借贷的压力，有的极可能触发企业债务风险。

（二）加强监管、防范风险应同提高服务并举

针对中国企业海外投资并购快速发展中存在的问题和风险，自 2016 年 12 月以来，

有关主管部门已加强了海外投资的风险防范工作：一方面加强了对海外投资的跟踪监管，另一方面对海外投资的外汇支出实施了严格的审查限制。中国人民银行和国家外汇管理局都对企业对外放款提出了新的要求。商务部也发出通知明确要求针对对外投资和兼并项目，企业需提交额外的备案和核准申请材料，要求企业填写境外并购事项前期报告表。国资委也颁布了中央企业境外投资监督管理办法，特别加强了对中央企业境外投资风险的管理和监督。各有关部门的齐抓共管，确实取得了明显的效果。企业非理性投资受到坚决遏制，国家外汇储备出现稳步回升迹象，当然这一加强监管的过程不可避免地对理性投资者也会产生一定的影响。

为进一步规范海外投资管理，确保有效投资的持续发展，构建健康有序的投资发展态势，在此建议管理层和投资企业共同努力做好海外投资中的风险防范工作。管理层应进一步完善监管办法，确立明确的监管条件，并做到监管条件和程序的公开透明：

一要进一步研究完善海外投资新的监管审批办法和机制，明确规定海外投资鼓励和支持的项目清单，对于禁止的和限制的应纳入到负面清单进行管理，以便企业遵照执行。

二要明确海外投资分级管理制度，对于投资规模较大的项目如何审核应明确程序，使得企业做到心中有数，避免企业在投资过程中由于政策把握不准，导致投资项目的拖累和延误并造成损失。

三要在防控企业风险方面有明确的界限，对于已经负债过高的企业加强监管是必要的，但应明确界限。例如，能否明确规定企业负债率在100%以上的，银行将拒绝贷款，以避免企业在无序扩张中形成新的风险。

四要确保高质量高效益的投资项目正常进行。针对中国快速发展的海外并购浪潮，主管部门除应加强监管外，对支持鼓励类的项目，仍有责任继续提供必要的便利化服务和政策支持。另外，相关部门应加大多方面的信息发布与服务力度，及时向企业发布风险提示并加以引导，提醒企业树立风险意识，确保投资的安全性和可持续性。

（三）企业应全面提高风险意识，注重投资质量和效益

第一，企业要关注并学会把握和驾驭国内外经济形势的复杂变化。目前全球经济仍处于不均衡复苏阶段，市场波动剧烈，发达国家仍未最终摆脱危机的束缚，美国经济虽率先复苏，但也存在众多深层次的矛盾，金融资产泡沫和政府债务风险仍是困扰美国经济的主要矛盾。特别是美国现任总统特朗普推行的美国优先的极端保护主义政策将带来新的政策上的不确定性，投资环境将更加复杂。中国的投资企业一定要全面了解投资目的国的政治、法律、经济状况，并对这些发展变化有一个准确的判断和把握，以避免大规模投资后一旦政治经济形势恶化带来的不必要的经济损失。

第二，企业必须学会制订完整的投资计划，中国企业一旦决定参与海外投资项目，就必须要统筹考虑。首先要有明确的企业发展定位和思路，把握好自己的核心竞争力和经营主业。在进入市场前，应制定详尽的产品战略和市场战略，并要经过充分的论证，其次在具体项目启动前一定要做好可行性研究报告，如有困难应委托专业咨询机构完成。企业在这方面支出的费用同在项目上交学费比起来还是微乎其微的。特别是针对服

务领域的投资，其关键是要把握好经营理念和商业模式。

第三，企业要学会控股经营或以较少的投资参股实现控股的目的。按照公司法的规定，最大股东控股是很正常的情况。所以企业在海外兼并收购过程中，应尽量避免全额收购，可以采取分步兼并收购的方法，如先入股一定的比例，待经营的前景比较明朗时再进行增资控股。对此，中国改革开放的实践提供了有效的经验，数据显示，在中国加入世界贸易组织前，外商在华投资的70%是以合资的形式进行的，此后控股和独资的形式才逐渐有所上升。而且在投资进入市场的初始阶段，当地合作方的选择也是十分重要的。

第四，企业要学会与当地企业密切合作。海外投资在起步阶段最好先以合资的形式为主，学会与当地企业分工合作，并且要慎重选择好合作伙伴，特别是在一些敏感领域的投资，没有当地有影响力的合作伙伴的配合是十分复杂和艰难的，有时甚至会付出较大的代价。此外，无论在海外经营独资企业还是合资企业，都要深入了解当地的法律法规和文化风俗习惯，并且要尊重当地的法律法规，严格依法合规经营，不能有侥幸心理。在这一点上要与当地的合作伙伴密切沟通合作，尽量采取属地化管理的模式，尽快融入当地社会，逐步树立良好的中国企业形象。

第五，企业要加强风险防范意识。在海外投资兼并过程中，应注意两方面风险，即外部风险和内部风险。由于不了解所在国的法律法规和财税制度所导致的经营困难或财产损失属于外部风险；由于人员安排不当或主要负责人水平和能力有限所导致的经营亏损属于内部风险。此外，在当前形势下，在海外兼并收购的过程中应尽量避免杠杆过大操作，特别是对于负债很高的一些企业，更要严格限制超规模贷款收购的做法，应鼓励采取多渠道融资的方法，避免企业遇到债务问题后直接对银行造成影响。

总之，我们已经看到中国企业正在实践中发展壮大，竞争能力不断提升，当前中国企业参与海外投资兼并收购仍是企业国际化发展的必然趋势，相信在企业普遍提高风险意识的前提下，在管理层不断改进完善监管制度、提高服务水平的条件下，中国企业的海外投资定将行稳致远，尽快形成企业参与国际竞争的新优势，为国民经济发展做出更大的贡献。

二、共建“一带一路”与中国跨国公司对外投资的新策略①

2017 年 5 月 14—15 日在北京召开的“一带一路”国际合作高峰论坛是“一带一路”建设中具有里程碑意义的事件，它标志着“一带一路”已由最初的中方倡议转化为参与国的集体行动。此次论坛上习近平主席发表了题为“携手推进‘一带一路’建设”主旨演讲，此外论坛还发布了《“一带一路”国际合作高峰论坛圆桌峰会联合公报》《“一带一路”融资指导原则》《推进“一带一路”贸易畅通合作倡议》等文件，

① 本文受 2014 年度国家社会科学基金重大项目“丝绸之路经济带建设与中国对外开放战略研究”（项目编号：14ZDA076）资助。

这些文件为未来共建“一带一路”指明了方向，也为中国跨国公司参与“一带一路”国际经济合作提供了依据。

（一）《“一带一路”融资指导原则》为“一带一路”框架下企业对外投资提供制度保障

《“一带一路”融资指导原则》（以下简称《指导原则》）是各方在“一带一路”倡议下首次就资金融通问题制定的指导性文件。各方将本着“平等参与、利益共享、风险分担”的原则，推动建设长期、稳定、可持续、风险可控的“一带一路”多元化融资体系，为企业对外投资提供支撑。

1. 倡导投资自由化，扩大各国市场开放

《指导原则》强调，支持金融市场有序开放。鼓励沿线国家视情况开放公共服务市场。鼓励根据国情，在符合国内法律法规的前提下，逐步扩大银行、保险、证券等市场准入。支持视情况提高对外国直接投资的开放度。

2. 坚持市场经济原则

《指导原则》指出，市场机制在金融资源配置中应发挥决定性作用。鼓励各类商业性金融机构、政策性金融机构和出口信用机构以及开发性金融机构为“一带一路”建设提供政策性金融支持和技术援助。推动商业银行、股权投资基金、保险、租赁和担保公司等各类商业性金融机构以及养老基金、主权财富基金等长期机构投资者参与基础设施建设。

3. 鼓励金融创新

鼓励基于“一带一路”建设需求和沿线国家需求的金融创新。支持金融机构在风险可控前提下创新融资模式、渠道、工具与服务。进一步发展区域金融市场和各国本币债券市场及股权投资市场，扩大长期融资来源，降低货币错配风险。

4. 加强金融监管与风险防范

加强跨境监管协调，共同为金融机构创造公平、高效、稳定的监管环境。加强对融资项目社会环境影响的评价和风险管理，重视节能环保合作，履行社会责任，促进当地就业，推动经济社会可持续发展。在动员资金时，应兼顾债务的可持续性。

5. 构建符合“一带一路”特点的投资保护和争端解决机制

《指导原则》强调，将探讨建立互惠互利、投资友好型的税收制度。支持通过公正、合法、合理的方式妥善解决债务和投资争端，切实保护债权人和投资人合法权益。

6. 确立符合“一带一路”特点的投资方向

未来“一带一路”建设将重点加大对基础设施互联互通、贸易投资、产能合作、能源能效、资源以及中小企业等领域的融资支持力度。

7. 加强国际反腐合作成为新方向

《“一带一路”国际合作高峰论坛圆桌峰会联合公报》指出，共同打击一切形式的腐败和贿赂。习近平主席在主旨演讲中特别强调，“我们也要加强国际反腐合作，让‘一带一路’成为廉洁之路”。这是完善全球经济治理，确保所有人公平享有发展机遇和成果的重要方向，是“一带一路”对于完善全球治理的重要贡献。

（二）“一带一路”框架下中国跨国公司对外投资的新方向

2015 年 3 月 28 日，中国发布了《推动共建丝绸之路经济带和 21 世纪海上丝绸之路的愿景与行动》，确定了“一带一路”建设的合作框架、主要方向及合作机制等关键问题。其中，开展对外投资是“一带一路”建设的重点。

伴随中国的工业化进程，中国跨国公司自 20 世纪 90 年代末以来，走过了境外加工贸易和境外资源开发两个重要的对外投资阶段。目前，中国成为全球制造业大国并步入后工业化时期，按照国际标准工业分类，在 22 个大类产品中，中国在 7 个大类的产品产量名列世界第一，其中钢铁、水泥和汽车等 220 多种工业品产量居世界首位①。对外直接投资的国际实践经验表明，鉴于目前中国工业化发展水平，未来制造业对外投资即产能合作将成为中国对外投资的主要方向，因而也将成为跨国公司国际化经营的重要取向。与此同时，对外投资进程的延续性又决定了即使产能合作与基础设施建设成为未来“一带一路”国际经济合作的重点领域，但是对外投资历程仍处于相互交融状态，因而在“一带一路”框架下跨国公司的对外投资将向四大领域拓展。

1. 农林牧渔业

开展农机及农产品生产加工等领域深度合作，积极推进海水养殖、远洋渔业、水产品加工、海水淡化、海洋生物制药、海洋工程技术、环保产业和海上旅游等领域合作。中国跨国公司可在农产品贸易、农业对外投资和农业技术方面加强与“一带一路”相关国家的合作。

“一带一路”区域的国家是中国农产品进口的来源地和重要出口市场，也是中国农业对外投资的主要地区，合作潜力大并且合作基础好。多年来，“一带一路”沿线的东南亚、中亚、南亚、西亚、中东欧、非洲等地区的诸多国家一直是中国对外农业合作的重点区域与国别，未来将进一步扩大与各国间的农产品流通和贸易规模。除了传统的农业种植和养殖外，在“一带一路”框架下各方还将在农业科技领域开展深入合作与交流。根据“一带一路”沿线各国的农业资源特色及合作优势，各国企业将就农业新技术、新装备、新模式的科技研发深化合作。在现代农业基础设施建设方面加强合作。拓展农业优良品种资源的交流合作，促进培育优良品种技术交流，培育适合各国生态环境、自然条件的优良品种。与此同时，还将积极开展农业资源和生态保护技术的综合交流与合作，增强农业可持续发展能力。扩大优质农产品生产，在农产品质量监督、技术和措施等领域深化合作，提高农产品质量的安全性。发展生态农业、休闲农业、观光农业、旅游农业和园林农业。

拓展远洋渔业合作也是共建“一带一路”的重要方向。跨国公司将重点建设境外综合性渔业基地，涵盖远洋捕捞、货物运输、油料补给、渔船维修等业务以及冷藏、加工、销售等后勤服务和配套设施。在海洋文化、海洋餐饮、滨海旅游、海洋教育培训等领域进一步深化合作。

---

① 刘育英．中国制造业增加值在全世界占比超 1/5 [EB/OL].(2014-10-05)[2017-06-02]. http://www.chinanews.com/cj/2014/10-05/6650782.shtml.

2. 能源资源勘探开发与深加工

未来将加大煤炭、油气、金属矿产等传统能源资源勘探开发合作力度，积极推动水电、核电、风电、太阳能等清洁、可再生能源合作，推进能源资源就地就近加工转化合作，形成能源资源合作上下游一体化产业链。加强能源资源深加工技术、装备与工程服务合作。

“一带一路”沿线国家与中国具有较强的资源互补性。伴随着各国的经济发展，彼此作为能源供给国和需求国之间的联系越来越密切，深化能源和矿产资源的合作也是各国的共同利益诉求。未来将在“一带一路”沿线国家进行资源勘探开发，建立境外资源生产基地。并购油气区块，建造上、中、下游领域的能源开发中心、加工炼化中心和市场销售中心。与此同时，为了实现经济可持续发展并保护生态环境，还将积极拓展在“一带一路”沿线地区的可再生能源产业市场份额，发展风电、光伏和核电技术，打造区域能源供应网络。油气企业可通过对外直接投资在“一带一路”沿线国家建立炼油厂、发电厂，延伸油气产业的下游产业链，将当地的油气资源直接转换为能源消费产品，就地加工，造福当地居民，促进对象国的经济发展，这不仅可缓解相关国家的能源紧张局面，还能在客观上保障各方长远的能源安全。

3. 高新技术产业合作

推动新兴产业合作，按照优势互补、互利共赢的原则，加强沿线国家在新一代信息技术、生物、新能源、新材料等新兴产业领域的深入合作，推动建立创业投资合作机制。

中国跨国公司将加强与“一带一路”沿线国家企业在数字经济、人工智能、纳米技术、量子计算机等前沿领域的合作，推动大数据、云计算、智慧城市建设，打造 21 世纪数字丝绸之路。各方将促进科技同产业、科技同金融深度融合，优化创新环境，集聚创新资源。启动“一带一路”科技创新行动计划，开展科技人文交流、共建联合实验室、科技园区合作、技术转移等 4 项行动，未来 5 年在“一带一路”沿线区域投入运行 50 家联合实验室。

2017 年 6 月，世界知识产权组织在瑞士日内瓦发布了《2017 全球创新指数报告》[①]，在全球 127 个经济体中，“一带一路”沿线 14 个国家在全球创新指数排名中位居前列（排在 42 位之前），分别为新加坡、以色列、中国、捷克、爱沙尼亚、斯洛文尼亚、拉脱维亚、斯洛伐克、阿联酋、保加利亚、马来西亚、波兰、匈牙利和罗马尼亚，在全球创新能力较强的 42 个国家中占了 1/3，为拓展“一带一路”沿线区域企业之间在高新技术领域的合作奠定了坚实基础。此外，一些未列入上述名单的国家，如白俄罗斯、乌克兰和俄罗斯也具有较强的技术优势。白俄罗斯在机器制造业、化学和石化工业、电子工业和无线电技术，乌克兰在焊接技术、造船技术，俄罗斯和乌克兰在新材料、生物技术、电子技术、环保技术、软件开发等领域均具有一定的科技优势，为拓展各国之间在高新技术领域的合作创造了条件。未来在“一带一路”框架下各国将大力推动农业、能源、交通、信息通信、资源、环境、海洋、先进制造、新材料、航空航天、医药健康和

① WIPO，“The Global Innovation Index 2017”.

防灾减灾等领域的技术应用以及技术成果转化，使其成为各国合作的新增长点。

4. 国际产能合作

优化产业链分工布局，推动上下游产业链和关联产业协同发展，鼓励建立研发、生产和营销体系，提升区域产业配套能力和综合竞争力。

根据2015年5月发布的《国务院关于推进国际产能和装备制造合作的指导意见》，未来"一带一路"框架下的产能合作将重点集中于钢铁、有色、建材、铁路、电力、化工、轻纺、汽车、通信、工程机械、航空航天、船舶和海洋工程等领域。从区域分布看，近期以亚洲周边国家和非洲国家为重点。根据不同国家和行业的特点，有针对性地采用贸易、承包工程、投资等多种方式有序推进产能合作。

钢铁行业重点推动炼铁、炼钢、钢材等钢铁生产基地建设。有色冶金行业重点进行境外铜、铝、铅、锌等有色金属冶炼和深加工。建材业侧重于水泥、平板玻璃、建筑卫生陶瓷、新型建材、新型房屋等生产线建设。铁路行业重点推动周边铁路互联互通、非洲铁路重点区域网络建设及高速铁路项目建设。电力设备着重扩大国产火电、水电装备和技术出口规模，积极参与有关国家风电、太阳能光伏项目的投资和建设。化工行业重点建设石化、化肥、农药、轮胎、煤化工等生产线。轻纺工业将在靠近目标市场的国家投资建设棉纺、化纤、家电、食品加工等轻纺行业项目。汽车制造业将在市场潜力大、产业配套强的国家设立汽车生产厂和组装厂。鼓励大型通信和网络设备制造企业在海外建设运营信息网络、数据中心等基础设施。推动工程机械企业在境外建设农业机械、石油装备、机床工具等制造企业。航空航天装备企业将大力开拓发展中国家航空市场，在亚洲、非洲条件较好的国家探索设立合资航空运营企业。船舶和海洋工程装备企业也应加快海外投资建厂、建立海外研发中心及销售服务基地，提升深海半潜式钻井平台、浮式生产储卸装置、海洋工程船舶、液化天然气船等产品的国际竞争力等。

（三）"一带一路"框架下中国跨国公司对外投资的新模式

目前，中国推进共建"一带一路"所面临的国际竞争环境发生了巨大变化。当今，世界现代制造业与生产性服务业之间的融合日益深入，生产性服务业已成为产业国际竞争的焦点。一个企业若要在世界市场上保持竞争优势，其关键环节并非仅仅体现在单一的生产制造能力上，而应实现上游、中游、下游三个部分服务的综合优势。生产性服务业在促进制造业价值链重构过程中发挥着整合系统并提供专业化市场服务的独特作用。发达国家跨国公司的经验显示，其技术密集型产品中软性投入所产生的增值已占到总增加值的70%以上[①]。如果生产性制造业与生产性服务业不能有效协调发展，那么制造业便难以实现提质增效的目标，更难以保持稳定持续发展。

当今跨国公司普遍采用了多种融合模式。例如，依托制造业发展服务业；从销售产品发展为提供服务和成套解决方案，作业管理从制造领域延伸到服务领域；制造企业转型为服务提供商，除了生产制造外，还提供流程控制、产品研发、市场营销、客户管理等生产性服务等。在这种形势下，未来"一带一路"框架下中国跨国公司拓展对外投

① 胡红梅．生产型服务业对制造业价值链重构的思考［N］．中国经济时报，2014-08-28.

资迫切需要与时俱进，不断创新，采用新型运营模式，以便在激烈的国际竞争中赢得一席之地，同时提升中国在全球价值链中的地位，为中国产业转型升级奠定基础。

1. 打造建营一体化企业“走出去”新模式

中国跨国公司应改变以往在境外建立单一生产型企业的模式，发展基于本行业的建设与经营相融合的一体化新型运营模式。

（1）农林牧渔业的建营一体化模式。由农业种植和养殖逐步向产加销、储运等全产业链的合作拓展。积极推进农产品现代流通体系建设的合作，比如构建仓储设施、冷链物流，农产品集中运输、鲜活农产品的仓储和流通，加强与沿线国家农产品的流通和贸易。在渔业合作中可由单一捕捞向捕捞、加工和市场运营一体化转变，从打捞、服务到海洋文化、海洋餐饮、滨海旅游、海洋教育培训等文化产业拓展，形成国际化、集成化大产业。

（2）资源开采业的建营一体化模式。在资源开发领域结合境外矿产资源开发，延伸到下游产业链，开展石油、天然气、煤炭、钢铁、铜、铝、铅、锌等能源和矿产资源的深加工，形成开采、加工和销售相结合的上、中、下游一体化格局，提高资源开发的增值率，带动成套设备出口。

（3）高新技术领域的建营一体化模式。将境外技术研发、技术成果转化、生产加工制造与产品销售服务相衔接，在“一带一路”广泛区域内整合资源，提升高新技术合作的效率。将技术合作与生产相结合，可为铁路、公路联运联通提供技术标准对接，为水上运输提供保障系统的关键技术支持。加快数据共享平台与信息服务设施建设，实现数据资源的高速传输、关联融合和服务共享，为通信网络和跨境光缆建设提供技术支撑等。

（4）国际产能合作领域的建营一体化模式。在制造业对外投资过程中可将项目设计、施工、生产和服务相结合，如采用投资与设计、工程建设、设备供应等多种方式相结合组织建材项目。在铁路建设领域将铁路设计、施工、装备供应、运营维护相融合形成一揽子合作方案。中国土木工程集团有限公司（简称“中土集团”）在非洲承建的亚吉铁路首次采用了全套的“中国标准”，并取得了六年运营管理权，首次实现建营一体化，为中国企业在非洲承建铁路及孵化沿线项目带来示范效应。汽车行业可在投资对象国建立分销网络和维修维护中心，带动自主品牌汽车整车及零部件出口，同时在欧美发达国家设立汽车技术和工程研发中心等。

2. 打造中国跨国公司全产业链“走出去”新模式

在未来推进“一带一路”建设过程中，中国跨国公司的对外投资将打破行业界限，由生产加工环节向技术环节和服务环节延展，形成跨行业的三位一体新型投资模式。

（1）跨行业的全产业链“走出去”模式。将制造业向设计、创新、研发、专利、品牌、市场营销、软件、物流、交通、售后服务与维护、金融管理、会计和咨询等领域全面拓展，开展“工程承包+融资”“工程承包+融资+运营”等合作形式，提升中国跨国公司在全球价值链上的地位。

铁路建设实现集中国标准和设计、投融资、装备材料、施工、监理为一体的“全产业链中国化”。矿产资源开发实现跨行业的融合，将产业资本与金融资本耦合，重塑产业价值链体系。鼓励中国各类金融机构和科技中介服务机构加强合作，建立面向沿线国家的区域性科技金融服务平台和投融资机制，重点支持面向沿线国家的科技基础设施建设和重大科技攻关项目。

（2）不同类型的境外园区模式。境外园区建设成为构建跨行业全产业链“走出去”的有效形式，为此可以探讨集种植、养殖、加工于一体的境外农业合作区，使农业合作向生态化、机械化、产业化和科技化综合方向发展。建立以能源资源勘探开发和深加工为一体的上、中、下游产业链相结合的境外工业园区。此外，还有高科技与制造业和农业相结合的自主创新示范区、农业科技园区、海洋科技产业园区、环保产业园和绿色建材产业园等，应探索多元化的境外园区建设模式。

（四）构建“一带一路”新型对外投资促进体系

2017年“一带一路”国际合作高峰论坛发布的《推进“一带一路”贸易畅通合作倡议》强调，“一带一路”沿线国家呼吁加大区域价值链投资，开展国际产能合作，共建经贸产业合作区。根据“一带一路”国际经济合作的需求，建营一体化和跨行业全产业链将成为未来中国跨国公司对外投资的一种新形式。为了促进建营一体化对外投资模式的健康发展，迫切需要解决以下问题。

1. 树立全产业链对外投资的新理念

截至目前，中国企业对外投资重生产、轻经营，重技术、轻法律的现象仍较为普遍。哈萨克斯坦主权财富基金萨姆鲁克—卡森纳基金驻华首席代表一语道破中国企业对外投资的短板：西方跨国公司在哈投资一般采用三位一体的团队，即资金团队、技术团队和法律团队；而在哈萨克斯坦开展投资的中国企业一般只配备两个团队，即资金团队和技术团队，缺少法律团队。由于中国企业对哈投资的法律环境以及合作规则缺乏了解，常常给项目实施带来困难，甚至造成意想不到的损失，影响双方合作成效。加强境外投资项目前期的法律咨询与调查应成为中国跨国公司境外投资不可或缺的环节并应做出必要的资金安排。

重生产、轻服务也是长期以来中国企业对外投资中普遍存在的问题。境外一些生产项目因缺少后期服务而难以正常运转，技术问题频发，甚至造成项目或生产被迫停止，这不仅造成了直接经济损失，也损害了中国企业的声誉。未来在“一带一路”框架下中国跨国公司应树立全产业链“走出去”的新理念，这不仅是中国产业结构升级的客观需要，也是汲取中国以往对外投资的教训而做出的新选择。

2. 加强对外投资体制机制创新

未来中国跨国公司推动建营一体化对外投资新模式可能遭遇的瓶颈之一便是中国管理体制现存的各种壁垒，如部门职能的条块分割、区域之间不融合，难以形成合力。在这种体制下仅凭借企业自身的力量难以消除现存壁垒，迫切需要对中国现有体制进行深刻改革，以契合中国跨国公司大规模对外投资的实际需求。例如中国的法律服务行业与生产型企业之间缺少密切的业务联系，且海外法律咨询业务大多为外资企业或民营企业所经营，大型国有生产企业与其缺少经常性业务往来，由此造成项目前期法律咨询到项目设计以至生产环节之间相互脱节，掣肘建营一体化模式的推进。

目前，中国服务外包作为新兴产业占据了全球服务外包市场30%①以上的份额，跃居世界第二位，发展势头良好，但服务外包企业与中国大型生产型企业、金融类企业之间缺少紧密的合作关系，造成中国服务外包企业主要为他国企业服务，较少支撑本国企业的发展。未来“一带一路”合作中要引导中国在境外开展对外投资合作的跨国公司在当地购买服务，配置全球资源，提升价值链分工地位，为此需要大力拓展“服务外包+”的合作模式，将其与农业、制造业、金融业、信息技术产业、能源产业以及医药产业跨国公司等相融合，形成复合投资模式，延长境外投资项目的产业链，取得综合效益。

中国境外的教育服务机构、医疗服务机构以及旅游服务机构之间本属文化与人文产业，具有较多共性，但目前缺少统筹协调，各部门各自为战，前期重复建设，资源不能共享，造成部分境外资源难以合理利用，同时企业开拓国际市场过程中因彼此竞争成本不断攀升，影响投资成效。破除部门壁垒，形成多功能协调机构，凝聚合力是提升中国企业跨国经营综合能力的有效途径，为此需要进一步加大改革与整合力度。

3. 提升对外投资服务保障水平

建营一体化和全产业链对外投资的经营模式作为中国跨国公司新型国际投资形式仍处于起步阶段，还需经历发展与不断完善的过程，为此需要建立健全中国的投资服务保障体系，大力提升中国投资服务保障水平，为企业实现全产业链“走出去”创造必不可少的条件。

（1）搭建综合信息服务平台。实现全产业链“走出去”需要企业掌握充分的市场开拓和项目建设信息，这是保障项目成功必不可少的前提，为此迫切需要搭建综合信息服务平台，实现有偿服务与无偿服务相结合。其一，由各级政府部门提供公共信息服务，建立公共信息平台，实现信息共享。全面协调政府、商会、协会、企业、金融机构、中介服务机构等的信息资源，及时发布国家关于“走出去”的有关政策，以及全面准确的国外投资环境、产业发展政策、市场需求、项目合作等信息，为企业“走出去”提供全方位的综合信息支持和服务。其二，建立有偿信息服务体系。“一带一路”涵盖国家范围广，各国国情差异较大，投资环境不尽相同，仅依靠政府或一般中介机构的无偿信息服务难以满足对具体国别或投资项目的信息需求，为此需要建立针对不同企业、不同具体项目的有偿信息服务体系，提供个性化服务，因此各类法律咨询公司和项目咨询公司将成为信息保障体系不可或缺的组成部分，它们将以多种形式为企业提供境外项目投资的前期法律咨询与服务。

（2）完善行业与地区协调机制。2015年以来，伴随行业协会和商会的转型，其服务重心逐渐从政府转向企业、行业和市场，商会、行业协会以及各类中介服务机构在企业“走出去”过程中将发挥积极作用，为企业对外投资提供指导、咨询和信息等服务，涉及国际化的法律、会计、税务、投资、咨询、知识产权、风险评估和认证等领域。与此同时，还应完善中介服务的管理制度，加强行业自律，规范对外投资企业的市场主体

---

① 张乐．商务部：中国服务外包已占全球近三成份额［EB/OL］．（2015-09-26）［2017-06-03］．http：//news. xinhuanet. com/2015-09/26/c_ 1116686850. htm.

行为，避免恶性竞争，为对外投资创造健康有序的市场环境。

地方政府在促进企业开展对外投资活动时也将发挥积极作用。一方面，地方政府应根据本地区经济发展规划以及产业结构调整方向对本地区企业开展境外投资的方向以及区域进行有效指导，整合区域资源，防止恶性竞争，同时力求形成全产业链的对外投资新形式。另一方面，加强与国内其他区域之间的合作与协调，在全国范围内整合资源，实现优势互补，力争在更加广泛的区域内构建产业链，为企业开展新型对外投资搭建平台。

（3）建立投资风险防范体系。根据2016年中国出口信用保险公司发布的《“一带一路”65个国家风险状况分析》，“一带一路”国家评级为5~9级的国家占比为84%[①]，由此表明，“一带一路”区域绝对风险水平比较高，加强投资风险防范是保证“一带一路”对外投资成功率的重要条件。为此，迫切需要构建境外投资风险防范体系。

一方面，建立信息预警机制。健全支持企业对外投资的风险评估和防控机制，定期发布重点国别风险评估报告，向企业及时通报“一带一路”沿线国家的政治、经济和社会重大风险，并提出应对措施与预案。综合运用外交、经济、法律等手段，维护中国企业境外合法权益。充分发挥境外中国公民和机构安全保护工作部际联席会议制度的作用，完善境外安全风险预警机制和突发安全事件应急处理机制，及时妥善解决和处置各类安全问题，切实保障公民和企业的境外安全。

另一方面，构建全方位、多层级的投资风险保障体系。充分发挥现有出口信用保险机制的风险保障作用，扩大保险覆盖面，有效支持大型成套设备出口，对风险可控的项目实现应保尽保。与此同时，“一带一路”国家投资环境差异较大，中国跨国公司对外投资面临较高政治与经济风险，因此迫切需要建立多层级、覆盖多领域的综合风险防范体系，为企业提供风险保障。例如，可考虑建立由政府承担一定保险责任的政策性保险机制。该机制针对投资对象国政治风险予以担保，包括因政府更迭、社会动荡、汇率贬值等造成的风险，企业可以以相对较低费率投保，从而降低企业的负担。同时，考虑建立多层级新型商业保险体系，对投资对象国各种经济风险给予担保。例如，针对中小企业投资能力弱且防范风险能力较低的特点，建立针对中小企业的风险担保机制等。

参考文献

[1] 国家发展改革委，外交部，商务部．推动共建丝绸之路经济带和21世纪海上丝绸之路的愿景与行动［EB/OL］.（2015-03-30）［2017-06-02］. http：//zhs. mofcom. gov. cn/article/xxfb/201503/20150300926644. shtml.

[2] 国务院关于推进国际产能和装备制造合作的指导意见：国发〔2015〕30号［A/OL］.（2015-05-16）［2017-06-02］. http：//www. gov. cn/zhengce/content/2015-05/16/content_ 9771. htm.

[3]“一带一路”融资指导原则［EB/OL］.［2017-05-15］. www. yidaiyilu. gov. cn.

① “一带一路”65个国家风险状况分析［J］. 大陆桥视野，2017（4）：83-84.

[4] 刘华芹，彭柏翰．以规则对接提升“一带一路”经贸合作水平［J］．国际商务财会，2017（5）：3-6.

三、“一带一路”沿线国家和地区分享中国发展经验[①]

2017年5月14日上午，国家主席习近平在“一带一路”国际合作高峰论坛开幕式上发表主旨演讲，指出“古代丝绸之路绵亘万里，延续千年，积淀了以和平合作、开放包容、互学互鉴、互利共赢为核心的丝路精神”。

从历史上看，19世纪70年代德国地理学家李希霍芬（Ferdinand von Richthofen）首次提出了“丝绸之路”（Seidenstrassen）的概念——“自公元前114年至公元127年间连接中国与河中以及印度的丝绸贸易的西域道路”。[②] 1903年，法国汉学家沙畹（Edouard Chavannes）则将“陆地丝绸之路”和“海上丝绸之路”进行分别阐述：“丝路有陆海二道，北道出康居，南道为通印度诸港之海道，以婆庐羯泚（Broach）为要港。又称罗马Justin与印度诸港通市，而不经由波斯，曾于五三一年遣使至阿剌伯西南Yemen与Himyarites人约，命其往印度购丝，而转售之于罗马人，缘其地常有舟航至印度。”[③] 中国学者对“丝绸之路”的关注和研究稍稍滞后。民国时期张星烺先生编纂的《中西交通史料汇编》刊出后，在国内掀起了研究“丝绸之路”相关问题的热潮。20世纪50年代和60年代，有关“丝绸之路”的研究主要是从对外友好关系和边疆民族团结等角度展开的。近年来，随着国际交流合作的扩大以及“一带一路”倡议的提出，“丝绸之路”的研究再次迎来高潮，学者们主要关注其内涵、路径、潜力等方面的内容。“一带一路”的提出更多是借鉴“丝绸之路”的象征意义，然而“一带一路”的经济学内涵及其背后所引致的理论问题，亟待关注和深入研究。

《周易·兑卦》曰：“邦交，以和为贵。”《论语·学而》曰：“有朋自远方来，不亦乐乎。”500年前西方用坚船利炮开始大航海寻找东方的丝绸国度（赛里斯），500年后东方古老文明举起和平、友谊、交往、繁荣的“一带一路”大旗。从张骞西域的跋涉，到郑和在西洋中的求索，从在近代陆防海防中备受欺凌，到如今昂首阔步将东方的福音播撒到全球，这“一带一路”一走便是千年。今天的“一带一路”不仅镌刻着历史的纹路，也同样散发着时代的芬芳。

“一带一路”倡议自习近平总书记2013年第一次提出已有4年时间，4年以来中国将象征着“和平合作、开放包容、互学互鉴、互利共赢”丝路精神的“一带一路”建设逐渐从理念转化为行动，积累了丰硕的成果。

“一带一路”是“丝绸之路经济带”和“21世纪海上丝绸之路”的简称。目前，

---

① 本文是国家开发银行与北京大学合作项目“全球价值双环流下中国与亚非拉协同机制研究”的阶段性成果。

② Richthofen F. V.，China. Bd. 1. Berlin，1877，454 ff.

③ 沙畹．西突厥史料［M］．冯承钧，译．［出版地不详］：中华书局，1958：167.

“一带一路”作为中国未来对外开放的重要倡议，借鉴了古代陆上、海上丝绸之路的象征意义，通过这个符号在国际交往中倡议“和平合作、开放包容、互学互鉴、互利共赢”的丝绸之路精神。2015 年 3 月 27 日，由国家发展改革委、外交部、商务部三部委联合发布的《推动共建丝绸之路经济带和 21 世纪海上丝绸之路的愿景与行动》，则是“一带一路”最为权威的官方指导。“一带一路”是在特殊的国际经济发展背景下提出的，希望通过建立一个大的国际合作平台，通过推动更大范围的跨区域社会经济交流合作，解决各国经济发展中遇到的瓶颈和困难。“一带一路”的提出与广泛推进，为实现联合国 2030 可持续发展目标提供了契机。“一带一路”提出的出发点与这些目标中的“消除饥饿与贫困”“体面工作与经济增长”“工业、创新和基础设施”这三个具体目标不谋而合。2016 年 11 月 17 日，联合国大会首次写入“一带一路”倡议，并且得到了 193 个会员的一致赞同。

这表现出推进“一带一路”倡议是顺应经济发展需要，同时得到国际社会普遍支持的重要举措，其内在经济逻辑有以下五个方面。

（一）“一带一路”提出的历史必然

1. 经济发展阶段的诉求

经济全球化是当代发展的一个显著特点。然而，全球化从最初发展至今并非是始终处于快速上升的发展阶段。

世界经济发展经历了曲折反复的路径。20 世纪 50 年代以来，亚洲经济总量快速增长，欧美经济占世界的份额逐年下降。同时，世界各大洲人口的动态发展变化表现出相似的规律，欧洲人口占世界比重逐年下降，美洲人口占比趋于平稳。根据联合国贸易和发展会议（以下简称“联合国贸发会议”）数据库的统计结果，截至 2015 年欧洲占世界人口比重已降至 10.1%，美洲人口占世界人口的 13.5%，而亚洲人口则占世界人口的 59.8%。经济的发展离不开劳动力的支撑，欧美经济体中虽然大多数都是发达国家，但未来由于人口增长乏力，劳动力越来越稀缺，不利于其长期可持续发展。亚洲虽然一直是人口最多的大洲，但其占世界人口的比重仍在缓慢上升。作为人口第一大国的中国，虽然人口红利逐步减小，但在世界范围内来看，仍是劳动力资源相对丰富的国家。与人口第二大国印度相比，中国劳动力素质更高。根据世界银行数据库的数据，2015 年，印度成人识字率仅为 72.22%，而中国则已达到 96.36%。当今世界经济又面临着一次新的产业中心转移过程，与此相伴的是对高素质劳动力的扩张性需求。中国提出“一带一路”倡议，主张建立发达国家和发展中国家交流合作的公共平台，一方面通过自身高素质的人才红利与发达国家形成产业、价值链的对接，另一方面也将推动广大发展中国家的人口红利向人才红利转换。

图 2-1 显示了自 1960 年以来世界进出口贸易总额占 GDP 比重的变化趋势。1960—1975 年是全球化比较快的阶段，达到年均增长 2%。那个阶段成就了日本，日本在雁阵模型的范式下引领着东亚经济的快速发展。1975—1989 年缓慢增长，年均增长是 1.1%，这个阶段实际上成就了美国里根主义，也是新自由主义推进的高潮阶段，日本没抓好这个阶段的战略机遇期，美国里根主义推行，使得之后日本经济失去了 20 年的

发展机遇，同时苏联解体。1990—2007 年，全球化进入了爆发式的增长阶段，达到年均 2.2%，这一阶段中国抓住了机会，中国由一个相当落后的国家很快发展成为世界第二大经济体。2008 年之后表现出负的增长（-0.2%）。如果这个阶段我们没有一个对全球化新阶段的正向构造，提出一个新的全球化的思路，那么对中国未来的发展将会是一个巨大的考验。

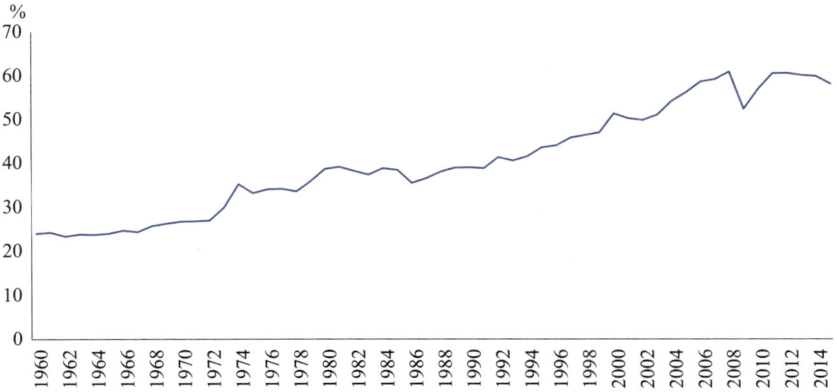

图 2-1 1960—2014 年世界进出口贸易总额占 GDP 比重

资料来源：世界银行数据库。

2. 空间诉求

每一个大国的发展其实都需要在比自己本国大得多的范围内来实现。例如，日本是第二次世界大战之后承接了全球化的浪潮，尤其是 20 世纪 50 年代中期—1975 年，日本迎来了五个高速增长周期（包括：三次持续时间较长的“景气”，即 1954 年 12 月—1957 年 6 月的“神武景气”、1958 年 7 月—1961 年 12 月的“岩户景气”和 1965 年 11 月—1970 年 7 月的“伊弉诺景气”；两次短期景气，即 1962 年 10 月—1964 年 10 月的“奥林匹克景气”、1971 年 12 月—1973 年 11 月的“列岛改造热”）。但是日本国土面积狭小、人口规模有限，他们提出了雁阵模型，20 世纪五六十年代开始组阵，直到 1997 年东亚金融危机爆发，这个雁阵才逐渐解体。虽然东亚雁阵解体了，但日本成为了世界一流发达经济体，亚洲“四小龙”也成为世界新兴的工业化经济体，亚洲“五小虎”和中国成为世界新兴的市场化经济体。从这个思路来看，像中国这样一个大国崛起肯定要寻求比自己国家面积大得多、人口多得多的地区作为自己的经济紧密合作区，这是一个合作共赢的空间诉求。

3. 世界经济发展寻求新动力的诉求

1979 年，英国撒切尔夫人上台后，发达经济体开始推行新自由主义，虽然世界经济发展的势头很好，但是带来了严重的两极分化。不仅仅是发达经济体内部的两极分化，还有发达经济体和发展中经济体之间表现出的不断加剧的两极分化。无论是美国还是加拿大等西方发达经济体，内部的两极分化都在加大。OECD 在“Income Inequality”一书中指出，OECD 国家的收入不平等已经达到过去半个世纪的最高水平，其中最富有人口的收入水平是最贫穷的 10% 人口的 9 倍，这一比例在 25 年前是 7 倍。图 2-2 反映了发达国家（以加拿大、法国、德国、意大利、日本、英国和美国组成的七国集团为代表）内部收入分配两极分化程度加剧，其具体表现为基尼系数近 30 年整体呈现上升趋势。世界收入不平等数据库（WIID）的数据显示，G7 国家中，近 30 年来美国的基尼系数最高，从 1983 年的 33.6 上升到 2010 年的 38，加拿大的基尼系数从 1983 年的 29.9 上升到 2010 年的 32（绝对不公的收入分配基尼系数是 100）。

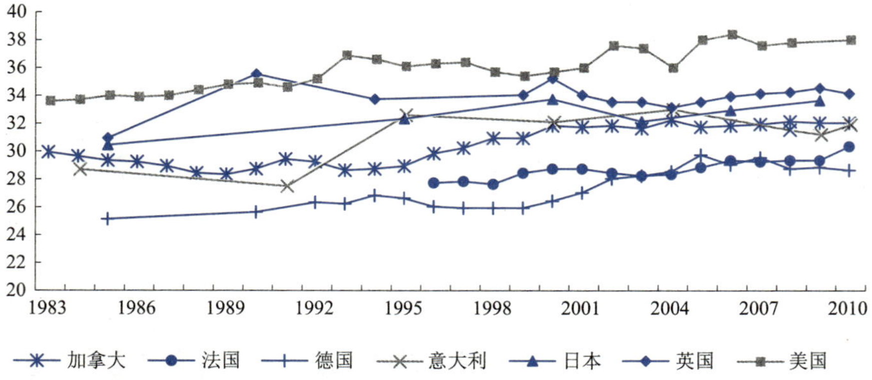

图 2-2 G7 国家基尼系数

数据来源：WIID。

另外，1990—2015 年，发达经济体和发展中经济体的差距由当时的人均 GDP 收入差距 24.5 倍上升到 27.4 倍。从人均 GDP 的量来看，高收入的国家这 26 年人均 GDP 上涨 26 780 国际元，发展中经济体仅增长了 896 国际元。所以这是一个两极化越来越严重的世界，怎么办？“一带一路”的提出就是针对世界经济出现的这种问题，力图构建一个以“政策沟通、设施联通、贸易畅通、资金融通和民心相通”的创新合作模式为主的包容式开放合作平台。全球的产业分工表现为一个金字塔模式，塔基越大，塔尖就越高，中国提出的“一带一路”发展模式旨在通过将在上一轮全球化发展浪潮中被边缘化的经济体纳入到这一次全球分工当中，从而扩大资源配置的空间，把塔基做大，进一步提升塔尖高度。这一过程不仅带动发展中经济体的发展，同时也为发达经济体的发展提供了更广阔的空间。

（二）“一带一路”提出的时间节点选择

从 1978 年改革开放到 2015 年，不考虑通货膨胀因素，中国经济增长率是 9.7%，带来的结果是中国现在成为世界第二大经济体。往前看，中华人民共和国建立之初中国发展水平落后，当时只比撒哈拉以南非洲仅一个国家水平高一点，改革开放后中国仍是一个低收入的发展中经济体，以沿线国家中的印度为例，1960 年印度人均 GDP 为 228.3 美元（以 2005 年不变价计），约是中国 1981 年的水平（229.81 美元），2014 年印度人均 GDP 为 1 233.95 美元，约是中国 2001 年的水平（1 212.47 美元），2014 年中国人均 GDP 高达 3 862.92 美元，是同期印度的 3.13 倍。

从表 2-1 可以看出，1990 年中国 GDP 总量仅占美国的 6.2%、日本的 11.8%，而 2015 年中国 GDP 总量分别是美国和日本的 60.6% 和 263.5%。从人均 GDP 来看，中国由改革开放之初人均水平为世界平均水平的 7.8% 到 2015 年达到了 80%，所以无论总量、速度还是人均水平，中国对世界都有着较强的示范作用。

表 2-1　　1990 年、2000 年和 2015 年世界主要国家的 GDP 对比情况

单位：亿美元,%

国家	各国 GDP			各国占世界 GDP 比重			中国 GDP 总量占各国 GDP 比重			各国 GDP 增长率	各国通货膨胀率
	1990 年	2000 年	2015 年	1990 年	2000 年	2015 年	1990 年	2000 年	2015 年	2015 年	2015 年
中国	3 569	11 985	108 664.4	1.6	3.7	14.8	—	—	—	6.9	1.44
美国	57 572	97 648	179 470	26.4	30.5	24.44	6.2	12.3	60.55	2.43	0.12
日本	30 183	46 674	41 232.58	13.8	14.6	5.61	11.8	25.7	263.54	0.47	0.79
德国	17 145	19 002	33 557.72	7.9	5.9	4.57	20.8	63.1	323.81	1.69	0.23
法国	12 445	13 280	24 216.82	5.7	4.1	3.3	28.7	90.2	448.71	1.16	0.04
英国	9 959	14 509	28 487.55	4.6	4.5	3.88	35.8	82.6	381.45	2.33	0.05
意大利	11 334	10 973	18 147.63	5.2	3.4	2.47	31.5	109.2	598.78	0.76	0.04
巴西	4 620	6 447	17 747.25	2.1	2	2.42	77.3	185.9	612.29	-3.85	9.03
俄罗斯	5 168	2 597	13 260.15	2.4	0.8	1.81	69.1	461.5	819.48	-3.73	15.53
印度	3 175	4 602	20 735.43	1.5	1.4	2.82	112.4	260.4	524.05	7.57	5.87
世界	218 133	320 019	734 336.4	—	—	—	—	—	—	2.47	1.44

数据来源：1990 年、2000 年数据来自《国际统计年鉴 2010》，2015 年数据来自世界银行。按 2005 年不变价格计算，1960 年印度人均 GDP 228.3 美元，约是中国 1981 年水平（229.81 美元）；2014 年中国人均 3 862.92 美元是印度的 3.13 倍，领先印度 13 年，人均 GDP 从 220 美元到 1 230 美元，印度花了 54 年，中国用了 20 年。

讲完总量再看一下结构，结构在 2002—2007 年也悄悄发生了改变，原来日本是东亚经济发展的雁头，组织整个东亚的生产体系。在 2002 年中国第一次超过日本，成为欧盟的第一大贸易伙伴，到 2014 年中国对欧盟的贸易规模是日本的 4.3 倍；2003 年中国第一次超过日本，成为美国和加拿大的第一大贸易伙伴，到 2015 年中国对美国和加拿大的贸易规模是日本的 3.2 倍；2007 年中国第一次超过日本，成为东南亚七国（越南、柬埔寨、菲律宾、泰国、马来西亚、新加坡、印度尼西亚）第一大贸易伙伴，到 2014 年中国对东南亚七国的贸易规模是日本的 1.6 倍。2002—2007 年在全球贸易分工体系悄然发生的改变是，中国当时在世界经济分工合作的东亚雁阵中从尾部逐渐掉转过来，成为欧洲、北美洲和东南亚的第一大合作伙伴。

可以这么说，2013 年习近平总书记提出“一带一路”倡议顺应了中国在全球分工体系中整体格局变化的历史潮流。

（三）"一带一路"内在经济发展范式

"一带一路"是什么？我们从研究中提出了全球价值双环流的模式。这有一个背景，新自由主义的浪潮之后发展中经济体越来越被边缘化，而发达经济体内部之间的贸易越来越紧密。我们开始提出了一个假想，中国不像日本组织的东亚雁阵那样具有技术梯度，那是什么呢？

从全球 188 个经济体看，目前世界呈现出一种全球价值双循环的经济模式（见图 2-3）。以中国向国外的出口来看，最终消费品占统计国家和地区前五位的有 123 个，中间品占前五位的国家和地区有 73 个；以中国从国外的进口来看，最终消费品占到统计国家和地区前五位的有 60 个，中间品占前五位的国家有 74 个。1/3 到 2/3 的国家现在无论是中间品还是最终消费品都紧密地和中国联系在一起。把这些国家再做第二次的分类，可以发现在整个循环体系当中，中国处于一个枢纽平台的位置。中国从大量的发展中经济体进口中间品和最终消费品，而与发达经济体之间又发生了一个中间品和最终消费品的贸易。在这个时间节点上，只有充分发挥中国这个平台的作用才能够把世界上发展中经济体和发达经济体两个经济圈紧密联系起来。

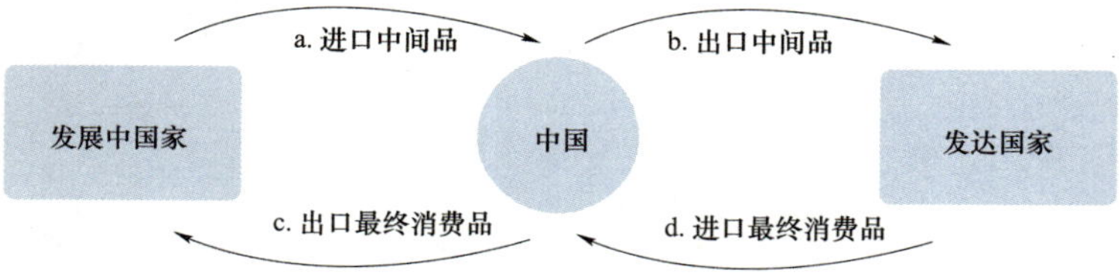

图 2-3　全球价值双循环模式

从图 2-4 可以发现，全球价值双环流，是指世界经济的循环正从传统的"中心—外围"式的单一循环，越来越变为以中国为中介的"双环流"体系，其中一个环流位于中国与发达国家之间（北美经济体和西欧经济体），另一个环流存在于中国与亚非拉等发展中国家之间。一方面，中国与发达国家之间形成了以产业分工、贸易、投资、资本间接流动为载体的循环体系；另一方面，中国又与亚非拉发展中国家形成了以贸易、直接投资为载体的循环体系。在这两个循环体系中，中国越来越成为连接发达经济体与亚非拉发展中经济体的主要中间节点或枢纽点。

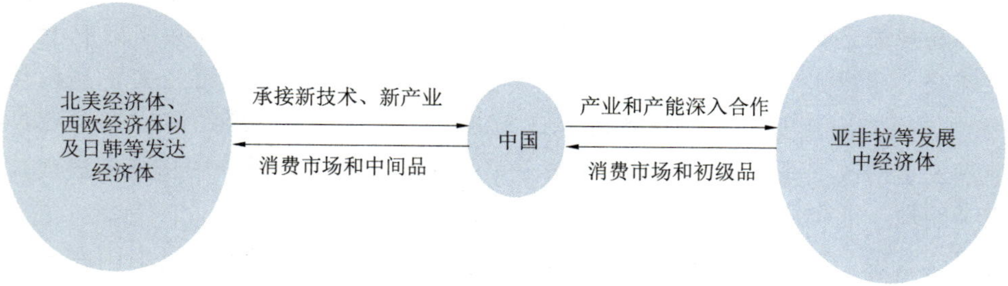

图 2-4　全球价值双环流下的经济合作模式

从“一带一路”沿线的60多个国家和地区经济发展水平来看，中国也处于中间位置，有近一半的国家的经济发展水平高于中国，又有近一半的国家发展水平低于中国。“一带一路”是在全球经济进入新架构的条件下提出的一个全球化新模式。中国处于中间位置，不但与发达经济体之间的关系很紧密，而且与发展中经济体也密切合作，变为一个双“8”字模式。在全球大的“8”字模式下，在“一带一路”沿线上又嵌套了一个小“8”字模式。其中上半圈是当前经济研究中较受关注的中国与发达经济体之间的贸易分工合作，而下半圈则是中国与欠发达经济体之间的合作。在经济全球化的大趋势下，下半圈的交流合作分工不明晰，在上一轮的全球化浪潮当中，这一圈中的很多国家逐渐被边缘化，越来越落后，发展速度越来越慢。目前，全球也只有中国能够将下半圈欠发达经济体有效地带入全球分工体系之中。

（四）“一带一路”空间选择

双循环体系把发展中经济体和发达经济体紧密联系起来。具体看空间选择，按照“一带一路”倡议来讲主要有六大经济走廊。从对六大经济走廊沿线的67个国家和地区发展水平的梳理可以看出，科威特的经济发展水平最高，尼泊尔最低。在“一带一路”沿线67个国家和地区中，中国又处于中间位置。

总结起来看，世界已经呈现出双“8”字的经济合作模式，在全球发达经济体和发展中经济体中，中国居中，在“一带一路”67个沿线国家和地区当中，中国也是居中。“一带一路”沿线国家的GDP水平总量只有全球总量的1/4，但是人口占1/2以上，因此，“一带一路”的经济诉求就是发展，这也是联合国大会全票通过“一带一路”倡议的重要原因。

（五）“一带一路”如何推进

根据国家统计数据和世界银行数据并整理得出，1978—2015年，中国经济创造了年均GDP增速9.71%（同期的世界经济年均增速为2.94%）、人均GDP增速约9%的持续增长进程，同时使8亿人口脱离贫困。在速度和持续时间层面上，中国经济的高速增长期皆超过了第二次世界大战后的日本和亚洲“四小龙”。1978年中国经济总量仅居世界第十位，2010年中国已成为世界第二大经济体；经济总量占世界的份额由1978年的1.8%提高到2015年的14.8%。在全球金融危机爆发的时段里，中国成为带动世界经济复苏的重要引擎，对世界经济增长的年均贡献率超过20%。到2015年年底，中国完成了联合国“千年发展目标（MDGs）”，并对世界范围内该目标的实现做出了卓著贡献。

根据统计数据，1987年世界的低收入国家是49个，到2015年低收入国家还有26个，大概占53%。所以，30多年前是低收入国家，30多年后还是低收入国家的概率极大。能达到中国的水平，由低收入水平发展到中高收入水平的经济体只有4个，中国、拉丁美洲圭亚那、非洲的赤道几内亚和南亚的马尔代夫。因此，中国对发展中经济体的发展具有巨大的示范效应。

1. 工业化

改革开放以来，中国经济取得了举世瞩目的成就，国内生产总值（以 1978 年为基年）在 1978—2015 年从 3 678.7 亿元增长到 111 361.6 亿元，创造了年均 GDP 增速近 10% 的增长奇迹。但 2008 年全球金融危机后，受短期波动和中长期下行双重影响，中国经济增长进入换挡期。经济增速放缓的背后隐藏着产业结构发生的一系列深刻变化。其中，尤为突出的是中国的工业化对经济增长的作用巨大，主要表现在工业体系的建立与结构的优化方面。自中华人民共和国建立到改革开放，中国一直都实行重工业优先发展的赶超战略，改革开放后中国日益向遵循比较优势的发展方向转变。姚洋和郑东雅（2008）认为，重工业发展的正外部性使得赶超战略在一定程度上为中国后来的经济起飞打下了良好的工业基础。林毅夫等（1994）认为，比较优势战略在中国的应用非常成功。中国至今仍继续发挥自己现有的比较优势，在吸取了工业化发展初期的经验教训之后，中国首先加强了基础工业的发展，长期供给不足的能源、原材料、交通、通信等产业实现了初步的供需平衡。此外，轻重工业比例趋于合理。前 30 年间，中国过分追求重工业的优先发展，造成一些基本消费品的长期短缺。在改革开放初期，轻工业有了快速的增长，轻、重工业比例从 1978 年的 43.1：56.9 变为 1981 年的 51.5：48.5。此外，在产业结构特征上，低附加值、低需求弹性的行业比重呈下降趋势，附加值和需求弹性相对较高的行业比重呈上升趋势。中国完善的工业体系，一方面可以帮助沿线大国同样建立起完善的体系，另一方面也可以将沿线国家的第一产业、第三产业嫁接于中国工业体系之上。

相比之下，以沿线国家中的印度为例，导致经济发展差异的一个重要因素是两个国家产业结构的巨大不同。印度第三产业更为发达，但第二产业薄弱，工业化基础建设不完善，未来难以形成持续有效的经济发展动力，同时若是第三产业发展水平偏高，超越了整个经济社会发展水平，会导致社会资源向第三产业过度集中，工业品和农业品生产资源缺乏，导致产品的相对价格偏高，最终导致整体社会福利水平降低，并且由于服务业的可贸易性差，在工业薄弱的基础上过度发展服务业容易导致国际收支逆差，削弱动用国家外汇储备进行宏观调控的能力。反观中国，虽然目前面临着第二产业包袱过重、产业结构调整困难和产能过剩的窘境，但是在 2012 年后中国第二产业和第三产业增加值比重出现反转，第三产业增加值比重上升趋势明显，第二产业增加值比重下滑，目前中国的产业结构调整初见成效，过剩产能逐步消化，生产资源开始逐步向第三产业转移。不仅仅是印度，沿线很多国家都存在着产业结构不够合理、工业体系不够完善的问题，中国工业化对经济发展起到了明显的促进带动作用，将自身工业化经验通过“一带一路”的平台推广至沿线各国，可以帮助沿线国家建立更加有效的工业体系，改变因工业发展不足对经济发展带来的负向作用，从而促进区域经济发展。

2. 基础设施先行

2008 年金融危机之后，以美国为首的发达国家为刺激私人消费与投资的增长，推行了多轮量化宽松政策，引起国际贸易市场的出口额及大宗商品、股票等定价市场的较大波动，世界正在呈现流动性泛滥、资产价格剧烈波动的格局。而过剩流动性亦给中国带来了转型压力，挤压了民间资本对实体经济的资金投入，同时催生过剩流动性流入股市、债市、房地产等，导致资产价格大幅波动和金融工具“脱实向虚”的负面结果。究其根本，原因在于货币投放量与经济生产能力不匹配。生产能力的提高一方面可通过投资技术实现，然而近年来技术创新进度迟缓，世界层面自 2011 年以来人均劳动产出及全要素生产率水平持续滑落，技术进步还没能达到可以促进生产力提高的门槛，从而过剩的流动性未能流入到合适的技术项目中；另一方面则是通过加强能够促进新的生产能力产生的前期铺垫工作。如基础设施建设，戴夫（Dave，2017）用印度 1861—1930 年的铁路数据证实前置的基础设施建设可通过降低贸易成本带动地区经济增长。“一带一路”基础设施前置投资的理念恰恰契合发达国家基础设施建设年久失修、发展中国家基础设施落后的背景。考虑到发达国家的基础设施建设缺乏翻修的启动资金，发展中国家缺乏相关技术和资本，基础设施发展相对于其国民财富水平相对滞后，因此基础设施是提高生产力水平和经济增长水平的发力点。

本研究选取 45 个国土面积大于中国平均省份面积的国家数据，测算其在 2005 年和 2013 年两个截面，基础设施建设与经济发展水平的超前、均衡、滞后关系。测算结果显示，发达国家如德国、日本、美国均表现出基础设施相对滞后的结果，发展中国家如印度、巴西亦均表现出基础设施相对滞后的结果。同时，发达国家与发展中国家在 2005 年与 2013 年两个截面的基础设施水平也没有呈现较大的改进，仍然处于相对滞后的水平，而中国的基础设施建设在 1995 年表现为协调，2005 年和 2013 年表现为轻度超前，由此可看出中国的基础设施建设经验的确具有较强的借鉴价值。因此，发达国家与发展中国家现今均有较强的提高基础设施水平的内在诉求。

在全球流动性过剩及大多数国家基础设施水平相对滞后的背景下，基础设施建设有助于创造新的生产力以提高经济增长水平，是当下过量货币的较好投资去处。“一带一路”以基础设施建设投资为核心出发点，借助这一国际合作平台，与世界分享中国在基础设施先行上的经验，契合当今世界流动性过剩与经济发展低迷并行的背景，给沿线国家经济发展带来新气象。

3. 城镇化

城镇化是中国改革开放进程中探索出的重要经验，其对社会经济发展的重要意义主要体现为以下三点：第一，产业结构上与工业化紧密结合，创造大量就业机会，吸收农村剩余劳动力，促进经济由第一产业向第二、第三产业转移，并且提升劳动生产率；第二，投资拉动上与基础设施投资相辅相成，为经济增长提供助推力；第三，创新推动上通过加剧信息的传播和科技的推进，使城市成为主要的科技创新基地和信息交流中心。中国在城镇化建设方面积累的丰富经验对于“一带一路”沿线国家具有重要的借鉴意义。

改革开放 30 多年来，中国的城镇化事业取得巨大成就。从数量层面看，1978—2015 年，中国城市数量由 1978 年的 193 个增加至 2015 年的 656 个，建制镇数量由

2 173 个增加至 20 515 个[①]，城镇人口由 1.71 亿增加至 7.63 亿，城镇化率也由 1978 年的 17.9%上升至 2015 年的 55.6%，2013 年首次超过世界平均水平，增幅也远远高于同期世界水平（38.5%至 53.9%）。从结构层面看，100 万人口以上的城市群的人口规模由 1978 年的 7 620 万增加至 2015 年的 3.37 亿，占总人口比例从 8.0%上升至 24.6%，快于同期世界水平的增幅（16.3%至 22.9%）。按照最新的城市统计标准，北京、上海、天津、重庆、广州、深圳、武汉等 7 个城市已成为城区常住人口 1 000 万以上的超大城市，其中北京、上海的常住人口均已突破 2 000 万人。从城镇布局看，城镇布局日趋合理，呈现“大分散、小集中”格局。根据夜间灯光数据的分析，1992—2013 年中国城市建成区面积迅速扩张，城市分布由以中心城市为主的孤立点分布演化为成片分布，在长三角、京津冀和珠三角等原有城市群继续扩张的同时，又涌现出山东半岛、辽中半岛、中原、闽东南、成渝、武汉等一批新的人口超 2 500 万的大都市带。

现阶段，“一带一路”国家城镇化总体水平较低，城镇体系构建不完善，区域发展不平衡现象突出。2015 年，除中国外的“一带一路”国家城镇化率约为 44.2%，分别低于中国和世界平均水平 11.4 和 9.7 个百分点，1978—2015 年年均增速为 0.8%，也低于中国（3.1%）和世界（0.9%）的同期水平。从“一带一路”内部结构看，区域间发展水平差距极大，城镇化水平最高的新加坡（100%）与最低的斯里兰卡（18.4%）相差 81.6 个百分点。从区域划分来看，西亚和北非地区由于干燥的气候条件以及石油工业发达，城市化发展水平最高，其中卡塔尔、科威特的城镇化率接近 100%，巴林、黎巴嫩、阿联酋、沙特阿拉伯（以下简称“沙特”）等国也均超过 80%，但也有埃及（43.1%）和也门（34.6%）在城镇化水平上处于较低水平；蒙古国也因为自然条件的因素，城市化水平高达 72%；中东欧和南欧地区属于经济较为发达地区，城镇化水平较高，2015 年平均水平分别为 69.2%和 66.2%，但也不乏波黑、摩尔多瓦等欠发达地区；高加索地区三国城镇化约为 55.9%，处于中期加速阶段；东南亚国家在城镇化建设上总体处于较低水平，2015 年平均城镇化率为 43.7%，除新加坡、马来西亚和文莱外，其他国家均处于城市化早期和中期加速阶段；中亚五国平均城镇化率约为 40.5%；南亚城镇化率约为 33.1%，其中印度（32.7%）、巴基斯坦（38.8%）、孟加拉国（34.3%）三国均处于中期加速阶段，尼泊尔和斯里兰卡等国发展较为滞后。[②]

因此，中国在城镇化方面的经验可以带动“一带一路”沿线国家城镇体系的建立与完善。在城镇化推进速度上，城镇化与工业化的双轮驱动、基础设施的前置投资将会提供重要助力；在城镇合理布局上，新型城镇化下形成的城市群建设框架、大中小城市与小城镇协调发展的战略布局具有很大的参考意义；在城镇化质量提升上，“以人为本”理念指导下的城市公共服务水平提升以及智慧城市等数字技术的广泛运用则具有极强的前瞻性。

① 数据来源：《中国城市建设统计年鉴》。
② 以上数据来源于世界银行数据库。

综上所述，中国有很多成功经验希望和世界的朋友共享。所以，“一带一路”不是一个封闭的体系，中国欢迎任何志同道合的国家和地区融入到新的发展理念当中去，构建一个更加包容、公平合理的世界合作共赢分工体系。目前，“一带一路”沿线国家经济总量占世界经济总量的1/4以上，而中国又占其中的40%。从沿线国家总量上看，这些经济体的社会经济发展强烈影响着世界经济的格局，而中国又在其中占据着重要的地位。在当前全球经济转折点上，中国作为“一带一路”倡议的发起国，立足于建立一个大范围的国际交往平台，推进世界各国的经济交流与合作，同时通过这一平台的建立和发展，可以打破世界劳动力配置、可持续发展乏力、收入两极分化等方面出现的瓶颈，为世界发展带来新的机遇。

“一带一路”是中国从区域大国向世界大国转型的一次主动尝试，试图构建在适合自身发展的同时分享发展成果的更加开放和包容的全球治理机制。不管是从经济发展阶段还是从产业结构来看，中国目前都处于发达经济体与发展中经济体之间的水平，这决定了中国将在这个体系中起到上下承接的作用，承接来自北美、西欧的新技术、新产业，同时与亚非拉等发展中经济体进行产能合作，实现全球价值链的双循环。从中国与沿线国家各类产品的贸易互补性也可以看出，在与亚非拉等发展中经济体的贸易中，中国在工业制成品方面具有显性比较优势，而沿线国家在初级产品方面具有显性比较优势，且各国最具优势的产品又各不相同，这些都表明了中国与沿线国家具有良好的产能合作基础和无限发展空间。

正如习近平主席在5月14日上午“一带一路”国际合作高峰论坛开幕式发言中指出的：“‘一带一路’建设植根于丝绸之路的历史土壤，重点面向亚欧非大陆，同时向所有的朋友开放。”

参考文献

[1] 林毅夫，蔡昉，李周．中国的奇迹：发展战略与经济改革［M］．上海：上海人民出版社，1994.

[2] 刘伟，郭濂．一带一路：全球价值双环流下的区域互惠共赢［M］．北京：北京大学出版社，2015.

[3] 刘伟，张辉．一带一路：产业与空间协同发展［M］．北京：北京大学出版社，2017.

[4] 刘伟，张辉，黄泽华．中国产业结构高度与工业化进程和地区差异的考察［J］．经济学动态，2008（11）：4-8.

[5] 姚洋，郑东雅．重工业与经济发展：计划经济时代再考察［J］．经济研究，2008（4）：26-40.

[6] 张辉．全球价值双环流架构下的“一带一路”战略［J］．经济科学，2015，37（3）：5-7.

[7] 张辉，易天，唐毓璇．一带一路：全球价值双环流研究［J］．经济科学，2017（3）：5-18.

四、“一带一路”背景下中国能矿行业海外投资的机遇、风险与对策

“一带一路”倡议自提出以来，中国与沿线国家①在能矿资源行业已展开了一系列卓有成效的合作，如中俄、中哈、中缅原油管道，中俄中亚、中缅燃气管线等，未来还有很大的投资潜力和合作空间，但也面临一些挑战与风险。

（一）中国能矿行业向“一带一路”沿线国家的投资现状

能矿行业是中国向“一带一路”沿线国家的投资重点之一，规模大、比重高，主要投向少数几个国家的油气资源，投资方式倾向于绝对控股和跨国并购。

1. 投资规模大，比重高

能矿行业是中国海外投资的重要目标领域，中国向“一带一路”沿线国家的海外投资也大都集中在该领域。根据美国传统基金会的统计数据，2005—2016 年，中国向“一带一路”沿线国家的海外投资共计 2 326.3 亿美元，其中流向能源、金属行业的海外投资额达到 1 439.1 亿美元，约占 61.9%。

中国向“一带一路”沿线国家的海外投资中，投向能矿行业的资金规模很大，所占比重也相当高，甚至在个别年份所有投资都集中于能矿资源行业（如 2005 年中国向沿线国家一共开展了三个海外投资项目，全部投向了石油领域）。

2. 国家集中度高

能矿资源的地理分布有其特殊的地质因素，因此中国向沿线国家的投资项目也多集中于少数几个国家，俄罗斯、哈萨克斯坦、印度尼西亚、伊拉克和马来西亚是最重要的 5 个投资目的地，48.1% 的能矿投资项目都集中于这 5 个国家，而吸收投资前 15 名的国家前共吸收了 82.1% 的能矿项目投资资金。不难看出，中国向沿线国家的能矿资源投资中，国家集中度相当高。

3. 集中于石油、煤、天然气等传统能源

如果进行行业细分，2005—2016 年，中国向“一带一路”沿线国家的能矿项目投资（见图 2-5）多集中于石油、煤炭和天然气等传统能源领域，新能源的投资比重不高。根据美国传统基金会已披露的项目资料，中国 42.9% 的能矿项目资金投向了石油资源，16.1% 投向煤炭，11.2% 投向天然气，这三种资源共占 70.1%；新能源的比重仅为 4.7%。②

---

① “一带一路”倡议虽是开放式的，“基于但不限于古代丝绸之路的范围”，但本文讨论的“一带一路”沿线国家，以 68 国（不包括中国）为讨论样本，国家清单详见：中国一带一路网，https://www.yidaiyilu.gov.cn/info/iList.jsp?cat_id=10037（访问时间：2017 年 5 月 15 日）。

② 其他的细分行业，钢铁占 8.6%，水力占 6.2%，铜占 5.8%，铝占 4.5%。部分投资项目没有披露具体的细分行业。

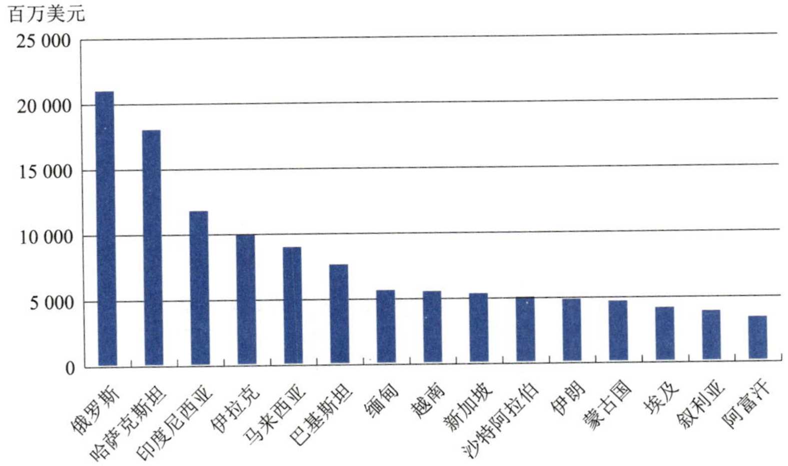

图 2-5　2005—2016 年中国向“一带一路”沿线国家能矿行业投资的国别分布

注：按投资额计算的前 15 个国家。

资料来源：美国传统基金会“China Global Investment Tracker”数据并加以整理。

4. 投资方式倾向于绝对控股和跨国并购

根据美国传统基金会已披露的项目资料，如果按投资金额计算，48.2%的海外投资选择控制 50%以上的股份（另有 10.2%选择半数控股，最终共有 58.3%的海外投资控制了 50%及以上的股份），说明中国企业倾向于股权的高度集中，从而掌控海外投资企业的战略决策、经营管理。51.9%的海外投资选择以跨国并购的方式进入东道国市场，说明中国企业倾向于通过购买对方股权或资产的方式快速进入东道国，而不是选择绿地新建的慢动作。

（二）“一带一路”沿线国家能矿行业的投资机遇

“一带一路”沿线国家能矿资源丰富，但缺少开发资金和开采技术，而中国能够提供所需的资金和技术，中国跨国公司的开发实力和国际化经验有助于能矿项目的国际合作，在互利共赢、各取所需的基础上，能矿行业的投资机遇和合作空间巨大。

1. 沿线国家能矿资源丰富

根据《BP 世界能源统计年鉴 2016》的统计资料，中国向“一带一路”沿线能矿行业直接投资较多的国家，都是油气资源丰富的大国。石油领域，截至 2015 年年底，俄罗斯探明储量 1 024 亿桶，哈萨克斯坦 300 亿桶，印度尼西亚 36 亿桶，伊拉克 1 431 亿桶，马来西亚 36 亿桶，5 个国家探明的储量约占全球的 16.6%。天然气领域，截至 2015 年年底，俄罗斯探明储量 32.3 万亿立方米，哈萨克斯坦 0.9 万亿立方米，印度尼西亚 2.8 万亿立方米，伊拉克 3.7 万亿立方米，马来西亚 1.2 万亿立方米，5 个国家的探明储量约占全球的 21.9%。

一方面，“一带一路”沿线国家需要加快开发能矿资源，以解决经济发展、社会就业等一系列问题；另一方面，快速发展的中国需要大量的海外能源供给，可以说能矿项目投资合作可以满足多方需求，是一种共赢的方案。

2. 能矿项目的融资缺口相当大

根据亚洲开发银行的估计，2010—2020年，亚洲地区需要投8万亿美元基础设施资金，才能支撑目前经济增长的水平，而这其中能源部门需要4万多亿美元（占比51.2%），足见能源部门的融资缺口之大（见表2-2）。尽管我们不能把能矿项目等同于能源部门，"一带一路"也不仅仅包括亚洲国家，但管中窥豹，可见一斑，我们从中不难看出，"一带一路"沿线由于大多是发展中国家，能矿项目的融资缺口难以完全弥补。

表2-2 2010—2020年亚洲地区基础设施建设的资金需求 单位：百万美元

资金用途 行业/部门	新项目	原有项目的维护、升级	总计
能源	3 176 437	912 202	4 088 639
电信	325 353	730 304	1 055 657
交通	1 761 666	704 457	2 466 123
供水和卫生	155 493	225 797	381 290
总计	5 418 949	2 572 760	7 991 709

资料来源：Asian Development Bank and Asian Development Bank Institute，Infrastructure for a SeamlessAsia，2009.

一方面，沿线国家无法筹措所有项目资金以支撑能矿项目开发，或者不愿接受某些国际组织附加政治条件的苛刻的项目贷款；另一方面，中国借助亚洲基础设施投资银行、丝路基金、金砖国家新开发银行等新型金融机构以及原有的国家开发银行、中国进出口银行等政策性金融机构，可以提供低息的、不强加任何附加条件的优惠贷款，各方需求再次一拍即合。

另外，近年来有越来越多的中国金融机构（典型代表：中投公司）直接参与能矿项目开发，产融合作的模式也带到了"一带一路"，既提供了项目开发所需的资金，又提供了必要的咨询服务和国际化管理经验。

3. 中国能矿企业成熟的技术和经验能够提升沿线国家的综合开发能力

近10年来，中国的快速崛起积累了宝贵的发展经验，中国能矿企业的国际竞争力和资源开发能力不断提升，以中国石油、中国电建、神华集团、三峡集团等为代表的大型能源企业在国际化的过程中积累了很多开采开发经验。中国的发展模式和中国企业的成功经验，可以为"一带一路"沿线国家提供宝贵的经验借鉴，弥补沿线国家能矿项目的技术和经验短板，能矿项目的国际合作能帮助沿线的发展中国家更加有效地进行项目开发；同时，中国能矿企业在环境保护和社会责任方面的意识和实践不断加强，既解决资源开发问题，又注意解决污染等相关问题。简言之，中国能矿企业在发展过程中积累起来的综合开发能力是沿线国家所急需的，而且"授人以渔"的项目培训深受东道国的欢迎。

（三）“一带一路”沿线国家能矿行业的投资风险

根据美国传统基金会的统计数据，2005—2016年，中国向“一带一路”沿线国家的海外投资额占中国海外投资总额的16.8%，但受阻案例①金额却占23.9%，这说明“一带一路”沿线的投资风险已然不容忽视，而且能源、金属行业的受阻案例金额占77.6%，说明中国向“一带一路”国家的海外投资中，超过3/4的受阻案例集中于能源、金属行业。

1. 地缘政治风险

“一带一路”沿线国家地缘政治关系复杂，既有域内国家间的摩擦与纠纷，又有域外大国的干扰与搅局，而且基于沿线国家的多元化特征与差异化诉求，投资合作面临较高的政治风险（见表2-3）。能矿行业由于其特殊性和敏感性，其政治风险更高。

表2-3 “一带一路”沿线部分国家的政治风险

极高风险	高风险	中等风险	低风险	极低风险
也门 37.5 伊拉克 39.5 叙利亚 40.5	巴基斯坦 51.0 埃及 51.5 缅甸 52.5 孟加拉国 52.5 土耳其 54.0 印度尼西亚 54.5 泰国 56.0 俄罗斯 56.5 伊朗 59.0	乌克兰 60.5 约旦 61.5 哈萨克斯坦 62.5 塞尔维亚 62.5 南非 63.0 印度 63.0 越南 65.0 沙特阿拉伯 65.0 蒙古国 66.0 罗马尼亚 67.0	马来西亚 70.5 文莱 73.0 卡塔尔 73.5 阿联酋 76.5 波兰 79.0	新加坡 81.5

注：国家风险国际指南（ICRG）从政府稳定性、社会经济条件、投资执行状况、内部和外部冲突、军队干预政治、腐败、法制、宗教与民族冲突、民主程度、行政效率等12个方面对全球151个国家以打分的方式综合权衡政治风险，总分100分，并按照不同分数段划分为五个风险级别，分数越高说明政治风险越小，表中数字代表2016年的政治风险得分。根据美国传统基金会的统计，中国一共向35个“一带一路”沿线国家进行了能矿行业的直接投资，ICRG数据库没有涵盖阿富汗、柬埔寨、老挝、尼泊尔、吉尔吉斯斯坦、土库曼斯坦、乌兹别克斯坦等国。

资料来源：PRS集团年度风险评估指南（International Country Risk Guide，ICRG）。

首先，“一带一路”沿线能矿资源丰富的国家，也是社会不稳定、地缘风险高、政治动荡的国家。以中国能矿行业向“一带一路”沿线直接投资的五大目标国来看，伊拉克属于极高风险，俄罗斯、印度尼西亚属于高风险，哈萨克斯坦属于中等风险，马来西亚属于低风险。“一带一路”沿线国家存在很多隐患和不确定性，政局动荡、战争战乱、民族冲突、社会矛盾，这些问题都对能矿行业的海外投资利益构成潜在威胁。

其次，能矿资源是关系国家安全和经济发展的重要保障，快速崛起的中国需要稳定

① 受阻案例，在美国传统基金会数据库以“troubled transactions”统计。

的海外能源供给以支撑可持续发展的百年大计。由于能矿资源的不可再生性、重要性和敏感性，能矿资源的海外投资往往也是一个敏感话题，近年来有国外媒体强加给中国“新殖民主义”“资源掠夺”等帽子。能矿行业投资看似是经济行为，但很多场合还有政治因素、外交色彩，再加上西方媒体戴着有色眼镜看待中国的海外投资者，其风险性不言而喻。

2. 投资环境较差

除新加坡、波兰等少数几个国家外，“一带一路”沿线大多是投资环境较差的发展中国家（见表2-4），行政审批效率低、法律制度不完善、市场机制不健全。投资环境较差，容易导致能矿投资项目的不确定性和脆弱性，增加投资风险和成本。

表 2-4 “一带一路”沿线部分国家的营商环境

国家	营商便利度排名	开办企业	办理施工许可	获得电力	登记财产	获得信贷	保护投资者	交税	跨境贸易	执行合同	解决破产
俄罗斯	40	26	115	30	9	44	53	45	140	12	51
哈萨克斯坦	35	45	22	75	18	75	3	60	119	9	37
印度尼西亚	91	151	116	49	118	62	70	104	108	166	76
伊拉克	165	164	104	133	115	181	123	52	179	138	169
马来西亚	23	112	13	8	40	20	3	61	60	42	46
巴基斯坦	144	141	150	170	169	82	27	156	172	157	85
缅甸	170	146	66	149	143	175	179	119	159	188	164
越南	82	121	24	96	59	32	87	167	93	69	125
新加坡	2	6	10	10	19	20	1	8	41	2	29
沙特阿拉伯	94	147	15	28	32	82	63	69	158	105	169
伊朗	120	102	27	94	86	101	165	100	170	70	156
蒙古国	64	36	29	137	46	62	26	35	103	85	91
埃及	122	39	64	88	109	82	114	162	168	162	109
叙利亚	173	136	187	151	154	170	87	81	176	159	161
阿富汗	183	42	186	159	186	101	189	163	175	180	159

注：《2017年全球营商环境报告》对全球190个经济体的营商环境进行测评和排名，表中数字代表全球排名，数字越大说明营商环境越差。此处列举的15个国家为中国向“一带一路”沿线能矿行业投资金额较多的前15个国家。

资料来源：世界银行《2017年全球营商环境报告》。

以伊拉克和阿富汗为例。在伊拉克，开办一家企业需要经过9道手续、耗费34天才能走完审批流程，而且开办企业成本占该国人均收入的51.9%，本身就费时费力费钱，再结合能矿项目的高投入，成本之高可见一斑；在进行跨境贸易时，完成一单出口业务的单证和通关审批至少需要24天，能矿产品的出口审批效率很低。在阿富汗，办理施工许可需要经过13道手续、耗费356天才能走完审批流程，这意味着能矿项目可能需要等一年才能正式开工建设；投资者保护方面全球倒数第二，治理制度极为落后，一旦能矿项目出现投资纠纷，股东几乎没有就官员和董事的不当行为提起诉讼的能力。

一方面东道国投资环境较差，另一方面中国无法提供有效的海外利益保护。目前中国的海外投资保障机制依然处于建设阶段，政策保障不足的问题凸显，对外主要体现在双边投资协定（BIT）方面。首先，双边投资协定签署年代久远，大多停留在保护国外资本来华投资利益方面，较少涉及中国资本“走出去”的利益保护问题，双边投资协定面临续签、重签和升级的问题。其次，双边投资协定仅解决两国之间的双边问题，谈判成本较高，费时费力且容易造成错综复杂的“意大利面条碗效应”。最后，中国尚未与伊拉克、阿富汗、尼泊尔等动荡国家签署双边投资协定，无法有效保障自身的海外投资利益。

3. 项目风险较高

能矿项目的投资风险很高，主要体现在以下三个方面。

（1）能矿品质不高，以贫矿居多。相比于发达国家的跨国公司，中国能矿企业起步晚，当中国投资者进军“一带一路”沿线的能矿行业时，该区域的优质矿产资源已被发达国家占领，留给中国的大多是劣质矿源，开采难度大，投资回报低。以煤炭行业为例，中国向沿线国家的投资额总计171.6亿美元，但52.4亿美元投向了仅有次烟煤和褐煤等劣质煤，没有无烟煤和烟煤等优质煤的印度尼西亚。[①] 类似的情况还有巴基斯坦。

（2）能矿产品价格波动，中国没有定价权。受地缘政治、全球经济周期、突发性金融危机等因素影响，资源价格波动明显，对能矿项目的投资回报率有很大影响。与此同时，中国作为能源需求和进口大国并不掌握定价权和话语权，在贸易和投资中都比较被动，主要体现在铁矿石领域，中国理应但并不具有潜在的议价能力，不仅影响铁矿石的贸易和投资收益，而且严重影响国内相关行业的利润率。

（3）溢价收购屡见不鲜。由于中方收购心切、同行恶性竞争、收购方与被收购方信息不对称以及中外文化差异等原因，中国能矿行业在海外投资交易中的溢价问题逐渐凸显，如中国海洋石油总公司151亿美元收购尼克森，溢价高达61%。溢价收购的问题也存在于“一带一路”区域，而且由于该地区的风险性和不确定性，溢价收购后的潜在风险可能更高，麦肯锡在其研究报告中称之为“资源类交易的诅咒”。

（四）对策建议

针对广阔的合作空间和潜在的投资风险，应充分利用现有的政策和规则进行国际协调和国内统筹，结合自身利益和对方需求进行互利共赢的产业链式投资。

1. 加强“五通”工作，改善投资环境

“一带一路”能矿投资有一定的风险性，需要进一步加强政策、设施、贸易、资金

① 根据《BP世界能源统计年鉴2016》，截至2015年年底，印度尼西亚的煤炭探明储量为280亿吨，全部为次烟煤和褐煤等劣质煤。

和民心等“五通”工作，既有利于帮助沿线国家健全法制、改善投资环境，也有利于互利共赢地开展能矿投资，维护海外利益。2017 年 5 月，国家发展改革委和国家能源局发布了《推动丝绸之路经济带和 21 世纪海上丝绸之路能源合作愿景与行动》，政策沟通和贸易畅通再次被提及，成为合作重点。机遇与挑战并存，“五通”工作的深入开展，既能保障中国的海外投资和能源供给，也能解决沿线国家的发展困境和现实需求，而且能极大地便利能矿投资合作，加快打造双赢的能矿合作格局。

2. 利用投资规则，做好项目风险控制

鉴于能矿行业的敏感性和海外投资的不确定性，国际层面需要不断推进规则体系建设，既要用好现有多边规则（如 MIGA、ICSID）防范投资风险，解决投资纠纷，又要不断加强双边投资协定建设，升级原有规则、签订新规则；国家层面需要不断完善审批、监管和风险防范体系，便利化政府审批流程、加强投资后续监管、健全风险预警和防范机制（如政策性海外投资保险），从国家法制的角度做好投资保障服务；企业层面需要牢记风险意识，完善风险控制，投资前做好投资规划和风险预案，建设期加强当地沟通和风险排查，运营期坚持全面风险管理，做好项目风险控制。

3. 产业链式和谐投资，将共赢理念落到实处

能矿行业的海外投资不是孤立存在的，也不是损人利己的。一方面，需要推进产业链式的投资模式，能矿行业的投资能带动装备制造业、工程建筑业、基础设施行业、金融服务业等多领域的联合投资，是产业链式的协同投资，是“产业+金融”的合作投资，为此应进一步加强不同领域的产业协同和联动投资。另一方面，需要稳步推进和谐投资和可持续发展，加强能矿开采技术的当地推广和员工培训，帮助东道国提升能矿行业的产能建设和国际竞争力，主动承担社会责任，积极支持当地建设。

参考文献

[1] 郜志雄，朱占峰．我国石油工业海外投资的特点及对策［J］．经济纵横，2013（11）：44-49.

[2] 黄琪轩，李晨阳．大国市场开拓的国际政治经济学——模式比较及对“一带一路”的启示［J］．世界经济与政治，2016（5）：103-130.

[3] 李锋．“一带一路”沿线国家的投资风险与应对策略［J］．中国流通经济，2016（2）：115-121.

[4] 刘宏，刘东丽．海外并购中的“中国溢价”问题研究［J］．价格理论与实践，2014（8）：98-100.

[5] 汪莹，周小靖，黄海珠．“一带一路”背景下我国矿产资源企业“走出去”的合作策略［J］．国际贸易，2016（6）：34-37.

[6] Asian Development Bank and Asian Development Bank Institute. Infrastructure for a Seamless Asia［R］. 2009.

[7] BP. Statistical Review of World Energy［R］. 2016.

[8] UNCTAD. World Investment Report［R］. 2017.

[9] World Bank. Doing Business［R］. 2017.

五、中国跨国公司与“一带一路”能源网络建设

自2013年9月7日国家主席习近平在哈萨克斯坦提出共同建设“丝绸之路经济带”以来，通过三年共同努力，沿线各个国家在“政策沟通、设施联通、贸易畅通、资金融通、民心相通”等五个方面均产生一系列切实可行的成果，积极推动一大批“一带一路”建设的项目落地实施，许多项目产生了显著的战略效益、经济效益和社会效益。在这一系列成果和效益的背后矗立着无数中国跨国公司，作为绝大多数“一带一路”相关项目的最终实现者——中国跨国公司在促进相关项目落地实施方面做出巨大贡献。其中最引人瞩目的，当属沿线逐步完善的基础设施的互联互通，但每当提及基础设施的互联互通，绝大多数人只会联想到日益增多的中欧班列，逐步完善的公路网络和日益繁荣的海上、空中航线，都忽略了在基础设施互联互通中占有较大比重，有着极其重要作用的“一带一路”沿线能源网络建设和这些项目背后的中国跨国公司。毋庸置疑的是，在“一带一路”建设早期，能源类投资合作和能源管网的互联互通是整个“一带一路”倡议的基础和战略支点，是进行其他基础设施建设和能源合作的基础性、先决性条件。这类巨型工程的落地实施往往离不开日益壮大的中国能源跨国公司的参与，本文将从“一带一路”能源网络建设的意义、中国公司与“一带一路”能源网络建设的现状、中国公司参与“一带一路”能源网络建设的特点和优势分析，以及建设过程中存在的问题和风险及其相关建议等五个方面进行论述。

（一）“一带一路”能源网络建设的意义

“一带一路”指的是“丝绸之路经济带”和“21世纪海上丝绸之路”。能源网络指的是电力运输网、石油和天然气运输管网以及由三大类能源产地和网络节点共同构成的能源生产、运输网络。“一带一路”能源网络指的是为解决沿线国家能源资源在地区分布的不均衡而进行的能源资源跨区开发、生产、加工和运输的网络，其中包括能源产地、能源需求地，以及能源网络建设节点及连接各个节点的管网。“一带一路”能源网络建设不论是对国际社会、对沿线国家还是对中国都有着极其重要的意义。

1. 对于国际能源市场的意义

英国石油公司（BP）的数据显示，“一带一路”沿线69个国家（包括中国）的原油储量为1 407亿吨，占全球原油储量的59.1%。在全球原油储量排名前十的国家中，“一带一路”沿线国家就占6个。在“一带一路”沿线的69个国家（包括中国）中，除了石油输出国组织成员国外，欧亚大陆上的俄罗斯、哈萨克斯坦和土库曼斯坦等国也是重要的石油输出国。沿线的中国、印度和印度尼西亚分别是第一、第四和第五大煤炭生产国，俄罗斯、伊朗和卡塔尔分别是第二、第三和第四大天然气生产国，中国、印度和俄罗斯是第一、第三和第四大电力生产国。总的来讲，整个“一带一路”沿线国家生产了近60%的原油、55%的天然气以及超过76%的煤炭和超过50%的电力。

同时，2016年全球一次能源消费量达到132.763亿吨油当量，据不完全统计，“一

带一路”沿线国家的一次能源消费量占全球一次能源消费量的比例约为51%。不论是从原油、天然气、煤炭还是电力的生产和消费的角度来看，“一带一路”沿线都是能源生产和消费的中心，随着“一带一路”的推进，沿线国家对于能源和能源网络的需求必将进一步扩大。

但是，沿线国家在能源资源勘探开发、加工、运输和市场定价等方面的话语权有限。能源价格和交易量很大程度上受制于第三方，这使得国际能源市场出现一定程度的扭曲。尽管“一带一路”沿线是全球最大的能源生产和消费地，却未能形成与其地位相适应的能源开发和交易平台。“一带一路”能源网络建设在很大程度上可以逐渐将沿线国家的能源产销地连接起来，形成日益完善的能源运输通道，这将为构建亚洲地区能源市场和能源合作平台打下良好的基础。同时，可以对现有能源市场形成一定程度的冲击，在已有的国际能源市场主体中引入更多的参与者，逐步改善能源市场的价格扭曲，建立反映“一带一路”沿线国家意愿的能源市场和平台。

此外，“一带一路”能源网络建设可以通过改善沿线国家基础设施，通过投资促进当地相关产业和当地经济发展，进而促进相关国家之间的经济交往和世界经济的发展。

2. 对于沿线国家的意义

各种能源在地理上分布不均导致“一带一路”沿线国家的能源需求和能源供给在空间上存在极大差异，从而引起能源生产和能源消费的错位，这使得“一带一路”沿线成为国际能源贸易的中心。但能源进出口网络和通道的不健全在很大程度上限制了部分长期依赖能源输入和能源输出的国家的发展。不健全的能源网络使得沿线长期依赖能源进口的国家的经济发展在付出高昂能源运输成本的同时还受制于人，而由于产销地之间的地理障碍使得大量能源资源丰富的国家不能将能源转换成经济效益进而实现国家的发展。

而“一带一路”能源网络建设可以从根本上解决长期依赖能源进口国家的能源需求问题和能源资源丰富国家将资源转化为效益的瓶颈问题，同时“一带一路”能源网络可以将沿线国家的能源网络连接起来形成网络效应，使得地区的能源供应更加安全稳定。

在能源网络建设过程中，各类管网、铁路、港口建设和上游能源产地的开发引发的投资在很大程度上会带动沿线国家经济发展，促进当地就业。在能源网络建设过程中引发的“引致需求”会逐步完善当地的工业基础和基础设施，为沿线国家的经济腾飞打下良好的基础。

3. 对于中国的意义

《BP世界能源统计年鉴2017》显示，2016年中国能源消费量占全球能源消费量的23%，对全球能源消费增长贡献率达27%，中国能源对外依存度达到68%。但目前为止，中国仍未完全实现工业化和城镇化，全国能源需求仍处在一个上升的阶段。能源对外依存在一定时间内仍将保持在一个较高的水平。而“一带一路”能源网络建设在很大程度上避免了海运途中的风险，同时确保了中国国内能源供给的多样性和稳定性。

另外，“一带一路”能源网络建设可以促进中国能源结构的转型和升级。总的来讲，中国电力和化石能源产业链上普遍产能过剩，“一带一路”能源网络在很大程度上可以实现“过剩”电力和其他资源的外输，同时通过“一带一路”沿线能源网络建设改变中国国内不同区域间的能源产业发展不均衡的现状。

更为重要的是，“一带一路”能源网络建设可以推动中国能源企业“走出去”，通过“绿地投资”和“棕地投资”不断加快中国能源企业国际化进程，促进企业积累各种经验，获得技术，拓展市场。同时“一带一路”能源网络建设会使得大量基建企业与国外企业开展各种形式的工程合作，这一方面可以让中国制造、中国创造和中国标准走向世界，另一方面走出国门的基建企业可以为中国跨国公司沿“一带一路”进行后续投资奠定良好的基础。

（二）中国跨国公司与“一带一路”能源网络建设现状

“一带一路”沿线国家中天然气输出国，如俄罗斯、卡塔尔、伊朗、土库曼斯坦等国早在20世纪中后期就开始油气管道建设，但早期的油气管道多为这些国家内部的油气管线和由俄罗斯输向欧洲的天然气管道。整个“一带一路”沿线油气管道长度有限，在地区上存在方向过于集中和分布不均等问题，同时“一带一路”沿线许多国家都存在电力网络建设投资不足、电网割裂和电力缺口严重等问题。虽然总的来讲全球能源运输管网的数量和长度都达到一定水平，但是在“一带一路”沿线却仍存在着较大发展空间。随着“一带一路”倡议的逐步落实，中国国内能源企业顺应国家战略，逐步“走出去”沿“一带一路”国家开展各类能源投资，中国跨国公司在能源网络建设和运营过程中均取得一定成就。

1. “一带一路”能源网络建设现状

受限于“一带一路”沿线国家各类能源数据的可得性，我们对可得的数据进行简单的梳理，并以油气管线为例进行说明。据初步统计，俄罗斯有约11条石油天然气外输管线处在运营状态。俄罗斯境内管线总长度达171 200千米，而且有三条新建管线总产度约5 100千米，该国的Gazprom公司却运营着全球近746 300千米的油气管网。这些管网绝大多数集中在俄罗斯的西部，并且大多取道乌克兰或地中海输向欧洲，在分布上存在西多东少的格局。随着“一带一路”沿线国家天然气需求的增加而逐步扩大。新增的三条管线，除了一条是输向德国，其他两条中一条是输向土耳其，另一条输向中国。其中，最后一条能源管线在俄罗斯境内部分在很大程度上可以将俄罗斯东南部油气和西北部的油气通过管网连接起来，进而形成一个相对稳定的能源网络。

自2000年开展“西气东输”工程以来，中国油气管道建设便进入快车道，2016年中国油气管道总里程达到120 523千米，其中原油管道27 307.8千米，天然气管道68 250千米，成品油管道24 964.54千米，总体上国内形成西气东输三条大通道连接各个油气田、油气节点和用户的终端网络。而在外部形成了西北部依靠中亚输入中国的A、B、C、D四条油气管道，东北部依赖中俄油气管道东线输入的油气资源，西南部依赖中缅油气管道输入中东地区的油气资源，东南沿海依赖来自澳大利亚和卡塔尔的液化天然气和海运原油的格局。总的来讲，近年来的能源管网建设在一定程度上缓解了东南沿海和中国西南部能源短缺的现状。此外，中国能源企业积极拓展海外业务，在“一带一路”沿线国家积极投资能源行业上游企业，积极拓展能源网络节点，在土库曼斯坦、哈萨克斯坦、俄罗斯等国积极布局油气田，这在很大程度上保证了国内能源网络的有效供给。随着中蒙俄三国跨境油气管线的建设，中国能源通道将得到进一步拓宽。国内能源网络的稳定性将得到进一步提高，能源安全也必将得到更好的保障。

土库曼斯坦早在20世纪60年代就开始向周边国家输出天然气，但是受限于管网健全程度，土库曼斯坦在经历油气出口通道不畅的打击之后开始油气多元化出口的模式。土库曼斯坦的原油管线基本上是用于国内原油运输，而其出口的原油大部分依赖海运，但其天然气的输出却几乎全靠管道。土库曼斯坦现有中亚A、B、C、D四条经过土库曼斯坦、乌兹别克斯坦、哈萨克斯坦和中国的天然气管道。此外，土库曼斯坦还有两条“土伊线”、“土哈俄沿里海线”、“中央—中亚管道”等诸多管线。但是除了尚处在规划中的“土库曼斯坦—阿富汗—巴基斯坦—印度”油气管道和通往中国的油气管道外，土库曼斯坦的油气管道和俄罗斯管道类似，大多也是输往欧洲，很少有油气管线通往东亚和南亚。

“一带一路”沿线的绝大部分石油输出国组织成员国都通过其国内内部油气管道实现了油气产地和油气出口地之间的衔接，除少数国家拥有对外输出油气的管线外，几乎绝大部分的油气均依赖海运。

从整体上看，绝大多数“一带一路”沿线国家油气管道分布存在西多东少的格局（供给西移、需求东移的格局），连接传统油气生产国和传统油气消费国的管网设施完备，而连接新兴市场国家和原油产地的管网建设较为落后。虽然中国、俄罗斯和部分其他沿线国家的能源公司积极开展沿“一带一路”的能源网络建设，并取得一定成效，但是“一带一路”能源网络建设仍然较为落后。随着“一带一路”沿线国家经济的逐步发展，这些沿线国家对于能源的需求将逐步增长，对于能源管网的需求也必将急剧增长。

2. 中国跨国公司参与“一带一路”能源网络建设情况

早在“一带一路”提出以前，中国能源企业就响应国家号召积极“走出去”。从1993年起以中国石油天然气集团公司（简称“中国石油”，又称“中石油”）为代表的能源企业就开始了国际化的探索。经过20多年的海外摸爬滚打，中国能源企业积累了大量的经验，同时也为“一带一路”能源网络建设打下了良好的基础。自“一带一路”倡议提出以来，中国跨国公司在海外签署和建设的涉及能源网络的重大能源项目近50个，涉及沿线19个国家。通过沿“一带一路”能源网络的投资、建设和对接已有能源输送通道实现能源网络的互联互通，2017年年底，中国能源企业将为地区能源市场打造多条能源运输线路并形成“一带一路”能源网络的基本框架，为“一带一路”沿线国家能源运输和地区能源网络建设打下坚实的基础。

在中国众多参与“一带一路”建设的企业中，中国石油天然气集团公司应该是“走出去”最早、响应“一带一路”倡议最快、成果最为丰硕的中国跨国公司代表。本文将以该公司为例对中国跨国公司参与“一带一路”能源网络建设情况进行介绍。

截至2016年年底，中国石油在海外运营的油气管道总里程达到14 507千米。其中，原油管道6 604千米，天然气管道7 903千米，实现2016年全年输送原油2 593万吨、天然气 439 亿立方米的目标，其参与建设和运营的“中亚油气管道”“中缅油气管道”“中俄原油管道”平稳高效运行。同时，该公司不断拓展海外油气产区业务，在 2016 年该公司建成肯尼亚成品油管道、伊拉克马季努恩 FCP 天然气外输管道等，又先后获得沙特阿拉伯阿美拉斯坦努拉管道、阿根廷科尔多瓦省天然气管道等多个管道建设项目合同。近年来，该公司在“一带一路”沿线的 19 个国家管理、运营近 50 个海外油气田项目，累计投资占其海外投资的 60% 以上，其中该公司 3/4 的国外千万吨大型油田生产项目集中在“一带一路”沿线。2016 年，中国石油在海外油气权益产量当量超过 5 900 万吨，占该公司海外权益的 78%。中国石油海外业务生产原油 1.569 亿桶、天然气 232 亿立方米，中国石油在“一带一路”沿线国家和地区进行的油气贸易量达到 2.15 亿吨，占中国油气贸易总量的 48%，其中来自“一带一路”沿线的石油占该公司进口原油的近 2/3，而来自“一带一路”沿线地区的天然气占该公司进口天然气的近 99%。

不论是沿线能源网络上游的“油气田开发”还是中游的“管道建设和运营”或是下游的“能源加工处理和销售”，中国石油均有涉及。该公司已在“一带一路”沿线形成了两个油气运营中心——“亚洲油气运营中心”“欧洲油气运营中心”和四个油气开发合作区——“中亚—俄罗斯合作区”“中东合作区”“非洲合作区”“亚太合作区”。由此可见“一带一路”能源网络对于中国石油的重要程度，同时也反映了中国石油对于“一带一路”能源网络建设的重视程度。

在积极落实“一带一路”能源网络建设的同时，中国石油也不断地实现着自我价值。中国石油以全年营收 18 719 亿元、利润总额达到 507 亿元的业绩在 2017 年世界 500 强排名中列第 4 位，成为名副其实的中国国际性大公司。

（三）中国跨国公司参与“一带一路”能源网络建设的特点及优势

1. 中国跨国公司参与能源网络建设的特点

（1）顺应国家战略，遵守当地法律

沿线无论是能源输出还是能源输入国家大都提出与“一带一路”对接的发展战略，并实现与中国“一带一路”倡议的对接（例如哈萨克斯坦的“光明大道”，蒙古国的“草原之路”，越南的“两廊一圈”等）。这在很大程度上促进了“一带一路”沿线国家的政策沟通，而国家层面的政策沟通也正是企业开展投资建设活动的前提和基础。“一带一路”倡议提出三年以来，中国与沿线 33 个国家建立战略合作伙伴关系，开展卓有成效的能源外交，并签署一系列的框架性合作文件，这在很大程度上为中国公司“走出去”参与“一带一路”能源网络建设打下了坚实基础。

同时，参与“一带一路”能源网络建设的能源企业大多是具备多年海外经验的企业，其中不乏在“一带一路”沿线进行能源投资数十载的企业。它们深谙沿线国家的法律和相关规定，这使得它们在沿线能源网络投资建设中的法律风险更低，同时也提高了这些企业海外项目的成功率。

（2）遵循“共商、共建、共享”的三原则

无论是“走出去”的民营企业还是国有企业在参与“一带一路”能源网络建设的

过程中几乎都遵循了“共商、共建、共享”三原则。能源网络建设有着投资周期长、投资量大、投资风险大和投资影响广等特点，这使得几乎所有的投资和建设项目都会涉及多方主体，这就需要企业协调多方力量和利益主体。例如，中石油与沿线政府和能源企业进行协商，最终联手打造“一带一路”油气黄金带，签署一系列的合作协议获得一系列的工程项目承包建设权。

此外，“一带一路”能源网络不仅是中国的能源安全屏障，更是沿线国家发展的能源动脉，中国跨国公司不能，也不会独立建设并独自使用。大批中国跨国公司在“一带一路”能源网络建设过程中不断创新合作方式，引入当地的投资主体，例如中亚油气管道就是由多方共同出资新设公司负责投资、建设和运营，其中中方占比 50%。

而在项目建设和运行过程中，中国公司也充分考虑当地企业和民众的利益诉求，实现“一带一路”能源网络建设成果共享。中亚油气管线建设在保障中国用气安全的同时也为过境国提供稳定可靠的气源，解决了过境国存在的能源短缺问题。例如，中缅线将整个运力中的 20% 留给缅甸，在保障企业自身利益的同时提高沿线国家能源和经济的自给率。这在一定程度上改善了沿线群众的生活质量和经济状况。

（3）实现本土化经营

无论是大型国有企业还是民营企业，它们在“一带一路”能源网络建设过程中取得成功的关键都在于实现了本土化建设。在参与沿线能源网络建设的企业中或多或少都有来自当地的职工。一些大型企业譬如中石油还特意支持当地企业发展，并为当地提供就业机会，中石油实现员工本地化率超过 90%，并重视本地员工的培训和培养工作，打通其职业发展通道。这一方面可以实现建设成果共享，提高项目的参与感和透明度进而减少项目推进过程中的阻力；另一方面由于大部分沿线国家的工资水平较低，通过本地化运作在提高运营效率的同时降低了企业海外运营成本，还提高了企业在当地的正面影响。单中国石油就带动当地就业超过 8 万人，惠及人口超过 200 万。

（4）实现国际化管理

经过数年的海外实践，中国能源企业逐步适应国际工程管理标准，并逐步探索出一条适应中国跨国公司和“一带一路”沿线国家的国际化管理方案。中石油在员工的管理过程中创新性提出“五化”的管理模式（全球化思维、产异化定位、项目化管理、一体化运作、本地化立足）。在项目实施过程中切实落实相关政策和标准，严格执行各项标准，并引入第三方审计和监察机构协助其开展国际化管理，从而创造多个项目多年零事故的奇迹。

2. 中国跨国公司参与能源网络建设的优势

（1）国家战略支持

自党的十七大以来，中国政府就开始支持企业“走出去”，而自“一带一路”倡议提出以后，中国鼓励企业海外投资的热情更足。政府对在“一带一路”沿线投资的企业给予法律、信息、资金上的支持，对某些特殊企业还提供一定程度的免税和较为宽松的外汇政策，这一切都为企业“走出去”提供了极大的便利。

“一带一路”倡议明确将能源合作列为重要内容，在发展愿景中提出要“加强能源基础设施互联互通合作，共同维护输油、输气管道等运输通道安全，推进跨境电力与输电通道建设，积极开展区域电网升级改造合作”。与此同时，国家发展改革委、国家能源局印发了《中长期油气管网规划》，其中就明确指出要对接“一带一路”能源网络，实现海陆并举、东西同时开放的新格局。与这些政策和措施相配套的是各类优惠政策和鼓励扶持手段，这给参与“一带一路”沿线管网建设的企业带来一定的政策红利。

更为重要的是，只有获得国家战略支持才能实现国家层面的政策沟通进而降低企业海外经营的政治风险和法律风险。

（2）中国跨国公司与沿线企业存在优势互补

“一带一路”沿线许多国家的发展水平不如中国，一些国家的工业基础薄弱，大部分工业品依赖进口，而中国拥有最为完备的工业体系和相对较新的装备技术，在与沿线国家的合作中占据一定的优势，并通过合作水平的不断提升，在有效化解国内过剩产能的同时与东道国相应企业形成优势互补。例如，在东亚和中亚部分国家，电力短缺，发电设施陈旧，而中国国内相关技术较为先进但却存在严重的产能过剩。这种存在互补性的合作普遍存在于“一带一路”能源网络建设过程中。这也为中国能源企业参与“一带一路”能源网络建设创造了有利条件。

（3）先进的技术标准、技术水平和丰富的项目经验

以中石油为代表的能源企业从20世纪末实施“走出去”战略以来，便追随行业领先者，以近半个世纪的技术吸收、积累、集成和创新，逐步从追随者变为领跑者，在很多领域形成领先于世界的自有技术、自有品牌和自有标准，加之海外多年的投资、建设、运营管理经验也使得中国跨国公司能够更加从容地应对各种投资环境并运用自身所拥有的技术和相关资源去解决在“一带一路”沿线能源网络建设过程中出现的问题，实现自身投资目标并促进“一带一路”沿线能源网络建设。此外，相比其他投资者，中国跨国公司大多拥有能源产业全链条的投资建设运营能力，可以因地制宜地为投资对象国提供针对性的解决方案。

（4）多元的融资渠道

能够进行“一带一路”能源网络建设投资的中国跨国公司大都有着大量的自有资金或者是多元化的融资渠道。例如，中石油有自己的财务公司，很大程度上可以自己解决投资过程中出现的资金短缺问题。此外，这些投资于“一带一路”能源网络的企业大都拥有多元的资金来源。例如，在跨境进行投资时，国内会有大型银行为之提供融资服务，而随着“一带一路”倡议的逐步落实，以及亚洲基础设施投资银行、金砖国家银行、丝路基金的相继投入运行，投资于“一带一路”沿线能源网络的中国跨国公司的资金来源更加丰富。这在很大程度上为企业扩大规模和降低经营风险扫清了障碍。

（四）中国跨国公司参与“一带一路”能源网络建设过程中存在的问题及风险

1. 沿线能源网络建设中存在的问题

（1）着眼于短期利益，对“一带一路”能源网络理解过于狭隘

许多大型企业（包括中石油）都仅考虑到“一带一路”能源网络建设符合国家战

略或是只看到中国日益增长的能源需求导致沿线能源网络建设能带来短期利益和能源安全保障，都认为“一带一路”能源网络建设就是服务中国经济协调发展，保障中国能源安全的。不可否认，这些观点在某种程度上是正确的，但是“一带一路”能源网络是“一带一路”倡议的一部分，还是该倡议最基础的一部分。没有基础设施的互联互通，没有能源网络的互联互通，就无法保障“贸易相通”，更无法实现“资金融通”和“民心相通”，这样“一带一路”倡议就无法实现，人类命运共同体就无法形成。如果不能摒弃这种狭隘的思想则会在“一带一路”能源网络建设过程中出现短视和狭隘的民族主义倾向，造成相关项目无法正常开展和相关投资的失败。

（2）中国跨国公司技术水平和控制的能源管网规模有限

虽然中石油（运营海外油气管线 14 507 千米、中国国内油气管线 120 523 千米）在参与“一带一路”能源网络建设的公司中属于实力最强的公司。但是相比以俄罗斯天然气工业股份公司（控制着 746 300 千米管网和俄罗斯的三级电网）为代表的世界能源巨头，运营着 14 507 千米管网的中石油可谓是小巫见大巫。而且这类公司在多年的跨国经营过程中积累了丰富的管网建设技术和运营管理经验，这是中国石油在短期内无法超越的。相比之下，中石油甚至没能统一国内油气管线，更不用说其他的能源类企业了。能源行业是一个讲究规模效益的行业，如果能源管网和能源管道流量能上规模，就能为企业和社会创造更多的效益。

（3）缺乏对上游资源的控制权

大多数中国跨国能源公司在参与“一带一路”能源网络建设过程中，虽然与外方合资建立了能源企业，但是却受限于各国法律或相关规定，不能过多地投资能源输出国的上游（节点）企业。而大多数的能源生产企业都是以垄断形式存在（康采恩），这使得中国能源公司缺乏议价权，当出现特殊情况时无法保证进入管网能源的数量和质量。

2. 中国跨国公司参与“一带一路”能源网络建设的风险

（1）能源转型的风险

随着环境保护呼声的不断高涨，各国也积极签署并落实《巴黎协定》，这使得传统化石燃料的市场逐步缩小。而现在正在建设的“一带一路”能源网络，仍是基于传统化石燃料——石油和天然气的管网。众所周知，各国对化石能源的需求在经历一个上升阶段之后便会迎来一个下降的过程。这也就是说对化石能源需求在某种程度上存在一个需求量递减的过程，该过程中其他清洁能源逐步取代石油，或者是其他能源使用效率得到极大提升时，“一带一路”能源网络中的部分网络线路就将失去意义。而在参与这些管网建设的过程中，如果企业没有考虑这种风险，那么就会面临巨大的转型风险。

（2）政治风险

“一带一路”沿线有着世界上最动荡的国家，有着世界上最为丰富的宗教、文化和政治体制。在（诸如伊拉克、阿富汗、也门等）存在恐怖组织、总统下台、政权更替和多个武装团体的国家和地区投资和建设“一带一路”能源网络将面临诸如公有化、被破坏、被侵占等政治风险。

（3）经营风险

由于能源网络建设本身存在投资周期长、投资规模大、投资风险大，受国际和地区经济形势影响较为严重等项目自身的特点，加上跨国投资和建设本身就易招来当地民众的抵触和抗议，这都会造成企业在生产经营过程中产生经营风险。

（五）中国跨国公司参与“一带一路”能源网络建设的建议

1. 给政府的建议

（1）减少政策红利，引导企业理性投资

政府应该营造一种公平竞争的环境，尽量减少因为政策红利带来的市场扭曲。引导一大批顺应市场发展趋势的企业“走出去”，而不是盲目追求出海数量而不管“一带一路”能源网络建设质量。此外，政府应积极引导传统能源企业实现多元化和清洁化经营管理。引导企业增加电网和天然气管道建设，避免企业因为遭遇能源转型（石油被替代）而造成极大损失。

（2）加强政策沟通，提高政策预警效率

政府应该发挥自身平台作用，积极对接沿线国家的发展战略，做好政策沟通，努力降低政治风险发生概率。此外，政府应该充分发挥常驻“沿线国家”的大使或商务参赞的信息搜集与发布功能，引导“一带一路”能源网络建设公司形成自治组织，充分发挥企业联盟的作用，引导企业计提相应风险准备金。引导商业保险机构设置有针对性的“政治风险”保险，从源头上转嫁企业所面临的政治风险。

（3）拓宽企业融资渠道，促进投资主体多元化

政府应该拓宽企业融资渠道，优化企业资产结构。降低因投资周期过长造成的经营风险和企业生产经营过程中的融资风险。此外，应引导企业在“一带一路”能源管网建设过程中做到“共商、共建、共享”，引导企业积极地与国际上其他投资主体和沿线国家合作，促进企业投资主体的多元化，并积极鼓励企业根据自身状况开展一定程度的多样化经营，以降低经营风险。

2. 给中国跨国公司的建议

（1）引入清洁能源网络，加大清洁能源网络投资比重

企业应提前降低在传统原油运输管道中的投入，逐步提高清洁能源所需要的电网和天然气管道的投资比重，顺应发展趋势，着手对清洁能源的投资。在“一带一路”沿线能源管网建设过程中引入更多的清洁能源网络，在提高“一带一路”沿线能源网络发展水平的同时，提高自身应对能源转型的能力。

（2）做好前期安全筛查，提高自身风险防范能力

参与“一带一路”能源网络建设的公司在投资前应充分了解各方面的信息，做好投资前的筛查工作，避免投资政治风险较高的国家或地区。此外，在发生或可能会发生政治风险时，应积极与驻该地的商会和中国政府的派出机构联系，掌握当地政治局势。充分规避风险，在条件允许时可以通过各种金融产品（保险）或者出售风险资产来规避相应的政治风险，提高自身的风险防范能力。

（3）积极与第三方投资机构合作，加强内部监管

“一带一路”能源网络建设涉及多边主体、多方利益，中国跨国公司要本着“共商、共建、共享”三原则，妥善处理好这些利益关系。只有这样才能更好地发挥每种力量的优势，使之服务于“一带一路”能源网络建设。协调利益的最优方式便是形成利益共同体和投资联盟，进而分担投资风险，分享投资收益。此外，参与“一带一路”能源网络建设的企业在生产经营过程中需要在实现本地化经营的同时提高自身内部监管效率，避免因内部监管问题使得企业承受巨大的经营风险。

参考文献

[1] 刘佳骏．“一带一路”战略背景下中国能源合作新格局［J］．国际经济合作，2015（10）：30-33.

[2] 钱旭明．“一带一路”战略的支点：中国与中东能源合作［J］．阿拉伯世界研究，2014（5）：21.

[3] 李建国，梁琦．“一带一路”能源合作问题研究［J］．研究与探讨，2015（7）：19.

[4] 王金照．“一带一路”能源合作的思路和政策［J］．国家治理，2016（26）：37-48.

[5] 杨晨曦．“一带一路”区域能源合作中的大国因素及应对策略［J］．国际政治与经济，2014（4）：124-128.

六、“一带一路”倡议与中国交通运输发展

当前，中国政府以“一带一路”为主线，以互联互通和产业合作为支点，推动中国和沿线国家的务实互利合作向宽领域发展。这要求国际运输从广度和深度上进一步打通或者提升中国与相关国家之间的空间联系，中国将统筹谋划国际陆、海、空交通运输基础设施互联互通建设，加快形成纵贯南北、横跨东西的国际综合运输体系。但互联互通绝不仅仅是交通基础设施、电信等物理上的联通，也需要以完善大通关制度为突破口，通过便利化运输、简化通关等，推进投资和贸易便利化，促进“软件基础设施”和标准的互联互通。

（一）“一带一路”倡议下交通运输发展的基本情况

国际运输有利于实施互利共赢的开放战略，进一步推进对内对外开放，加快“引进来”和“走出去”。

1. 深化对外合作

国际运输是推动国家对外开放战略的基础保障。自 1991 年 6 月中国与蒙古国政府

签订汽车运输协议以来，中国与周边 15 个国家开展了双边道路运输合作，其中与 12 个国家（地区）签署了 11 个双边和 3 个多边汽车运输协定，其中中亚区域 4 个双边协定和 2 个多边协定，东北亚区域 2 个双边协定，南亚区域 5 个双边协定和 1 个多边协定，实现了与相关国家的汽车直达运输。此外，还参加了《国际铁路货物联合运输协定》《国际铁路货物运送公约》，积极加入《集装箱海关公约》（1972 年）等国际便利运输公约。但是，中国还有《1975 年国际公路运输公约》（TIR 公约）、《1956 年国际道路货物运输合同公约》（CMR）、《道路标示和信号公约》、《道路交通公约》（CRT）、《关于临时进口商用道路车辆的海关公约》和《关于统一边境货物管理的国际公约》共 6 个公约尚未加入。

国内各沿边省份交通运输部门和口岸道路运输管理机构不断创新发展思路，与相关国家边境地区建立了定期会晤、会商和合作机制，促进了双边道路运输问题的有效解决。内蒙古自治区与蒙古国建立口岸汽车运输例会制度，黑龙江省与俄罗斯远东地区的多个州（边区）建立了会谈机制，云南省建立了云南—泰北合作工作组、云南—老北合作工作组、云南—越北边境四省联合工作组、云南—越南昆河经济走廊和滇缅合作论坛等合作机制，广东省加强与港澳地区在制定客货运输政策、优化运输组织领域的务实合作，促进了《关于建立更紧密经贸关系的安排》（CEPA）相关运输政策的落实。

2. 中国国际道路运输稳步发展

交通运输在中国对外开放中的拉动和支撑作用不断增强，国际道路运输量总体呈平稳增长态势，2014 年国际道路旅客运输量达 670.7 万人次，国际道路货物运输量达 3 957.9 万吨，为国际贸易和经济文化交流提供了有力的交通运输服务（见表 2-5）。

表 2-5　近年来中国国际道路运输客货运量及中方占比情况

年份	国际道路旅客运输		国际道路货物运输	
	运输量/万人次	中方占比/%	运输量/万吨	中方占比/%
2005	795.7	53.4	973.0	43.5
2010	780.1	43.4	2 963.1	52.3
2011	815.9	48.0	3 531.7	41.2
2012	854.2	46.8	3 371.6	25.3
2013	676.7	47.9	3 573.2	30.1
2014	670.7	48.2	3 957.9	32.0

2013 年，中国开通国际道路运输客运线路 136 条，其中中亚、东北亚、南亚区域分别为 44 条、68 条和 24 条，线路年平均客运量分别为 1.2 万、5 万和 11.8 万人。货运线路 151 条，其中中亚、东北亚、南亚区域分别为 47 条、76 条和 28 条，线路年平均客运量分别为 5.3 万吨、34.6 万吨和 24.9 万吨。上述线路共涉及开放口岸 75 个，其中沿边开放口岸 70 个，沿海开放口岸 5 个。国际道路运输企业规模化、专业化程度不断提高，运输企业已近 1 400 户，营运车辆超过 2.8 万辆，运输效率得到提升，市场竞争力得以

增强，“走出去”步伐进一步加快。在跨境运输领域，陆路口岸运输与陆海联运、“渝新欧”和“郑新欧”铁路运输等多式联运呈现出协调发展的良好局面。中欧班列运输业务快速发展，2014 年共开行 308 列中欧班列，较上年增加 228 列，运行线路由 7 条增加至 19 条，运行频次及线路数量大幅提升，多个班次实现常态化运行。

3. 国际道路运输服务能力显著提升

为贯彻落实国家“一带一路”倡议，推进陆上和海上通道建设，推进区域交通互联互通和国际运输便利化，2014 年 10 月，全国国际道路运输工作座谈会指出，以实现通关便利化为主攻方向，以强化市场监管为抓手，以提高国际道路运输互联互通水平和服务能力为目标，把握“六个着力”，谋求国际道路运输新发展。第一，着力推动实施“一带一路”国家战略。加强国际道路运输合作统筹规划；带动区域互联互通和基础设施建设；促进形成国际物流大通道。第二，着力提高通关便利化水平。健全协同机制，推动依法履职，提高通关效率，实现信息共享。第三，着力促进国际道路客货运输稳步发展。推进基础设施互联互通，优化发展环境，促进市场诚信，引导、扶持有条件、有实力的国际运输企业拓展海外市场。第四，着力健全完善政策法规标准体系。推动签署修订双边（多边）运输协定，加快完善管理法规政策，加快相关标准的制定和修订工作。第五，着力推进管理队伍正规化建设。理顺管理体制，加强教育培训，建设一支政治坚定、素质优良、纪律严明、行为规范、廉洁高效的口岸运管队伍。第六，着力提升国际道路运输行业治理能力。加强组织领导，落实事权责任，完善保障机制，加强应急管理，发挥协会作用，打造良好舆论环境。

2014 年，各地在促进国际道路发展方面取得了新进展：新疆针对重点国际道路旅客运输线路、企业及客运站开展示范试点，打造一批精品线路，以点带面地促进新疆地区国际道路旅客运输规范化经营；广西道路运输管理局、新疆道路运输管理局及吉林省运输管理局会同新疆社会科学院组成调研工作组，共同开展国际道路运输管理专题调研；同时，新疆在相应的口岸简化运输流程，广西对进出东兴、友谊关口岸的集装箱运输车辆实行通行费下调 50% 的优惠政策，有力促进了国际道路运输业务发展。

（二）“一带一路”倡议下交通运输发展的设想

交通运输是“一带一路”倡议实施的“先行官”，也是“一带一路”倡议的基础条件和重要保障。交通运输行业要按照“一带一路”倡议的要求，增强政治意识、大局意识和责任意识，坚持适度超前的原则，深化对“一带一路”中交通运输大布局定位、大通道发展、重要项目节点、运输便利化、多平台合作、双边关系以及政府引领作用等的研究，充分发挥交通运输在城镇布局、人口和产业集聚、区域协调发展中的先行和引导作用，推进重大任务和重点项目的实施，把“一带一路”倡议落实到位，切实提升交通运输对经济走廊的支撑作用。

1. 构建互联互通的丝绸之路经济带交通运输走廊

（1）积极推进境外关键通道建设

近年来，中国产业梯度转移有序推进，内陆地区外向型经济发展迅速，但内陆地区在国际物流方面存在不靠海不靠边的客观制约和开放口岸少的短板。应挖掘既有通道的潜力，特别是中蒙俄、新亚欧大陆桥、中国—中亚—西亚、中巴、孟中印缅等已经基本形成的国际运输通道的潜能。逐步破解国际运输通道的瓶颈，既有的新亚欧大陆桥等通道是公路、铁路、管道等组成的综合性运输通道，但大部分还是以公路为主的单一方式运输通道，且周边国家的公路等级低、通行能力差，因此，应以周边国家为重点，积极推进境外关键通道建设，充分利用亚投行、丝路基金等融资平台，统筹和创新融资渠道，综合利用多种手段，积极推进境外铁路、公路通道的缺失路段和瓶颈路段建设，畅通国际运输大通道。重点加强中蒙俄、中巴、孟中印缅、大湄公河次区域通道等北向、南向的陆上通道建设，加快额哈、中缅、中老泰、中越等铁路以及中缅公路建设，推动澜沧江—湄公河航道整治二期工程等。紧抓全球航海业“由西向东”转移的窗口期，与斯里兰卡共同打造印度洋海上航运中心，以及共同建设汉班托塔港和科伦坡港口城等重点合作项目，将斯里兰卡打造成“21 世纪海上丝绸之路”枢纽。

同时，密切对接各国自身的发展战略。哈萨克斯坦总统纳扎尔巴耶夫提出的“哈萨克斯坦—新丝绸之路”项目，初衷是想把哈萨克斯坦建成欧亚大陆的交通枢纽和经济中心，实现国内交通基础设施与国际运输体系的一体化，并推动“2050 战略”的实施，推动其成为欧亚地区最大的运输中心。土耳其也提出“2023 高铁战略”，核心是以安卡拉为中心联系 14 个省的高铁网络，形成贯通东西的交通走廊，并形成远东、中亚、东南亚、中东、北非五条战略走向的国际铁路走廊，中国“一带一路”倡议应与这些国家开展项目合作和战略对接。

（2）搭建更加开放的多元化基础设施投融资框架

亚洲地区基础设施发展依然滞后于其经济增长，且无论在质上还是在量上均低于国际标准，这已成为亚洲地区经济发展的瓶颈。亚洲开发银行预测，未来 10 年，亚洲基础设施投资需要 8.22 万亿美元，即每年需要新增投入 8 000 亿美元的基础设施资金，而 2013 年，亚洲除中、日、韩三大经济体的 GDP 总额约为 8 万亿美元，其他经济体用于投资的仅为 1/4 左右，投资中用于基础设施投资方面的资金仅为 20%，约 4 000 亿美元，融资的缺口较大。以亚投行和丝路基金两大机构为投融资平台，搭建更加开放的多元化基础设施投融资框架，优化投资渠道，鼓励发行长期债券或设立各种创新融资工具，可以较好地弥补亚洲各国基础设施建设的资金缺口。适时推进政府和社会资本合作（PPP）模式，增强基础设施项目对于私人部门投资者的吸引力，动员更多的私人部门的资金。多边银行可以进一步推动本币债券的发行和/或地方债务融资的发展，帮助吸引长期投资者投资于基础设施 PPP 项目。此外，对一些投资金额大的基础设施项目，可以通过国际金融组织中长期贷款、本国政府财政资金、外国官方开发援助（ODA）、本国企业及金融机构的联合融资方式予以推进。

（3）完善国内物流大通道

以沿海港口、内陆大城市、延边口岸等为枢纽节点，以综合运输通道为支撑，构建若干条货畅其流、经济便捷、海陆双向开放的跨区域物流大通道，提升物流大通道的覆盖范围和物流服务能力，强化煤炭、矿石、原油、粮食和鲜活农产品等大宗战略物资运输通道建设。推进长江经济带综合立体交通走廊建设和京津冀区域综合运输大通道建设，重点打造长江经济带、欧亚大陆桥、中欧西进、京沪、京广、沿海等综合运输大通道以及粮食、煤炭、鲜活农产品、集装箱等重点物资运输通道，消除基础设施瓶颈制约。届时高等级航道、沿江铁路、沿江公路以及管线建设将进一步提升运输网络规模，各种运输方式衔接更加畅通便捷，社会运输成本将进一步下降。根据国家城镇化、能源、粮食等相关战略布局，推进“西煤东运”“北粮南运”等重点物资物流通道功能提升。推动既有大通道向中西部地区、口岸地区延伸，加密新增东北地区、中西部地区南北纵贯的货运通道，扩展海峡西岸经济区等地区的通道覆盖程度，加快陆桥、京津冀、沪昆大通道等向西辐射线路以及与中亚、南亚、东南亚方向陆路口岸衔接支线的建设；加快二连浩特至北部湾物流大通道建设，修建蒙西至华中铁路，推动焦柳铁路、黎湛铁路扩能改造，规划建设呼和浩特至北海高速公路；加快绥满物流大通道建设，推动滨洲—滨绥铁路、长白—长图铁路、绥满高速扩能改造；不断改善中西部地区交通运输条件，加强进出疆、进出藏、进出川等跨区域综合运输通道建设，加快推动宝成铁路、成昆铁路、南昆铁路、渝黔铁路、黔桂铁路扩能改造工程，全面改善长期制约西南通道的铁路能力问题等。加快大通道瓶颈路段扩能改造，推动长江燕子窝水道、江心洲水道、荆江河段等航道整治工程以及京杭大运河通航段扩能延伸；推动三峡枢纽扩能工程以及沿江货运铁路、青连盐沿海铁路建设，提高沿长江和沿海两条物流大通道陆路运输能力和可靠性。

（4）加快提升运输枢纽服务水平

完善铁路、公路、港口和内河航道重要港站节点的集疏运体系，促进物流基础设施的互联互通和协调配套运行，实现多种运输方式的无缝衔接。推进陆桥、沿海、京广、长江等大通道沿线的重要铁路、空港、物流园区等港站枢纽的集疏运体系建设，扎实推进“铁路进港区”等疏港衔接工程。重点支持位于沿边口岸、沿边口岸城市以及辽宁、山东、福建、天津等省市的具有重要战略意义的货运枢纽（物流园区）以及国际陆港建设。“一带一路”建设将使中国新疆、云南等边境省区从开放“末端”归位于“前沿”，成为中国对外开放的重要门户，成为国际交通走廊的重要枢纽，未来应以这些省区内的重要节点城市、口岸为依托，进一步完善交通基础设施，提升国际运输服务能力，强化其对外门户枢纽功能。加强内陆地区综合运输枢纽城市建设，依托西安、郑州、武汉、重庆等重要节点城市的机场、国际物流园区、国际陆港等建设项目，强化枢纽城市在国内、国际运输中的客货流中转、集散的能力。重点推进具有公共服务性质的货运枢纽型物流园区建设，引导传统货运场站向物流园区转型升级，推动铁路集装箱中心站、内陆无水港、公路港、陆路口岸物流园区及邮政快递作业枢纽建设。以霍尔果斯、阿拉山口、友谊关、二连浩特、瑞丽、红其拉甫、满洲里、磨憨、樟木、绥芬河、双鸭山、佳木斯、黑河等重点口岸为节点，建设集产品加工、包装、集散、仓储、运输、报关、保税、代理等功能为一体的区域性商贸中心和配送物流中心。

专栏：部分地区发展目标

新疆： 着力于打造“五中心三基地一通道”，定位于丝绸之路核心区。“五中心”是指区域性交通枢纽中心、区域性商贸物流中心、区域性金融中心、区域性文化科教中心、区域性医疗服务中心。而“三基地一通道”则立足新疆能源资源优势，加快建设国家大型油气生产加工和储备基地、大型煤炭煤电煤化工基地、大型风电基地和国家能源资源陆上大通道，积极承接产业转移，加快建设向西出口的制造基地。

甘肃：发挥丝绸之路“咽喉”要道的作用，依托全省沿线支点节点城市多、产业集聚功能明显的优势和潜力，重点推进横贯全省的连霍高速公路沿线兰州、天水、平凉、张掖、酒泉等国家级公路运输枢纽的建设。

2. 建设畅通安全的海上运输通道

（1）完善海运服务网络

海上运输一直是中国对外贸易运输的主体，承担了对外贸易中约2/3的运输任务，在中国对外能源资源贸易和集装箱贸易中发挥了重要作用。海上丝绸之路主要涉及西线、中线和南线三条航线，而海上丝绸之路推动着港口基础设施的完善配套，是中国建设海洋强国和海运强国的重要抓手。应完善沿线国家间海运服务网络，积极开拓新的海上航线，积极推动海上互联互通。以大连、天津、青岛、上海、宁波—舟山、厦门、深圳、广州等港口为重点，拓展现代港口服务功能，推进向高端化、国际化发展，推动港口由运输枢纽向国际物流枢纽、商贸交易中心、国际资源配置中心、对外开放政策创新高地的高水平国际门户发展。国际集装箱干—支网络运营模式，将会影响未来港口格局，对一体化运输方式、多式联运等提出更高的要求，带动支线运输及海铁联运的发展。优化海运船队结构，提高集装箱班轮国际竞争力，培育中国游轮运输品牌。

（2）加强海上运输通道的安全保障能力建设

近年来国际形势复杂多变，中国对外国际贸易运输面临的安全形势日益严峻。建设“21世纪海上丝绸之路”，需要积极推进境外海上战略支点建设，鼓励、支持、引导企业通过投资、参股、长期租赁等方式参与境外港口建设和经营，提升对战略性港口的控制力和话语权，建设一批海上战略支点。比如，中国对以马六甲海峡为核心的东南亚海上通道的需求发生了转变，即从过去确保海上运输线的畅通，扩展到为配合海上力量“走出去”而加强沿岸的后勤补给与保障能力，因此，选取通道沿岸的重要港口作为战略支点，加强投资、建设以及与所在国开展密切的合作尤为必要。另外，不断深化与有关国家在航行安全、搜救等方面的合作，增强海上安全保障和应急处置能力，提升海上运输的畅通能力，保障中国能源资源等战略物资运输安全。

3. 积极推动国际物流发展

（1）大力发展多式联运

要以提高运输组织效率为导向，依托主要港口、铁路物流中心、公路货运枢纽、枢纽机场及主要口岸，在29个一级物流园区布局城市、70个二级物流园区布局城市建设或改造一批具有公共服务属性和多式联运功能的货运枢纽，为国际性或区域性货物中转服务，推动公路货运枢纽（物流园区）与港口、铁路等运输方式的有效衔接，积极推进多式联运发展。要进一步完善沿海港口的集疏运体系，推进公水联运、铁水联运，扩大港口的辐射范围，提高海上运输的服务效率。要充分利用铁路运能增长和长江黄金水道建设的机遇，提高铁路和内河水运在大宗散货运输中承担的比例。随着中国内陆腹地经济发展，箱源生成的增量也将随着产业分布和结构调整逐渐内移，将对内贸集装箱产生有力的支持。同时，船舶大型化和联盟化的发展趋势，推动产生新的干线枢纽与网络状的支线运输服务相结合的“轴辐式”运营组织模式，水水转运比重进一步增加。加快老旧重型货运车辆报废更新进度，积极鼓励厢式化、模块化、轻量化等先进车型的发展，全面推广使用安全有效、技术先进、绿色环保的货运车型。推广应用集装箱及半挂车等标准化运载单元，研发并推广基于标准运载单元的专用载运机具、快速转运装备，提高转运效率。近几年，中欧集装箱班列发展较快，目前，已经开通了“渝新欧”“郑新欧”等十余条中欧班列，但各省各自为政、争抢货源等问题突出，下一步应从国家层面整合中欧、中亚国际集装箱运输班列资源，优化运输线路，延伸服务链条，并积极推动公路为铁路班列提供集疏运服务。提高标准化托盘在物流大通道重点企业中的普及率，鼓励其探索标准化托盘与供应链、共同配送、多式联运、甩挂运输相结合。推动托盘标准化及其循环共用，使用和更新标准化周转箱、笼车等标准化物流设备。

（2）推动跨国物流信息共享

习近平总书记提的“五通”中的“贸易畅通”离不开信息化的支撑，要推动建设区域性国际物流信息平台，加强与周边国家的物流信息共享合作。加大信息化建设投入，建立和完善国际道路运输管理与服务信息系统，实现出入境车辆信息与口岸管理部门信息共享。与“一带一路”沿线国家积极开展在物流信息化技术标准、动态数据交换、信息安全等方面的务实合作，推动跨国物流信息互联共享。积极推广中国与日本、韩国共同推动的东北亚物流信息服务网络（NEAL-NET）的经验，推动其在更大范围内推广应用，重点推动与海上丝绸之路沿线重点国家港口与企业物流信息系统的有效衔接，提高中国港口与亚太地区港口间的信息互联互通水平，进一步完善通道运输管理信息体系。加快车辆全球定位系统（GPS）监控、道路运输地理信息系统（GIS）信息查询、道路运输智能卡（IC 卡）电子证件、电子标签（RFID）等新型信息技术在国际道路运输管理和企业运营管理中的运用，提升公路口岸国际道路运输监管与服务水平，提高企业运营管理效率。

（3）进一步优化通关环境

跨国运输通道基础设施贯通及通关便利化等还存在很多问题，通而不畅的问题较为突出，其中有政治、文化、政策、管理等多方面的原因。发展国际运输，重点是要推动国际运输的便利化。运输便利化的核心是简化与协调相关程序，加速人员、货物以及运输装备的跨境流通，终极目标是实现运输无国界和运输自由化。因此，运输便利化的措施包括交通运输政策的协调、口岸检查程序的简化、行业管理措施的高效、国际运输市场的规范、交通基础设施的统一、运输装备的标准、市场主体竞争的公平等内容。要充分利用现有合作机制，推进国际运输便利化，加快制定并推动落实与周边国家的运输便利化措施。同时，还要完善与海关、边防、检验检疫等口岸管理部门的合作机制，加快形成边检、海关、检验检疫与运管一体化、一站式的口岸通关模式，推动开展“信息互换、监管互认、执法互助”，进一步改善口岸通关环境。参照“海关+边防检查+检验检疫+运管”的陆路口岸通关模式，依法将国际道路运输管理机构纳入口岸联检序列，明确并落实运管机构进入口岸限定区依法履行职责的政策和法律依据，实现口岸各联检部门一次申报、一次查验、一次放行的便利化通关。加快推进国际道路运输管理体制改革，实现省级垂直管理模式，形成部、省、口岸国际道路运输管理机构监管服务的三级管理体系。

4. 推动交通运输“走出去”

（1）营造良好发展环境

交通运输是国民经济的基础性、先导性、服务性行业，“一带一路”倡议为国内企业“走出去”提供了很好的平台，政府把“走出去”战略的各项要求落实到交通运输工作中，切实支持企业参与“一带一路”建设，要做好统筹布局，做好宣传引导，做好协调服务，为企业“走出去”营造良好发展环境，做好企业“走出去”的后盾，同时还要有具体的支持政策。有的项目经济效益差，但在国家层面具有重要的战略意义，企业参与的积极性较差，国家应该在资金、财税、土地、人才等方面出台相关支持政策，支持企业“走出去”，及早占领创新高地。

（2）提升“走出去”水平

充分发挥国内交通运输领域规划咨询、工程建设、技术装备、运营管理、人才技术等方面的优势，推动基建、疏浚和装备制造企业逐步向策划、设计、咨询等高附加值和高利润率的产业链上游过渡，带动资本、装备、技术、标准等“走出去”，提升“走出去”水平。要深入了解当地文化、法律及相关政策，做到知己知彼，同时要规范“走出去”的经营行为，树立社会责任意识，实现与当地的融合发展、共同发展。另外，企业“走出去”要注重提高自身的组织管理水平，加强与国内企业的联合，形成合力，提升竞争力。鼓励快递企业聚焦北美、欧洲拓展服务网络，促进寄递服务与跨境电子商务联动发展，支持建设一批国际快件转运中心。当前，世界主要发达国家高速铁路正在进入新一轮快速发展期，并呈现多强竞争格局。中国已经在轨道技术、车辆装备、移动信号等方面具备了过硬的实力。中国应建立高铁装备“走出去”统筹协调机制，明确高铁装备“走出去”的战略路径，整合国内力量资源，带动设计咨询、建设施工、装备制造、技术服务等全方位对外合作，促进铁路“走出去”，从单一产业链向价值链的高端方向发展，积极推动中国标准国际化，努力打造中国铁路“走出去”升级版。通过异地投资、兼并重组、合资合作等资本运营手段，实现由产品输出到产品、技术、资本、服务输出的转变。建议政府主导成立包括设计、施工、整车、关键部件、运营等相关单位在内的联合体，发挥高铁行业的整体优势，形成国际级产业力量，实现从设备出口到系统标准输出的转换。

七、中国对“一带一路”沿线伊斯兰国家直接投资特点、风险与促进措施分析

随着“一带一路”倡议的提出和逐步实施，“一带一路”区域内各国间的跨境投资活动迎来了一个快速发展的阶段。而在“一带一路”沿线的65个国家中，伊斯兰国家就占到了29个，几近半数，其重要地位不言而喻。不少学者在已有的中巴经济走廊的基础上进一步提出了构建“一带一路”中东走廊、海湾走廊、西亚新丝路等设想，而中国对西亚北非伊斯兰国家的直接投资活动将是实现这些设想不可缺少的条件。接下

来，本文拟着重分析中国对“一带一路”沿线伊斯兰国家直接投资活动的现状，探讨中国对沿线伊斯兰国家的主要投资风险和挑战，提出促进中国对沿线伊斯兰国家投资的主要思路和措施。

（一）中国对沿线伊斯兰国家直接投资现状

1. 中国对沿线国家直接投资整体分析

（1）约 1/10 的中国海外投资流向“一带一路”沿线国家，年均增长超过 25%

据《2015 年度中国对外直接投资统计公报》，2015 年中国对外直接投资流量达到 1 456. 7 亿美元，居世界第二位，仅次于美国，同比增长 18. 3%。2015 年中国对“一带一路”沿线国家对外直接投资额达到 189. 29 亿美元，占中国当年对外直接投资总额的 12. 99%。如图 2-6 所示，2008 年以来中国对“一带一路”沿线国家投资流量占比一路攀升，由 2008 年的 3. 09% 上升到 2015 年的 12. 99%，投资流量规模也由 2008 年的 45. 28 亿美元上升到 2015 年的 189. 29 亿美元，年均增长率达到 25. 05%。

图 2-6　2003—2015 年中国对“一带一路”沿线国家投资流量及占比

数据来源：历年中国对外直接投资统计公报。

（2）约 1/10 的中国海外投资存量集聚沿线国家

据商务部统计，截至 2015 年年底，中国 2. 02 万家境内投资者共在全球 188 个国家和地区设立了 3. 08 万家境外企业，对外直接投资存量达到 10 978. 6 亿美元，列世界第 8 位，年末境外企业资产总额近 4. 37 万亿美元，境外企业员工总数 283. 7 万人，其中外方员工达到 122. 5 万人。

2015 年，中国对“一带一路”沿线国家投资存量达到 1 156. 79 亿美元，占当年中国海外投资存量总额的 10. 54%。实际上，2011 年以前，中国对“一带一路”沿线国家的投资存量占比不超过 5%，2012 年创历史最高水平，达到 14. 31%，随后两年虽有所回落，但仍保持在 10% 以上。2015 年，中国对“一带一路”沿线国家投资存量主要分布在东南亚地区，存量规模达到 628. 16 亿美元，占中国对沿线国家投资存量的 54. 30%，超过一半。

（3）中国海外投资沿线国别分布以新加坡、俄罗斯、印度尼西亚等国为主

2015 年中国对“一带一路”沿线国家投资流量最多的 5 个国家包括新加坡（104.52 亿美元，占比 55.22%）、俄罗斯（29.61 亿美元，占比 15.64%）、印度尼西亚（14.51 亿美元，占比 7.66%）、阿拉伯联合酋长国（12.69 亿美元，占比 6.70%）、印度（7.05 亿美元，占比 3.73%）。五国流量之和占到中国对“一带一路”沿线国家投资流量总额的 88.95%。

截至 2015 年年末，中国对“一带一路”沿线国家投资存量最多的五个国家包括新加坡（319.85 亿美元，占比 27.65%）、俄罗斯（140.20 亿美元，占比 12.12%）、印度尼西亚（81.25 亿美元，占比 7.02%）、老挝（48.42 亿美元，占比 4.19%）、阿拉伯联合酋长国（46.03 亿美元，占比 3.98%）。五国存量之和占中国对“一带一路”沿线国家投资存量总额的 54.96%，超过一半。

2. 中国对沿线伊斯兰国家直接投资现状

（1）中国对沿线国家直接投资平均近四成流向伊斯兰国家，存量约占三成

2014 年，中国对沿线 29 个伊斯兰国家海外直接投资金额达到了 54.94 亿美元，占中国对沿线国家投资总额的 40.23%，占当年中国海外投资总额的 4.46%（见表 2-6）。截至 2014 年年末，中国对沿线伊斯兰国家海外投资存量达到 344.39 亿美元，占中国对“一带一路”沿线国家投资存量总和的 37.25%，占当年年末中国海外投资存量总额的 3.90%。

2015 年，中国对沿线伊斯兰国家投资流量规模下降到 20.30 亿美元，占沿线投资总额的比重也从 2014 年的 40.23% 下滑到 10.72%。2015 年，中国对沿线伊斯兰国家投资存量占沿线存量总额的比重也由 2014 年的 37.25% 下降到 32.55%。

尽管 2015 年流量规模下降幅度较大，但从 2006 年以来的平均流量占比来看，中国对沿线伊斯兰国家直接投资流量占沿线投资总额的比重仍然保持在 35.04%。

表 2-6　2006—2015 年中国对“一带一路”沿线伊斯兰国家海外直接投资概况

单位：亿美元，%

年份	中国对外投资流量					中国对外投资存量				
	全球	“一带一路”沿线	沿线伊斯兰国家	伊斯兰占沿线投资比重	伊斯兰占全球投资比重	全球	“一带一路”沿线	沿线伊斯兰国家	伊斯兰占沿线投资比重	伊斯兰占全球投资比重
2006	176.34	11.93	3.49	29.25	1.98	750.22	51.94	22.90	44.08	3.05
2007	265.06	32.46	16.02	49.36	6.05	1 179.11	96.08	40.95	42.63	3.47
2008	559.07	45.28	14.58	32.21	2.61	1 825.57	134.96	44.97	33.32	2.46
2009	565.27	45.27	14.67	32.41	2.60	2 445.38	200.68	75.54	37.64	3.09
2010	688.65	77.97	24.45	31.36	3.55	3 168.96	290.26	107.35	36.98	3.39

续表

年份	中国对外投资流量					中国对外投资存量				
	全球	"一带一路"沿线	沿线伊斯兰国家	伊斯兰占沿线投资比重	伊斯兰占全球投资比重	全球	"一带一路"沿线	沿线伊斯兰国家	伊斯兰占沿线投资比重	伊斯兰占全球投资比重
2011	745. 85	98. 60	30. 84	31. 27	4. 13	4 247. 81	412. 34	146. 25	35. 47	3. 44
2012	878. 06	133. 24	65. 18	48. 91	7. 42	5 287. 06	564. 69	215. 32	38. 13	4. 07
2013	1 078. 25	126. 16	56. 34	44. 66	5. 23	6 604. 78	720. 15	270. 11	37. 51	4. 09
2014	1 231. 27	136. 56	54. 94	40. 23	4. 46	8 826. 42	924. 60	344. 39	37. 25	3. 90
2015	1 456. 67	189. 29	20. 30	10. 72	1. 39	10 978. 65	1 156. 79	376. 48	32. 55	3. 43

数据来源：整理自历年中国对外直接投资统计公报。

（2）2012 年以来沿线伊斯兰国家吸收中国投资呈现下滑趋势

如图 2-7 所示，2012 年中国对沿线伊斯兰国家直接投资流量占沿线流量总额的比重达到 48. 91%，占全球流量总额的比重为 7. 42%。随后 2013 年和 2014 年占沿线流量总额比重分别下降到 44. 66% 和 40. 23%。2015 年"一带一路"沿线伊斯兰国家吸收中国投资出现跳水，占沿线流量总额比重也由 2014 年的 40. 23% 跌到 10. 72%。相应地，中国对沿线伊斯兰国家直接投资流量占全球流量总额的比重也由 2014 年的 4. 46% 下滑到 1. 39%。2015 年有 6 个沿线伊斯兰国家出现中国投资净回流（在对外直接投资统计上表现为中国对该国直接投资流量为负值），其中中国对哈萨克斯坦投资流量为-25. 10 亿美元，中国对伊朗和土库曼斯坦投资流量分别为-5. 50 亿美元和-3. 15 亿美元。

（3）沿线伊斯兰国家吸收中国投资分布不平衡，多数投资集中在几个重点国家

从流量来看，2015 年中国对沿线伊斯兰世界海外投资主要流向东南亚和中东地区的伊斯兰国家，流量最多的前五个沿线伊斯兰国家包括印度尼西亚（14. 51 亿美元）、阿拉伯联合酋长国（12. 69 亿美元）、土耳其（6. 28 亿美元）、马来西亚（4. 89 亿美元）、沙特阿拉伯（4. 05 亿美元）（见表 2-7）。

从存量来看，截至 2015 年年末，中国对沿线伊斯兰国家的海外投资存量主要分布在东南亚、中亚、中东和南亚等中国的周边伊斯兰国家，存量最多的前五个沿线伊斯兰国家包括印度尼西亚（81. 25 亿美元）、哈萨克斯坦（50. 95 亿美元）、阿拉伯联合酋长国（46. 03 亿美元）、巴基斯坦（40. 36 亿美元）、伊朗（29. 49 亿美元）（见表 2-7）。以上五个国家吸收的中国海外投资存量占到中国对沿线伊斯兰国家投资存量总额的 65. 90%，仅印度尼西亚一国吸收的中国投资存量占比就达到了 21. 58%。

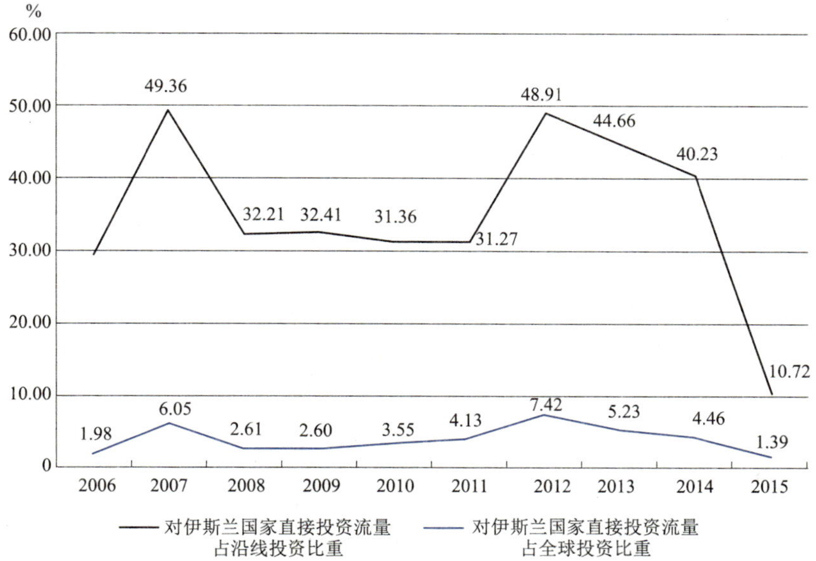

图 2-7　2006—2015 年中国对“一带一路”沿线伊斯兰国家投资流量占比变化

数据来源：历年中国对外直接投资统计公报。

表 2-7　2015 年中国对沿线伊斯兰国家直接投资流量和存量前 15 个国家

单位：亿美元

国家（地区）	流量	国家（地区）	存量
印度尼西亚	14.51	印度尼西亚	81.25
阿拉伯联合酋长国	12.69	哈萨克斯坦	50.95
土耳其	6.28	阿拉伯联合酋长国	46.03
马来西亚	4.89	巴基斯坦	40.36
沙特阿拉伯	4.05	伊朗	29.49
巴基斯坦	3.21	沙特阿拉伯	24.34
塔吉克斯坦	2.19	马来西亚	22.31
吉尔吉斯斯坦	1.52	土耳其	13.29
科威特	1.44	吉尔吉斯斯坦	10.71
卡塔尔	1.41	塔吉克斯坦	9.09
乌兹别克斯坦	1.28	乌兹别克斯坦	8.82
埃及	0.81	埃及	6.63
孟加拉国	0.31	科威特	5.44
波黑	0.25	也门	4.53
伊拉克	0.12	卡塔尔	4.50

资料来源：整理自《2015 年度中国对外直接投资统计公报》。

从国别分布来看，2015 年中国对沿线伊斯兰国家投资流量超过 1 亿美元的国家仅有 11 个，而超过 10 亿美元的仅有印度尼西亚和阿拉伯联合酋长国两个国家；中国投资存量超过 30 亿美元的仅有 4 个国家（印度尼西亚、哈萨克斯坦、阿拉伯联合酋长国、巴基斯坦）。

（二）中国对沿线伊斯兰国家直接投资面临的主要风险和挑战

“一带一路”沿线伊斯兰国家经济发展水平、政治稳定性、营商环境等均存在较大差异。表 2-8 列出了“一带一路”沿线部分国家的整体国家风险水平。沿线伊斯兰国家分布在全部五个风险区间内，高风险区间的 16 个沿线国家中，伊斯兰国家就占了 10 个。与此同时，属于低风险和较低风险的沿线伊斯兰国家也达到了 7 个。大致来看，在 29 个沿线伊斯兰国家中，分属高中低风险的国家差不多各占 1/3。

表 2-8　　2015 年“一带一路”沿线部分国家风险评级

高风险（7~9 级）	较高风险（6 级）	中等风险（5 级）	较低风险（4 级）	低风险（1~3 级）
伊拉克	巴基斯坦	斯里兰卡	科威特	新加坡
埃及	白俄罗斯	印度尼西亚	以色列	卡塔尔
孟加拉国	越南	土耳其	沙特阿拉伯	文莱
伊朗	菲律宾	泰国	斯洛文尼亚	阿拉伯联合酋长国
黎巴嫩	阿尔巴尼亚	俄罗斯	爱沙尼亚	
缅甸	蒙古国	塞尔维亚	阿曼	
摩尔多瓦	亚美尼亚	阿塞拜疆	马来西亚	
塔吉克斯坦	乌兹别克斯坦	约旦	立陶宛	
尼泊尔	波黑	巴林	斯洛伐克	
柬埔寨	格鲁吉亚	保加利亚	捷克	
也门	不丹	哈萨克斯坦		
乌克兰	马尔代夫	罗马尼亚		
吉尔吉斯斯坦	老挝	克罗地亚		
东帝汶		拉脱维亚		
叙利亚		匈牙利		
阿富汗		波兰		
		印度		
		土库曼斯坦		
		马其顿		
		黑山		

注：表中的国家风险参考评级共分 9 级，其中 1 级风险最低，9 级风险最高。

资料来源：中国出口信用保险公司发布的《国家风险分析报告 2015》国家风险参考评级 2015 版数据。

归纳起来，中国对沿线伊斯兰国家直接投资主要面临以下四大风险。

第一，政治风险。一方面，中国的“一带一路”是覆盖欧亚多数国家，涉及外交、安全、经济、文化等多领域，呈现双边、次区域、区域多边等多层次的宏大战略构想。

在中国的大力推动下，“一带一路”构想势必引起域内外大国的关切，从而呈现出错综复杂的政治博弈与合作格局。美国亚太再平衡战略及其“新丝绸之路”计划、俄罗斯的“欧亚经济联盟”构想、印度“季风计划”的推出，将在一定程度上抬高中国企业对沿线国家投资的政治风险。中国在巴基斯坦、斯里兰卡港口投资遇到的问题就是典型例子。另一方面，在大国影响和巨大利益诱惑下，投资东道国国内政治博弈也有可能影响到中国投资，如中巴经济走廊的路线之争。

第二，安全风险。安全局势不稳、恐怖主义和极端主义威胁已经成为中国对沿线部分伊斯兰国家投资的首要障碍。以巴基斯坦为例，当前中巴经济走廊建议就受到了阿富汗—巴基斯坦边界安全“黑洞”的威胁，尽管巴基斯坦政府采取了不少“去极端化”措施，但该地区极端主义势力根深蒂固，其影响难以在短期内消除。

第三，经营风险。中国投资沿线伊斯兰国家的经营风险主要体现在两个方面：一是投资收益率较低。这在基础设施建设投资领域最为突出。此类投资往往规模大、投资回收期长，而以往国内经常采用的基础设施周边土地开发模式在海外投资中通常行不通，这势必造成基础设施建设投资经营风险高企。二是不少国家还存在延迟支付、外汇兑换、保函没收等经营障碍和风险。

第四，金融风险。部分沿线伊斯兰国家经济发展水平不高，当地私人部门和境外主体出资有限，使得中国政府不得不成为主要出资者，有可能成为“沿线国的发展改革委和财政部”，从而增加中国金融机构的海外风险。

除此之外，中国对沿线伊斯兰国家直接投资还面临经济基础、投资环境等方面的挑战：一方面，多数伊斯兰国家的工业化水平不高，缺乏中国企业尤其是加工制造业企业海外投资的产业基础。实际上，印度尼西亚成为 2015 年沿线伊斯兰国家吸收中国投资最多的国家，主要原因也在于印度尼西亚相对完善的工业基础以及庞大的国内市场。另一方面，绝大多数伊斯兰国家亟待改善国内投资环境。据世界银行发布的 2015 年全球营商环境指数，“一带一路”沿线国家营商环境最好的前 15 个国家中伊斯兰国家仅有马来西亚（第 3 名）、阿联酋（第 4 名）、沙特阿拉伯（第 15 名）。较差的营商环境已经成为阻碍中国对沿线伊斯兰世界投资的重要原因。

（三）促进中国对沿线伊斯兰国家直接投资的思路和对策

2016 年 1 月发布的《中国对阿拉伯国家政策文件》明确了“以能源合作为主轴，以基础设施建设和贸易投资便利化为两翼，以核能、航天卫星、新能源三大高新领域为突破口”的中阿经贸合作“1+2+3”格局，提出中阿在“一带一路”建设方面坚持“共商、共建、共享”原则。尽管该文件重点放在中国与阿拉伯国家关系上，但其基本原则和思路完全可以推广到“一带一路”沿线其他伊斯兰国家。

首先，中国与沿线伊斯兰国家需要在双边或区域层面大力鼓励和支持跨境资本流动。《中国对阿拉伯国家政策文件》就指出：“鼓励和支持双方企业扩大和优化相互投资，拓展合作领域，丰富合作方式，通过股权和债权的方式，利用贷款、夹层融资、直接投资和基金等多种手段，拓宽投融资渠道，加强双向投融资合作。”目前可供利用的合作平台既包括中国与沿线伊斯兰国家的双边经贸合作平台或机制，也包括中国—海合会合作平台、中国—阿拉伯国家合作平台、上海合作组织平台等区域合作平台。

其次，沿线伊斯兰国家需要大力改善包括安全环境在内的本国投资环境，增强对中国企业的投资吸引力。投资环境的改善并非朝夕之功，需要沿线伊斯兰国家不仅在基础设施建设等硬环境上加大力度，而且还要在管理、服务等软环境上下功夫。

再次，推动中国与沿线伊斯兰国家双边或区域自由贸易协定谈判取得进展，如：中国—海合会自由贸易协定，中国—巴基斯坦自由贸易协定第二阶段谈判；尽早启动中国与沿线伊斯兰国家新的自由贸易安排研究和谈判。一方面，自由贸易协定的实施将大大促进沿线伊斯兰国家与中国的贸易往来，从而有利于跨境产业转移和海外生产基地的建设；另一方面，自由贸易协定中的投资条款也将在一定程度上强化对中国投资的保护，从而促进中国对沿线伊斯兰国家的海外投资活动。

最后，中国与沿线伊斯兰东道国一起做好中国投资企业的服务和支持工作。如加快境外经贸园区的建设，为中国投资企业提供优惠政策和金融支持，如出口信用和海外投资保险支持等。目前，中国已在沿线伊斯兰国家建设了一批境外经贸合作区，如最早的巴基斯坦“海尔—鲁巴”经贸区、埃及的苏伊士经贸区等。中国和沿线伊斯兰国家需要共同努力维护和经营好这些境外经贸园区，充分发挥这些园区的资本集聚功能，使之成为当地经济发展新的增长点。

参考文献

[1] 钱学文．“一带一路”视角下的西亚新丝路建设［J］，阿拉伯世界研究，2016（1）：83-96.

[2] 陈继东，丁建军．巴基斯坦—沙特关系与中国的印度洋地区外交［J］，南亚研究季刊，2014（2）：72-78.

[3] 吴毅宏．“一带一路”中东走廊建设——风险把控及相关路径［J］，宁夏社会科学，2015（6）：108-115.

[4] 张杰，肖瑶．浅析美国“新丝绸之路”计划中的巴基斯坦因素［J］，南亚研究，2015（3）：16-27.

[5] 薛力．中国“一带一路”战略面对的外交风险［J］，国际经济评论，2015（2）：68-79.

[6] 杨晨曦．“一带一路”区域能源合作中的大国因素及应对策略［J］，新视野，2014（4）：124-128.

[7] 唐鹏琪．实施“一带一路”战略的政治与经济风险——以中国在斯里兰卡的投资为例［J］，南亚研究季刊，2015（2）：102-106.

[8] 姚远梅．阿巴边界“黑洞”与中巴经济走廊的路线困境［J］，阿拉伯世界研究，2015（5）：36-52.

[9] 张亚冰．巴基斯坦极端主义的根源、特点及政府“去极端化”策略研究［J］，南亚研究，2015（4）：86-97.

[10] 张明．直面“一带一路”的六大风险［J］，国际经济评论，2015（4）：38-41.

[11] 何时有，肖欣．“中巴经济走廊”能源电力项目的投资风险［J］，国际经济合作，2015（2）：82-85.

八、金融业支持中资企业“走出去”的理论和模式

（一）中资企业“走出去”的金融支持现状

在实施“走出去”战略以来，中国金融业对中资企业的海外拓展和跨国经营提供了坚实的金融服务。首先，中国银行、中国进出口银行等国有银行对重要海外收购或投资项目提供低息贷款支持。如国家发展改革委和中国进出口银行在 2004 年设立了特别贷款项目以支持中国企业“走出去”。其次，中国国有银行海外经营网络及资产的迅速扩张为中国企业跨境结算和海外运营提供了有力的金融支撑。1985 年中国银行业海外资产仅 90 余亿美元，到 2009 年已超过了 2 700 亿美元，业务覆盖 32 个国家及地区。最后，一旦某公司的海外拓展项目被认为具有战略意义，那么中国国有银行将全力提供金融支持。如中国铝业股份有限公司收购力拓案中，虽然注资失败，但由国家开发银行牵头，中国农业银行、中国银行和中国进出口银行组成银团曾向中铝提供了 210 亿美元并购贷款。

随着中资企业涉外业务及资产管理的复杂性逐步增加以及金融业服务能力的提升，中国金融业对中资企业的支持呈现向金融超市一站式服务发展模式，银行等金融企业发挥海内外联动优势，为外贸企业提供全方位、多层次、广覆盖的业务服务功能。

第一，中国向中资企业提供了较为完善的政策性金融支持，包括出口信用保险和优惠利率贷款两个方面。李景峰（2000）、严涌（2012）指出，中国对成套设备出口企业提供优惠利率的出口卖方信贷，贷款采取第一档利率；对一般贸易出口贷款除提供政策性贷款外，还由进出口银行提供一种专门的支持外贸企业海外设点办厂的贷款。政策性出口信贷业务由中国进出口银行办理，不和商业银行竞争，也不以盈利为目的。此外，中国国家出口信用机构还为中资外贸企业出口业务提供政策性出口信用险，且企业获得出口信贷的前提条件之一就是投保出口信用险。

第二，中国的一些银行已经能够为中资企业提供其所需求的全部金融服务。陶萍（2013）指出，随着中国银行业的发展和金融创新步伐的加快，其已经可以全程向中资外贸企业提供外贸相关的所有业务服务功能，如融资、结算、财富和风险管理等多项业务组合。一些银行机构针对外贸企业特点提供了个性化的服务，降低了企业的融资成本，帮助其规避汇率风险并为企业的应收账款提供了安全保障。以贸易融资为例，在中国加入世界贸易组织后，中国金融企业开发出大量金融创新工具，如进口电汇融资（进口 TT 融资）、进口押汇、福费廷、订单融资、出口发票融资、出口保理、进口开证等，拓展了外贸企业的融资途径，降低了其贷款成本。此外，在结算、理财以及风险管理等方面，金融业也进行了一系列创新以满足外贸企业的金融服务需求，支持了中国外贸企

业的发展。

第三，得益于金融服务水平的提升，改革开放以来，金融支持推动了中资企业的快速发展，优化了出口商品的结构。谢平（2009）、章海源（2012）、陶萍（2013）等人均指出中国金融支持促进了外贸企业的快速发展。银行、保险等金融机构为外贸企业提供的融资、保险和担保等多种金融服务降低了外贸企业的经营风险和财务成本，增强了其国际市场的竞争力，促进了外贸企业的快速发展。此外，章海源（2012）还指出，金融支持水平的提升还促进了中国出口商品结构实现了从以初级产品为主向以机电产品为主的转变。通过支持信息技术、机械设备等行业外贸企业的资本积累和技术开发，中国金融业推动了以电子和信息技术为主的高新技术产品出口的快速增长。

第四，中国金融业的大力支持也促进了中资企业开拓新兴市场和“走出去”。一方面，中国金融业积极支持外贸企业开拓新兴市场。章海源（2012）指出，随着外贸企业在美国、日本、欧洲市场的基本饱和，为促进企业发展，其需要开拓非洲、中东和南美等新兴市场，而这些市场的政治局势往往不稳定，企业经营风险较高。而中国金融业为外贸企业提供的出口信用保险、贸易融资等金融服务能够化解外贸企业在开拓新兴市场时所面临的风险。另一方面，随着中国实施“走出去”战略，外贸企业也加大了“走出去”的力度，以更加接近产品市场或获得更为低廉的原材料和劳动力。在一些情况下，外贸企业能够在发展中国家获得大型项目，这些项目合同金额大、信用期限长，使企业面临风险。而中国金融业为“走出去”外贸企业提供信用保险及担保以及为买方提供融资支持有力地化解了中国外贸企业“走出去”的风险。

第五，虽然金融业所提供的服务中资外贸企业的金融工具较全，但其对中资企业的支持呈现结构性特征。谢平（2009）指出，中国企业融资的特点是方式简单、对象集中。各家银行企业融资的主要投放对象为国际竞争力强、资产质量好、业务发展稳定的大型外向型的企业；而中小企业则由于缺乏信贷担保资质、信用评级低或抗风险能力弱而难以得到银行的金融服务支持，即使得到金融业支持，其资金成本也较大企业高。谢平（2009）还指出，由于缺乏精通国际业务、银行业务和外贸业务的复合型人才，中小企业难以利用中国金融业开发的新型贸易融资工具，而大型企业往往能够利用这些工具来降低资金成本。在金融危机的背景下，外部市场需求低迷，企业订单减少，中小外向型企业获得金融支持的空间进一步受到了大型企业的挤压。

（二）金融业支持企业海外拓展的国际经验

国际上对金融支持中资发展也有深入的研究，其研究主要集中于在金融市场不发达的国家中，如何运用金融创新或政策性金融工具来支持其外向型行业的发展。

韩国是海外拓展极为成功的国家之一，缔造了三星、LG、起亚等一批大型跨国公司。在20世纪80年代后期，随着韩国贸易顺差扩大以及资本市场逐步放开，为了提升产业竞争力，韩国企业开始向劳动力成本低廉以及具有技术资源的国家和地区进行直接投资，以提升其比较优势和技术能力。韩国政府提供了一系列的政策以促进金融业支持韩国企业“走出去”，并导致韩国对外直接投资在20世纪90年代大幅增加。尼古拉斯在2003年的一项研究中指出，韩国银行业对韩国企业海外投资风险进行分担是促成韩国企业海外拓展在 20 世纪 90 年代快速发展的重要原因。

对“走出去”战略提供金融支持的发达国家并不仅限于韩国，很多发达国家均对其国内企业海外拓展提供政策性金融支持。如美国海外私人投资公司和德国投资与开发公司是两个支持其本国企业“走出去”的政策性金融机构。美国海外私人投资公司的使命是通过提供商业机构无法提供的金融服务来促进美国企业在新兴市场的投资。其提供的金融服务包括：为美国企业海外拓展提供贷款或贷款担保；支持促进美国企业海外投资的私人投资基金；为美国企业在海外可能遭遇的政治动乱、财产征收和货币不可兑换风险提供保险。德国投资与开发公司为在新兴市场投资的德国企业提供融资支持和咨询服务，其对德国企业的融资支持形式较为多元，包括股权形式融资、借款形式融资、合作金融形式融资以及欧元担保承诺。美国海外私人投资公司和德国投资与开发公司在有力促进其本国企业海外拓展的同时，也取得了优良的经营业绩。

马克·奥布安（Marc Auboin，2007）指出，超过 90% 的对外业务需要金融提供信贷、担保或保险支持。而对于发展中国家的外向型企业而言，由于金融体系尚不完善，其企业的贸易行为往往受到融资或担保方面的约束而难以发展，因此需要世界银行、世界贸易组织或其国内的开发性金融支持。开发性金融往往聚焦于限制一国外贸企业开展业务的制度性或基础性金融约束，通过有针对性的政策性金融支持来改善一国的对外经贸环境。马克·奥布安（2007）列举了如下几个开发性金融案例：世界贸易组织通过完善贸易金融的制度安排来优化发展中国家外贸企业的金融支持环境；一些地区性的政策性金融机构通过提供融资或信用担保来促进商业金融机构加大对外贸企业的金融支持力度等。

在政策性金融创新工具支持发展中国家外贸发展方面，OECD（2012）对世界银行为突尼斯对外贸易提供金融支持的案例进行了考察。根据 OECD（2012）的报告，世界银行 2005—2009 年在突尼斯发起了一项旨在提升突尼斯出口水平的项目。得益于该项目所提供的金融支持，突尼斯 2005—2009 年的出口增加了 40 亿美元。世界银行所提供的政策性金融支持项目的总规模为 5 000 万美元，其目的是解决突尼斯出口企业所面临的主要问题。为此，该开发金融项目设立了一个出口市场开发基金（Export Market Access Fund）以及一个出口货物装运前担保融资计划（Pre-shipment Export Finance Guarantee Facility）。出口市场开发基金帮助突尼斯外贸企业拓宽外部市场。由于中国、印度等国强有力的竞争，突尼斯出口商品在传统海外市场上的竞争力有弱化趋势，通过开发新贸易伙伴能够提升其外贸企业的竞争力。出口市场开发基金为突尼斯外贸企业提供海外市场调研并为突尼斯出口企业提供融资以帮助其开拓这些市场和提升市场竞争力。截至 2010 年，出口市场开发基金将突尼斯外贸企业的出口额提升了 31 亿美元，其中 35% 来自新开发的海外市场。出口货物装运前担保融资计划则通过提供政策性担保来鼓励商业金融机构为突尼斯外贸企业提供货物装运前的贷款，该计划共提高了突尼斯外贸总额达 9 亿美元。阿拉维（Alavi）等人（2007）的研究也指出，通过设立具有政策性的出口货物装运前担保融资计划，发展中国家的中小外贸企业能够顺利执行海外订单，其发展速度和竞争力均得到提升。世界银行为突尼斯提供政策性金融支持的案例表明，在一国出口存在一些制度或历史的束缚时，可以通过开发性金融来帮助出口企业开拓海外市场并获得更容易的贷款融资，进而促进一国外贸企业或行业发展。

乔治·坦诺斯（George F. Tannous）等人（1993）通过访谈中小外贸企业及银行的形式证实了金融创新对中小外贸企业和银行的作用。他们的研究表明，中小外贸企业在开拓海外业务时会产生多样化的金融服务需求，这需要银行提供具有创新性的金融支持工具。而如果一家银行创新性较强，能较好地满足中小外贸企业的金融需求，而该银行及其支持的中小外贸企业往往会取得双赢的局面。肖富尔（JP Chauffour）等人（2010）则指出尽管存在政策性信用担保机构，一些发达国家和发展中国家的贸易融资在经济危机的背景下仍大幅度萎缩。那么对于没有政策性信用担保机构的发展中国家而言，其是否有必要建立该机构以促进其国内外贸企业发展？他们的实证研究发现，除非一国金融制度发展情况、金融机构风险识别能力和承受能力满足一定的要求，否则建立政策性信用担保机构或扩大政策性信用担保规模不利于一国对外贸易的开展。

约翰·利普斯基（John P. Lipsky）（2001）考察了美国大通银行（Chase Manhattan Bank）在支持其外贸企业发展中的过程。早期，美国大通银行主要为外贸企业提供贸易融资贷款，后随着资本市场的发展以及外贸企业“走出去”所衍生的金融需求，美国大通银行开始转向全能银行，不断创新金融产品，一方面为企业提供海内外债券融资、股票融资、贸易融资等全面的融资服务，另一方面也通过开发衍生金融工具来帮助企业规避汇率波动、利率波动等风险。由于向全能型银行转型并不断加大产品创新力度，美国大通银行成为了美国支持美国外贸企业发展的最大金融机构，并实现了自身业务和收入的快速发展。

（三）金融创新支持中资企业发展的不足

虽然中国企业“走出去”得到的金融支持力度在不断加强，但中国银行业对企业海外拓展的支持水平仍存在不足。和国际跨国银行相比，中国金融机构海外资产少、网络覆盖面小、业务范围窄，这削弱了中国金融业对企业海外运营的支持能力。另外，非银行类金融机构参与企业海外经营的程度低，除中国出口信用保险公司外，其他保险公司和证券公司少有海外业务，也难以支持中资企业“走出去”。一项研究发现，1999—2006年，中国企业利用资本市场收购海外企业过程中所选用的前十大金融顾问全部为外资投行。主要的不足可以归纳为金融业管理和经营模式存在不足、企业多元化融资需求难以满足、支持对象存在不合理情况、金融创新力度有待加强等。

第一，中国金融业管理和经营模式存在不足。首先，陶萍（2013）指出，中国金融业实施分业经营，金融企业不能在国内市场同时经营投资银行和商业银行业务，分业经营的金融业管理体制限制了金融机构为外贸企业提供全方位金融服务的能力，通过金融创新来支持外贸企业的力度也被削弱。其次，宓红（2007）指出，“走出去”是外贸企业转型发展的重要方向，但企业“走出去”需要充分了解海外市场的法律、政策及投资环境等信息，金融业的海外分支机构往往能提供这些信息。然而，由于银行业经营模式主要依赖国内市场的息差收入，其海外经营规模相对较小，海外分支机构也难以为外贸企业“走出去”提供充分、有效的金融支持。最后，符凯羽（2006）指出，中国金融业支持外贸企业的各项业务未能充分整合。一是信贷部门和信用担保部门未能充分合作，企业的海外经营风险以及银行的贷款风险难以转移，限制了外贸企业的融资能力；二是金融机构的授信业务、国际结算和贸易融资等业务未能有机整合，在结算客户中占据较大比重的中小企业往往由于各种原因难以获得银行提供的贸易融资和其他信贷支持。

第二，中国外贸企业的多元化融资需求难以满足。章海源（2012）指出，当前，中国金融业构建的支持外贸企业出口、对外投资、海外并购以及工程承包等多渠道、全过程的金融支持产业链还比较弱小，金融机构国际化步伐较慢，产品创新相对滞后，对外贸企业的服务还不够“贴身”，外贸企业的多元化融资需求还难以满足。陶萍（2013）还指出，中国外贸企业的多元化融资需求难以满足的一个原因是金融业的分业经营。由于中国金融业的分业经营，金融企业难以对外贸企业提供一揽子综合金融服务；在贷款额度有限的情况下，银行也往往难以满足外贸企业额度较大的中长期信贷需求。

第三，中国金融业对外贸行业的支持对象存在不合理情况。陶萍（2013）指出了中国金融业支持进行贸易融资的企业时在对象上存在不合理现象。中国银行业贸易融资贷款所支持的对象往往是大型企业，中小外贸企业往往由于抵押品不足或信用情况难以评估而无法获得银行的贷款。骆佳（2009）还指出了金融业支持对象不合理所带来的问题。很多中小企业由于缺少相应的融资途径以及出口信用担保，在次贷危机的影响下出现资金困难，企业走入绝境。章海源（2012）指出，由于存在政府信用背书，中国金融业对国有经济部门支持较多，对非国有部门的支持相对较少，造成了金融业对以中小非国有企业为主体的外贸行业的支持力度不够。在出口信用保险体系未能覆盖外贸行业的背景下，中小外贸企业的经营风险较高，受国际经济低迷的冲击也较大。

第四，中国金融业支持外贸企业发展的金融创新力度还有待加强。陶萍（2013）指出，中国银行创新能力不强，不利于外贸企业的发展。由于外贸企业在国际市场中竞争，在对外贸企业进行金融支持时，银行等金融机构的金融工具创新力度和支持水平也应向国际发达金融机构看齐。然而，中国金融机构较高的风险回避动机、金融领域竞争机制缺乏等原因限制了金融业的创新动力，使得支持外贸企业发展的金融创新力度不足。李景峰（2000）则指出了中国出口信用保险创新的不足。虽然中国的出口信用险包括了不可抗力、战争、外汇管制等商业险的免责条款，但出口信用险缺乏针对成套设备出口特点的险种，使得外贸企业项目风险难以得到规避，削弱了出口信用险的作用。陈天翔（2005）指出，在信用保险环节创新不足和外贸企业投保意识低的背景下，外贸商品出口信用险的投保率不足6%。

（四）中国金融业支持中国外向型企业发展的对策建议

中国金融业对中国企业“走出去”的支持作用愈发强化，但仍存在很多不足。结合对国内外相关案例的参考，强化中国企业“走出去”的金融业支持首先是加强政策性和开发性金融机构的实力，提升其对企业“走出去”的促进作用。利用中国充足的外汇储备设立新的支持国内企业“走出去”的开发性金融机构，并加强国家开发银行、中国进出口银行和中国出口信用保险公司的实力，促进其提供更多元的金融服务以支持中国企业海外拓展和经营。其次是出台政策鼓励中资金融机构提升跨国金融服务水平。一方面推动中资银行建立和完善海外经营网络，提升其对企业海外经营的服务能力。另一方面推动证券、保险等非银行类金融机构参与企业“走出去”，为企业提供多元化投融资及保险服务。最后是加强金融机构的产品创新，为“走出去”企业提供更具针对性的金融服务。要创新和发展促进企业“走出去”的投融资产品，并根据企业自身情况及国际形势来设计更有利于分散风险的金融产品。

综合中国金融业支持外向型企业发展的各方面现状，学术界及相关业内人士提出要通过加快完善制度、加强金融创新、加大信贷力度、加快结构调整等渠道来提升金融业支持外贸企业发展的力度。

第一，加快完善制度，指通过建立健全金融市场体系、金融业管理制度、风险管理体系等制度来改善金融业支持外贸企业发展的水平。在金融市场体系方面，骆佳（2009）指出，政府应成立专门服务中小外贸企业的金融机构，完善其信贷和出口信用保险体系。可在政策性银行以及国有商业银行中设立中小外贸企业信贷融资机构，提高其信贷融资比例，扶持出口业务，建立完善出口信用担保制度，分散外贸经营风险。同时，在人民币升值的大趋势下，积极推进人民币国际结算，推动中国与经贸合作较多国家的双边关系，帮助外贸企业规避汇率风险。在中国实施“走出去”战略的大背景下，宓红（2007）指出，金融业应该加快海外拓展进程，实现金融市场体系的海内外联动，为外贸企业的“走出去”和跨国经营提供金融支持。以风险管理体系制度建设为例，陶萍（2013）指出，银行业应更新企业授信标准，使其更符合国际贸易融资的特点。另外，银行业内部可设置专门机构以处理外贸企业的信用及融资审批，提升相关人员素质，有效控制国际贸易风险，并维护好与高信用外贸企业的银企关系。宓红（2007）则从外贸企业“走出去”的角度指出了中国金融业在给外贸企业信贷支持和信用保险支持的基础上，还应该利用金融机构海外分支的信息优势为“走出去”的外贸企业提供法律、政策、投资环境等方面的信息支持，以帮助其有效控制海外投资风险。

第二，加强金融创新，指通过制度创新、金融工具创新等途径来提升金融业服务中国外向型企业的水平。一是可通过相关制度创新来促进中国外贸行业的发展和产业升级。陶萍（2013）指出，可通过加强顶层设计，推动银行、信用保险公司联合开展工作，提供出口信用保险项下外贸企业融资的便利。另外，可加大对具有自主品牌、自主知识产权或产品附加值较高的外贸企业的支持力度，可将企业的商标权、专利权作为质押贷款或贸易融资的抵押物。二是要加强金融工具创新来支持中国外贸企业发展。谢平（2009）指出，中国金融机构应在总结国际贸易的实践基础上，借鉴发达国家先进经验，深入研究外汇市场、国际贸易融资、国际清算等领域，设计出有利于优化企业财务结构、规避利率及汇率风险、降低财务成本的金融创新工具。同时，应设计金融产品支持和促进外贸企业开拓国内市场，提供国内保理、商业票据贴现等配套金融工具。

第三，加大信贷力度，指通过灵活的信贷政策、信贷额度提升等渠道来加大金融业对外向型企业的金融支持力度，满足外贸企业的多元化融资需求。一是灵活的信贷政策。陶萍（2013）指出，可以使当前对外贸企业的信贷政策变得更灵活，对信用记录好、产品竞争力强、下游订单足的外贸企业进行大力贷款扶持，满足其业务快速拓展的金融服务需求。二是提升信贷额度。此外，江飞涛（2011）通过实证研究发现，加大金融支持力度能够在长期内对外贸的规模和结构产生正面促进作用。因此，谢平（2009）、江飞涛（2011）均建议商业银行等金融机构应继续对外贸企业提升信贷额度，支持外贸企业抓住机遇，提升中国在全球的贸易份额。

第四，加快结构调整，指通过金融业扶持方向的调整来促进中国外向型行业的结构调整与升级。首先，要突出支持重点出口企业。谢平（2009）指出，促进中国外贸发展和升级需要中国金融业增强服务重点企业及重大项目的力度，加大对中国机电产品、成套设备和高新技术产品出口的支持力度，促进国内外贸行业内部的产业结构升级。其次，要积极支持外贸企业"走出去"。符凯羽（2006）、宓红（2007）、谢平（2009）和严涌（2012）的研究均指出，中国金融业应加大对外贸企业"走出去"的扶持。在中国存在资源瓶颈和国内产品海外需求增长趋缓的背景下，加大对外贸企业金融支持，推动外贸企业"走出去"，能够促进国内产品海外需求并保障国内能源安全。为促进国内外贸企业"走出去"，中国金融业需加强与国际金融业的合作；同时，国内金融机构也要"走出去"，扩大海外资产，为外贸企业海外分支提供综合金融服务。最后，要加大对中小外贸企业的支持力度。章海源（2012）指出，要加大对中小外贸企业的金融支持力度，扩大信用保险的范围，帮助中小外贸企业降低经营风险。由于中小外贸企业无力对海外客户进行资信调查，需要利用出口信用保险来化解风险。符凯羽（2006）指出，金融机构可加强与各级政府、企业的合作，共同注资地方扶持出口基金。每年核定外贸企业信用额度，与国家的"中小企业国际市场开拓资金"相配套，专项支持地方中小外贸企业的出口业务。

（五）案例分析

1. 中国银行创新金融服务支持中小外向型企业发展

第一，因地制宜，根据地方经济特点打造金融创新工具。中国银行是中国海外资产规模最大、分支机构最多、支持外贸发展力度最大的金融机构。在次贷危机之后，为扶持中国中小外贸企业发展，中国银行建立并推广了"信贷工厂"，充分发挥境内外分支机构联动的海内外一体化作用，构建商业银行、投资银行、保险等多元化业务平台，为中小外贸企业拓展业务及"走出去"提供全方位的金融服务和强有力的金融支持。在建设和推广"信贷工厂"的过程中，中国银行采取因地制宜的政策，放权地方分行进行金融创新，以针对各地外贸行业及中小外贸企业特点来提供量身打造的金融服务。如中国银行四川分行针对当地高新技术和电子外贸企业提供了国际结算业务、资金安全保障等方面的一系列服务。在中小企业获得外贸订单后，发挥海外分支机构信息获取优势，识别订单风险。在企业订单通过后，中国银行四川分行将中标项目纳入信用担保范畴，为中小企业提供融资安排以帮助其进口机械设备、原材料等，确保订单能够如期执行。中国银行江苏分行针对江苏省外向型经济的区域特征，发挥作为"江苏省外经贸融资风险专项资金项目"承办银行的优势，专门针对外贸小企业开发了"外贸通"产品。通过发挥财政资金效应，中国银行江苏分行为中小外贸企业提供了"平均不超过 7 个工作日的办理速度""低于市场同业的利率定价""适当的额度放大机制"等一系列金融创新服务。在浙江，由于利用B2B模式发展业务的中小外贸企业较多，中国银行浙江分行也根据当地实际情况推出了“义乌通宝”“网络通宝”“外贸融资通宝”等金融产品，使得企业可以轻松备货，不用担心信用风险和汇率变动风险。

第二，深化合作，为中小型企业提供贴身金融服务。为使金融创新有效，提升对中小外贸企业的金融服务水平，中国银行与中小企业深入合作，为其量身打造金融服务。科斯精密模具有限公司是一家生产模具的出口企业，随着业务发展，其发现现有的设备与生产技术难以满足高端产品的生产要求，不利于企业转型升级。针对此问题，中国银行主动联系科斯精密模具公司，在2010年为其提供300万元流动贷款，帮助其进口高端生产设备。同时，中国银行还利用海内外广泛的分支机构帮助该公司“走出去”，并提供国际业务结算、资金安全保障等一系列的金融服务支持。由于受到中国银行有效的金融支持，科斯精密模具有限公司在2010年实现产值达164万美元，2011年更是超过了250万美元。四川亚联高科技有效股份有限公司在与孟加拉ASM公司签订了总金额为163.65万美元的项目合同后，也发现其生产能力难以跟上，需要金融支持来实现生产设备的更新换代。中国银行根据该企业实际需求，为其量身定制服务方案。将中标项目纳入信用担保范畴，及时发放700万元短期流动资金贷款，缓解了燃眉之急。在中国银行的持续帮助下，亚联高科迅速成长为四川省高新区首屈一指的高科技小企业，发挥了知识产权、专利技术的潜在市场价值。除直接提供资金支持外，中国银行也利用其信息和风险识别优势来支持中小外贸企业发展。希尔电子公司曾在2011年上半年获得韩国三星集团的一笔订单，要求其先送300万元的货物，三个月之后付款。中国银行在对项目进行仔细研究后，建议希尔电子公司不接受此笔订单。事实证明，这使得希尔电子公司免受了损失。

总的来看，由于为中小外贸企业提供了因地制宜的、贴身的、全方位的金融服务，中国银行在支持中小外贸企业发展方面取得了不小的成绩。

2. 国家开发银行和中国进出口银行支持民营企业越美集团“走出去”

越美集团有限公司是一家成立于1992年的、主要从事纺织品生产和出口的中小外贸企业。公司员工5 000余人，拥有控股公司20多家，其中境外生产公司2家、销售公司6家。产品主要销往西非、南非、中东等国家和中国香港地区。为响应国家“走出去”战略，同时也是为了接近产品市场，越美集团进入21世纪后开始了其“走出去”步伐，而中国国家开发银行和中国进出口银行为其提供的政策性金融支持则促进了越美集团的海外拓展。2004年，越美集团在尼日利亚凯乐巴（Calabar）保税区投资100万美元设立境外加工贸易分支机构，至2011年已增资到1 088万美元；2006年在塞内加尔投资了500万美元设立了第二家境外生产企业。这些境外生产企业不仅距离产品市场更近，而且越过了尼日利亚和塞内加尔等国设定的贸易壁垒。

然而，越美集团面临着境外投资的资金融通风险。由于商业银行认为境外投资风险较大，尤其是在非洲地区投资，同时由于越美集团是民营企业，其在向非洲投资时难以获得国内商业银行的金融支持。而尼日利亚银行虽然融资条件较宽松，但贷款月利息3%，年化利息超过36%，存款无利息，汇款及取款手续费高达5.5%。同时，越美集团在非洲建设厂房的材料绝大多数需要在国内采购，为避免投资而造成资金链断裂的风险，越美集团认真核算项目回报率，以公司自有资金为主进行投资，但投资额度和力度也较小。

在国家“走出去”战略的支持下，国家开发银行和进出口银行开始为“走出去”的外向型民营企业提供政策性信贷支持。鉴于越美集团海外公司良好的经营业绩和国内母公司的诚信度，国家开发银行和进出口银行为其提供了政策性银行贷款支持，帮助越美集团加速海外拓展。2011 年，越美集团的年收入从 2000 年的 3 000 万多元一跃上升至 35 亿元，而这一成绩离不开中国政策性金融机构为其“走出去”提供的金融支持。

参考文献

[1] 陶萍．金融企业与外贸企业合作关系浅析 [J]．中国证券期货，2013 (3).

[2] 骆佳．金融危机下我国外贸发展的若干思考 [J]．商业经济，2009 (7).

[3] 宓红．民营企业“走出去”与宁波外贸增长方式的转变 [J]．理论建设，2007 (6).

[4] 谢平．商业银行支持外贸发展的实践与思考 [J]．中国金融，2009 (15).

[5] 严涌．外经贸企业“走出去”财税金融政策研究 [J]．国际商务财会，2012 (10).

[6] 符凯羽．试论海南外贸经济发展与金融支持战略 [J]．海南金融，2006 (7).

[7] 章海源．外贸转型升级急需金融支持 [J]．中国金融，2012 (12)

[8] 李景峰．外贸中有哪些政策性金融支持 [J]．对外经贸实务，2000 (2).

[9] 陈天翔．中国隐含外贸危险软肋，出口商品投保率不足 6% [N]．第一财经日报，2005-11-15.

[10] 沈政信．诸暨通过“走出去”推动外贸强势增长 [J]．政策瞭望，2010 (4).

[11] 江飞涛，张莉，李捷瑜．银行信贷对我国对外贸易的影响和机制 [J]．经济管理，2011 (4).

[12] 李岚，董铁莹．扶上马再送一程 中国银行创新金融服务助力小微外贸企业走出去 [N]．金融时报，2011-12-09.

[13] Marc Auboin. Boosting trade finance in developing countries: what link with the WTO? [R]. NBER. 2007.

[14] George F T, Asit K S. Banks and small business export finance: new targets for services and marketing strategies [J]. International Journal of Bank Marketing, 1993, 11 (2): 10-17.

[15] Chauffour J P, Saborowski C, Soylemezoglu A l. Trade finance in crisis: should developing countries establish export credit agencies? [R]. Policy Research Worleing Paper, 2010: 1-21.

[16] Alavi Hamid. Access to preshipment export finance: do guarantees help? [R]. World Bank Other Operational Studies, 2007.

九、提升中国企业在全球价值链中的地位——吉利全球协同发展新路径

20 世纪 90 年代以来，跨国公司突破传统的国家地理界限，将价值链的各个主要环节在全球布局，吸纳和整合全球最优质资源，以增强企业竞争力。大批跨国公司海外资产、海外员工、海外销售额的比重均超过半数。随之而来的是，企业的价值链延伸到全球，跨国公司向全球公司转型，并形成全球价值链。

当前，一国能否从参与全球化中获益，日益取决于能否成功融入全球价值链、能否在全球价值链中某一特定环节占据新的竞争优势。为了提升中国产业在全球价值链中的地位，2016 年 12 月，商务部、国家发展改革委、科技部、工业和信息化部、中国人民银行、海关总署、国家统计局 7 部门联合下发的《关于加强国际合作提高中国产业全球价值链地位的指导意见》(以下简称《意见》）指出，中国需顺应全球化背景下科技创新、组织创新和商业模式创新的新趋势，鼓励企业在新兴领域布局全球产业生态体系，以更加开放的姿态，积极融入全球产业分工合作，更好地利用全球资源和市场，加强产业全球布局和国际交流合作；支持企业积极融入全球创新网络，参与全球创新资源配置，开展跨领域跨行业协同创新，提高自主创新能力。

企业作为国民经济的微观基础，是参与全球价值链竞争的主体。当前已经有一批中国企业通过整合全球范围内的资源、人才、技术和品牌，不断创新转型升级的发展路径和模式，不仅融入了全球价值链，而且正在向价值链的高端升级。浙江吉利控股集团有限公司（以下简称“吉利”）正是这样一家企业。仅仅 30 年的时间里，吉利在开放合作中通过跨国并购整合资源和向全球公司转型的实践，代表了中国制造业企业不断在全球价值链中努力提升的摸索和尝试。因此，研究以吉利为代表的这样一批企业，总结实践经验，对于推动中国产业在全球价值链中的转型升级具有重要意义。

（一）吉利通过全球并购融入全球价值链

当前，在全球价值链体系中，跨国公司与其密切协作的中小企业之间形成金字塔结构的分工网络群落，跨国公司处于金字塔顶端，起着支配性或主导性的作用，而众多中小企业则为其提供配套服务。企业之间是产品链上下游的分工合作关系，不同层次之间的企业具有一定依赖性，其中具有控制力的全球公司在全球价值链中显然发挥着主导作用。因此，中国企业要想在全球市场竞争中获得一席之地，就要融入全球价值链，通过与全球公司的竞争合作，逐步向全球公司转型。

从汽车产业的发展来看，如果单纯依靠自身的技术研发能力追赶先进公司，这在汽车产业全球化的今天是比较难实现的。当前，全球已有的众多知识产权、专利和品牌保护，已经极大地限制了企业创新方面单打独斗的空间，而后发的企业正应该利用这些现成的技术、专利乃至品牌，通过引进、消化、吸收，快速地缩小与全球先进水平的差距。

因此，与中国其他汽车公司不同，吉利从一开始就走上了一条外延和内生两种方式并重的发展道路，通过全球并购融入全球价值链。吉利一方面结合自身发展战略的需要在全球市场不断寻找适合的并购对象以实现外延式成长，另一方面，它并不是为了扩大规模而扩大规模，而是不断借助被收购公司的技术能力和组织资源，来提升自己的技术创新和资源整合利用能力，促进企业有机成长。

事实上，全球收购正是吉利全球化战略的重要构成内容。吉利汽车的全球市场布局早就开始启动。2010 年 8 月 2 日，吉利正式完成对福特汽车公司旗下沃尔沃轿车公司的全部股权收购。此次收购对吉利的影响十分深远。自收购至今，吉利投入了大量的资金用于模块研发、新车型开发以及技术系统的整合，并在欧洲成立了 CEVT 研发中心，这为吉利技术和产品的腾飞以及海外市场影响力的扩散都打下了坚实的基础。

2013 年，吉利收购伦敦黑色出租车生产商英国锰铜控股重工业，将后者全部业务与核心资产尽收囊中。2017 年 6 月 23 日，吉利又与马来西亚 DRB-HICOM 集团签署最终协议，收购 DRB 旗下宝腾汽车（PROTON Holding）49.9% 的股份以及豪华跑车品牌路特斯（Lotus Group）51% 的股份，由此，吉利将成为宝腾汽车的独家外资战略合作伙伴。

在此次并购完成后，吉利集团将拥有吉利汽车、领克、沃尔沃、伦敦出租车、宝腾和路特斯等汽车品牌，覆盖主流品牌、豪华品牌、超豪华品牌，战线扩张至欧洲、东南亚。宝腾和路特斯的加盟，将为吉利进军东南亚市场带来产业协同的基础，从而进一步完善吉利的全球化布局，为吉利汽车集团实现 2020 年的目标提供有力保障。

成功的全球化战略，促进了吉利的跨越式发展，吉利从过去以引进高端国际化人才来实现技术与管理的突破，过渡到系统地学习全球成熟汽车企业的体系化运作能力。通过充分利用全球资本、全球技术、全球人才、全球市场等一切可利用的资源，吉利在技术研发、人才培养、质量管理、供应商控制、品牌建设与售后服务、知识产权（IP）创建、管理和保护等一整套体系上实现了能力的提升。

（二）吉利全球协同发展促进价值链升级

全球公司作为全球价值链的主导者，可以借助其在全球价值链上的控制地位，在推进国内市场品牌战略和国外市场技术学习及规模经济发展战略过程中，充分利用国内市场和国外市场的互补作用实现在全球价值链上的升级。随着中国企业融入全球化程度的不断提高，从最初以学习者的姿态进入全球价值链，不断适应全球化的环境、方式和规则，到逐步提升在全球价值链中的影响力，中国企业要真正成为全球价值链的整合者，还有很长的路要走。

在与全球公司长期竞争、学习和共同发展的过程中，包括吉利在内的一些中国本土企业在中低端产品和低成本制造能力上形成了局部竞争优势。但是，吉利并不满足于仅仅在中低端市场徘徊，而是一直希望通过嵌入全球价值链向高端市场进军。因此，吉利一直通过产品的出口、海外建厂和跨国并购等形式不断向海外市场扩张，在全球寻找性价比最高的生产要素加以整合，在全球最适合的地点配置价值链的各个环节。

经过近十年的全球化布局，吉利通过在研发基础最好的地点设立研发和设计中心，在劳动力性价比最高的地点设立制造组装基地，在全球最重要的市场建立营销服务基地，不仅融入了全球价值链，而且不断向价值链高端升级。2010 年，吉利收购沃尔沃汽车公司之后，充分寻求两个公司之间的协同效应、发挥规模优势。通过在瑞典哥德堡成立欧洲研发中心（CEVT），开发了世界领先的全新中级车基础模块化架构 CMA。借助平台化的优势，吉利可以利用新开发的模块化架构，大幅度提升未来产品的品质和性能；大幅缩短新产品开发和上市的周期，降低其目标成本；沃尔沃汽车公司则可以借助集团的资本投入推进前沿技术的落地；同时还可以从吉利在亚洲地区的配套体系中选择优秀供应商，并推荐沃尔沃的具备竞争力的供应商给吉利，从而对零部件采购进行系统性优化，实现更健康的成本结构。

当前，吉利内部的协同合作正在进入一个全新的阶段。为了推动吉利内部的共同开发、共享前沿技术和联合采购，促进吉利旗下各品牌在保持独特定位和差异化配置的前提下更好地实现规模效应，吉利与沃尔沃汽车公司将成立合资公司，以实现整车架构技术、高效清洁动力总成等领域的前沿技术共享与零部件联合采购，由此产生的协同及规模效应，将推动吉利控股集团旗下吉利、沃尔沃、领克品牌的发展进入全新阶段。同时，沃尔沃汽车公司还将入股领克汽车，未来领克作为吉利汽车、沃尔沃汽车及吉利控股集团的合资品牌，将充分享有各方带来的技术、资源和成本优势，从而实现更好的发展。

从合资到入股，从共同开发、相互授权到共享技术、联合采购，预示着吉利、沃尔沃、领克三个品牌之间的相互融通，进一步破除壁垒、实现各方资源的充分共享，使三方合力协同发展进入到全新阶段。随着吉利与沃尔沃汽车公司成立合资公司，其技术联合、共同开发将聚焦于核心及前瞻技术层面的深度共享，而联合采购的模式也可以在一定程度上降低成本，形成更大的规模效应。同时，吉利控股与沃尔沃汽车公司成立的合资公司还会针对双方所需，联合开发电动汽车新技术，而针对新能源领域的技术开发，也会共享到未来的领克品牌之中。

通过集中优势、打通壁垒，全力推进技术的深度共享，吉利全球协同发展的效应将日渐显现。未来，吉利不仅有机会成长为最具有竞争力的全球公司，而且有机会成为全球汽车工业中有力的领导者，真正实现“让吉利汽车走遍全世界”。

（三）对促进中国企业转型升级的借鉴意义

目前，中国正在实施“中国制造 2025”的制造强国战略，推动中国从制造大国向制造强国转变，特别提出要提升中国产业在全球价值链中的地位。与此同时，国家还在推动“一带一路”合作倡议和国际产能合作，致力于打造具有国际竞争力的跨国公司和全球公司。吉利正是依托中国经济发展动力，突破了原有的制度限制，在全球范围内实施资源整合战略，推动全球协同发展，从而为其向全球价值链高端升级奠定了坚实的基础。因此，吉利在向全球公司转型升级发展中积累的成功经验，对中国企业的全球化发展具有非常重要的借鉴意义。

1. 开放合作中提升竞争力

在汽车这样高度全球化的产业中，全球已经有那么多现成的技术，后进企业完全可以通过引进、消化、吸收，极大地缩短创新的过程。在全球汽车市场竞争日益激烈的大背景下，中国的汽车公司在引进、消化、吸收已有技术的基础上，必须紧贴全球汽车技术发展的最新潮流，不断开发先进的技术，而不是照搬照抄国外的老技术对付国内的消费者，这样的汽车公司才有希望。而且，这种技术的跟随或者超越都是必须在开放合作中进行，闭门造车行不通，也是无法达到目标的。

吉利作为汽车行业的后来者，在成立之初，尽管一直在加大研发投入，大力推动研发工作，并取得了较大的进步，但是，由于先进技术需要长期的积累，而吉利进入汽车行业的时间尚短，吉利的技术水平仍与领先的全球性汽车公司有较大差距。为了突破阻碍，吉利走上了一条开放式发展的道路，通过整合全球创新资源，吉利迅速学习到别人在几十年甚至上百年积累的经验和技术。通过在全球各地设置研发中心、设计中心，吉利可以利用这些平台与全球汽车产业链上最先进或前沿的合作伙伴们一起合作，又极大地促进了其竞争力的提升。

所以，中国企业首先需要以开放合作的心态在全球价值链中整合全球资源进行创新，而不是关起门来自己创新。同时，促进国际和国内创新资源联动来推进重点领域的技术跨越，利用不同国家的创新资源禀赋和要素优势，才有可能在重点领域实现技术跨越。

2. 抓住并购机会实现跨越发展

吉利在全球汽车产业格局的变化中，抓住机会通过跨国并购获得了像沃尔沃这样的国际知名汽车品牌，使得吉利获得了实现跨越式发展的机会。通过数次的跨国并购，吉利目前已经掌握了跨国并购所具备的知识和能力，积累了大量跨国并购与整合的经验，形成了一批全球化经营的人才队伍，并具备了一定的跨国经营能力。这些能力的发展对于吉利不断提升其在全球价值链中的地位是非常有利的，可以说，吉利已经形成的跨国并购能力是吉利向全球公司转型过程中重要的竞争优势之一。

所以，中国企业创新发展要放宽视野和创新做法，即由从过去注重整合国内创新资源到现在注重整合国际创新资源；由过去的注重引进国外先进技术到现在主动“走出去”并购国际先进技术企业，获得知识产权和技术人才并能持续性发展。抓住全球经济深度调整的机遇，并购整合适应自身发展战略的企业是中国企业创新发展实现价值链升级的一条重要路径。

3. 创新全球协同发展路径

并购沃尔沃给了吉利突破的机会，吉利和沃尔沃在研发领域的协同布局，让吉利的触角真正伸入到了国际化研发体系循环之中。不同于传统的合资企业外方合作伙伴对核心技术的保留，吉利与沃尔沃作为吉利控股集团的两大品牌，双方可以共享资源、共同开发全新的中级车模块架构 CMA，吉利在 CMA 架构上打造领克品牌，而沃尔沃则在 CMA 架构上打造 40 系列产品，这使得吉利和沃尔沃的协同效应和学习达到了一个更高的层次。经过这几年的运作，吉利与沃尔沃跨品牌的共享技术战略已经初步形成，世界前沿技术的模块化、平台化架构的设计正在全面推进，吉利的全球化研发体系已逐步搭建形成。随着新的合资公司的成立，吉利在研发、品牌建设等方面的全球协同效应将进一步显现。

可见，中国企业可以直接到国外购买技术和品牌，但仅通过购买的方式促进企业创新是不够的。企业创新能力的形成绝不仅是钱的问题，中国企业只有紧跟全球行业发展潮流，与世界先进的企业和研发机构协同合作，锻炼、培养自己的技术研发人才、管理人才等，才有可能形成自身的创新能力，并与世界同行竞争。总之，企业海外并购的重点不只是并购技术或者品牌，更是获得技术创新能力，提升持续竞争力，而通过并购与整合形成协同再创新能力，形成品牌与技术的全球协同发展，才是提升中国企业持续竞争力的关键。

十、推动“一带一路”的互联互通体系建设①

自习近平总书记在2013年提出“一带一路”倡议之后，经过不断努力，“一带一路”从中国国际发展的理念和倡议逐步上升为行动规划和发展战略，定位成为“构筑全方位对外开放新局面”的重要支柱。“一带一路”贯穿亚欧非大陆，一头是活跃的东亚经济圈，一头是发达的欧洲经济圈，中间广大腹地的国家经济发展潜力巨大。沿线各国在“一带一路”推进过程中以资本环流为支柱和手段，加强基础设施、经验信息、人力资源和商品服务的互联互通，实现利益大环流，最大限度地实现区域经济一体化的互利共赢。

（一）“一带一路”建设对沿线经济体加强合作、实现共同发展意义重大

“一带一路”倡议的实施是新形势下构建全面开放新格局的重要途径。2016年，世界经济延续弱势复苏态势，中国货物贸易额接近3.7万亿美元，是世界上第一大货物贸易出口国、第二大货物贸易进口国，其中，对“一带一路”涉及的南亚、俄罗斯、中东欧国家等均有良好表现；2016年，中国对外直接投资1 830亿美元，同比增长44%②，首次成为全球第二大投资国。并且随着“一带一路”建设的推进，中国还一跃成为最不发达国家的最大投资国，投资额3倍于排名第二位的国家。而2016年实际利用外资金额为1 390亿美元，中国企业境外投资连续两年超过外商对华投资。中国对外贸易和投资的发展不仅在国内经济社会发展中发挥着重要作用，也为全球贸易增长和经济复苏做出了积极贡献。随着“一带一路”倡议的实施，中国经济国际影响力的日益增强，人民币国际化趋势凸显，中国与“一带一路”涉及的许多国家都签署了货币互换协议。尽管人民币对“一带一路”涉及的许多国家的货币不断升值，一定程度上压缩了出口空间，但对贸易结构优化却具有促进作用，同时也给中国开拓“一带一路”相关发展中国家市场带来良机，有利于以较低的成本投资设厂、从事跨国经营，并根据发展中国家的区位优势充分利用全球资源，降低生产和交易成本，布局全球的生产和营销网络，对实现中国的全球战略意义重大。

---

① 本文是北京市社会科学基金“北京企业对外投资发展与全球公司构建策略研究”（16YJB025）阶段性研究成果。

② 联合国贸发会议．世界投资报告2016［M］．北京：中国统计出版社，2015.

首先，“一带一路”沿线经济体的经济互补性较强，能够实现多边共赢。中国经济快速发展加剧了中国对外部资源性产品的依存度，东南亚、中西亚、非洲等区域自然资源禀赋优越，是中国进口能源及初级产品的主要来源地；同时这些区域也处在工业化进程之中，亟须利用外部资源，而中国则拥有制成品、技术、资金、人才、发展经验等相对优势，双方在经贸领域具有较强的互补性。“一带一路”沿线许多国家能源资源充足、农产品和矿产资源丰腴，是中国进口相关商品的主要来源地。从大宗进口农产品来看，泰国、越南、马来西亚、非洲赤道国家等是中国进口粮食产品、热带经济作物及水产品的重要来源地。从大宗矿产品进口来看，印度、南非等国家是中国铁矿石、有色和稀有金属等矿产品的主要进口国。沙特、伊朗、安哥拉等国是中国油气能源进口的主要来源市场。中国与“一带一路”相关国家进行了卓有成效的农业、矿产、能源投资与合作。合作一方面有助于提升中国的能源安全、资源安全，另一方面能为沿线经济体带来巨大的市场潜力。

其次，寻求新的增长引擎，做大“一带一路”区域经济规模，符合沿线经济体实现快速发展的深切愿望。2008 年全球金融危机以来，国际经济环境发生了深刻变化。在欧美众多发达经济体经济衰退的时刻，中国作为世界经济增长引擎的作用凸显。与中国经贸往来密切的经济体迫切需要加强与中国的经贸往来，也需要中国更加主动地巩固与它们的经济合作。这些经济体主要集中在“一带一路”沿线。① 与此同时，中国经济进入新常态，经济结构转型升级进入持续推进阶段，一些优势富余的产业需要寻求更加具有竞争力的外部发展空间。“一带一路”相关的东盟、中亚、非洲发展共同体、中东欧等国长期以来与中国保持着友好的合作关系，经济发展中互动互融的势头明显，且中国、俄罗斯、印度、巴西、南非等代表发展中新兴经济体的金砖国家将在更大程度上发挥多边经贸合作的桥梁作用，是未来世界经济版图中不可或缺的中坚力量。因此，“一带一路”倡议以加强相互间互联互通为主要内容，坚持与广大沿线经济体合作共赢的理念，推动多领域、全方位的经济交流与合作，在合作的基础上建立利益协调与共融机制，完全符合沿线经济体的根本利益和发展愿望。

再次，充分挖掘“一带一路”沿线经济体的发展潜力，做大做强区内企业，是沿线发展中国家提升融入全球价值链的内在需求。这些发展中国家劳动力资源丰富、经济增长速度明显高于发达国家，内部市场具有广阔的发展空间。但同时，工业化水平低下和资金不足是这些国家的重要特征。当前，各国都在不断改善基础设施、政策与管理、生产生活配套等发展环境，大力吸引境外企业到当地发展，实现工业化水平和发展能力大幅提升。“一带一路”倡议的提出完全契合了沿线发展中经济体的这种内在需求。深化沿线经济体在投资领域的合作，将推动区内企业“一带一路”沿线对其所掌控的价值链环节进行优化布局，以便提高生产效率和国际竞争能力。在这一过程中，沿线发展中经济体将更深入地融入全球价值链，并更多地分享全球化带来的好处。

最后，“一带一路”沿线经济体加强合作将有助于推动全球治理机制的变革。进入 21 世纪以来，新兴经济体迅速崛起，构成了推动全球经济发展的主要力量②，对世界经

---

① 金玲．区域经济国际化与“一带一路”［M］．光明日报，2015-03-18.

② Michael Barnett, Raymond Duval, Power in Global Governance［M］. New York: Cambridge University Press, 2005.

济增长的贡献超过一半，并在国际及地区重大事务中发挥着越来越重要的作用。新兴经济体积极参与区域经济合作一方面可以在全球资源管理中享有更大的话语权①，建立起发展中国家共同的资源网络，减少对发达国家的经济依赖；另一方面可以壮大发展中国家的整体政治力量，在全球治理中形成一致的战略取向，增加参与国际事务谈判的筹码。"一带一路"沿线几乎囊括了所有的新兴经济体。"一带一路"沿线经济体的经贸往来、支持援助和友好协商，可以加深对国际重要事务的共识，确保充分表达发展中国家的诉求。实践证明，中国与"一带一路"上的发展中国家（如印度、南非、东盟等国）在致力于改变发达国家主导全球政治、经济秩序的局面，维护和代表广大发展中国家的合法权益，推动国际货币基金组织和世界银行等国际组织改革，提升发展中国家话语权等方面具有共同利益。

（二）互联互通体系建设是"一带一路"沿线经济体加强合作的核心内容

"一带一路"从地域范畴来看，向西、向北连接欧亚大陆，向南经印度洋连接大洋洲和非洲东海岸，地理跨度巨大；从沿线经济体发展阶段来看，既包括西欧、大洋洲等地的众多发达经济体，也包括俄罗斯、印度及中国等新兴经济体，还有很多经济欠发达经济体，沿线成员的经济发展差异巨大；从宗教文化构成来看，沿线经济体之间更是千差万别。因此，"一带一路"沿线加强合作，实现共同发展必须在求同存异的前提下，找到共同兴趣，并以此作为起点。习近平总书记所强调的互联互通恰是其中的最佳选择。在 2014 年 11 月亚太经合组织（APEC）会议期间的"加强互联互通伙伴关系"对话会上，习近平总书记强调"一带一路"和互联互通是相融相近、相辅相成的。如果将"一带一路"比喻为亚洲腾飞的两只翅膀，那么互联互通就是两只翅膀的血脉经络。换言之，打造好这一血脉经络将直接关系到"一带一路"建设的走向和效果。

结合上述"一带一路"沿线地区的调整，互联互通体系应优先发展包括公路、铁路、航空、水运、通信、支付体系在内的基础设施的互联互通，只有如此，才能在"一带一路"沿线实现更便捷的商品、服务、信息、人力和资金等生产生活要素往来，才能更高效地整合沿线区域的各种资源，才能帮助企业实现价值链在沿线区域的优化布局，并最终使沿线经济体从"一带一路"建设的推进中获得实实在在的利益。而基础设施的互联互通需要大量的资金投入。2010 年，东盟提出了基础设施发展投资计划，每年投资额达到 2 955 亿美元；2012 年，非洲联盟公布了"非洲基础设施发展规划"（PIDA，2012—2040），每年基础设施融资缺口超过 300 亿美元；中东欧国家也在谋划基础设施建设路线图，提出要充分利用欧盟投资计划和欧洲战略投资基金来为基础设施建设投资者提供资金支持。② 根据亚洲开发银行的测算，2020 年以前亚洲地区每年基础设施投资需求高达 7 300 亿美元。由此，资本运作便成了整个体系最重要的支

---

① 徐洪才．发挥 G8、G20 和 BRICs 等国际组织在全球治理中的作用［C］//国际经济分析与展望（2012—2013）．2013：16．

② 黄剑辉．探索中国"走出去"新机制——构建促进亚非拉国家基础设施发展的战略性公司化投融资平台［N］．第一财经日报，2013-05-27．

柱。"一带一路"互联互通体系应是以资本运作为支柱，以基础设施顺畅高效联通为基础和根本，以商品、服务、信息、人力和资金流动为主要内容的多层次、多领域的体系（见图 2-8）。

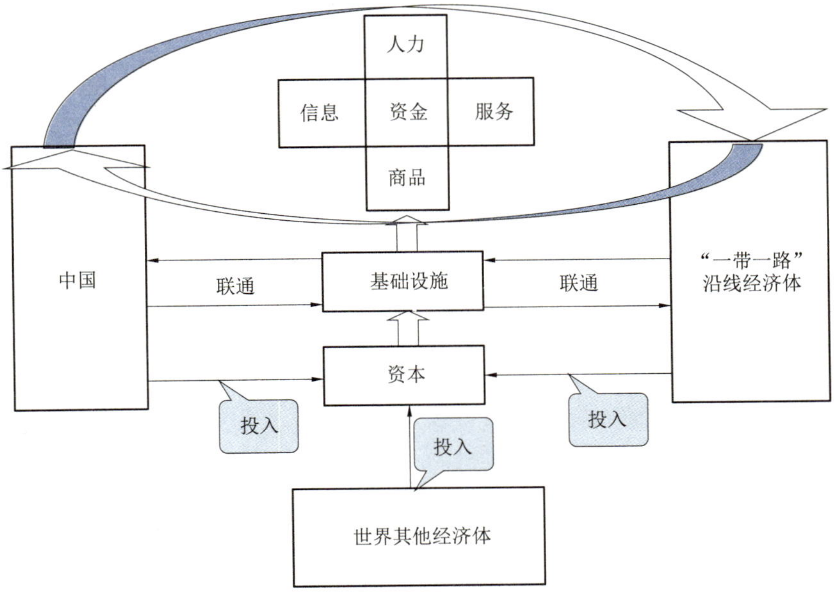

图 2-8 "一带一路"互联互通体系示意图

（三）中国在"一带一路"互联互通体系建设中的地位与作用

"一带一路"战略与以往"以我为主"的国家战略不同，其实质是由中国发起的加强区域经济合作的全球倡议。尽管如此，作为世界第二大经济体、众多经济体最主要的贸易伙伴国、资本净输出国，中国在资金、制造能力、发展经验、人力素质等方面处于较高位势，并正在向更高位势移动，因此在"一带一路"互联互通体系中处于中心的位置。这就需要中国为互联互通体系建设承担较多的责任，贡献更多力量。

根据世界经济"位势论"的观点，各个国家在世界经济竞争与合作中都处于一定的位置，并在特定的位置上拥有自身的比较优势和一定的资源吸引力。在相同领域处于竞合的两个不同位势的国家，对资源的吸引力是不同的，高位势国家拥有对资源更强的吸引力，经济资源将从低位势国家向高位势国家流动，高位势国家通过吸收资源并加以内化和整合，将推动国家竞争力提升，从而向更高位势移动。而低位势国家通过向高位势国家输出资源及与高位势国家合作，也将不断提升自身的竞争力，形成后发优势和比较优势，实现与高位势国家的互利共赢。2008 年国际金融危机以来，全球经济中心从大西洋向太平洋转移，中国是世界第二大经济体和最大的出口国，也是新兴工业化国家的核心代表，具有较高的位势。而"一带一路"上的大多数发展中国家经济实力相对落后，工业化步伐相对缓慢，位势相对较低。从中国与东盟、非洲及东欧的经贸发展情况来看，以中国为中心的互联互通网络已露端倪。

中国已经成为东盟第一大贸易伙伴，东盟也是中国第三大贸易伙伴，双方经贸合作的领域广泛而深入。在当前世界贸易疲弱之时，中国与东盟的双边贸易额保持了平稳态势，特别是在农产品、海洋资源、加工制造、消费品等领域的合作使双边贸易额迅速增长，2016 年达到 4 522 亿美元，占中国对外贸易额的比重进一步提升。2017 年以来，中国—东盟贸易额保持持续增长势头，1—5 月贸易额达 1 956. 6 亿美元，大幅增长 16. 2%，其中对东盟国家的出口额达 1 088. 6 亿美元，自东盟进口达 868 亿美元。与此同时，中国对东盟的投资持续快速增长，2016 年超过 90 亿美元，中国已经成为东盟主要的外资来源地，东盟已经成为中国企业海外投资的第三大经济体，初步形成了跨国生产网络，并融入到世界产业转型升级体系之中。中国与东盟在基础设施、农业生产、加工制造业、服务业等各个领域合作建设了一大批投资合作项目，使得投资范围得到极大扩展。在此基础上，中国还通过与东盟成员深化金融合作，特别是设立投资合作基金，为东盟国家提供资金支持和融资便利，促进了东盟经济的快速发展。中西亚国家是中国战略资源的重要合作区域，中国通过与其在油气资源领域的深入合作，打造油气输送管道，不仅使得这些区域的油气资源价值得以充分发挥，更为中国经济的持续发展提供了资源保障，双边由此建立起互利的环流机制。南亚国家是中国优势富余产能的重要承接地，也是中国对外承包工程的重要目的地，更是实现中国能源安全和国家安全的重要基地。如当前以中国为主导的中巴经济走廊建设、巴基斯坦瓜达尔港的开发、中巴铁路的兴建，使中国能够绕过马六甲海峡，开辟一条从印度洋到中国西部的国际物流通道，海上丝绸之路与丝绸之路经济带相联通，可以推动相关区域发展中国家之间的经济合作，提升中国在南亚及印度洋地区的影响力。

中非贸易、中非双边投资、中国对非洲承包工程和劳务合作正在快速发展。2008 年中非双边贸易首次突破了 1 000 亿美元，达到 1 068. 42 亿美元，2014 年中非贸易额即创出 2 218. 8 亿美元新高，比 2008 年翻了一番，之后尽管有所下降，但中国仍然连续八年是非洲的最大贸易伙伴。在中非双边贸易中，非洲通过向中国出口经济发展所必需的原材料、初级产品、矿产品、能源等资源形成比较优势，其中非洲向中国出口的第一大商品为原油，2012 年中国超过美国成为非洲原油出口的第一目的国。2013 年，中国来自非洲的原油进口额为 510. 19 亿美元，占中国世界原油进口额的 23. 24%，中国则向非洲出口大量质优价廉的机电产品、纺织轻工产品，满足了非洲人的消费需求。同时，中国扩大了在非洲的投资，通过兴建交通、电网、通信设备等基础设施帮助非洲国家实现经济发展，并通过与非洲国家一起合作建设矿产、铁路、能源等工程项目，深化双边合作，2016 年，中国对非洲新增直接投资达到 32 亿美元，涉及工程建设、制造业、服务业、矿业、农业及基础设施等众多领域。2004—2016 年 13 年间，中国对非洲直接投资存量的年平均增速达到 50%，投资国家主要集中在阿尔及利亚、苏丹、尼日利亚、赞比亚、南非等国，逾 2 000 家中国企业在非洲投资兴业，促进了非洲经济的多元化发展，增加了当地的税收和就业人数。中非经贸合作的另一大特点是承包工程与劳务合作，截至 2016 年年底，中国企业在非洲累计签订的承包工程合同总额已达到 6 000 多亿美元，仅 2016 年，中国企业在非洲新签承包工程合同额 820 亿美元，同比增长 8%，完成营业额 521 亿美元，非洲是中国企业对外承包工程的第二大市场。一批中国企业成为非洲最有实力的承包商，来自中国的资金、设备和技术有效降低了非洲国家的建设成本，使非洲基础设施落后的面貌逐步改善。经过多年的合作，中非价值链体系已经初步建立，形成了中非经贸领域多元、多层、全方位的合作新局面。

中国与中东欧的双边经贸合作也在不断形成和完善。2003 年，中东欧国家进入了新的经济增长周期，中国与中东欧国家的经贸合作也迅速发展，并且呈现出互利双赢、良性互动的新局面。中国与中东欧贸易额由 2003 年的 87 亿美元增至 2016 年的 586.54 亿美元。作为中东欧重要的出口目的地，中国已在 16 个中东欧国家中占有相当份额，贱金属及制品、机电产品、塑料橡胶、食品饮料是中东欧出口中国的重要产品；同时中国也是中东欧国家主要进口来源国，机电、化工、纺织服装是中东欧国家从中国进口的主要产品；中东欧国家工业经济基础较好，劳动力素质较高，政治社会比起其他发展中国家稳定，投资环境较好，成本较西欧发达国家低廉，且基本上加入了欧盟或与欧盟签订了自由贸易区协定，到中东欧投资可以打上“欧洲制造”标签，进入欧盟市场，因此吸引了大量中国投资。中国在中东欧国家的投资由 2003 年不足 1 亿美元增至 2016 年 80 多亿美元，投资覆盖了中东欧所有国家，涉及家电、化工、机械、新能源、物流、农业等领域，中国在所有国家的年投资额和承包工程额超过 1 亿美元。中国还建立了中国—中东欧“100 亿美元专项贷款”和中国—中东欧投资合作基金，用于中国企业投资项目和承包工程融资。

（四）加强资本运作，全力推动“一带一路”互联互通体系建设

“一带一路”互联互通体系在建设过程中需要所有成员的共同投入，尤其是在资本这一支柱的运作方面。由于基础设施互联互通的投入巨大，且投资回收期相对国内基础设施投资更难掌控，为“一带一路”互联互通体系建设而进行的资本运作必须是开放的，即不仅要用好沿线资金富余经济体的钱，还要利用好区外资金。对于中国及沿线经济体而言，在资本运作方面需要着重推动三个方面的工作。

一是以自身的投入带动更多的资本投入到“一带一路”互联互通体系建设中。中国发起设立了亚洲基础设施投资银行（简称“亚投行”）、金砖国家新开发银行和丝路基金，计划资本投入总计超过了 1 000 亿美元。随着这些机构的成立并运营，“一带一路”互联互通体系建设的资本运作平台初步形成。其中，亚投行以区内资金带动区外资金的作用更为突出。亚投行的出资方既包括区域内成员，也有区域外经济体参与，二者的出资比例为 75∶25。而且，相对于国际上其他开发性银行，亚投行的目标集中，可以有效弥补现有多边开发机构对基础设施支持的不足。亚投行重点支持改善基础设施，实现本地区互联互通，进而推动区域的共同发展和繁荣。世界银行和亚洲开发银行等其他多边开发机构，主要致力于在全球和区域范围内减少贫困、提高人民生活水平，项目涵盖教育、健康、公共管理、农业与食品安全、污染治理与环境可持续、能源等多个领域，资金分配比较分散。以亚洲开发银行为例，目前约有 32% 的贷款发放到交通基础设施领域，按照 2013 年亚洲开发银行 210.2 亿美元融资规模测算，有近 70 亿美元是基础设施融资。亚投行的成立，不但增加了本地区基础设施融资供给能力，更有助于大幅提高资金的使用效率。此外，可考虑建立与“一带一路”相关的以金融合作为主导的战略联盟，大力推进各区域性金融机构或基金（如金砖国家开发银行、亚投行、亚洲开发

银行、上合组织开发银行、丝路基金、中国—中东欧投资合作基金等）合作，在资本运作方面形成合力。

二是紧紧围绕基础设施互联互通这一优先发展领域。基础设施落后是制约“一带一路”沿线欠发达地区经济发展的重要瓶颈，严重影响了“一带一路”沿线各经济体的经贸往来和价值链在域内的优化布局。经过30多年的发展，中国拥有强大的基础设施施工能力，以及在地域广阔、地质复杂地区建设大型基础设施项目的成功经验，能够提供其所需要的铁路、电力等经济适用装备制造能力。中国可以利用自身在基础设施建设方面的能力和经验，帮助“一带一路”沿线经济体在公路、铁路（尤其是高铁）、航空、港口、电力（尤其是核电）等领域实现跨越式发展。

三是传递中国发展经验，帮助沿线经济体完善投资环境。中国的改革开放进程是发展经验不断积累的过程，其中一项重要经验是投资环境的日益完善。“一带一路”互联互通体系建设的顺利推进必须要在域内有一个良好的投资环境。中国可以在平等互利、友好合作、共同开发、相互尊重的原则下，通过各种层次、形式多样的沟通和交流，将自身的经验沿着“一带一路”传递出去，并与各经济体签署投资协定，建设高标准的区域投融资网络，推动投资自由化，加强对合法投资者利益的保护，创造更加有利的吸引域内外投资的环境。

十一、“一带一路”助推国际港口合作新征程

“一带一路”沿线国家多数处于工业化、城市化的起步或加速发展阶段，开放、发展、合作是沿线国家的共同诉求。一方面，沿线多数国家海上运输、港口设施、信息通信与物流设施等还比较落后，建设需求比较旺盛；另一方面，中国经济在新常态下必须寻找可持续发展新动力，化解过剩产能、扩大开放市场，港航企业肩负着加快国际化步伐、推进国际港口开发合作、布局港航网络等发展任务。本文以“21世纪海上丝绸之路”沿线国家港口为重点对象，分析影响投资合作的关键问题，并给出推进国际港口投资合作的相关建议。

（一）海上丝绸之路沿线港口国际合作现状

1. 沿线港口发展现状

“21世纪海上丝绸之路”是一条开放的经济走廊，包括东南亚、南亚、西亚及北非、中东欧地区等5个地区36个国家，不同地区港口特点不同，可分为五大港口群。

东南亚港口群：凭借位居海上丝绸之路向外延伸的要冲区位，成为海上丝绸之路交通核心区，目前已发展成为以新加坡港为亚太集装箱中转港，巴生港、林查班港为区域集装箱中转港，马尼拉港、胡志明港、丹戎不碌港等为主要港口的总体格局。

南亚港口群：位于海上丝绸之路的中枢地带，该区域人口众多，经济发展潜力巨大，是海上丝绸之路重点发展的潜在区。现已发展成为以尼赫鲁港、科伦坡港为南亚地区中转枢纽港，吉大港、金奈港、卡拉奇港为主要港口的总体格局。

西亚港口群：依托区域内丰富的石油资源以及特有的经济结构，港口功能以出口石油及产品、进口工业品为主要特点，港口设施先进，专业化程度高，是海上丝绸之路沿线重要的能源枢纽。现已发展成为以波斯湾迪拜港、豪尔费坎港、红海沿岸廷布港为西亚地区主枢纽港，朱拜勒港、达曼港、吉达港为主要港口的总体格局。

东北非港口群：作为亚欧非三洲间的重要中转站，在海上丝绸之路中处于战略性枢纽地位。现已形成以埃及的塞得港为主枢纽港向地中海地区中转，以蒙巴萨港、吉布提港为内陆过境货物主要中转门户港的集装箱港发展格局。

中东欧港口群：欧洲货物进出口的重要门户，沿线港口挂靠众多的国际班轮航线，对外贸易较为活跃，是海上丝绸之路的战略引领区。现已形成以希腊的比雷埃夫斯港、土耳其的伊斯坦布尔港、意大利的焦亚陶罗港、马耳他港为主枢纽港，海陆联运的发展格局。

2. 中国与沿线港口的国际合作现状

（1）中国企业在海上丝绸之路沿线港口投资建设上已积累一定经验。早在21世纪初，中国企业便开始探索海外投资和建设港口，初期主要以中远、中海等具有船公司背景的中资企业为了布局国际航线探索投资和运营码头为主，码头基建公司也探索承建海外码头项目。“一带一路”倡议提出以来，中远海运港口有限公司、招商局港口控股有限公司、上海国际港务（集团）股份有限公司、青岛港国际股份有限公司、中国交通建设股份有限公司等多家企业纷纷探索合营海外专业化港口或港区。据统计，中国企业海外布局的码头中，约65%分布于“21世纪海上丝绸之路”沿线。

（2）投资类型以综合性码头和集装箱码头为主，兼顾布局部分能源码头。从目前布局的海外码头性质看，国际港口合作以综合性码头和集装箱专业码头为主。如以色列阿什杜德南港、吉布提多哈雷多功能港、巴哈马阿巴科岛新建港等均为综合性的港口项目，头顿港、科伦坡南港、吉布提港等均为集装箱码头项目。同时，为加强国际能源通道的安全性，在海上丝绸之路沿线重要的战略资源通道中，中国港口企业积极布局能源码头，例如青岛港集团与中石油签署了中缅原油管道原油码头运营战略框架协议，中国港湾工程公司承建巴基斯坦卡西姆港国际散货码头等。

（3）中国企业国际合作存在缺乏统筹、属地融合差、盈利单一等问题。首先，受海外建港热潮的带动，中国部分港口企业、基建企业急于走出国门，并未对自身发展国际化战略的优势、资源能力、战略布局进行系统思考和规划，导致单一项目风险承受能力弱，项目难以形成网络化、规模化，增加了企业海外投资风险。其次，海外一些欠发达地区的港口建设所需的配套及物流设施不完善、集疏运道路建设迟缓、审批程序冗长复杂等，导致港口建设工期、投资规模、运营收益和可持续发展等得不到保障，成为企业海外港口投资所面临的共性问题。最后，在海外投资项目中，中国港口企业属地化运营管理经验欠缺，缺乏国际资本运作能力、跨国资源整合能力、国际市场开拓能力，以及国际合作谈判、投资筛选、评估特许经营权价值等经验。

（二）海上丝绸之路沿线港口投资合作机会

1. 研究方法

在“一带一路”倡议实施背景下，中国企业进行海外港口投资合作主要考虑四大因素（见图 2-9）：一是东道国投资环境，二是东道国港口在“一带一路”倡议中的地位，三是未来港口市场预期，四是东道国与中国的投资合作关系。本文以此为基础，对四大因素进行综合分析，研判海上丝绸之路沿线港口投资合作机会。

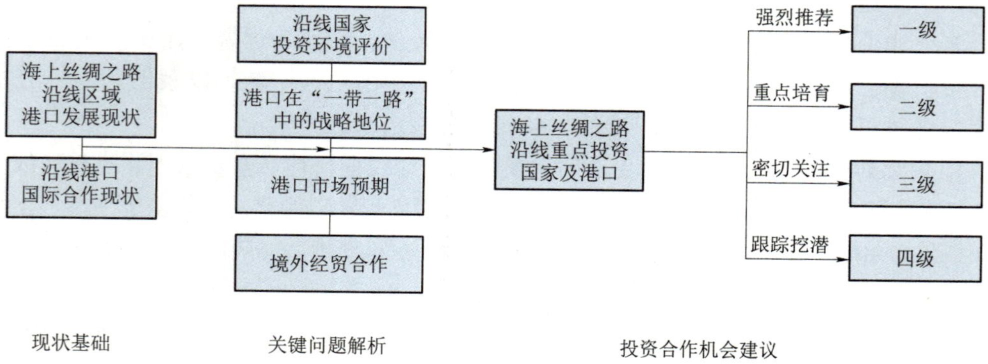

图 2-9 港口选择逻辑框架图

2. 港口投资合作关键问题

（1）沿线国家和地区投资环境

选取经济总量、对外贸易、产业结构、信用评级、对外依存度等与港口投资合作密切相关的宏观指标，对海上丝绸之路沿线 36 个国家进行综合评价（见表 2-9），认为近期港口投资应重点考虑宏观投资环境较优的 17 个国家，分别为东南亚的新加坡、马来西亚、越南、印尼、泰国；南亚的印度、孟加拉国；西亚的阿联酋、沙特、科威特、阿曼；东北非的埃及、肯尼亚、苏丹；中东欧的土耳其、希腊、克罗地亚。

表 2-9 海上丝绸之路沿线国家综合评价指标表 单位：分

区域	国别	区位	经济	对外贸易	对外依存度	产业结构	信用评级	综合得分
东南亚	越南	9	8	8	9	5	6	7.5
	柬埔寨	9	4	4	6	4	5	5.3
	泰国	9	9	8	7	6	7	7.7
	缅甸	9	6	4	4	4	6	5.5
	马来西亚	9	9	8	8	5	8	7.8
	新加坡	9	9	9	9	4	10	8.3
	印尼	9	9	8	4	6	6	7.0
	文莱	8	4	4	7	8	6	6.2
	菲律宾	9	8	8	4	5	6	6.7
	东帝汶	8	1	1	4	9	5	4.7

续表

区域	国别	区位	经济	对外贸易	对外依存度	产业结构	信用评级	综合得分
南亚	印度	9	10	9	3	4	7	7.0
	巴基斯坦	9	8	6	3	4	5	5.8
	孟加拉国	9	8	6	3	4	6	6.0
	斯里兰卡	8	7	5	3	5	5	5.5
	马尔代夫	8	1	1	5	3	6	4.0
西亚	伊朗	7	8	8	3	6	4	6.0
	伊拉克	7	8	8	6	8	4	6.8
	科威特	7	8	8	7	6	9	7.5
	阿曼	7	6	7	8	7	7	7.0
西亚	卡塔尔	7	8	8	7	1	9	6.7
	沙特	7	9	9	5	4	8	7.0
	叙利亚	7	1	3	1	1	3	2.7
	阿联酋	7	8	9	9	7	9	8.2
	也门	7	6	4	4	2	3	4.3
	巴林	7	6	4	7	1	6	5.2
东北非	埃及	8	8	7	3	1	5	5.3
	苏丹	8	7	4	2	4	4	4.8
	吉布提	8	1	1	7	3	6	4.3
	索马里	8	1	1	1	1	3	2.5
	厄立特里亚	8	1	1	3	4	3	3.3
	肯尼亚	8	6	4	4	1	5	4.7
中东欧	希腊	6	8	7	4	3	4	5.3
	土耳其	6	9	8	4	4	6	6.2
	克罗地亚	6	5	5	5	4	6	5.2
	黑山	6	1	1	1	1	5	2.5
	阿尔巴尼亚	6	4	2	5	3	5	4.2

（2）港口在“一带一路”倡议通道中的地位

国际航运主通道、重要海峡和海陆经济走廊，是“一带一路”倡议实施成败的关键，也是中国进行港口投资合作的关键区域。与中国国家战略密切相关的战略通道包括马六甲海峡、中巴经济走廊、中缅能源通道、孟中印缅经济走廊、霍尔木兹海峡等；对国际海运航线产生重要影响的新通道包括新苏伊士运河、尼加拉瓜运河、克拉运河、北极航线等。

综合考虑这些通道与“一带一路”倡议实施的关系，重点关注巴基斯坦、缅甸、孟加拉国、斯里兰卡、埃及、吉布提、马来西亚、印度尼西亚等国家布局在主要战略通道上的港口。

（3）港口市场预期

港口吞吐量是衡量港口市场最直观的指标，一个国家的港口吞吐量与该国的工业化进程密切相关。总体来看，处于工业化初期和中期的国家，港口吞吐量一般处于加速增长阶段，投资这一时期的港口，往往会获得较好的收益；工业化中期之后，港口吞吐量增长速度放缓，港口进入低速发展期，投资收益稳定且呈下降趋势。工业化阶段与港口吞吐量的趋势关系如表 2-10 所示。

表 2-10　工业化阶段与港口吞吐量的趋势关系

指标	工业化初期	工业化中期	工业化后期	后工业化
经济发展特点	农业在经济中的地位开始动摇，制造业开始发展	制造业加速发展，重工业的发展使得矿产资源、能源得到大规模开发	以加工制造业为主的资本和技术密集型工业迅速发展，并逐步向精加工、深加工阶段发展	服务业增加值快速增长，生物科技、电子计算机、通信、信息等产业迅速发展
港口发展特点	港口吞吐量起步发展	以大宗货物运输为主，港口呈现数量型增长	港口运输以精密仪器、电器、电子产品等高附加值产品为主，对港口吞吐量增长贡献相对较小	港口发展进入低速增长期，大宗货物增长缓慢甚至下降，信息产品等高附加值产品运输量增加，集装箱运输需求增加，港口运输需求总体维持稳定
GDP 与吞吐量弹性系数	>1	>1	<1	<1

从海上丝绸之路沿线国家工业化发展阶段看，多数国家处于工业化发展初期、中期阶段，工业企业多为劳动密集型和技术密集型，规模化效应显著，工业化产品处于出口扩张期，这些国家的港口将经历一个快速发展期。预计 2020 年海上丝绸之路沿线国家港口货运市场将整体出现 7.1% 的增长，货运量增长较快的国家为马来西亚（年均增速 7.1%，下同）、越南（10.3%）、菲律宾（9.6%）、斯里兰卡（10%）、孟加拉国

（7.1%）、阿联酋（7.8%）、阿曼（10.8%）、肯尼亚（9.8%）、吉布提（7.8%）等，这些国家的港口应该成为未来投资重点关注的对象。

（4）与中国经贸合作状况

在“一带一路”倡议背景下，中国政府支持有实力的企业到境外开展多种形式的互利合作，以促进与东道国的共同发展，境外经贸合作区是中国与东道国开展经贸合作的一种高级形式。港口与现有境外经贸合作区互动发展，不但提高了对外贸易的便利性和产业融合度，还将进一步降低海外投资风险。国际港口投资合作时，可重点考虑有境外投资经贸合作区共建的国家，包括马来西亚、泰国、柬埔寨、巴基斯坦、印度尼西亚、埃及、吉布提等。

3. 国际港口投资合作建议

综合对国际港口投资合作机会关键问题的分析，可将海上丝绸之路沿线港口投资合作的优先级分为四个级别（见表 2-11）。其中，一级投资潜力大，应是港口投资合作的重点；二级、三级具有较大的市场需求，项目有一定的潜力，但存在不同程度的经济、政治、社会风险，应该重点关注，待条件成熟时，适时进行投资合作；四级中项目受市场竞争、国家政策、外交关系影响较大，待时机成熟时，可进行跟踪挖潜。

表 2-11　“一带一路”投资合作重点国家和主要港口

投资级别	推荐理由	重点国家	相关港口
一级	强烈推荐，符合国家战略方向，投资合作意愿强的优质项目优先选择	土耳其	伊斯坦布尔港
		斯里兰卡	汉班托塔港、科伦坡港
		阿联酋	阿布扎比港、迪拜港
二级	重点培育，符合国家战略方向，投资合作意愿强，但部分国际信用评级偏低，项目存在一定风险	越南	海防港、岘港
		马来西亚	凯利岛、皇京港
		巴基斯坦	瓜达尔港、卡西姆港
三级	密切关注，投资合作意愿大，项目市场空间大，但国际信用评级偏低，经济基础薄弱，配套条件差，需密切关注，待条件成熟时开展投资合作	阿曼	苏哈尔港
		肯尼亚	蒙巴萨港、拉姆港
		泰国	林查班港扩建
		吉布提	吉布提港
四级	跟踪挖潜，投资介入竞争多，项目受政治外交、市场形势变化影响较大，适宜跟踪挖潜	菲律宾	马尼拉港
		印度尼西亚	索龙港
		埃及	亚历山大港、塞得港

（三）国际港口投资合作模式

根据海外港口投资建设项目的差异性和“一带一路”倡议的发展要求，海外港口投资合作可分为单一港口投资合作和 PIC 一体化投资合作两种模式。

1. 单一港口投资合作模式

单一港口投资合作模式，是基于对区位和地缘优势、资源禀赋、市场容量等因素的考虑，对与港口生产运营紧密相关的设施、设备等进行资产投入、建设开发或经营管理，并获取收益的模式。

单一港口投资合作模式具有港口盈利水平高、腹地经济支撑强等特点。单一港口投资合作模式适用于临近主航道和交通枢纽、东道国资源禀赋优势显著、腹地货运市场需求大或贸易频繁的国家和地区，多为航运企业、港口运营商以股权投资、兼并重组、合资合作等形式参与投资，比如希腊比雷埃夫斯港、巴基斯坦卡西姆港国际散货码头、比利时安特卫普集装箱码头。

2. PIC 一体化投资合作模式

PIC 一体化投资合作模式（P-port，I-industry，C-city），是基于港口、园区和城市良性互动发展的客观经济规律，系统策划、集成开发、分类运营管理港口、园区和城市等一体化项目，形成“前港—中区—后城”格局，并获取一体化收益的模式。港口是原材料、商品和人才的集聚地，产业园区以实体产业为支撑，吸引就业和资本流动，城市为港口、园区的劳动者提供生活社区和基本社会保障。三者互为促进，港口为园区生产和城市生活的物资运输提供保障，园区为港口提供增值服务并产生货运需求，为城市人口就业和人才集聚提供平台，城市为港口和园区的劳动者提供优质生活居住空间和完善的医疗、教育等社会保障，并不断产生新的发展需求。考虑一体化开发对象和需求不同，该模式一般可分为港口+物流园/产业园一体化、港口+产业+交通一体化、港口+产业+城市社区一体化三种形式。

PIC 一体化投资合作模式具有国际经贸和产业合作联系紧密、港产城多元化资源集聚、东道国政策优势显著、收益多元、风险共担等特点，适宜双边关系友好、经济基础不成熟、开放政策优厚的国家和地区，投资商多为具有港口、园区、城市开发运营经验或统筹建设、港口、工商业者、地产、金融等资源的综合运营商。中国经过多年的港产城联动发展，已先后形成了一批具有较好互动效果的一体化发展典范，如蛇口工业区、漳州开发区、天津临港经济区、武汉张家湾港口产业园、江苏张家港临港工业园和物流园等，它们以港口开发为龙头，壮大发展临港产业，集聚劳动力、土地、资本、信息、技术等生产要素，为新城新区建设提供了发展支撑。随着“一带一路”倡议的深入实施，以基础设施互联互通、产能合作、经贸产业合作区为抓手的 PIC 一体化项目，正是推进与沿线国家经贸合作落地的关键，中国应总结发展经验，鼓励港产城一体化模式“走出去”，切实推进一批对外投资的 PIC 一体化项目。

3. 港口投资合作模式比较

本文对两种港口投资合作模式进行了系统比较，如表 2-12 所示。

表 2-12　海上丝绸之路沿线港口投资合作模式推荐

推荐重点 \ 模式分类	单一港口投资模式	PIC 一体化投资合作模式
战略出发点	单一港口投资合作模式在满足航运枢纽战略布局、控制主要航路主导权等方面合作意愿更迫切	PIC 一体化投资合作模式更侧重于产业带动和社区地产增收等陆向需求

续表

模式分类 / 推荐重点	单一港口投资模式	PIC 一体化投资合作模式
投资合作重点	港口运营商与建设、运营、金融、等企业共同投资合作，重点开发港口，港口业务范围较为单一	综合运营商采用建设、咨询、港口、工商业者、金融等企业“抱团出海”形式投资开发 PIC 项目，突破港口和物流行业的框架，向土地开发、不同功能产业园区和配套服务方向拓展
盈利模式	盈利范围包含港口装卸、堆存等基本服务，以及包装、加工、分拨、交易、海铁联运等物流增值服务	盈利范围包括港口经营、园区土地开发、土地资产经营、社区地产、交通运输、配套服务等，盈利范围广、综合性强
典型港口投资合作建议	土耳其伊斯坦布尔港，阿联酋阿布扎比港、迪拜港，阿曼苏哈尔港，泰国林查班港，菲律宾马尼拉港，埃及亚历山大港、塞得港	斯里兰卡汉班托塔港、科伦坡港，越南海防港、岘港，马来西亚凯利岛、皇京港，巴基斯坦瓜达尔港、卡西姆港，肯尼亚蒙巴萨港、拉姆港，吉布提港，印度尼西亚索龙港

受所在港口城市经济发展水平、区位资源、投资商理念和战略定位、行政管理体制、创新机制等不同因素影响，采用单一港口或 PIC 一体化模式并非完全对立，有时根据发展需要可以互相融合。

（四）推进国际港口投资合作策略

港口投资具有初期投资规模大、回收期长等特点，历来存在资金和经营上的风险，加上国家政治、地区法律以及其他方面的风险，需要政府和企业制定系统性策略，稳步推进海上丝绸之路沿线港口间的投资合作。

1. 政府层面推进投资合作策略

（1）加快制定海上丝绸之路沿线港口投资合作指导意见

结合国际经济贸易环境，东道国的港口战略地位、发展潜力等因素，明确中国港口对外投资的重点区域和国家，给予中国企业投资海上丝绸之路沿线港口的指导性原则，避免在投资合作中出现港口之间过度竞争或者受政治、战略等因素影响，出现重大投资失误等现象。

（2）加强政府服务支持体系的建设

政府支持服务体系的建立应突出三个方面：一是搭建海外港口投资信息发布平台，以港口协会为载体，对接商务部等涉外部门，搭建港口投资合作商务信息平台，建立信息推送机制；二是探索建立海外港口投资推介机制，由行业主管部门牵头，建立海外港口投资推介机构，进行多层面、多频次的沟通交流，主动推动中国港口企业“走出去”；三是加大智库和咨询机构建设，为海外港口的投资合作提供服务，由政府、专业咨询机构、高校和各大商会组成多元智库，对海上丝绸之路沿线港口投资合作进行全面系统研究，为中国企业参与港口投资及合作提供决策支撑。

（3）制定和实施有利于促进港口投资合作的财政、税收、金融等政策

国家开发银行、中国进出口银行等政策性金融机构以及丝路基金、亚投行在资金方面支持中国企业投资建设海上丝绸之路沿线主要港口设施；在国有企业绩效考评、税收等方面，综合考虑企业走向海上丝绸之路沿线和承担国家战略性项目的实际情况，给予一定的倾斜。设立专项资金，对于战略性投资或战略性收购项目，给予特别资金支持。

2. 企业层面推进投资合作策略

（1）强化风险管控，依法合规经营

完善海外业务全面风险管控体系：纵向强调组织保障、全员参与、逐级负责、上下衔接；横向注重统筹协调、分工明确、分系统分专业，形成全方位、立体化的风险管控体系，做好战略风险、政治风险、财务风险、市场风险、运营风险、法律风险、人力资源风险、管理风险、文化风险、技术风险、媒体关系风险等的辨识与防控工作。加强法律保障、合规经营、内部控制、审计监察，提高风险预警和危机管理能力及突发事件应对处置能力。

（2）创新“走出去”模式，全方位结盟组团

海外港口投资企业应对港口项目投入大、回收期长、收益率低、风险高等特点有清晰的认识，多方面寻求合作方和投资伙伴，合理分担投资风险。具体来看，主要有四种途径：一是探索与港口承建企业合作、适应国外港口开发建设与运营一体化的特许经营模式，实现港口建设与运营协同“走出去”；二是主动与大型货主企业合作，尤其是能源、资源开发类企业，围绕货主企业的产业布局方向，投资运营战略资源型港口设施；三是依托中国制造产业海外布局，尤其是结合境外投资区，进行一体化的投资建设；四是与航运服务企业绑定，共同“走出去”，彼此形成产业链条、利益链条，实现互相合作、相互获利。

（3）产融创新，多措并举拓宽融资渠道

海外港口的投资成本高，应拓宽融资渠道，降低融资成本，规避融资风险。一是要积极争取国家财政专项基金、政策性银行金融资本、各级政府设立的产业引导基金；二是紧密依托基金公司、融资租赁公司、保险经纪公司等金融平台，尝试引入基金、资产证券化募资、信托保险等资金，积极利用信托计划、证券资管计划、保险债权（股权）计划等融资工具，为项目提供有力支撑。

（4）积极采用多元化经营策略，提升项目盈利能力

国外港口发展环境和市场依托不确定性大，单纯依靠粗放式的装卸服务难以支撑港口项目的持续发展，不论是单一港口投资，还是PIC“港产城”一体化的开发，都应积极推进投资项目大力开展海外仓储物流、海外加工物流等增值服务，探索依托海外港口，构建国际化物流网络，提升物流增值服务的能力，从而提高项目的盈利水平。

十二、全球资本供给与中国企业海外投资：投资驱动开发性融资的全球资本供给

越来越多的中国企业通过具体产业开发项目（Industrial Development Projects）① 参与到不同国家的国民经济当中，当前尤其如此，因为这些项目的大多数是在“一带一路”框架下运作的。如此中国企业得以促进自身发展，推动中国的产业结构升级，将企业的未来发展也包括相应的行业发展与其他国家的行业发展联系起来，以及为打造跨国经济联系和旨在共享经济增长的整合奠定实体经济基础。

影响这一发展的因素有多个。本文将从大多出现在基础设施领域的全球资本流动结构问题和全球开发性融资（Development Financing）长期不足这个视角来讨论这一问题，并探讨这些项目的新型融资模式以及中国企业的参与和项目本身的组织对于吸引中国资本投资的关键作用。

资本投资是经济增长的核心要素。它带动分布在不同地区和国家的各种生产力要素（TFPs）聚集于具体产业项目，以开展更有效益的生产活动。全球范围内通常不同类型的国家间在充裕的资本供给和流动与流向产业开发尤其是传统基础设施部门的资本投资流量之间存在巨大的缺口：一些国家拥有过剩资本，但大多数国家缺乏产业开发项目所需的资本规模。最近这一缺口正在发生变化：从发达国家和发展中国家之间，正在转变为多数资本充裕的东亚经济体与其他经济体之间。中国是促成这一变化的关键国家，其在很短的时间内一跃成为全球资本提供者。中国企业的国际化连同来自中国的主要融资推动了中国自身转变为全球资本提供者。中国企业参与或运作的国际产业开发项目的融资方式对于全球资本供给的结构和机制具有极其重要的意义，对于开发性融资尤其如此。

本文将首先考察过去20年来全球资本流动的结构及其演变，以及在开发性融资方面资本供需之间的长期缺口。本文将较为详细地讨论“一带一路”框架下中国企业参与和运作并将中国资本投资伙伴国或者具体项目的几个案例。

依照两国政府间合作关系，通过中国企业直接参与和项目运作从而间接为项目加以融资的方式有别于传统对外直接投资（FDI）或官方发展援助（ODA）等以往的开发性融资方式。本文随后将探讨这一开发性融资新方式如何有助于解决项目所在国使用传统开发性融资时的难题：缺乏有效的和可操作的开发项目平台和机制以及满足项目所需的全球资本。本文认为，两国对应的产业利益和能力是促成产业开发项目的重要因素，而中国海外企业在其中扮演了关键角色。

---

① 中国企业的海外项目一般被视为基础设施项目，尤其是在“一带一路”框架下。不过，这些海外项目越来越多地超出了传统较窄的基础设施范畴，而分布在多个产业部门且与实体经济和不同行业发展相关。进一步说，基础设施的概念已经扩展到社会、城市、教育、健康和数字基础设施等范畴，并越来越多地与全球可持续发展联系起来（UN 2015，OECD 2006，ADB 2017）。因此，本文使用产业开发项目（Industrial Development Projects）的概念以强调这些项目的重要性。

（一）用于开发性融资的全球资本供给投资缺口

全球开发性融资存在“投资缺口”（Investment Gap）。一方面，在过去的几十年间全球资本投资增长迅猛。图 2-10 的数据显示，在过去的 15 年间，全球资本投资由 2001 年的约 19.8 万亿美元增加到 2016 年的 70.7 万亿美元，年均增长率达到 9.62%。显然，可供投资的资本规模和全球资本流动规模均大大增加。然而，约 2/3 的资本用于间接投资而不是直接投资。即便是对外直接投资本身，实际对外直接投资流量大多流向发达经济体，2000 年时占比约为 67.2%，2016 年为 59.1%。只有 37% 的对外直接投资流量流向集中了大多数产业开发需求的发展中经济体，如图 2-11 所示。联合国贸发会议（UNCTAD）发布的《世界投资报告 2017》发现“流向发展中国家的对外直接投资流量甚至还下降了 14 个百分点，流向最不发达国家（LCDs）和结构脆弱经济体（Structurally Weak Economies）的直接投资不稳定且规模很小。”《世界投资报告 2017》指出，全球投资供给规模的增长并未带来流向实体经济和生产的直接投资的增多，尤其是基础设施建设需求较大的发展中经济体。

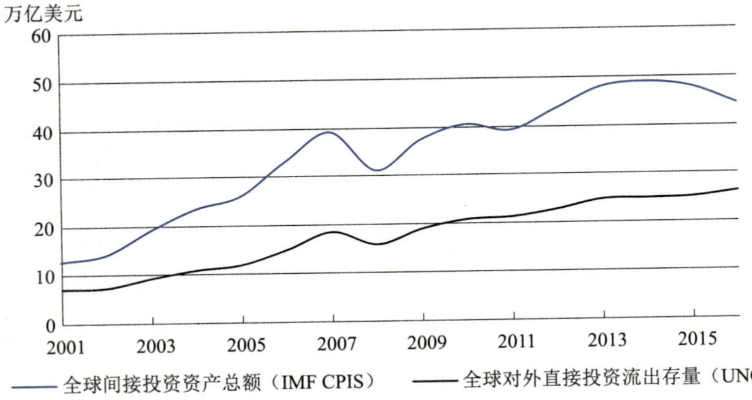

图 2-10　2001—2016 年全球资本投资概况

另一方面，世界范围内实体经济、产业开发、基础设施部门均需要资本投资，无论发达经济体还是发展中经济体均是如此。10 年前经济合作与发展组织（OECD）的一份报告就指出：2005—2030 年全球基础设施建设所需投资将达到 53 万亿—71 万亿美元（OECD 2006：29），其中很大一部分需求来自发达经济体。在发达经济体，基础设施部门传统上由政府提供资金。随着用于该部门的公共支出的减少，该报告希望私人部门能够在满足基础设施投资需求方面发挥作用。

亚洲开发银行（ADB）近期一份有关基础设施建设的报告也持类似观点，该报告发现：亚洲 45 个发展中经济体在接下来的 15 年间（2015—2030）基础设施所需资本投资将达到 26 万亿美元，每年 1.7 万亿美元（ADB 2017：XI），而每年所需投资额相当于 2016 年全球直接投资的实际规模。该报告还发现，亚洲发展中经济体的基础设施投资只能满足当前一半需求，而且多数投资由公共部门提供。一项世界银行的研究表明，2008 年发展中国家的基础设施支出约为 8 000 亿～9 000 亿美元，其中公共部门提供

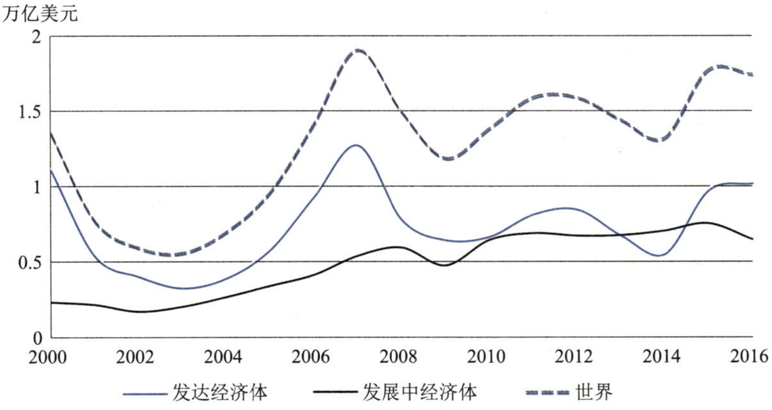

图 2-11 全球内向直接投资流量概况

数据来源：UNCTAD.

6 000 亿～6 500 亿美元，占 72.2%，官方发展援助提供 500 亿～1 000 亿美元，占 11.1%，基础设施私人参与者（Private Participation in Infrastructure，PPI）提供 1 380 亿美元，占 15.3%（Fay 2010：352，365；Inderst 2016：4）。

开发性融资供需缺口亟须更广泛的融资来源和强化现有融资方式。例如，亚洲开发银行（ADB）报告就呼吁民营资本更多参与以填补 60% 的供需缺口，而公共部门则通过财政改革填补剩下的 40% 的缺口（ADB 2017：XI）。这确实指出了开发性融资的一大挑战：如何吸引、便利甚至引导资本，无论是公共部门还是民营资本，流向基础设施部门。

当前我们拥有大量的资本投资流量和存量，2017 年全球资本投资流量达到 70 万亿美元，2016 年直接投资流量达到 1.7 万亿美元。开发性融资存在以下三大缺口：全球资本规模与实际直接投资间的缺口，实际直接投资与流向基础设施部门的投资间的缺口，用于开发项目的直接投资与长期基础设施开发项目的资金需求间的缺口。

消除缺口和满足全球产业开发需求的关键在于将民营资本和公共部门的利益和能力与能够直接在基础设施项目中产生开发效益的经济活动联系起来。一般来说，民营资本并不投资于基础设施项目。只有具体项目的实体经济活动能够通过生产活动凭借所有权和使用资本的运营权以及实体项目中获得的组织、技术和人力资源等获利，才能产生和保持民营资本对基础设施项目的投资兴趣。这一条件被证明在国内产业开发上很难满足，在跨国产业和制度环境下更是如此。

作为资本供给的一大来源，公共部门自身需要一套激励措施和投资基础设施开发的能力，而这一系列条件会随着各国公共政策体系、经济发展和金融能力的不同而不同，也会因在世界经济结构中所处位置不同而不同。不过，整体来看，公共部门对产业开发尤其是基础设施的投资能力有所下降。对于发达经济体，这部分地与当时的主流经济学思想有关。例如，在 20 世纪 30 年代的美国，罗斯福新政激发了对基础设施部门或公共工程的投资兴趣和投资活动，而到了 20 世纪 90 年代新制度经济学更为关注贸易、技术和金融部门。这还部分地与经济发展阶段有关，发达经济体更多地由分配和福利驱动，而不是由生产和产业开发的利益驱动。对于那些无法马上给特定社会群体和民众以及主政者自身带来好处的项目，国家用于此类项目的投资占比越来越小。

对于发展中经济体，公共部门的兴趣和投资基础设施的能力存在差异。多数发展中经济体不具备金融能力。早先几十年里，发展中经济体依靠来自发达经济体和国际组织的官方发展援助弥补其公共部门产业开发的融资能力。如前所述，这种融资方式在提供数量上存在限制。更重要的是，官方发展援助作为种子资金希望帮助激活受援国产业和经济可持续发展的内在动力。这个初衷并未能在众多的受援国得以实现。在这些经济体中，公共部门未能加强其自身的金融能力。

开发性融资需要扩展融资渠道。更多有效的产业开发融资模式有助于协调民营和公共部门的利益和能力从而形成共同投资者（Co-investors），整合国内和国外力量将分散的全要素生产力整合到真正的产业开发项目上来。这一政治经济学逻辑能够将实体产业开发的活力整合进资本投资流动中。近年来由中国企业参与和运营的“一带一路”项目的融资方式产生的国际产业开发融资模式就是跨国产业开发逻辑推动资本投资的一个好例子。

（二）开发性融资的新模式

与中国有关的，并体现出投资引致的开发性融资模式的跨国政治经济活动和项目有两大发展态势。

首先，2015 年中国已经成为世界上第二大对外直接投资提供者，2016 年对外直接投资流量达到 1 880 亿美元（UNCTAD 2016；MOFCOM 2016）。

中国在 2017 年 5 月北京“一带一路”高峰会上宣布了总计 1 140 亿美元的金融支持承诺以推进“一带一路”项目，大部分金融支持经由中国国家开发银行、中国进出口银行和其他国家融资机构，提供给参与和运营这些项目的中国企业。显然，当开发性融资在全球资本供给方面存在严重投资缺口时，中国已经快速成为全球资本投资的主要来源，并有望扩大其在全球资本投资中的份额。进一步说，中国资本在全球投资中的结构呈现为一种特别的类型。83.3%的中国对外直接投资投向非金融部门，70%流向发展中经济体，而全球范围内流向发展中经济体的直接投资仅占 43%（MOFCOM 2016：7，14）。2016 年中国海外企业资产总额达到 4.4 万亿美元，签约的产业开发项目投资总额达到 1.1 万亿美元。中国对外直接投资流向发展中经济体、制造业和基础设施部门的比重要大得多。

伴随着开展对外直接投资，中国资本出现爆炸式增长，海外投资成为中国企业参与其他国家产业开发项目的一种特别方式。中国商务部的报告深入讨论了中国政府的三大政策和法律法规，以推动这一发展，包括：（1）一般政策框架和指导意见，旨在促进产业转型升级以增强行业竞争力和可持续发展能力，推动中国企业在国际产业开发领域开展更广泛的合作和整合，利用中国先进的产业和金融能力来满足国际开发市场的需求。（2）金融和货币政策，旨在促进和便利货币汇兑，整合国内和国外两个市场与国内和国外两种资源。（3）产业政策和具体产业的发展战略。

所有这些政策的关键是政府对企业参与和运营海外产业开发项目所给予的实质性的

金融支持。在中国方面看来，政府与社会资本合作（PPP）模式是有效的，自然也是可操作的，并且在政府和从事跨国产业开发项目的企业之间拥有强大且广泛的合作伙伴。在国际开发市场上，企业的融资能力被政府的以下措施大大加强了：政府贷款、补贴、信贷和各种其他形式的支持以及通过与项目所在国政府间合作取得的政治和制度支持等。

其次，从项目角度看，中国企业正在从项目的承包商转变为项目的运营者、管理者、组织者以及项目的利益相关者。

中国商务部报告指出，跨境并购、经济合作区/产业园区、建设和运营的基础设施项目成为中国企业对外直接投资的主要形式和平台（MOFCOM 2017：III）。随之转变的是中国企业自身对其在项目中角色的定位。中国企业不仅仅是一个商业项目的承包商，更是一个产业发展项目的投资人和运营者，在项目中拥有实在的利益。中国重阳金融研究院（程诚，2017：19-33）研究了这种转变。在中国企业对安哥拉和加纳这两个非洲国家的投资中，该研究考察了从基于贷款的开发性融资（Loan-based Development Financing，ODF）到投资驱动的开发性融资的转变。基于官方贷款或捐款或两者组合的“资源换基础设施”开发性融资是很长时间内开发性融资的主要做法。融资由发达经济体政府或国际组织向东道国政府提供官方发展援助实现，这些资金用于指定项目的融资，而中国企业则作为承包商参与进来。东道国政府则使用资源税收收入来偿还贷款。

2003 年，中国政府与安哥拉政府签署了一项框架协议，中国进出口银行和安哥拉财政部签署了最终贷款协议，中国向安哥拉提供 20 亿美元贷款用于基础设施改造。依据该协议，70% 的项目由中国商务部认可的中国企业承建，中国进出口银行则将资金直接转给中国企业。加纳布维（Bui）电站项目的贷款协议也采用了类似模式。2007 年，中国和加纳签署了 30 亿美元信用额度协议用于后续项目。但中国企业只是承包商，并不参与项目的运营和管理。安哥拉用其石油出口收入偿还贷款。这种资源换基础设施模式或基于贷款的开发性融资越来越多地遇到挑战，如东道国政府高昂的债务、不稳定的资源价格和不断降低的项目对后续投资的滚雪球效应、项目对当地就业和发展等经济活动越来越小的影响等。

于是，新的股权投资开发性融资模式出现。在加纳，2007 年中国深圳能源集团投资安所固（Ansoli）电厂项目，金额达到 2 亿美元，其中自身出资 6 000 万美元，中国国家开发银行提供 1 亿美元融资贷款，中非合作基金提供股权投资 4 000 万美元。海航集团投资加纳非洲世界航空公司（AWA）项目，股权占比 42%，加纳 SAS 股权占比 20%，社会保障和国家保险信托基金（SSNIT）股权占比 10%，中非合作基金投资 1 000 万美元，整个项目投资总额达到 3 100 万美元。

中国企业参与产业开发项目的模式存在明显变化。中国企业直接参与、建设和运营项目，借助自筹、中国国有银行和社会资本等渠道完成融资。这种跨国产业开发驱动下的对外直接投资模式有助于将全球资本流动中大多分散开来的公共部门开发性融资和私人部门对外直接投资结合起来。这是近年来在更大全球范围内投资引致跨国开发性融资现象的一部分。

（三）投资引致的开发性融资案例

本文将简要讨论若干案例并阐述在此模式下产业开发项目如何融资、如何吸引中国对外直接投资的定向流动、中国企业和资本的作用，以及这种跨国产业开发要想有效运作所面临的制度挑战。

1. 中国—巴基斯坦经济走廊（CPEC）

中巴经济走廊并不是一个单独的产业项目，而是一系列的有关能源、供水、港口、公路、铁路、产业园区、地铁运输、光纤等的基础设施项目，分布在从北方中巴边界到南方印度洋边上的瓜达尔港之间狭长的带状区域内。2014 年，中国和巴基斯坦签署中巴经济走廊能源合作项目协议，中方向该项目提供融资 460 亿美元。2015 年中国将融资额度提升到 570 亿美元，2017 年又提高到 620 亿美元。与之相对比的是，不包括中国在内，当前亚洲对外直接投资规模仅为 630 亿美元。

随着政府间合作的推进，各种形式的中国资本开展实际融资活动，为这些项目进行融资的主要形式也在发生变化，从通常的给予巴基斯坦政府并由其用于国内项目运作的政府捐赠和贷款，转变为由中国国有金融机构向参与和组织这些项目，并作为项目的利益相关方的中国企业提供商业和政策性贷款。这体现在瓜达尔港项目推进过程中不同形式的融资中。部分相关项目通过政府协议提供的补贴开展融资，如瓜达尔国际机场项目。瓜达尔港本身由瓜达尔港务局所有，但瓜达尔港设施则出租给中国海外港口控股公司（China Overseas Port Holding Company），由后者负责组织和运作项目。中巴经济走廊的其他重要项目，如卡拉奇核电厂，由中国中原对外工程有限公司承建，中国则在中巴经济走廊框架下提供 79% 的融资。拉合尔地铁项目由中国铁路总公司和中国北方工业公司承建，资金则来自中国进出口银行；卡罗特（Karot）大坝项目由中国三峡集团投资，中国丝路基金、中国进出口银行、中国国家开发银行提供贷款，由中国水利水电第 7 工程局有限公司建设；卡西姆（Qasim）电站项目由卡塔尔阿尔密尔卡布（Al-Mirqab）资本和中国电力建设集团公司组成的合资公司运作，中国进出口银行提供 75% 的融资；喀喇昆仑公路改造和升级项目由中国路桥工程有限责任公司运作，中国进出口银行提供 90% 的融资。

2. 中国—埃及苏伊士经贸合作区（SETC）

在中巴经济走廊以及其他许多国家还有一种产业园区形式。一些项目已经从单独项目扩展成为大型项目综合体，本身拥有独立法律地位和适用于产业开发活动和项目的特殊制度框架。另一些项目则从产业园区起步，如位于明斯克的中国—白俄罗斯巨石（Great Stone）产业园，马来西亚—中国关丹（Kuantan）产业园。

产业园区或经济特区是中国企业参与跨国产业开发项目的重要方式，是中国企业群在当地制度性隔离环境内参与项目所在国产业开发的一个平台。它可以让中国企业将自身能力和其在母国的资源投入到跨国市场中，在与项目所在国的国内制度环境相隔离的同时还可以与当地资源、经济利益、运作网络等相联系。产业园区最初的资本投资来源广泛，包括政府战略性投资、参与所在国产业开发的资本财团，以及对发展全球价值链/供给链/物流链感兴趣的私人企业等。如前所述，产业园区同样也是中国企业参与产业开发项目方式转变的关键一步。

中国—埃及苏伊士经贸区是中国早期在海外建设的产业园区。最初这是一个中国—埃及双方政府推动的官方发展援助项目。中国企业以“咨询机构”名义参与进来。2008年，天津泰达投资控股有限公司（一家中国产业园区开发和管理公司，持股75%）、天津开发区苏伊士国际合作有限公司（持股5%）和埃及埃中合营公司（持股20%）合资组建了埃及泰达投资公司，作为经贸区的所有人和管理运营方，负责经贸区的开发、建设和运营，投资总额达到1亿美元，吸引投资10亿美元。目前，入区中国企业覆盖多个产业领域：石油设备、电子设备、纺织服装、建筑材料、农业机械、加工制造等。2016年，天津泰达与中非合作基金投资2.3亿美元开启了经贸区的“三步走”发展进程，预计进一步吸引投资20亿美元。

产业园区模式是一个吸引和便利中国企业投资的平台。鉴于其国家认可的法律地位和隔离的制度环境，外国直接投资者愿意前往投资并能够更为高效地运作。不仅如此，园区并不仅仅由中国企业本着某些特定的产业利益而发起和推进。投资园区的项目相当广泛，且由所在地区的产业和城市发展推动并成为东道国的重点发展区域。产业园区看起来是一种吸引外资和实现开发性融资的有效方式。

3. 中航工业能源公司柬埔寨项目

该项目是中航工业集团下属的中航工业国际公司的旗下项目，其在柬埔寨的建立和运营体现出了中国企业在发展中国家以当地融资者参与当地农业开发，在产业部门部分地推动建立全球价值链和供应链的一些独特之处。中航工业参与的是用于E10乙醇汽油的木薯淀粉的商业生产。中航工业能源公司与当地领导人合作，由后者将联结各个农民的当地生产网络纳入项目当中。典型的传统农业需要资本投资以提高在种植、物流和用于支持产品运输的基础设施方面的产业效率，中航工业在道路、港口、物流网络和设施等方面投资，并设立信贷公司以向农民提供小额贷款并协助他们组织、改进木薯淀粉的生产。中航工业能源公司显著地帮助提高了柬埔寨木薯淀粉的生产效率和经济价值，同时也构建了一个联结不同生产要素的跨国价值链和供应链。

4. 海尔集团

斐雪派克（Fisher & Paykel）是始建于1934年的一家新西兰著名企业，专业生产家用电器。2012年，来自中国的海尔集团购买了该公司93%的股份。这只是中国企业在从美国到爱尔兰，从英国到澳大利亚的发达经济体开展的跨国并购活动的一小部分。海尔斐雪派克是中国企业向主流行业现有企业注入所需资本的典型案例，是中国资本参与发达经济体的产业开发或再开发的主要方式。

海尔集团还将斐雪派克确定为全球五大研发中心，旨在增强产品的国际市场竞争力。中国资本投资发达经济体的问题并不主要在于发展中经济体常见的如何吸引中国企业前去投资的问题，而更多地在于如何获得东道国产业的信任和支持，尤其是中国资本和中国企业的产业活动如何成为东道国可持续产业开发的正面推动力量。光是资本注入仍不够，还需要中国资本为相关产业可持续增长贡献力量。海尔/斐雪派克模式将中国的能力与新西兰企业结合起来以提升在第三国市场产品和产业的竞争力，这是实现上述目标战略的一部分。这一模式并不涉及中国资本是否以及如何直接参与东道国基础设施项目。

5. PayTM 公司

中国在印度的投资看起来有些挑战，在一定程度上是因为中印之间往往被视为在经济增长和地缘影响力上存在一种竞争关系。阿里巴巴及其子公司蚂蚁金服（ANT Finances）投资 PayTM 公司以及印度手机支付和电子商务的发展则是中国资本在印度这样的经济体投资一个行业和参与产业开发的特定方式的一个很有趣的例子。PayTM 公司和阿里巴巴的企业家精神及其产业利益和能力等促成了这种合作关系。

PayTM 是一家在手机支付和电子商务领域具有战略价值的公司。PayTM 公司于 2010 年创建，经营在线手机充值业务。2015 年，阿里巴巴向 PayTM 公司投资 6.8 亿美元，随后其电子支付子公司蚂蚁金服投资 9 亿美元。这使得阿里巴巴持有 PayTM 公司 40% 的股权。这一投资将 PayTM 公司的价值推高到 40 亿美元，接近其主要竞争对手闪易公司，估值 60 亿~70 亿美元。

阿里巴巴不仅向 PayTM 注资，而且还通过蚂蚁金服带来管理和技术，以发展支持电子支付和金融服务的基础设施。2017 年，阿里巴巴另外向 PayTM 的在线零售部门 PayTM 电商公司（PayTM Ecommerce）投资 1.77 亿美元，意在将 PayTM 转变成为电子零售的领导平台，其战略愿景和运营模式与阿里巴巴电子商务相同。对于阿里巴巴来说，这是其全球电子商务跨国网络、平台和物流中心的一部分。

PayTM 和阿里巴巴的例子表明，一方面，传统上开发性融资和对外直接投资之间的区别已经不再那样有意义。即便没有政府的支持和指导，私人资本也愿意流向广义的基础设施部门；另一方面，开发性融资也能本着真正的商业和产业理性而进行。这是全球范围内一个行业、一件产品、一个平台的发展和整合过程中，企业间产业利益与优势的共享，而不是谁帮助谁发展的问题。

进一步说，中国企业已经在若干产业部门成为全球领导者，拥有丰富的产业经验、行之有效的平台和基础设施支持以及充裕的资本，以在全球发展其商业模式和运营平台。产业利益和企业的能力将促使资本投资流向基础设施项目。中国企业通过项目运作将自身利益转变为产业开发的经济活动。与其他“一带一路”项目不同的是，这种项目主要是由企业技术和资本实力与特定的商业模式和运营平台推动。这是实体经济的新兴领域，其参与产业开发的平台和机制也是独特的：注资的同时附带管理和技术支持以发展电子支付和电子商务。这一产业的发展反过来也有助于东道国为包容性融资发展提供基础设施条件。

（四）投资开发性融资：联结各国实体经济

中国企业在全球很多国家参与了基础设施项目。特别是，我们看到了它们参与和组织这些项目的独特方式、其参与和组织活动进行融资的独特机制、中国企业产业项目和活动联系及影响东道国产业开发的机制和平台，以及通过政府间合作关系来组织这些项目的制度安排。

我们特别注意到了从基于官方发展援助的开发性融资向股权投资引致的开发性融资的转变。后一种模式涉及更多的中国企业自身在这些项目组织上的产业利益、经验和能力，需要特别的方式和平台以吸引或推动中国国有或民间资本进入具体项目以参与产业开发，联结和整合两国产业开发中的能动要素。

这对国际政治经济学和比较政治经济学许多重大议题具有重要意义，包括国际开发性融资问题、全球和区域经济整合、世界经济体系的发展、国家的崛起和衰落、生产和服务的全球分工和一体化、企业国际战略和竞争力等。但是对于全球金融支持和开发性融资来说，这里我们重点关注能够使资本流向基础设施部门和跨国产业开发的有效的平台和机制。这涉及资本流动两端的推动产业和经济可持续发展的利益和能力。

对外直接投资和开发性融资的现有模式，要么由国家主导并作为援助提供者或者简单的捐赠者提供资本，或者由企业进行，但它们往往不愿意向基础设施部门投资，或者只是作为承包商参与基础设施项目。于是，投资和产业开发并不总能走到一起，产业开发越来越无法有效地吸引持续的资本投资。而我们这里讨论的新的投资引致的开发性融资，将生产关系和不同国家的生产要素直接通过一个个项目联结起来，而企业成为产业开发项目的投资者和当地组织者，从而将两国产业开发的利益和能力紧密结合在一起。

上述案例指出了全球资本如何进入产业开发具体项目尤其是基础设施部门的模式。我们重点关注中国企业的资本投资，这些投资预计将填补产业开发资本投资的供需缺口。这些模式具有以下四个鲜明的特点。

首先，用于产业开发的资本投资直接来自中国企业，而作为官方发展援助给予项目所在国政府的部分变得越来越少。这反映了产业利益与投资者能力以及东道国对产业开发资本的需求之间直接而有效的联系。它同样将中国企业的管理和技术能力投向项目的组织和运作。而中国企业在不同国家将资本投向基础设施项目的产业开发活动则保证了资本投资的供给。

其次，投资这些项目的资本主要由中国各种融资来源构成，其中很大一部分是国家资金，这些资金在传统开发性融资模式下，一般以官方发展援助形式流向受援国政府。投资引致的开发性融资形式与中国的经济增长方式密切相关。尽管这些企业的股权结构正在向混合所有制方向转变，但许多中国企业仍是国有企业。不过，它们要么拥有充裕的资本，要么就是用于产业开发的国家战略性或政策性资本支持的主要接受者。一些企业本身很有竞争力并具有全球影响力，如阿里巴巴。参与跨国产业开发项目的中国企业，其资本来源非常广泛，既有如中国进出口银行、国家开发银行等国家政策性银行的来自国家的资本，也有私人资本财团，还有中非合作基金、丝路基金这样的特别事业基金（Special Purpose Foundations），以及多边金融机构，如亚洲基础设施投资银行（AIIB）等。为中国企业参与这些项目所进行的融资，其形式多样，包括政策性贷款、信用额度、补贴等。

再次，这一来源广泛和形式多样的资本与国家融资一起支持中国企业在不同国家运作，需要双边政府间的合作关系加以保障，以提供政治保障、制度支持和抵御商业风险。最初中国企业在不同国家参与产业开发项目主要由其自身商业利益和构建全球价值链/供应链/物流链所推动。其他的则通过政府间开发合作以官方发展援助形式进行。新的政府间合作关系则提供联合政治保障以确保项目得以直接融资和运作。它们越来越多地在特别设计的制度平台上运作和得到保护，如通过产业园区/经济区，由一家主导的中国企业或财团组织管理区内的项目。政府间伙伴关系协定使得所有这些都变得可行。

最后，中国企业参与了各种类型的产业开发项目，包括产品、服务、平台和物流网络。它们不断深入和扩展的产业活动将通过产业活动间的链式效应（Chain Effects）继续引致更多中国资本。它们的活动将扩展到其他部门。2015 年阿里巴巴投资 PayTM 公司以发展电子支付基础设施，到了 2017 年又进行投资以发展其在线零售基础设施。埃及苏伊士—泰达项目吸引了更多的中国投资，该经贸区正在成为中国企业在各个行业部门发展的新兴城市产业区，涵盖从制造到旅游、从能源到城市住房和公共服务等行业。中航工业能源公司通过其在农村地区融资构建合作框架，从而成为木薯淀粉产业升级的融资者。中国在项目所在国产业开发中已经扮演了“组织者”的角色。

（五）结论

中国企业在世界各国投资、建造和运营产业项目已经成为中国资本全球投资的重要形式。由于这些项目大多数属于全球资本通常不愿意投资的基础设施部门，近年来这种新兴的投资引致开发性融资模式下的资本投资规模显著扩大，确实整体上一定程度地填补了产业开发融资的缺口，尤其是基础设施开发领域。随着依此模式流向产业开发领域的中国资本的进一步发展和扩大，尤其是在当前“一带一路”框架下，中国资本满足全球发展和基础设施需求的可能性很大。

中国资本在具体项目上参与产业开发也面临一些有趣的挑战。第一个挑战与开发性融资的方法或模式有关：这种企业引致、侧重项目、由双边政府间伙伴关系保障、以投资换开发的融资模式如何整体上与全球资本流动尤其是开发性融资的现有平台和机制相协调？第二个挑战，这种在特别行业组织产业开发的特别方式如何与伙伴国的国民经济发展框架和联合国 2030 年可持续发展方程和行动计划相协调？第三个挑战，由中国产业利益和能力驱动的双边和垂直经济整合如何与跨国公司现有机制和惯例以及产业开发方面的整合活动相协调？尽管这些问题刚开始提出，但在实际项目运作时对这些问题的考量和政策调整将有助于促进中国资本成为重塑全球资本供给结构和提供平衡、有效的开发性融资的建设性力量。

参考文献

[1] 程诚．“造血”金融：“一带一路”升级非洲发展方式（人大重阳研究报告）[R]．中国人民大学重阳金融研究院，2017（23）．

[2] United Nations. Transforming our world：the 2030 agenda for sustainable development [J]. Working Paper，2015.

[3] UNCTAD. World investment report 2017：investment and the digital economy [R]. Geneva：United Nations Conference on Trade and Development，2017.

[4] OECD. Infrastructure to 2030：telecom，land transport，water and electricity [M]. Paris：Organization of Economic Cooperation and Development，2006.

[5] ADB. Meeting Asia's infrastructure needs [R]. Asian Development Bank，2017.

[6] Marianne Fay，Michael Toman，Daniel Benitez，et al. Infrastructure and sustainable

development [R]. //Fardoust S, Yongbeom S, Sepúlveda C. Post-crisis growth and development. Washington, DC: World Bank, 2011: 329-382.

[7] Inderst Georg. Infrastructure investment, private finance, and institutional investors: Asia from a global perspective [R]. ADBI Working Paper Series N 555, Tokyo: Asian Development Bank Institute, 2016.

[8] MOFCOM. Report on development of China's outward investment and economic cooperation 2016 [R]. Beijing: Ministry of Commerce of China, 2016.

十三、中国跨国公司在东盟的投资分析

在改革开放进程中成长和壮大起来的中国跨国公司是建设“一带一路”的重要力量，是中国海外经济布局的重要支撑。东盟是亚洲经济发展的重要一极，也是吸纳外国资本最多的地区之一。东南亚国家是中国企业对外投资的重要目的地，也是“一带一路”建设的重点和优先方向，中国跨国公司在东盟市场上与发达国家企业同台竞技，充分发挥自身优势和特长，取得了良好的市场业绩。据《中国对外投资合作发展报告（2016）》统计，中国流向亚洲地区的直接投资在 2015 年达到 1 083.7 亿美元，同比增长 27.5%，远高于对全球投资的增速（18.3%）。在中国直接投资主要分布国家中，新加坡、印度尼西亚、越南、老挝均为东盟国家，中国 2015 年对东盟国家投资流量达 146 亿美元，同比增长 87%，占中国对亚洲投资的 13.5%。[①] 本文初步总结中国跨国公司在东盟投资的现状、重点、发展趋势等，对中国企业投资“一带一路”的路径提出对策建议。

（一）中国跨国公司投资东盟概况

根据联合国贸发会议《世界投资报告 2017》，东南亚地区外商直接投资存量达 18 722 亿美元，新加坡、印度尼西亚、泰国、马来西亚等是外资比较集中的国家。2016 年流入东南亚的外资达到一万亿美元，引资较成功的国家包括新加坡、马来西亚和菲律宾等，部分国家出现了资本外流的情况。

根据商务部整理的东盟秘书处的《2016 版东盟投资报告》，东盟全年吸引外资总额 1 200 亿美元，占外资对全球发展中经济体投资总额的 16%。大型跨国集团是东盟最主要的外国投资者，其在制造业、金融、基础设施、其他服务业等领域不断扩大对东盟的投资规模。2015 年，东盟吸引外资的两个最大亮点是：第一，东盟的制造业对外资的吸引力达到历史最高水平，从 2014 年的 180 亿美元跃升至 2015 年的 290 亿美元，涨幅达 61%；第二，投资者融资模式变化明显，股权融资占融资总额的比例从 2014 年的 70% 上升至 2015 年的 82%，达到历史高位。2015 年影响外国对东盟投资的三个因素是：外国投资者对东盟服务业尤其是金融行业的投资趋缓，总投资额下降了 21%；公司内部

① 商务部．中国对外投资合作发展报告（2016）[R]．2017.

贷款占投资者融资总额的比例从 2014 年的 14% 骤降至 2015 年的 1%，且公司内部贷款的净流出大于净流入，最明显的是新加坡和泰国；投资者跨境并购行为减少，并购总额较 2014 年下降了 8%。按流量计算，对东盟投资排名前 6 位的国家和地区为欧盟、日本、美国、中国、韩国和澳大利亚，投资额分别是 197 亿美元、174 亿美元、122 亿美元、82 亿美元、57 亿美元和 52 亿美元。从单一国别上看，日本、美国和中国对东盟的投资额分列第一、第二和第三位，占东盟吸引外资总额的 17.8%、12.5% 和 8.4%。

根据《2015 年度中国对外直接投资统计公报》，截至 2015 年年末，中国对东盟投资存量为 627.16 亿美元，占中国对外投资存量的 5.7%。中国 2015 年度对东盟十一国直接投资流量达 146 亿美元，同比增长接近 90%，首次突破 100 亿美元，增长率远高于 2011—2014 年的水平，其中对菲律宾投资负增长 2 759 万美元。据公报的数据统计，中国 2015 年的投资占缅甸、柬埔寨两国吸引外资总量的比重均超过 20%，老挝吸引的外国投资几乎 100% 为中资。2015 年，中国对亚洲和美洲地区的投资快速增长，对其他地区的投资则有不同程度的减少。当年对东盟投资总额占当年中国对外投资总额的 10%，这一数字为 2007 年以来的新高。从长期趋势来看，东盟在中国企业对外投资中正在占据越来越重要的地位。

根据国别、产业等进行分类，中国公司在东盟投资的国别、行业均呈现相对集中的态势。据 2015 年《统计公报》，中国对东盟投资主要集中在新加坡、印度尼西亚、越南和老挝，其中对新加坡投资占中国对亚洲国家对外投资的 9.7%，新加坡中资存量占到东盟十国总量的一半，2015 年中国对印度尼西亚投资存量达 81.3 亿美元，对老挝投资存量达 48.4 亿美元，对缅甸投资存量达 42.6 亿美元。在产业行业方面，截至 2015 年年末，中国企业对亚洲国家进行投资主要集中在 5 个行业领域，依次为租赁和商务服务业（43.1%）、金融业（13.4%）、批发和零售业（13.1%）、采矿业（9。3%）和制造业（5.3%）。中国企业对东盟十国投资存量行业主要包括租赁和商务服务业（160.89 亿美元，占 25.7%），制造业（93.59 亿美元，占 14.9%），电力、热力、煤气及水的生产和供应业（78.66 亿美元，占 12.5%），批发和零售业（75.37 亿美元，占 12.0%），采矿业（62.47 亿美元，占 10.0%），其中租赁和商务服务业发展迅速，由 2014 年的第二（14.4%）跃居第一。①

中国传统上是一个引进投资的国家，对外投资发展的历史不长，基础较弱，中国跨国公司在东盟和亚洲的影响力尚未得到充分的发挥。据《2015 年度中国对外直接投资统计公报》统计，中国资本在新加坡、印度尼西亚、越南占本国引进外资总量的 3%，泰国、马来西亚、菲律宾等国吸引来的中国资本仅占其吸引外资总量的 1% 强，截至 2015 年年末，中国资本仅占东盟国家吸引外资存量的 3.5%。中国跨国公司作为中资“走出去”的主力，将在中国对东盟投资的过程中发挥重要的推动作用。

（二）中国跨国公司在东盟投资重点项目情况

中国跨国公司在“一带一路”沿线国家主要的对外投资活动集中于东盟国家，而

① 商务部．中国对外投资合作发展报告（2016）[R]．2017.

在东盟国家的中国投资活动也呈相对集中的态势。2017 年 1—2 月，中国企业共对“一带一路”沿线的 41 个国家进行了非金融类直接投资 17.9 亿美元，同比下降 19.7%，占同期总额的 13.3%，主要流向老挝、新加坡、马来西亚、印度尼西亚、柬埔寨等国家，均为东盟国家。根据对中国在东盟投资重点行业、旗舰项目的梳理，可以在电力、通信等行业找到中国跨国公司、大企业集团在东盟地区投资的一些重点项目。其中典型的包括印度尼西亚雅万铁路项目、中泰快速铁路项目等，中国跨国公司在东南亚的地产、农业等领域也有大额投资的项目。下面简单介绍一下中国跨国公司在东盟地区重点项目的情况。

1. 雅万高铁项目

雅万高铁是印度尼西亚首都雅加达至第四大城市万隆的高速铁路的简称，全长 150 千米，最高设计时速 300 千米。最早介入该项目的是日本国际交通顾问公司，于 2011 年展开可行性研究，2014—2015 年，通过中国和印度尼西亚两国领导人的高层互访，中国企业开始介入该项目的运作。经过中国、日本、印度尼西亚三国的复杂博弈，最终中国以 55 亿美元的报价赢得该项目。雅万高铁工程造价预算 51 亿美元，由中方提供贷款，中国铁路总公司负责建设，并获得 50 年特许经营权。雅万高铁完工后，雅加达到万隆的车程将由现在的 3 个多小时缩短至 40 分钟，这也是中国高速铁路“走出国门”的第一个大项目。

2. 中泰快速铁路项目

中泰铁路项目是泰国历史上最大的基础设施项目，铁路将连接泰国十个府，共分 4 段（曼谷—耿奎县、耿奎县—玛它普港、耿奎县—呵叻府、呵叻府—廊开府），总长度超过 800 千米。该项目早在 2014 年启动磋商，经历日本企业介入、高铁改快铁等种种波折，最终于 2016 年正式启动。铁路将全部使用中国技术、标准和设备，工期预计为四年，总投资约 113.6 亿美元，一期工程协议金额 1 790 亿泰铢（约 345 亿元人民币）。

3. 缅甸莱比塘铜矿项目、炼油厂项目等

缅甸 2015 年大选后，反对党全国民主联盟击败执政党联邦巩固与发展党赢得政权。在政局变动的情况下，如中缅油气管道、密松水电站、莱比塘铜矿等大型中资项目遭到搁置，导致中国跨国公司在缅甸投资信心受挫。然而，在中缅两国政府和企业的努力下，由万宝矿产公司投资的缅甸蒙育瓦莱比塘铜矿项目（项目总投资 10.65 亿美元，设计产能 10 万吨阴极铜/年，中国水利水电建设股份有限公司承建）于 2016 年顺利投产，中国—缅甸国际陆地光缆项目（项目总投资约 5 000 万美元，中国联合网络通信集团有限公司投资建设）于 2014 年全线贯通，中国跨国公司在缅甸的投资项目正在稳健发展。

4. 马来西亚、新加坡的电子商务、物流、通信项目等

新加坡是亚洲重要的贸易港口和资金市场，中国电子商务巨头阿里巴巴集团曾于 2015 年耗资 1.871 亿新元，认购新加坡邮政的近 1.075 5 亿股新普通股，以在亚太地区提供覆盖 10 多个国家的电子商务物流和仓储服务。华为新加坡公司于 2012 年收购新加坡电信的电话网络管理业务，于 2015 年在马来西亚依斯干达特区设立亚太云数据基地。中国房地产企业碧桂园在马来西亚常年深耕，其在依斯干达特区的人工岛造城项目总投资额将超过 2 500 亿元。

5. 老挝万象开发区、中老铁路等

中国跨国公司是老挝非常重要的投资者和建设者，中国资本常年位居老挝吸引外国直接投资的首位。

万象赛色塔综合开发区项目位于老挝首都万象市主城区东北方 21 千米处赛色塔县和赛塔尼县，是万象新城区核心区域，占地 10 平方千米（1 149 公顷）。项目运营主体为老中联合投资有限公司（简称“LCC”），LCC 由云南省海外投资有限公司（简称“云南海投”）与老挝万象市政府共同出资组建。该开发区于 2010 年 6 月在中国习近平副主席与老挝本扬副主席的共同见证下，由云南海投与老挝万象市政府共同签署协议。2012 年 7 月，中老两国在北京签署了《中华人民共和国政府和老挝人民民主共和国政府关于万象赛色塔综合开发区的协定》，中国政府将赛色塔综合开发区列为国家级境外经贸合作区。中国国际工程咨询公司、北京大学北达城乡规划设计研究院负责开发区总体规划，云南省（云南建工集团）承建。据新华社报道，截至 2016 年 10 月，已签约入驻企业 35 家，企业计划投资总额达 3.5 亿美元，投资产业涉及清洁能源、农畜产品加工、电力产品制造、饲料加工、烟草加工、建材科技、物流仓储等。中国农业龙头企业新希望集团入驻园区，设立了新希望老挝有限公司，其投资的年产 20 万吨饲料厂已经建成投产，项目占地 45 亩，投资总额约 1 600 万美元。老挝国家首个成品油精制生产项目落户园区并正在建设中，项目占地 420 亩，投资总额约 1.7 亿美元，首期投产后年产约 80 万吨柴油和汽油。[①]

中老铁路是泛亚铁路中线的重要组成部分。该铁路由老中边境口岸磨丁，经乌多姆赛、琅勃拉邦、万荣至万象，老挝段铁路总长 418 千米，其中隧道 190 千米、桥梁 90 千米，设计运行时速客运 160 千米/小时、货运 120 千米/小时，于 2010 年 4 月签署项目合作谅解备忘录，2016 年年底全线开工，预计于 2020 年建成通车，总投资超过 500 亿元。

6. 柬埔寨交通、电力项目等

中国资本和中国跨国公司在柬埔寨的建设事业中扮演着极为重要的角色。中国跨国公司在柬埔寨的活动涵盖项目投资、工程承建、援助建设等业务，对柬埔寨公路桥梁、通信电力、地产、水利、市政工程等领域均有涉猎。在路桥领域的典型项目包括新克洛伊断桥（中国路桥工程有限责任公司承建，2015 年完工）、51 号国家公路（中国路桥，2017 年开工）、76 号公路延长线（中国路桥，已通车）、金边—波贝—暹粒高速公路（四川路桥负责设计和可研），通信电力领域有柬埔寨首条海底光缆（华为集团承建）、覆盖全国的 230 千伏输变电项目和金边—巴威 115 千伏输变电项目（中国重机有限公司承建），市政水利方面包括银湾旅游度假开发区（中色第十二冶金建设公司）、斯伦河水利工程（中国电建承建）、西哈努克港特区污水处理厂（红豆集团等企业承建）等。据中国驻柬埔寨大使馆统计，2016 年，中国跨国公司负责的项目提供了柬埔寨八成以上的电力供应。据中国商务部消息，柬埔寨财经部 2017 年 6 月发布的 2017 年经济评估

① 《老挝万象赛色塔开发区的创新与挑战》，新华网，2016 年 10 月 8 日。

报告认为，柬埔寨经济将保持7%的较快增速，其中主要支柱产业的增速将达两位数。柬埔寨政府将采取新政策措施，调整经济结构，推动经济多元化发展，创造更多为经济带来高附加值的“新支柱”，以保证柬埔寨经济在中长期内持续增长，预计2017年国内生产总值（GDP）将达到220亿美元，人均GDP将达到1 434美元。世界银行预测，2017年、2018年柬埔寨经济将增长6.9%，2019年将增长6.7%。亚洲开发银行把柬埔寨称为亚洲国家经济增长速度最快的国家之一，并称柬埔寨为“亚洲经济新虎”[①]。随着中柬两国双边关系的发展和“一带一路”倡议的落实，柬埔寨政府专门制定了与中国“一带一路”倡议进行对接的“六大战略”，将全国总体交通规划与“一带一路”倡议进行对接，加强中柬两国、中国与东南亚地区的互联互通和产能合作，在这一过程中，中国跨国公司在柬埔寨将得到更多的发展机会。

（三）中国跨国公司在东盟投资的发展趋势

根据美国企业研究所（AEI）公布的中国海外投资跟踪数据，2005—2016年，中国企业所有1亿美元以上的跨国投资共1 102起，其中流向东盟国家的有110起，占总数的10%。按照金额计算，流向东盟十国的投资占总量的8%。2005—2007年，对东盟单笔规模在1亿美元以上的投资非常少；2008年以来，中国对东盟的投资占对全球投资的比例有所提高，并长期保持在10%上下。近三年来（2015—2017年），对东盟投资占比的波动较大，2015年这一数字为13.8%，而2016年下降到6.3%。统计2005—2016年中国对东盟的投资，能源行业占据了50%，高于中国对世界各国投资中能源行业的平均占比（38%），第二、第三大行业分别是金属/矿业（14%）和房地产（13%）。中国对东盟的投资更多以绿地投资的形式完成（2005—2016年，绿地投资占比为53%，远高于中国对外投资平均26%的绿地投资占比）。根据AEI的数据，2005—2016年对东盟投资数额最高的中国公司包括中国广核集团、中国石油天然气集团公司、中国华能集团、浙江恒逸集团、中国石油化工集团公司、中国中铁股份有限公司、中国神华能源股份有限公司、珠海振戎公司、中国华电集团公司等，以能源行业的中央企业为主。

1. 中国跨国公司投资东南亚的发展趋势

随着中国企业“走出去”步伐的加快，中国跨国公司越来越重视与中国临近、具备较大发展潜力的东南亚地区。2017年5月2日，印度尼西亚投资协调委员会主席托马斯·伦邦表示，中国已经成为印度尼西亚最大的矿业冶炼和矿产品加工投资来源地，是印度尼西亚第一季度第三大投资来源地（6亿美元，占比8.2%）。中国跨国公司在东盟各国的投资相对较为平均，除新加坡、印度尼西亚两大重点以外，其他各国吸引中国投资每年大致在20亿~50亿美元。我们相信，随着“一带一路”倡议影响力的扩大以及亚洲基础设施投资银行、丝路基金等国际投融资平台机构的进一步完善，与中国经贸联系密切、具备发展条件和需求的东南亚各国将是中国跨国公司进一步发展重要的平台。

---

① 商务部驻柬埔寨大使馆经济商务参赞处．享“亚洲经济新虎”美誉 柬埔寨今年经济总体强劲［EB/OL］.（2017-07-03）［2017-07-09］. http：//cb. mofcom. gov. cn/article/jmxw/201707/20170702603126. shtml.

2. 中国跨国公司在东南亚的大额投资以基础设施、基础产业为主，占据最大投资金额，但新兴行业具备很大发展潜力

根据AEI等机构统计的数据，在东南亚地区投资额度较大的中国跨国公司，如中国广核集团（全资收购马来西亚Edra能源公司、马六甲燃气电站项目，在吉隆坡设立东南亚区域总部）、中国石油天然气集团公司（中缅油气管道、印度尼西亚油田、泰国那空沙旺天然气管道）、中国华能集团（收购新加坡大士能源）、恒逸集团［文莱大摩拉岛（PMB）石油化工项目］等，明显的一个特征就是涉及能源生产、运输、供应等基础产业及相应的基础设施营建。基础产业和基础设施是涉及国计民生的重要行业，一般具有投资额度大、投资建设周期长、生产运营环节复杂、成本收回较慢、产业外部性较强等特点。具备国家支持背景、资金和技术实力较强的中国跨国公司在相关领域具有较强实力和较丰富的经验，是东南亚市场上的有力竞争者。另在汽车领域，上汽集团在泰国设有工厂，神龙汽车有限公司在马来西亚和越南建厂，吉利集团选择与马来西亚本土品牌宝腾汽车进行合作，中国汽车企业正在逐步进入传统上由日本、美国汽车企业主导的东南亚市场。

值得注意的是，东南亚地区稳定的政治经济局势和庞大的中产阶级消费群，也使其成为日益壮大的中国互联网巨头重点培育的新市场。中国互联网巨头阿里巴巴集团于2014年向新加坡邮政投资2.49亿美元，近来与印度尼西亚第二大媒体集团Emtek（Elang Mahkota Teknologi）成立合资公司，间接入股印度尼西亚第二大电商平台Bukalapak。京东集团正在与印度尼西亚电商Tokopedia进行谈判，预计投资金额将达数亿美元。中国手机生产商小米科技有限责任公司、维沃移动通信有限公司（VIVO）正大举进军南亚和东南亚市场，取得了良好的销售业绩。活跃于印度尼西亚、新加坡等国的打车软件GrabTaxi曾于2015年接受了包括中投集团、滴滴快的在内领投的3.5亿美元融资，这家移动打车公司的初始投资者名单中还包括“去哪儿网”。

十四、中国中部地区与“一带一路”沿线国家国际贸易研究

2015年，国家发展改革委、外交部、商务部联合发布了《推动共建丝绸之路经济带和21世纪海上丝绸之路的愿景与行动》，提出建立和加强沿线各国互联互通伙伴关系，通过投资贸易便利化，消除投资和贸易壁垒，既可以扩大和深化中国的对外开放，又可以推动沿线各国的发展。“一带一路”是世界上跨度最长的经济走廊，发端于中国，贯通中亚、东南亚、南亚、西亚乃至欧洲部分区域，东牵亚太经济圈，西系欧洲经济圈，沿线近60个国家，是世界上最具发展潜力的经济带。中国中部地区包括河南、山西、湖南、湖北、江西和安徽六省，国土面积约100万平方千米。中部地区一直是中国国际贸易的低洼地，“一带一路”倡议提出三年多来，中部地区国际贸易有了一定的发展，如何能更好地利用“一带一路”发展对外贸易值得研究。

（一）中部地区与“一带一路”沿线国家国际贸易发展现状

1. 贸易总额占比呈上升趋势，但比重较低

2011—2016 年，中部地区与“一带一路”沿线国家贸易额占全国“一带一路”贸易额的比重呈上升趋势（见图 2-12），2016 年达到 6.1%，相对于华东（37.9%）、华南（29.8%）和华北（14.8%）地区来说较小。2016 年中部六省与“一带一路”沿线国家的贸易情况如表 2-13 所示。2016 年，中部地区向沿线国家的出口额相对于 2015 年有小幅下降；进口也有所下降，但降幅较大，超过 10%。中部六省都在利用“一带一路”的机遇发展国际贸易，其中江西对外贸易总额的 1/3 都来自于“一带一路”沿线国家。

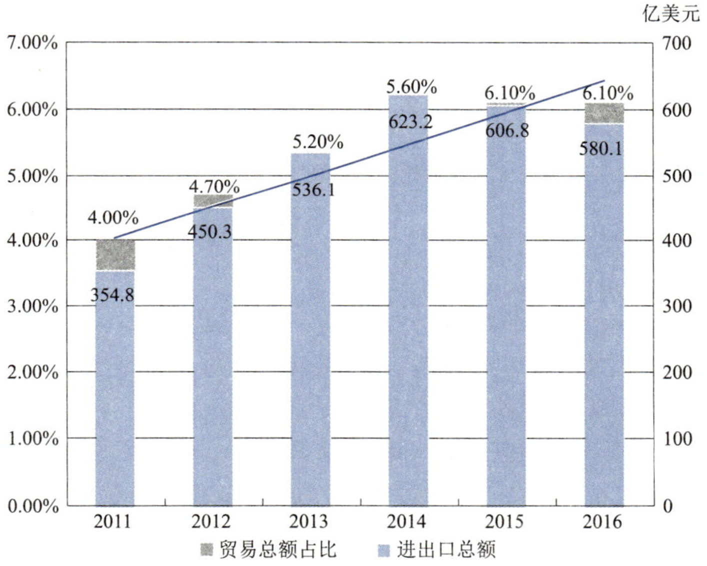

图 2-12 2011—2016 年中部地区与“一带一路”沿线国家贸易额

表 2-13 2016 年中部六省与“一带一路”沿线国家贸易情况

单位：亿美元

省份	进出口贸易额	出口额	进口额	占全国贸易额的比重
安徽	123.0	97.4	25.6	1.3%
河南	121.7	91.7	29.9	1.3%
江西	119.8	104.6	15.1	1.3%
湖北	115.8	97.3	18.5	1.2%
湖南	63.2	52.0	11.1	0.7%
山西	36.7	25.4	11.3	0.4%

数据来源：《“一带一路”贸易合作大数据报告 2017》。

2. 贸易方式以一般贸易和加工贸易为主

中部地区与“一带一路”沿线国家的贸易方式（见表2-14）主要是一般贸易和加工贸易。出口方面，2016年中部地区与“一带一路”沿线国家一般贸易所占比重最高，为74.9%，其次为加工贸易，占比为22.1%；进口方面，一般贸易和加工贸易所占比重分别为56.5%和32.9%。

表2-14　2015—2016年中部地区与“一带一路”沿线国家贸易方式所占比重

	出口		进口	
	2015年	2016年	2015年	2016年
一般贸易	78.5%	74.9%	43.5%	56.5%
加工贸易	17.9%	22.1%	44.4%	32.9%
边境小贸易	0.0%	0.0%	0.0%	0.0%
海关特殊监管区域	1.2%	0.7%	11.9%	10.4%
其他贸易方式	2.4%	2.3%	0.1%	0.3%

数据来源：《“一带一路”贸易合作大数据报告2017》。

3. 贸易国家以亚洲为主

在“一带一路”沿线国家中，中部地区最大的出口国为印度，2016年出口额为56.8亿美元，所占比重为12.1%；其次为越南，出口额为41.3亿美元，占比为8.8%；其后依次为新加坡、马来西亚、俄罗斯、泰国等国。中部地区主要出口国中，俄罗斯增速最快，为22.0%；阿联酋、沙特、伊朗增幅较小，分别为2.5%、3.2%和2.0%；与其他国家的出口均出现下降，其中新加坡、马来西亚、印度尼西亚和泰国降幅分别为17.0%、14.2%、10.7%和8.1%，印度和越南的降幅较小，均在1%以内。

在“一带一路”沿线国家中，中部地区主要的进口国是越南，2016年进口额为18.7亿美元（见表2-15），所占比重为16.7%；其次为马来西亚，进口额为12.4亿美元（见表2-15），占比为11.1%；然后依次为泰国、新加坡、印度尼西亚等国。在主要的进口国家中，印度尼西亚、俄罗斯呈现爆发式增长，增幅分别为56.5%和47.0%；马来西亚和菲律宾跌幅较大，分别为32.0%和28.0%。

表2-15　2015—2016年中部地区主要出口国和进口国

单位：亿美元

	主要出口国			主要进口国		
	国家	2016年	2015年	国家	2016年	2015年
1	印度	56.8	57.2	越南	18.7	17.5
2	越南	41.3	41.7	马来西亚	12.4	18.2
3	新加坡	36.3	43.8	泰国	11.2	12.5
4	马来西亚	34.1	39.8	新加坡	11.0	10.4
5	俄罗斯	29.6	24.2	印度尼西亚	10.8	6.9

续表

	主要出口国			主要进口国		
	国家	2016 年	2015 年	国家	2016 年	2015 年
6	泰国	27.5	30.0	印度	6.7	6.7
7	阿联酋	26.8	26.1	菲律宾	5.6	7.8
8	印度尼西亚	25.2	28.2	俄罗斯	5.0	3.4
9	沙特阿拉伯	19.3	18.7	伊朗	4.9	4.3
10	伊朗	18.6	18.2	哈萨克斯坦	3.6	4.0

数据来源：《“一带一路”贸易合作大数据报告 2017》。

4. 贸易产品以机电产品为主

中部地区与“一带一路”沿线国家主要的出口和进口产品都是机电产品。出口产品方面，2016 年，“电机、电气设备及零件等”的出口额为 103.0 亿美元，同比上升 24.9%，占所有出口总额的比重为 22.0%；“锅炉、机器、机械器具及零件”的出口额为 61.3 亿美元，同比下降 5.8%，占比为 13.1%。进口产品方面，2016 年“电机、电气设备及其零件等”进口额为 37.0 亿美元，占进口总额的比重为 33.1%；“矿砂、矿渣及矿灰”进口额为 20.0 亿美元，占比为 17.9%（见表 2-16）。

表 2-16　2016 年中部地区与“一带一路”沿线国家出口额、进口额前十位产品

单位：亿美元，%

	出口额前 10 位产品	出口额	同比	占比	进口额前 10 位产品	进口额	同比	占比
1	电机、电气设备及其零件等	103.0	24.9	22.0	电机、电气设备及其零件等	37.0	-7.3	33.1
2	锅炉、机器、机械器具及零件	61.3	-5.8	13.1	矿砂、矿渣及矿灰	20.0	23.8	17.9
3	车辆及其零附件	27.4	-1.8	5.8	锅炉、机器、机械器皿及其零件	6.4	7.8	5.8
4	钢铁制品	19.5	-4.8	4.2	矿物燃料、矿物油及其蒸馏产品等	4.6	15.7	4.1
5	钢铁	19.0	-7.7	4.1	钢铁	4.5	-29.0	4.0
6	有机化学品	17.7	3.5	3.8	光学、计量、检验、医疗用仪器及其设备	4.2	49.8	3.7
7	家具、寝具	13.8	-37.4	2.4	塑料及其制品	3.8	-5.9	3.4
8	光学、计量、检验、医疗用仪器及设备	11.4	5.0	2.4	橡胶及其制品	3.6	-18.9	3.2

续表

	出口额前 10 位产品	出口额	同比	占比	进口额前 10 位产品	进口额	同比	占比
9	针织或钩编的服装及衣着附件	11.4	5.0	2.4	棉花	3.4	-9.8	3.1
10	塑料及其制品	11.4	-5.9	2.4	木浆及其他纤维状纤维素浆	2.5	6.6	2.3

数据来源：《“一带一路”贸易合作大数据报告 2017》。

5. 民营企业为重要的贸易主体

从出口方面看，中部地区与“一带一路”沿线国家贸易的企业主体中，民营企业所占比重最高，超过一半，其次为外资企业，国有企业位居第三。2016 年出口的民营企业、外资企业和国有企业占比分别为 59.1%、23.0%和 17.9%（见表 2-17）。从进口方面看，中部地区与“一带一路”沿线国家贸易的企业主体中外资企业所占比重最高，其次为民营企业，国有企业位居第三。2016 年进口的外资企业、民营企业和国有企业占比分别为 41.4%、32.8%和 25.7%（见表 2-17）。

表 2-17　2015—2016 年中部地区与“一带一路”沿线国家贸易主体占比

	出口		进口	
	2015 年	2016 年	2015 年	2016 年
民营企业	61.4%	59.1%	40.4%	32.8%
国有企业	18.2%	17.9%	24.9%	25.7%
外商投资企业	20.4%	23.0%	34.7%	41.4%
其他企业	0.0%	0.0%	0.0%	0.1%

数据来源：《“一带一路”贸易合作大数据报告 2017》。

（二）中国跨国公司在东盟投资存在的主要风险及对策建议

在东南亚吸引外资背景情况的梳理中，我们整理了中国跨国公司在东南亚的活跃情况和存在的一些问题，并提出了对策建议，特总结如下。

根据媒体、智库学者和驻外机构对东南亚投资环境的研究，中国跨国公司投资东盟国家需注意东盟国家和地区特殊的环境和国情，谨慎平衡发展机遇与风险，不能盲目套用在国内或者发达国家投资建设的经验。在东盟国家投资的风险主要有以下几种。

1. 治理风险

东盟国家普遍为发展中国家，处于多元文化交汇地带，社会结构复杂，治理机制相对不健全。在投资过程中，需应对中央和地方政府治理水平落后和腐败的问题，熟悉当地社情民情，适应当地相对不完善的营商环境。

2. 政治风险

部分东盟国家政局不稳，变动更迭频繁，一些转型国家存在由威权政治向多元民主过渡过程中的混乱问题。在执政党与反对党相互攻击的过程中容易殃及中资企业。新执政的党派有时会对前政府与中方达成的协议提出质疑，影响项目执行，地方政府与中央政府发生利益冲突时有可能牺牲外国投资者，缅甸密松水电站项目就是一个典型的例子，中方因此蒙受了一定损失。部分国家民众还存在排华情绪，对于中国企业和中国商人进入本地市场心存抵触情绪。另外，东南亚地区和中国南海地区复杂的大国博弈也有可能使一些小问题复杂化。

3. 发展环境风险

东盟国家虽然保持了较快的发展速度，但由于基础薄弱，在国内基础设施、社会服务方面尚不能很好地满足投资者的需求。根据世界银行的统计数据，印度尼西亚、新加坡、泰国、缅甸、马来西亚等国的航空出港量（人次）在 1970 年时均为 20 万人次左右，但截至 2016 年，印度尼西亚航空出港量已达 76 万人次，新加坡为 20 万人次，泰国达 40 万人次，缅甸达 60 万人次，马来西亚达 45 万人次，体现出东南亚在航空基础设施和航空服务上强烈的市场需求。在网络服务上，“每百万人拥有安全可保障的互联网服务器数量”这一指标则出现剧烈分化，文莱、新加坡已分别达到 234 台和 890 台，超过世界平均水平（215 台），而印度尼西亚、柬埔寨、缅甸、老挝等国的百万人拥有互联网服务器数量几乎均为个位数。相比之下，中国作为一个拥有 13 亿人口的大国，在这一指标上也达到了 21 台的数量。东南亚的“发展鸿沟”在数字经济领域体现得尤为明显，这一高度分化的市场既为中国网络服务供应商提供了机会，也可能对中国跨国公司在使用网络服务、运用网络资源方面构成限制。①

4. 金融市场风险

东盟地区较快的经济发展速度、相对脆弱的经济基础和治理结构，使其成为金融风险乃至系统性风险高度密集的地区，20 世纪严重的亚洲金融危机就是从东南亚金融市场蔓延开来的。时至今日，东南亚金融市场仍然相对敏感而脆弱，需借助区域外各大国的支持与协调。特朗普当选美国总统后，美国经济转暖、美元升值造成亚洲新兴市场货币贬值，泰国、马来西亚、菲律宾资本市场出现动荡，有赖于东南亚各国金融体系的改革和“清迈倡议”等货币机制的协调，东南亚金融市场的抗风险能力较以前更为强大，但这仍不能改变其地区金融追随大国形势、缺乏独立自主能力的本质。②

尽管中国跨国公司在东南亚投资兴业存在着种种或“硬”或“软”的风险因素，但随着中国与东盟政治经济联系的日益紧密，“一带一路”倡议的不断推进，具备良好发展潜力、与中国山水相邻的东南亚地区必将成为中国跨国公司投资兴业、进一步深度融入全球化大舞台的重要目的地。随着中国经济的发展，各种新技术、新业态不断涌现，民营资本、国际资本、国有资本在相互竞争的过程中也相互借力，实现“抱团出海”，影响力和实力不断扩大，中国公司在布局全球化战略的过程中，均非常重视对东南亚地区的经营，一些企业已经取得了相当突出的成绩。

在经营东盟投资的过程中，中国跨国公司应避免“撒胡椒面”式的全面开花，可

① 世界银行指标，http://data.worldbank.org.cn/indicator。
② 《亚洲货币一个接一个倒下 东南亚金融危机会重演吗?》，华尔街见闻，2016 年 11 月 24 日。

有的放矢、加强调研，争取在马来西亚、泰国等经济基础和社会基础较好的国家实现总体规划和重点项目的“双突破”，开拓投资东南亚的新“重镇”。在马来西亚，渣打银行发布“行话——中国、东盟与未来”特别报告，指出马来西亚是中国向海外转移产能的第十大目的地。除上文所提到的华为、碧桂园、吉利、中广核等跨国公司以外，还有万达集团计划在马六甲投资的轮胎厂，中国电建集团参与开发的马六甲州皇京港、中铁股份有限公司参与投资的吉隆坡“大马城”等产能合作、基础设施重大项目。在泰国，中国跨国公司的参与程度不及在马来西亚、新加坡等国，除了中铁建设集团、中车公司等参与建设的中泰快速铁路（2017 年 7 月 11 日泰国内阁批准一期工程预算）以外，还有那空沙旺天然气管道、上汽泰国工厂等由国有企业主导的基础设施与产能项目。中国跨国公司对泰国市场的经营是对东盟国家市场开拓的一个典型案例，集中体现了即使双方有比较强的对接需求，但市场环境、国际局势等因素仍给中企投资增加了限制和不确定性。

随着中国跨国公司对东南亚市场参与程度的加深，中国金融机构、金融技术、服务类企业也不断地在东南亚“开疆拓土”，取得了良好的市场效应。中国金融技术团队打造的互联网金融产品已经出现在印度尼西亚等国的市场上[①]。中国互联网 P2P 理财平台新联在线拥有新加坡、中国投资者背景，在新加坡、柬埔寨等东南亚国家拥有运营团队，经营网络借贷，在东南亚市场成交额超过 2 亿元人民币，主营业务涵盖网络存贷款、委托理财等，号称东南亚最大的商业融资平台。[②] 阿里巴巴集团旗下的蚂蚁金融服务集团于 2016 年 12 月战略投资泰国金融科技公司 Ascend Money（隶属于泰国正大集团）。2017 年 2 月，蚂蚁金服注资菲律宾数字金融公司 Mynt。2017 年 3 月，蚂蚁金服与马来亚银行（Maybank）和联昌国际银行（CIMB Bank）达成战略合作，全面在马来西亚引入支付宝。在 4 月与印度尼西亚 Emtek 集团合资成立移动支付公司后，又于 2017 年 4 月合并东南亚最大电商网站 Lazada 旗下在线支付平台 HelloPay。以阿里巴巴集团为代表的新兴中国跨国公司将追随中国企业的脚步，深耕东南亚市场，不断提升自身国际化水平，为东南亚经济的发展繁荣和“一带一路”倡议的落实贡献独特而重要的力量。

另外，我们一贯重视东南亚华人华侨在中国跨国公司“走出去”过程中的独特作用。厦门大学教授庄国土认为，根据比较谨慎的统计口径，东南亚有超过 3 000 万的华人华侨，约占其总人口的 6%，约占全球海外华人华侨数量的 73.5%，印度尼西亚和泰国拥有数量最多的华人华侨，新加坡、马来西亚、文莱对华人人口的统计数据相对详尽，缅甸、越南、老挝、柬埔寨等国因接壤中国，华人华侨流动交流较为频繁，一方面定居华人数量很大，另一方面统计数据信息不是很清晰。[③] 笔者认为，泰国的华人华侨人数可达 900 万人，印度尼西亚有 700 万人，马来西亚有 600 万人。中国与全球化智库一直呼吁通过推行“华裔卡”等政策为海外华人华侨在中国生活、发展解决困难，满足中国引进海外人才的需求。现在实行的“中国绿卡”制度存在门槛过高的问题，部

---

① 《东南亚市场成为金融科技“新蓝海”，中国现金贷悄然上线》，搜狐网，2017 年 6 月 26 日。

② 新联在线，https://www.newunion.cn。

③ 庄国土，厦门大学南洋研究院教授、博士生导师、历史学博士，《东南亚华侨华人数量的新估算》，厦门大学学报，2009 年 03 期。

分科技园区争取到的人才政策试点尚未得到有效的推广，中国应借鉴印度、韩国等国吸引本国族裔海外人口归国建设的优惠政策，尽快建立与世界接轨、有竞争力的人才引进体系，解决中国的“人才逆差”问题。[①] 中国跨国公司要在全球化背景下的“人才战争”中抢得先机，在“走出去”、深入东南亚当地市场的过程中获得更多助力，就应该在本土化的过程中下更大的功夫，并有必要在一定程度上借重当地华人华侨的影响力。当然，在这一过程中也应充分注意到东盟华人在政治、思想等方面的多元性和两面性，在“以我为主”的前提下重视安全，以互利共赢的思路充分动员华人华侨的积极性，使其成为中国跨国公司“走出去”的重要抓手和平台。

（三）中部地区与“一带一路”沿线国家进行国际贸易的SWOT分析

1. 优势（S）

（1）农业优势。农业一直是中部地区的主要优势，在中部六省的区域经济中占有重要的地位。中部地区气候条件优越，土地、水产资源丰富，具有显著的区位优势，为农业生产提供了优越的自然条件。此外，中部六省农村人口占全国农村人口的近1/3，劳动力资源丰富。中部地区粮食产量约占全国粮食总产量的四成，是全国粮食、棉花、油料、蚕丝、茶叶等的核心主产区和优势农产品基地。中部地区还是重要的木材生产基地之一。2015年中部六省第一产业增加值为15 863.85亿元，占全国第一产业增加值的比重为26.06%。

（2）装备制造业具有相对产业优势。中部地区长期以传统加工制造业为主，主要涉及能源、燃料动力和农产品加工业。中部地区的太原、大同、长治、武汉、襄樊、洛阳、郑州、南昌等市均是中国重要的老工业基地，也是中国重要的装备制造业基地，这些城市的交通运输设备、数控机床、冶金矿山设备等在全国占有一定的优势。

（3）资源和能源优势。中部地区拥有丰富的自然资源和能源，是中国的能源基地和原材料基地。山西、河南、安徽、江西等拥有全国最丰富的煤炭资源，水力资源主要分布在河南和湖北，比如河南的小浪底水电站和湖北的三峡水电站等。中国铁、锰、铝、铜、钨等15种重要的金属矿产资源中，有38.8%分布在中部地区。

2. 劣势（W）

（1）地理位置劣势。中部地区位于中国的中部，远离沿海港口，国际贸易的运输成本相对较高。华东、华南和华北是与“一带一路”沿线国家开展国际贸易的主要地区。2016年，华东地区贸易额最高，达到3 616.2亿美元，占全国近四成的比重；华南地区为2 842.8亿美元，占比约三成；华北地区为1 408.4亿美元，占比为14.8%。而中部地区贸易额低于600亿美元以下，地理位置制约着中部地区国际贸易的发展。

（2）人才缺乏。由于经济发展迟缓，中部地区相对于发达地区改革相对滞后，虽然劳动力多，但是缺乏高层次技术管理人才，更是缺乏既懂外语又懂国际贸易还具有一定专业知识的综合性的外向型人才。同时，中部地区由于观念相对落后，现代化的人力资源管理和开发也受到一定的局限，企业缺乏完善的引人、用人、留人机制，缺乏人尽

---

① 瞭望东方周刊，《“华裔卡”呼唤降低留华门槛》，2016年1月11日。

其才、才尽其用的科学管理方法。

3. 机遇（O）

（1）基础设施不断改善。一直以来，中部交通运输问题严重制约了中部地区国际贸易的快速发展。2015年，国家发展改革委、外交部和商务部联合发布了《推动共建丝绸之路经济带和21世纪海上丝绸之路的愿景与行动》（简称《行动》），《行动》提出大力建设以郑州、武汉、长沙、南昌和合肥等省会城市为主的内陆开放型经济高地，建立中欧通道铁路运输、口岸通关协调机制，打造“中欧班列”品牌，建设沟通境内外、连接东中西的运输通道。支持郑州、西安等内陆城市建设航空港、国际陆港，加强内陆口岸与沿海、沿边口岸通关合作。2016年，中欧（武汉）班列开行234列，加强了湖北与“一带一路”沿线国家的经贸合作和文化交流，让武汉成为连接中部地区与欧洲贸易的物流桥。中国将在河南加快建设贯通南北、连接东西的现代立体交通体系和现代物流体系。而且根据《中原城市群发展规划》，河南、安徽等中部省份将加大包括内河港口、内河航道在内的航运基础设施建设。

（2）政策支持。2016年年底，国家发展改革委印发《促进中部地区崛起“十三五”规划》（简称《规划》），将中部地区定位为“全国重要先进制造中心、全国新型城镇化重点区、全国现代农业发展核心区、全国生态文明建设示范区、全方位开发重要支撑区”。《规划》中指出，“支持武汉、郑州建设国家中心城市，强化长沙、合肥、南昌、太原等省会城市地位”，“发展壮大经济增长极。壮大长江中游城市和中原城市群，形成南北呼应、共同支撑中部崛起的核心增长地带”。政策的支持对于中部地区经济社会的快速发展起到巨大的推动作用，基础设施得到改善，大型项目进一步强化。

（3）贸易合作机制建设多元化。中部地区与“一带一路”沿线国家的贸易合作机制逐步多元化。除了传统的双边、多边贸易合作机制外，博览会、推介会、接洽会、研讨会、国际峰会、产业园区等多元合作机制也得到了积极进展。2017年5月，第十届中部投资贸易博览会在合肥举办，主题是“创新发展新理念，‘一带一路’新机遇”，旨在搭建承接产业转移和投资贸易的交流平台，促进中部地区高水平参与国际国内合作，努力打造内陆开放新高地。

4. 挑战（T）

（1）贸易摩擦依然存在。“一带一路”建设推进以来，中部地区与沿线国家之间的贸易有了很大的发展，但是沿线国家贸易保护的意识也不断增强，各种贸易保护政策和措施频频出台，制约了畅通贸易的发展。比如2017年，柬埔寨政府制定《贸易救济法》，阿联酋颁布《反倾销、反补贴和保障措施法》等。2017年上半年，印度对华贸易救济案件多达12起。印度发起贸易救济调查的趋势已经从针对服装、玻璃和矿产等低端产品转向针对新材料和机械等高端产品。

（2）风险高。“一带一路”沿边国家进行贸易合作存在政治、制度等风险，投资风险远高于欧美地区。沿线有些国家和地区由于种族矛盾、领土纠纷等使得局势动荡；有些地区恐怖主义袭击事件不断发生；而且“一带一路”沿线国家和地区多信奉伊斯兰教、基督教以及犹太教，宗教信仰不同、文化差异和生活习惯不同对贸易必然会形成障碍，不利于经济贸易的快速深入发展。

（四）加快中部地区与“一带一路”沿线国家国际贸易发展的策略

1. 构建贸易摩擦预警机制和援助体系

为了预防和减少贸易摩擦的产生，中国可以建立多层次贸易摩擦预警机制。宏观方面，政府对外加强与“一带一路”沿线国家政府机构、使领馆、商贸机构等的交流沟通，对内可以为贸易企业提供政策指导和加强监管、评估；中观方面，行业协会、中介机构或学者智库等可以提供信息资料，为政府提供合理建议，为企业提供专业咨询服务；微观方面，企业不断树立创新理念，提高产品等级，加强品牌意识，全方位了解出口产品的数量、价格走势等。对于已经发生的贸易摩擦，中国政府应该构建贸易摩擦援助体系，帮助企业尽快掌握应对贸易摩擦的法律程序，加强国际沟通，多渠道应对贸易摩擦。企业也要积极应诉，并熟悉掌握 WTO 及其他国际贸易规则，利用 WTO 争端解决机制应对贸易摩擦。

2. 继续推动基础设施建设

中部六省应该进一步加强合作，在国内加强多种方式联运体系建设，共同完善路网和枢纽，共同建设“一带一路”对外交流合作的战略通道，建立统一的全程运输协调机制，提高国际运输便利化水平和经营效益。加强通信、电网等基础设施建设，建立统一的信息平台和实现无纸化通关，推动电子信息交换通道建设。

3. 共同拓展海外市场

中部地区六省可以联手合作，整合多方面资源，实现资源共享，共同建设对接“一带一路”、服务开放型经济的国际贸易网络，比如在重点国家和地区，共享共建境外商务代表处和相关商协会组织等机构。此外，互联网的快速发展，为中部地区与“一带一路”沿线国家进行国际贸易提供了便利，跨境电子商务的开放性、全球化、高效率等特点为进出口企业提供了全新的机遇。中部地区可以联合建立跨境电子商务平台，为中部企业提供新的贸易增长点。

4. 通过优势互补，深化产业合作

中部地区拥有装备制造业的优势，“一带一路”沿线的许多国家工业化水平相对较低。中部地区加强技术创新，促进产业升级，大力发展机电产品、高新技术产品等，进而输出到“一带一路”沿线国家。同时，中部地区可以加强与“一带一路”沿线国家的能源合作，实现优势互补。至于农业方面，中部地区可以与南亚、中亚加强农产品贸易合作，加快农产品快速通关口岸建设。

5. 重视人才、资金等要素的供应

中部地区应该重视现代化的引人、用人、留人的人力资源管理制度的制定和应用，优化人才硬环境和软环境。硬环境包括提供良好的工作场所、住宿条件等；软环境包括医疗社会保障制度的完善等。通过现代化的人力资源管理和开发保障国际型综合专业人才的供应。

资金方面，金融机构可以在贷款、基金、担保等业务方面支持中部地区企业进行国际贸易，主动配合“一带一路”贸易互通，提供相应资金支持。加强银行、政府和企业三方合作，为进行国际贸易的中小企业、民营企业提供相关的金融服务。也可以利用金融机构在“一带一路”沿线的网点优势，为进出口型中小企业提供信用证保兑、议付、进口押汇、出口押汇、打包贷款等贸易服务。

参考文献

[1] 温丽琴，卢进勇．“一带一路”战略与山西对外投资产业布局［J］．国际经济合作，2016（3）：91-95.

[2] 卢进勇，陈静，王光．加快构建中国跨国公司主导的跨境产业链［J］．国际贸易，2015（4）：4-10.

[3] 董红，林慧慧．“一带一路”战略下我国对外贸易格局变化及贸易摩擦防范［J］．中国流通经济，2015（5）：119-124.

[4] 韩永辉，邹建华．“一带一路”背景下的中国与西亚国家贸易合作现状和前景展望［J］．国际贸易，2014（8）：21-28.

[5] 潘昱霖．“一带一路”建设为促进我国对外贸易发展创造的机遇［J］．现代商业，2016（33）：74-75.

[6] 温丽琴，胡志军，周新生．山西实施“走出去”战略与人力资源管理和开发［J］．国际经济合作，2014（9）：91-95.

[7] 吴瑜．“一带一路”背景下新建对外贸易的促进策略研究［J］．商场现代化，2017（2）：36-37.

十五、顺应东道国发展取向的海外投资战略：以智利为例①

（一）引言

近年来，中国对外直接投资增长迅猛，至2016年已达1 701亿美元，首次超过日本成为仅次于美国的全球第二大对外投资国，并且随着“一带一路”倡议的推进，中国对外直接投资有望继续保持在较高水平。然而，在深度全球化的今天，东道国，特别是作为发展中国家的东道国，经过了多年开放发展的经验积累，已经有了较为成熟的利用外资以推动开放发展的思路与政策导向。在此背景下，中国企业作为海外投资后来者，要想在复杂而开放的世界中寻找投资机会并赢得东道国的欢迎与尊重，仅仅考虑企业自身的投资回报显然是不够的，理解并顺应东道国政府的发展取向、探讨双赢的发展模式，是当前扩展海外投资的战略方向。

本文将以拉丁美洲（以下简称“拉美”）国家智利为例，探讨如何在理解东道国发展取向的基础上，实施顺应东道国发展取向的对外投资战略。选择拉美地区的主要原因在于：一方面，拉美在地理、历史文化、制度等方面与中国差异巨大，客观上对拉美国家发展取向的理解有相当的难度；另一方面，从对拉美投资的先行企业的经验来看，对

① 本文受清华大学经济管理学院中国—拉丁美洲管理研究中心智利研究项目支持。

拉美国家投资环境的不熟悉也的确现实地形成了中国企业投资拉美的阻碍。同时，拉美也是"一带一路"倡议的重要节点国家，中国2013年提出的"一带一路"倡议，受到包括拉美国家在内的世界各国的广泛关注和热烈响应。拉美国家普遍认为，历史上拉美同"海上丝绸之路"就有着千丝万缕的联系，2017年5月刚刚结束的"一带一路"国际合作高峰论坛更是推进了中拉在"一带一路"框架下的战略合作。因此，研究中国对拉美的投资对推动"一带一路"倡议实施有着重要作用。选择智利作为该地区典型国家的原因是，智利是拉美国家的典型代表，它完整地经历了大多数拉美国家所经历的全部工业化阶段，发展为拉美最开放且最具竞争力的国家之一，其发展取向在该地区具有一定的引领性。

由此，本文将首先通过解析智利的工业化过程，深刻理解智利政府和外资在其工业化进程中的作用；在此基础上结合政府主导的一个成功的产业发展案例，进一步理解智利政府当前的政策发展取向；最后结合联想佳沃投资智利的成功案例，探讨其成功经验与智利当前发展取向之间的逻辑契合关系，以期为中国企业投资智利乃至其他地区，提供争取双赢发展的战略思路。

（二）从智利工业化过程看智利政府及外资在发展中的作用

首先，笔者采取历史发展的视角，通过文献回顾智利工业化的发展历程，并基于此分析智利政府和外资在不同工业化阶段的作用特点和相互关系，进而为理解智利当前发展取向以及探寻顺应其发展取向的投资机会奠定基础。

1. 工业化发展历程

智利的工业化发展历程主要经历前工业化阶段（1818—1920年）、国家主导的内向工业化阶段（1920—1974年）、军政府新自由主义改革阶段（1974—1990年）和文人政府的"出口导向"阶段（1990年至今）共四个阶段。

在前工业化阶段，由于经济基础差，缺少资金和技术，智利只能利用本国的自然优势条件，生产和出口一些农矿产品，例如白银、铜矿、小麦和硝石等，制造业基本上是一片空白（钱明德，1990）。而且，由于政府和本国企业缺乏资本和技术，美、英、德、法等国资本在矿产业和商业中都占据了重要的地位。

从20世纪20年代开始，全球经济遭遇大萧条，智利所依赖的硝石和铜的价格大幅下降引起经济衰退，智利政府开始思考改变依赖少数农矿产品的经济发展模式，尝试重点发展基础民族工业的内向工业化模式（Agosin，2013），智利进入国家主导的内向工业化阶段。为实现这一目标，一方面，智利政府通过创办国有企业，直接推动基础工业体系建立。由此，智利快速地建立起了包含纺织服装等普通日用工业消费品以及家电、汽车等耐用消费品在内的门类齐全的工业部门（陈才兴，2010）。另一方面，为了保护幼稚的民族工业体系，智利政府还不断提高进口关税和对国有企业采取各种优惠和补贴。然而，到20世纪60年代，智利靠高保护政策发展起来的制造业逐渐失去了活力，许多生产部门效率低下，不得不依赖于政府的补贴和保护维持生产，经济增长停滞不前（陈才兴，2010）。

进入20世纪70年代，以皮诺切特为首的智利军人在美国支持下推翻阿连德政府，在“芝加哥小子”的帮助下希望通过新自由主义改革摆脱危机困境，智利进入军政府新自由主义改革阶段。在1982年之前，智利经济改革具有强烈的意识形态特点，主张快速建立彻底的自由市场经济，推行自由贸易，发挥比较优势。当时采取的主要改革措施包括放松管制，归还前政府征收的私人土地和企业，实行贸易自由化，开放金融市场和资本账户等。在这一阶段，智利政府基本放弃了产业政策制定，使前期建立的钢铁、汽车等不具有竞争力的大多数本土工业部门在激烈的外部竞争中完全消失（王晓燕，2000），也导致经济的剧烈起伏动荡和贸易赤字剧增等一系列负面后果，到1982年，智利因举借外债失控而陷入债务危机。1983年，军政府开始对前期激进的改革政策进行回调。其主要原则是在保留市场经济基本经济制度的前提下，加大政府的作用，从而将全盘接受新自由主义的模式转变为一个更实用主义的新自由主义模式。这一阶段主要的政策包括重新提高关税、实行出口退税制度、调整汇率以及加强对短期资本的管控。这些政策调整不仅促使资源配置进一步向可交易产品的生产部门转移，推动了出口的增长，而且也带动了替代进口商品的生产。经过调整，智利的经济迅速恢复（苏振兴，2005）。

1990年，智利重回文人执政时代，智利进入文人政府的“出口导向”阶段。文人政府坚持建立市场经济、实行自由贸易、引导外资进入、发挥比较优势、让私人企业发挥主导作用等新自由主义改革的基本原则，与此同时，有效结合国家产业政策，加大投资，将出口作为其经济增长的重要引擎（Agosin，2010），不断提升经济竞争力。这一阶段政府的主要政策措施有自由贸易政策、审慎汇率政策、稳健财政政策和促进出口的适度产业政策等。这种组合政策使得文人政府阶段智利的经济表现尤为突出（韩琦，2013）。

2. 工业化过程中政府与外资的作用特点

在上述智利工业化发展历程的基础上，下面将进一步分析智利政府和外资在不同工业化阶段的作用特点，从而为理解当前智利的发展取向奠定基础。

（1）政府作用虽不连续但可以看出其探索与逐渐成熟的过程

从上面的工业化历程不难看出，智利政府在其工业化过程中的作用虽然不连续，但可以看出其探索与逐渐成熟的过程。在前工业化阶段，智利政府的作用相对薄弱。原因在于，在智利刚刚独立后，政府缺乏资金和技术的积累，对高效发挥自身作用的认识不足。在内向工业化阶段，面对智利经济的衰退，智利政府通过建立国有企业和对其进行保护与补贴等直接干预经济的方式来促进工业化发展，由此成为当时工业化的主要推动力，其地位和对经济的控制都达到了顶峰。然而，这种在高度保护下发展起来的工业体系却最终难以摆脱效率低下和缺乏竞争力的问题。在军政府阶段早期，一方面意识到靠保护下的进口替代无法建立有竞争力的工业体系；另一方面受新自由主义思潮影响，政府在其早期阶段几乎完全放弃产业政策，直接采取了激进的自由化政策，用以迅速确立市场经济的主导地位。然而，当其激进政策引起经济波动等一系列负面影响时，在军政府后期，智利政府又及时进行了调整，在继续发挥市场经济资源配置主导作用的同时，重新拾起一些政策工具，特别是注重了政府对修补市场失灵作用的发挥。在文人政府阶段，智利政府奉行的是在军政府改革的基础上进行再改革的方针，即：在坚持了前一阶段的市场主导经济的基本经济体制的前提下，更加强调政府的产业政策在修补市场失灵中的作用，以及立足于自身比较优势发展产业、促进出口进而推动经济增长的发展思路。由此可见，在经历前面几个阶段的不断探索后，智利政府对自身定位和经济发展思路不断明晰、逐渐稳定。

(2) 外资的作用不断加大且投资领域反映了智利的区位优势

从上面的工业化发展历程来看，外资是智利工业化中的另外一股重要的推动力量。在前工业化阶段，外资起到了重要的作用，推动了资源行业的初始发展。在内向工业化阶段，随着政府直接干预经济力度和范围的不断增强，外资在智利工业化发展中的作用不断下降。特别是国有化的推进，使外资的进入也大幅减少（苏振兴，2005）。军政府阶段，在政府优惠政策吸引下，进入的外资不断增多，带来了先进技术和管理经验，推动了矿业部门的发展。在文人政府阶段，在政府开放政策的引导下，外资进入数量进一步上升，主要进入智利自身具有比较优势的行业，而且其对产业发展的作用也不断上升。外资对智利经济发展的作用，除了体现在带来资本促进产业投资形成方面，更重要的是，外资还为智利提供了产业发展的先进技术和国外市场需求等要素（Tondl G，Fornero J A.，2010；Fernandes A M，Paunov C，2012），从而有效地弥补了智利自身的市场失灵，促进其产业竞争力不断提升。

从上面的分析可以看到，一方面，进入智利的外资数量在不断上升，而且进入智利的外资，从早期为其带来资本，逐渐发展到为其带来先进的技术、管理经验，以及进一步地带来市场，外资在智利产业发展方面的作用不断加大；另一方面，从外资进入领域来看，从早期的矿业，到近期的电信、三文鱼、水果等行业，均是智利具有区位优势的行业。

(3) 政府对外资的引导能力也在不断增强

此外，在智利工业化的发展过程中，从政府与外资的相互关系来看，随着政府自身能力的不断增强和对发展战略的不断探索，政府对外资的引导能力也在不断增强。文人政府执政后，政府对引进外资的领域及其发挥作用的方式都有更加明确的认识和引导：一方面，政府通过市场经济机制本身以及适度的政策措施，引导外资进入智利具有一定比较优势的行业；另一方面，在作用方式上，政府希望吸引有能力的外资企业通过弥补智利市场失灵，进而帮助其最终实现出口和经济竞争力提升的目的。

(三) 从智利三文鱼产业发展看智利发展取向的内在逻辑

在理解智利的工业化发展历程以及其中政府和外资作用特点的基础上，以下将进一步通过三文鱼产业的案例，来具体阐释政府引导外资促进产业发展的具体过程，并在此基础上深入理解智利当前的发展取向。

1. 政府引导外资共同推动三文鱼产业发展的过程

从发展三文鱼产业所需的资源禀赋来看，智利虽然没有本土三文鱼鱼群，但自然条件优越，有狭长的海岸线、丰富的水域和岛屿资源。除此之外，智利南部（主要是第十地区和第十一地区）的温带海洋性气候条件也非常适合进行三文鱼养殖，具备三文鱼养殖的自然资源基础。

认识到本国发展水产养殖的优越条件，智利政府开始积极引导三文鱼产业发展。早在 1921 年，智利渔业发展协会（后隶属于智利经济发展组织）就和美国华盛顿大学、俄勒冈州立大学等多家国外研究机构签署了合作协议，通过国际合作引进鱼苗、培育本土鱼群，进行三文鱼本地养殖的初次试验。然而，类似的尝试并非一帆风顺。1969 年，智利国家渔业局与日本国际合作署达成合作，为智利引入太平洋三文鱼鱼苗，计划将其放归智利海域，待幼鱼成熟后就地产卵，最终发展出本土的太平洋三文鱼鱼群。按照合作协议，日本国际合作署为智利捐赠了探鱼船、4 000 万枚鱼卵和 2 600 万尾幼鱼。然而，这些幼鱼成熟后并没有回溯智利，合作计划也随之搁浅。尽管如此，在一次又一次的尝试中，智利三文鱼产业的技术条件和商业条件不断成熟。1974 年，智利三文鱼产业开始进入新的阶段：一方面，面对智利水产养殖的巨大潜力，第一批“吃螃蟹”的外资企业进入智利，例如美国联合碳化物公司率先在智利成立智利多姆西农场公司，进行三文鱼商业养殖的尝试；另一方面，本土企业也开始快速发展，在智利经济发展组织的支持下，智利延基韦湖有限公司实现了红鲑鱼的成功商业化养殖，并于 1978 年实现对法国等欧美国家的出口。

除早期发展阶段与国际研究机构合作，智利政府在三文鱼产业的后续发展历程中也起到了重要作用。首先，推动技术研发与应用。智利国家技术与生产发展基金（FONTEC）、经济部下的渔业研究基金和智利经济发展组织提供资金，广泛支持企业与研究机构合作，就三文鱼产业的疫苗、饲料、生态环境保护等具体问题进行专项研究，逐步培养出本土的创新与研发能力，不断提高出口附加值。其次，扶持中小企业发展。例如，于 1982 年成立的南极鱼公司，在进行大规模三文鱼养殖试验的同时还进行养殖程序、鱼种筛选等方面的研究，并为其他新成立的小生产商提供技术支持，以点带面，促进生产与管理技术的传播与应用。最后，促进行业对外出口。例如，智利外交部贸易委员会（ProChile）利用其全球 56 个办公室跟踪有效的商务渠道，并向世界推广智利的三文鱼，不断拓展新的国际市场。

随着三文鱼产业的不断成熟，智利政府进一步引导外资进入，从而促进了智利三文鱼产业的发展。首先，外资企业带来了诸如自动喂食机、鱼群计数系统等新的技术；其次，外资企业的进入也扩大了智利三文鱼产业的生产规模，促进了行业的垂直整合；最后，跨国企业为智利三文鱼产业带来了更加广泛的国际商务网络，进一步推动智利三文鱼的出口和国际地位的提升。

2. 智利政府当前的发展取向

从前述的智利经济发展的历史沿革看，智利政府似乎是一个逐渐趋于稳定的钟摆，从 1970 年前的结构主义，大幅度转型为军政府期间的新自由主义，经历多次反思，不断探索，逐渐成长，尽管近年来智利社会仍存在政府干预与自由经济之间的争论，但政府在经济系统中的角色已趋于稳定。相比之下，外资在智利经济体系中始终扮演着不可或缺的角色，且近年来的重要性不断增加。在政府的引导下，部分有能力的外资企业在一定程度上填补了政府的能力空缺，起到了修复市场失灵的作用。

从当前发展取向看，智利仍然坚持 20 世纪 90 年代后文人政府的执政基调，坚定强调市场配置的主导作用，政府制定规则，并在能力范围内解决部分市场失灵的作用机制；与此同时，智利政府也非常支持中小企业发展，顺应本土比较优势，重点发展农业、渔业、矿业和旅游等现代服务业，支持企业创造“新出口”。在此原则下，近年来，智利开始积极鼓励和培养企业家精神，并设立专门的机构如 Start-up Chile，鼓励区域内外的创业者来智利设立新企业。

从三文鱼的案例可以更加清楚地看到，智利所追求的成功工业化策略首先是顺应本土资源禀赋优势的，在挖掘出潜力行业后，智利政府再通过多方力量推动行业前进、发展。一方面，智利政府自身以恰当的方式直接推动产业发展；另一方面，政府通过合作、开放等手段引导外资促进潜力产业的成长，最终实现产业与社会经济的共同繁荣。而在政府与外资的关系上，当前，政府对引进外资的领域及其发挥作用的方式都有更加明确的认识和引导：政府通过市场经济机制本身以及适度的政策措施，引导外资进入智利具有一定比较优势的行业；同时，在作用方式上，政府希望吸引有能力的外资企业通过弥补智利市场失灵，进而帮助其最终实现出口和经济竞争力提升的目的。目前，智利政府仍在不断挖掘太阳能、矿业、水果业等具有本土比较优势的潜力产业，希望“复制”三文鱼产业的成功案例，而联想佳沃对智利的投资便是一个典型的中国企业的成功实践案例。

（四）顺应智利发展取向的中国企业的成功实践

通过对智利工业化发展历程及其外资和政府的作用特点的分析，以及三文鱼产业发展实践的具体案例阐述，我们对智利当前的发展取向有了相对明晰的认识。在此基础上，下面进一步地列举中国企业顺应智利当前发展取向的具体实例为其他企业“走出去”提供参考。顺应智利发展取向的一个典型成功实践是佳沃集团投资智利水果业，其在政府引导下进入具有比较优势的水果行业，并用自身掌握的中国市场渠道和信息弥补智利市场有限的劣势，帮助其最终实现出口和经济竞争力提升，在实现自身投资经济价值的同时也受到了智利政府和当地的欢迎和尊敬。

1. 智利水果产业的发展取向

水果产业是智利的比较优势产业。智利水果产业始于 20 世纪 60 年代，自 70 年代以来智利水果生产得到强劲发展。受贸易开放、生产竞争力不断提高、农业现代化、经济增长等一系列利好因素影响，智利水果年产量自 1984 年的 116 万吨增加至 2007 年的 440 万吨。2012 年种植面积进一步增长到 29.48 万公顷，出口总额达 42.94 亿美元，占农产品出口总额的 83.72%。当前，智利主要种植葡萄、苹果、猕猴桃、鳄梨、油桃、李子、梨和桃子等多种水果，全国约有 7 800 处果园、518 家水果出口企业，向全球 100 多个国家出口 75 种水果，是南半球最大的鲜果出口国。其中，鲜食葡萄和李子出口量位居世界第一，鳄梨出口量居世界第二，猕猴桃居世界第三，油桃第四，苹果和蓝莓第五。主要出口国家包括荷兰、英国、美国等。

尽管智利水果产业具有很强的出口竞争力，但是由于地理距离遥远、市场和销售渠道不了解等原因，智利对华出口存在市场失灵。首先，智利由于产量的迅速提升、国内市场有限而传统的欧美市场增速较慢，数量巨大的中小生产商尚陷于低价、单一和饱和的市场，因此亟须新的出口市场来消化和提升产能。而中国作为世界果蔬消费的最大国家，过去10年，中国市场对食品包括水果的进口需求上升了10%。如果再考虑到中国不断增长的中产阶层人群，市场对高品质水果的需求仍将持续增长。然而，由于遥远的地理距离，以及对中国市场和销售渠道的不熟悉等信息不对称造成的市场失灵，尽管从2005年起，智利与中国就签订了自由贸易协定，但是直到2007年智利对中国的水果出口额仅为0.67亿美元，占智利总出口量的不到2%。

因此，为了进一步发展智利水果产业，智利就必须打开中国等高速增长且规模巨大的市场，但是中国的市场信息和渠道，是智利政府和其本土企业自身难以解决的问题。与前面的工业化历程和三文鱼案例类似，此时，智利政府在水果业的发展取向是：希望引入中国的外资企业进入智利具有比较优势的水果行业，通过中国企业提供中国市场进入渠道来弥补智利自身的市场失灵，进而推动智利水果业的出口和竞争力进一步提升。

2. 联想自身的能力和优势

与智利形成鲜明对比的是，联想自身的能力和优势恰好在于能够有效地解决智利水果业在中国的市场失灵问题。联想是全球著名的在信息化产业内多元化发展的大型企业，通过多年的国内发展积累了充足的资本，也在全国各大城市建立起丰富的销售渠道，而且电脑的销售渠道与水果销售渠道具有一定的类似性。同时，多年的国内外发展使得联想的品牌成为了高品质的代名词，这一声誉对于高端水果销售至关重要。联想不仅在中国这个大市场中拥有广阔的渠道，同时也需要能够保证产品质量，维护智利水果的声誉，从而有能力克服中智之间市场信息不对称的困难，解决智利水果业对华出口的市场失灵问题。

3. 顺应智利发展取向的成功投资实践

联想顺应智利发展的取向，在政府引导下进入具有比较优势的水果业进行投资，通过自身在中国市场的渠道和信息帮助智利克服市场失灵的问题，促进了智利水果业的出口和竞争力的提升。在智利贸促会（ProChile）和智利水果出口商协会（ASOEX）的引导下，联想旗下的佳沃集团从2012年起进入智利，先后在智利投资并购了五个水果种植公司，分别为：处于智利南部晚熟蓝莓优势产区的Arandanos公司，主要种植多种优质晚熟蓝莓；主营猕猴桃、提子种植的未来公司，旗下拥有智利农业部特聘的顶尖猕猴桃种植专家团队；位于智利最适合种植高品质提子产区的提瑞西阿斯公司，其拥有多个提子专利品种；处于智利传统优势提子产区的埃尔雷托诺公司，其拥有瑞利等多个提子专利品种；主营优质核桃种植业务的南部坚果公司，其拥有国际先进的现代农业管理技术与经验。而且，佳沃还与当地领先的水果企业萨布索、豪蒂水果结成全面战略合作伙伴关系，将优质的蓝莓、奇异果、车厘子、提子、酿酒葡萄等水果卖到中国市场。在投资合作过程中，联想负责战略决策和保证国内销售产品的质量。事实上，不少联想前期的计算机经销商也认准联想的品牌，并加入到了高端水果的销售之中。而智利方面则主要负责当地农场的生产与管理。以萨布索为例，萨布索本身拥有成熟的农场运营技术和顶尖的农业专家团队，从选种、种植直至冷藏，其都拥有丰富的经验。通过佳沃等企业的带动，智利水果对中国的出口额迅猛增长，对华出口额从2007年的0.67亿美元增长到2016年的12.62亿美元，增长了将近18倍。尽管从智利最大的港口瓦尔帕莱索到中国的天津港，直线距离为19 000千米，但是智利已经超过了泰国成为中国水果第一大进口来源国。对华出口的迅猛增长也进一步地促进了智利水果产业的发展，智利对华水果出口量占智利总水果出口量的比重从不到2%已经上升至25%。

联想顺应智利发展取向的投资不仅实现了自身投资的经济价值，同时也受到了智利政府和当地社会的欢迎和尊敬。联想佳沃进军智利仅仅2年，其年销售收入已经接近10亿元，在第三年就已经收回投资并开始持续盈利。目前，佳沃已经成为国内进口高端水果的知名品牌。更重要的是，联想在智利的投资也受到了当地政府的欢迎和尊重，全球果蔬协会智利分会主席阿拉-米格尔盛赞“联想是一家了不起的公司，是值得信任的合作伙伴”，中国驻智利大使杨万明也认为“联想在智利的投资已经在当地产生了良好的示范效应”。

（五）主要结论与对当前中国企业对外投资的启示

综合上述分析过程，我们对智利的发展方式及未来取向得出了如下主要结论。

首先，从经济发展的历史沿革看，智利政府似乎是一个逐渐趋于稳定的钟摆，从1970年前的结构主义，大幅度转型为军政府期间的新自由主义，经历了多次反思，不断探索，逐渐成长，尽管近年来智利社会仍存在政府干预与自由经济之间的争论，但政府在经济系统中的角色已趋于稳定。相比之下，外资在智利经济体系中始终扮演着不可或缺的角色，且近年来的重要性不断增加。在政府的引导下，部分有能力的外资企业在一定程度上填补了政府的能力空缺，起到了修复市场失灵的作用。

其次，从当前发展取向看，智利仍然坚持20世纪90年代后文人政府的执政基调，坚定强调市场配置主导，政府制定规则，并在能力范围内解决部分市场失灵的作用机制；与此同时，智利政府也非常支持中小企业发展，挖掘本土比较优势，重点发展农业、渔业、矿业和旅游等现代服务业，支持企业增加出口和提高竞争力。当前智利政府对外资的引导也是明确的：政府通过市场经济机制本身以及适度的政策措施，引导外资进入智利具有一定比较优势的行业；同时，在作用方式上，政府希望吸引有能力的外资企业通过弥补智利市场失灵，进而帮助其最终实现出口增加和经济竞争力提升的目的。

在以上结论的基础上，本文进一步得出了对中国企业对外投资的相应启示。

第一，在当前金融危机和全球化趋势逆转的大背景下，中国企业的对外投资，除了要在微观层面做好充分准备外，在宏观层面，企业还需要特别关注东道国政府和外资在其发展中的作用特点，进而深刻理解东道国政府的发展取向。

第二，在充分理解东道国发展取向的基础上，企业需要挖掘自身能力和优势与东道国发展取向的结合点，进而打造顺应东道国发展取向的投资模式。只有这样，才能像本文中的联想佳沃投资智利水果业一样，在实现企业自身经济利益的同时，得到东道国的欢迎和尊重，实现互利共赢。

参考文献

[1] 钱明德．十九世纪智利经济发展探索［J］．世界历史，1990（3）：88-94.

[2] 陈才兴．二战后巴西和智利应对西方危机之路的比较 [C]//中国拉丁美洲史研究会年会暨“纪念拉美独立200周年”学术讨论会．2010：43-48.
[3] 王晓燕．再论智利国有企业私有化进程 [J]. 拉丁美洲研究，2000（2）：18-21.
[4] 苏振兴．智利的经济政策与发展模式 [J]. 拉丁美洲研究，2005，27（5）：12-16.
[5] 韩琦．拉美发展史上的“哥德巴赫猜想”——智利的现代化经验及借鉴意义 [J]. 人民论坛·学术前沿，2013（22）.
[6] 韩琦，曹龙兴．智利现代化道路的独特性及其历史根源 [J]. 世界历史，2015（1）：119-129.
[7] Agosin M R. Productive development policies in Latin America: past and present [J]. Working Papers, 2013.
[8] Agosin M R, Larrain C, Grau N. Industrial policy in Chile [J]. Ssrn Electronic Journal, 2010（wp294）.
[9] Tondl G, Fornero J A. Sectoral productivity and spillover effects of FDI in Latin America [J]. General Information, 2010.
[10] Fernandes A M, Paunov C. Services FDI and manufacturing productivity growth: evidence for Chile [J]. Journal of Development Economics, 2012, 97（2）：305-321.

十六、中国跨国公司对美国投资的动因与模式分析

（一）中国对美国投资的现状与趋势

1. 现状

（1）投资发展速度快

从整体投资规模上看，在加入世界贸易组织前，中国对美国直接投资几乎为零。根据荣鼎咨询的数据，1990—2004年，中国对美国的直接投资微不足道，金额与规模都很小，最高一年2004年仅为1.91亿美元。2005年，中国对美国直接投资急剧上升，达到19.87亿美元，该年联想集团以17.5亿美元成功收购国际商业机器公司（IBM）的个人计算机（PC）业务。2006年开始回归正常水平，对美国直接投资额稳健上升，规模也持续扩大。2008年中国对美国净投资额为4.62亿美元，直接投资存量为23.89亿美元。2012年存量突破百亿美元大关，达到170.80亿美元。在2016年，投资净额为456.25亿美元，总金额达到1 094.78亿美元。

从项目平均规模上看，首先，中国对美国直接投资项目数量呈现稳步上升之势，从2000年的17起增加到2016年的鼎峰值178起，整体处于增长趋势。其次，从2008年开始，平均每个项目的规模均保持在1 000万美元以上，仅有2009年平均金额为839.76万美元，2016年更是高达3.213 3亿美元，平均规模实现实质性突破。图2-13表明了2008—2016年中国企业对美国直接投资的迅速发展。

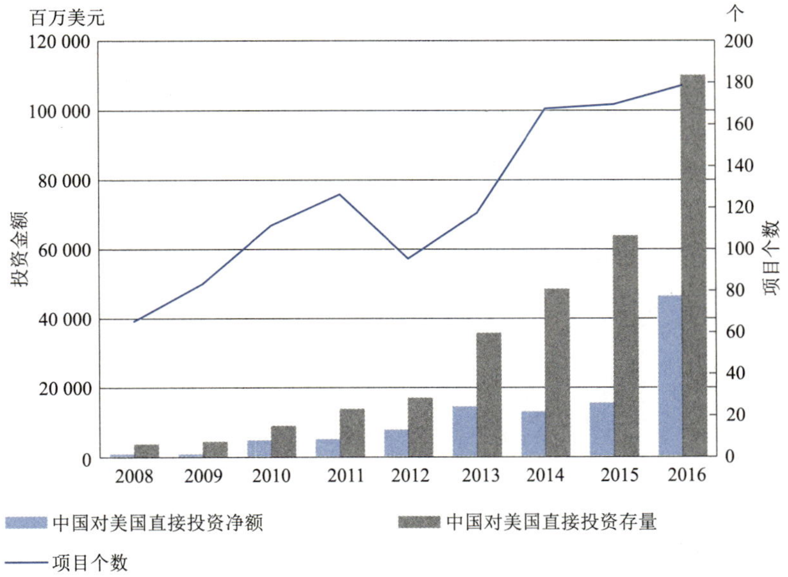

图 2-13 2008—2016 年中国企业对美国投资概况

数据来源：荣鼎咨询数据并加以整理。

（2）投资行业广泛

截至 2016 年年底，中国对美国直接投资存量主要集中在五个行业中。累计投资最多的产业是房地产业，总项目 171 个，295.10 亿美元；其次为信息技术产业，总项目为 214 个，141.75 亿美元；能源业总项目 112 个，133.66 亿美元；娱乐业 44 个，87.96 亿美元；农产品与食品业总项目 34 个，74.08 亿美元；其他行业如消费品、运输与基础设施以及汽车业也均有投资。如图 2-14 所示，投资行业呈现多样化、广泛化的特点。

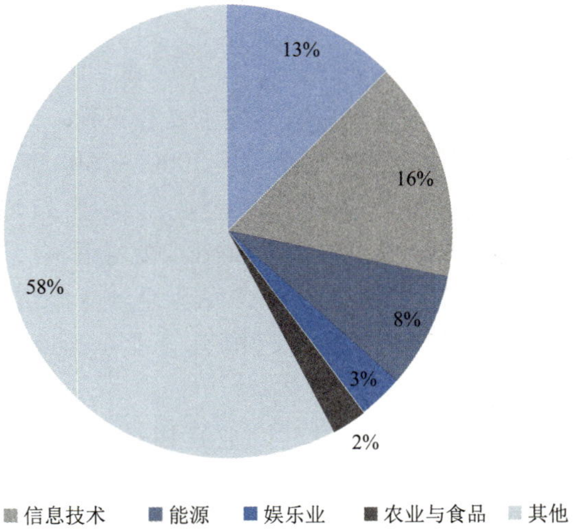

图 2-14 中国企业对美国直接投资的产业分布（存量，2016）

数据来源：荣鼎咨询数据并加以整理。

（3）投资方式以兼并为主

绿地投资与兼并收购是中国对外直接投资的两种主要方式。从总体上看，2000—2016 年，以投资项目个数为准，中国企业绿地投资（778 个）多于兼并收购（582 个）；以中国对美国直接投资的投资总额为准，兼并收购（1 000. 873 亿美元）多于绿地投资（86. 05 亿美元）。但是 2014—2016 年开始出现新趋势，采用兼并的项目不仅金额大于绿地投资，而且项目个数也连续三年超过绿地投资，兼并方式的发展速度超过了绿地投资。这是特别值得注意的新特点，以往的研究大都表明，绿地投资的发展速度是快于兼并方式的。如图 2-15 所示，在中国企业对美国的直接投资方式中，兼并是企业最青睐的方式。

图 2-15　2000—2016 年中国企业对美国直接投资的方式

数据来源：荣鼎咨询数据并加以整理。

（4）投资主体以私营企业为主

中国在美国直接投资的企业所有制形式主要有三种，即国有企业、混合所有制企业和完全私营企业，后两种合称为私营企业。2000—2008 年，私营企业（项目 236 个，15. 96 亿美元）投资金额总体上小于国有企业（项目 114 个，金额 21. 86 亿美元），这只是因为 2005 年受联想集团收购 IBM 的 PC 业务影响，出现国有企业投资金额大于私营企业的特殊情况。2008—2016 年，私营企业无论是直接投资金额（760. 06 亿美元）还是项目个数（777 个）都远超国有企业（金额 296. 18 亿美元，项目个数 232 个）。

从整体来看，2000—2016 年，私营企业直接投资项目共 1 013 个，价值 776. 62 亿美元；国有企业直接投资项目共 346 个，价值 318. 04 亿美元。如图 2-16 所示，在中国企业对美国直接投资中，私营企业是绝对的主力军。

（5）地区分布较为集中，但日益分散

从 2000 年开始，中国对美国对外直接投资区域基本格局没变，仍以东西海岸和南

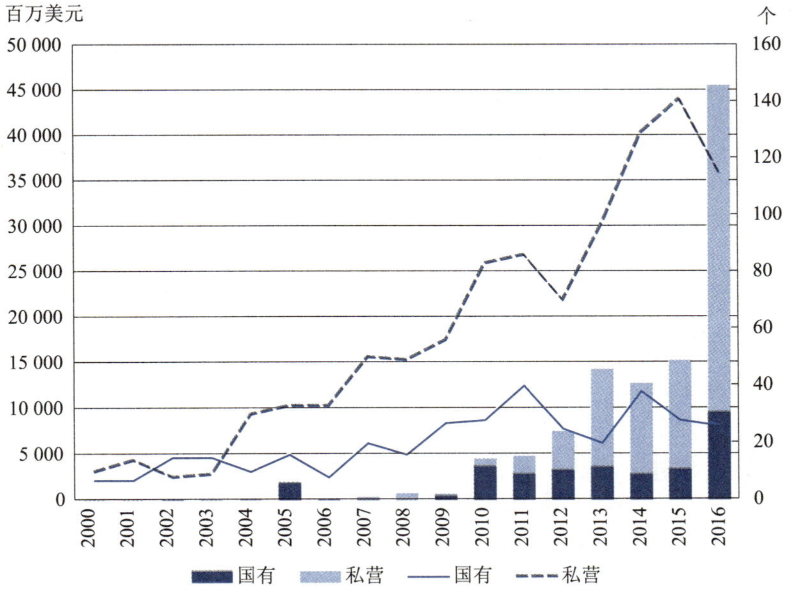

图 2-16　2000—2016 年中国企业对美国直接投资的所有制分布

数据来源：荣鼎咨询数据并加以整理。

部得克萨斯州为投资最多的地区。2000—2007 年，来自中国的 FDI 在中北部、中南部、东北部共有 22 个州是空白。2011 年有 10 个州空白，2014 年仅有 6 个州仍为空白。截至 2016 年年底，只剩下 4 个州仍未投资，分别是新墨西哥州、北达科他州、南达科他州、佛蒙特州。截至 2007 年，中国对美国直接投资额累计超过 15 亿美元以上的，只有北卡罗来纳州，5 亿～15 亿美元的有加利福尼亚州、纽约州、密歇根州。截至 2016 年年底，中国对美国直接投资额累计在 15 亿美元以上的有 13 个州，它们是纽约州、得克萨斯州、加利福尼亚州、弗吉尼亚州、北卡罗来纳州、伊利诺伊州等。中国对美国直接投资主要集中在美国经济科技较为发达或资源丰富的地区如加利福尼亚州、得克萨斯州、纽约州、密歇根州、北卡罗来纳州等，形成了“一点两带”的特征，即五大湖地区（一点）和太平洋沿岸、大西洋沿岸（两带）。具体而言，美国的南卡罗来纳州与北卡罗来纳州是中国制造业投资相对集中地区，科技研发则主要分在马里兰州与加利福尼亚州。加利福尼亚州同时也是中国投资者最青睐的房地产投资区。

2. 趋势

（1）投资规模上将继续扩大

目前来看，中国对美国直接投资存量占各国对美国直接投资存量的约 1.3%，这与两国经济总量地位及贸易量相当不对称。中美两国经济互补性强，随着世界上两大经济体的联系日益紧密，中国企业对美国投资的规模将会进一步扩大。

（2）投资方式上，并购仍为主要方式，但出现地方层级合作带动投资等方式

在越来越多的企业采用跨国并购的同时，中美省州经贸合作系列活动等地方层级的合作也积极促进着中国企业对美国的直接投资。系列活动由座谈会、投资贸易合作专题

对接洽谈会等组成，旨在促进中美两国政府间、民间组织间及企业间的交流，助推中美经贸合作和项目对接。中国各省市与美国各州市加强协商，借助商洽会等平台，在“中美省州贸易投资合作工作组”机制下，建立长期、稳定、有效的沟通渠道与联系机制；拓宽合作领域，加强各经济领域的交流合作，强化政策沟通，形成稳定有效的合作框架。地方层级的合作在中国省市与美国各州市间搭建起了一座合作的新桥梁，不断带动着中国企业对美国的投资。

（3）投资主体上，民营企业对美国直接投资快速增长

2011 年，民营企业对美国投资的比例只占 19%，而截至 2016 年，民营企业占总投资的 84%。另一个值得关注的就是金融投资者的增加，包括私募股权投资公司、保险公司、金融集团和实业公司。这些投资者在 2011 年的投资占比几乎为零，而 2016 年年底占比 56%。未来，随着中国民营企业的进一步发展，国家对国际并购的进一步支持，美国对金融投资的限制进一步放开，民营企业和金融投资者必将扮演更加重要的角色。

（4）投资环境上，双边投资协定（BIT）营造良好环境

从 2008 年中美 BIT 谈判正式启动，到 2013 年 6 月中方同意“准入前国民待遇加负面清单”的模式之前，双方的 BIT 谈判并无实质性进展。2013 年 6 月，决定以“准入前国民待遇加负面清单”的模式为基础与美方进行投资协定谈判，随后双方的谈判进入快车道。中美 BIT 谈判实际上就是中美市场的对等扩大开放，中国主要是横向的投资领域的放宽，美国主要是纵向的产业核心价值链的放宽。中美 BIT 谈判不断取得新进展，势必会为中国企业对美国投资营造一个良好的长期发展环境。

（5）投资前景上，短期美国政策影响不确定，长期机遇多

短期内，特朗普保守主义政策或影响投资环境稳定，投资的政治化风险加大。美国贸易保护主义有助于推动中国企业迈过贸易壁垒增加对美国直接投资，但美国国内严苛的国家安全审查制度又将部分投资企业拒之门外。在反对自由贸易的政策下，中国对美投资增长快慢取决于贸易保护主义与国家安全审查的角力。国家安全审查越严，中国对美国投资增长率就会越低。长期内，由于“再工业化”核心并非通过国家干预、推动传统制造业向金融服务业简单复辟，而是要抢占新经济的制高点，促进制造业和服务业协同发展，实现全产业升级，这使得美国的生产效率进一步提高，人力成本与新兴市场的差距在缩小，同时页岩气革命使能源利用效率提升，美国的制造业正在发生结构性复苏，会使美国国内投资环境进一步优化，从而吸引更多的中国企业投资。

（二）中国对美国投资的动因分析

1. 获得美国巨大的商品销售市场

东道国的经济规模对中国对外直接投资具有正向吸引作用，原因是开拓海外市场是中国企业对外投资的主要动机之一，这意味着美国将越来越成为中国对外直接投资目的国。中国以市场为导向的对美国投资主要发生在制造部门和服务部门，这些投资主要受到美国市场规模大、市场增长快和市场壁垒多等因素的影响。美国对华反倾销等贸易壁垒的存在，也刺激了这种“跨越壁垒式”的对外投资行为。许多中国厂商通过直接投资转移生产基地保持在当地的商品市场份额。另外，与跨国公司竞争的战略性安排也要

求进入国外市场，进行直接投资以获得当地市场份额。以海尔集团等制造业企业为代表，它们之所以在生产成本和经营成本较高的美国投资设厂，主要是为了绕过美国的贸易壁垒，缩短贸易距离，以直接在美国销售商品。

2. 购买美国市场中的战略性资产

一般来说，在产品价值链中，设计、分销、零售和品牌管理等高附加值环节主要集中在美国、欧洲等发达国家。在全球金融危机后，部分中国企业利用一些美资企业经营困难和资产贬值的契机，纷纷在美国进行跨国并购和直接投资，以获取技术、品牌、供应链、销售网络等战略资产，借此实现跨越式增长，这成为中国对美国直接投资的另一主要动机。在对美国投资的行业分布中，代表技术获取型的制造业，信息传输、计算机服务和软件业，科学研究、技术服务和地质调查业，这三个行业占中国对美国直接投资的存量的比重远高于三个行业在中国对全球直接投资存量中所占的比重，尤其是中国对美国制造业投资的比重远远超过中国对全球投资制造业投资的比重，这说明中国对美国直接投资相对更集中在获得技术、品牌等战略性资产上。

3. 提高中国企业跨境经营效率

效率导向型对外直接投资与出口导向发展战略相联系，成为中国对美国进行投资的一个重要动机。这种投资在低运输成本和高附加值的制造业中常见，其重要决定因素是人力资本和贸易壁垒。人力资本充裕的国家往往容易吸引效率寻求型的对外直接投资，更容易产生投资跨越贸易壁垒行为。很多中国企业选择在美国进行投资，一是利用美国比较开放的贸易金融环境，资金进出比较自由，可以在法律和财务结构上优化跨境运营，从而促进对海外市场进行投资；二是中国企业利用在美国投资获得的外资身份，重新向中国境内投资，以便获得外资在中国境内的各种政策便利。美国作为中国第一大出口市场，不断增加的反倾销、反补贴等贸易壁垒，增大了中国企业对美国市场出口的难度，因此，正如20世纪80年代日本企业对美国投资一样，中国企业在美国进行直接投资成为跨越贸易壁垒和提高跨境经营效率的重要选择。

4. 经济发展方式转变提供了驱动力

中国经济发展方式的转变和不断变化的商业环境也是推动中国对美国直接投资的重要动因。目前，中国正在努力减少经济增长对出口和投资的过度依赖，而更多地转向技术进步和扩大消费，对外贸易结构也需要优化升级，而美国作为世界上最大的商品销售市场和技术创新最活跃的国家，对中国企业对外直接投资自然具有吸引力。同时，最近几年中国制造业成本上升非常快，劳动力成本、原材料成本和工业用地成本的快速上升，强化了对美国进行投资的比较优势。因此，近年来中国对美国直接投资在投资金额和交易数量上都在激增。如果中国遵循其他新兴经济体的发展模式，截至2020年，中国在世界范围内的直接投资预计将达到1万亿美元至2万亿美元的巨大规模，其中可观的一部分注定会流入以美国为代表的发达国家。

5. 近年来美元强势，美元资产受到追捧

一方面，汇率波动催生避险性对美国投资的增加。2016年，人民币兑美元汇率呈加速贬值态势，同期美元对主要货币强势升值，致使美元资产成为主要避险资产而受到国内资本追捧。2016年出现中国企业直接投资在美国房地产及酒店业的高度集中，全年投资项目共37起，投资总额高达169.3亿美元，超过2015年对美国投资总额。其中，保险企业等金融机构跨境买入美国房地产或投资酒店权益的案例，基本都属于财务性直接投资（以获取投资收益而非企业发展战略为投资目的）。另一方面，美国经济持续转好，市场加息预期已形成共识，部分有意赴美国投资的企业，尤其是计划投资于前期成本较高的汽车、信息技术、交通和基础设施等领域的项目，可能出于信贷成本考虑而提前启动，2016年中国对相关领域投资共35起，总额103.7亿美元。

6. 部分行业的国内经营成本上升，美国市场环境对中资的吸引力增加

由于国内劳动力、土地等要素成本持续上升，以制造业为主的部分企业“走出去”的意愿增强。而金融危机后发达国家积极推进“再工业化”，采取财税多举措促进实体经济复苏，美国与中国的制造业成本差距正在缩小。与此同时，美国投资及营商环境良好，拥有健全和透明的法制、先进的生产技术、高素质工人、充足的能源保障、完善的基础设施、一流的研发创新能力和庞大的消费市场等。这些因素为中资在美国经营提供了稳定的发展预期，以“曹德旺现象”为代表，制造业等实体领域对美国投资正迅速增长。2016年，中国企业对美国消费品及服务业、基础材料、电子、机器设备等行业的投资案例共有21起，投资规模达到105.7亿美元，而2015年仅为12.4亿美元。

7. 企业积极重构全球价值链，布局美国市场

一般而言，全球价值链（GVCs）活动常常包括研发和设计、生产和制造、销售和营销、消费和再利用等。当前，中国企业作为海外投资主体，通过国际化战略能够以全球视野整合、吸纳和利用世界创新资源，沿着价值链不断向上攀升，助推中国实体经济提质增效升级。在此过程中，一些中国企业充分发挥自身优势，大力开展全球采购、生产、制造、销售以及研发活动，不断增强海外竞争力，将价值链的部分环节或阶段转移到海外进而主动重构全球价值链，大力推动从“微笑曲线”底部和中部向上部转换。美国具有世界上密集度最高的技术与知识，使得其国内产品保持了较高的质量与生产效率。在中国企业国际化进程中，追求美国高生产率与高质量的动机促使中国企业积极在美国布局各个环节的价值链。2013年，双汇集团高溢价收购美国最大猪肉生产商史密斯菲尔德食品公司的全部股份，这一举措正是双汇积极利用史密斯菲尔德食品公司具有的世界领先的食品安全和质量控制标准等优势进行的全球价值链的重新布局。两家企业合并以后，双汇集团可以通过从美国进口高质量的肉类产品，来满足中国这方面日益增长的需求。同时，也可以继续服务于美国和世界其他地区的市场。

（三）中国对美国投资的模式分析

1. 建立海外营销渠道投资模式

建立海外营销渠道投资模式是指中国企业为了将本国产品销往美国市场而在海外营销渠道建设方面投资的一种模式。中国企业海外扩张的初期，产品销售主要通过与采购代理商签订采购协议、贴牌生产和中间商分销等方式进行。这些营销渠道可以使企业成本较小地快速进入美国市场，但是这并不是中国企业自身的境外营销渠道，在很大程度上要受制于人，利润的大部分也被其他企业拿走。随着世界经济发展进入新的阶段，企

业间国际竞争的重点越来越向研发和销售两端偏移，国际竞争力也更多地开始表现为渠道的竞争。因此，海外营销渠道投资成为中国企业开拓美国市场和快速成长的重要举措。当前，中国企业在美国营销渠道的投资方式主要包括并购国外企业的现有营销渠道和企业自建营销渠道两种。并购国外企业的现有营销渠道一般是指中国企业进入美国市场时先收购当地企业，从而利用该企业稳定的销售渠道扩大市场规模。这是一种便捷的途径，能帮助企业迅速进入海外市场。例如，中国华为技术有限公司通过与美国3Com 合资成立华为 3Com 公司就有效整合了美国 3Com 的营销渠道，实现了优势互补，极大促进了华为产品在美国市场的销售。企业自建营销渠道是指中国企业在海外自主建立营销渠道。这种方式虽然建设成本高，但可控性强，有助于严格执行公司的营销政策，培养客户对品牌的忠诚度，因此，被中国一些实力较强、海外经营经验成熟的企业所采用。例如，海尔与美国家电公司在美国合资成立了海尔纽约贸易中心，建立了自己在美国的营销网络。

2. 海外创立自主品牌投资模式

海外创立自主品牌投资模式是指中国企业在美国进行投资的过程中，并不局限于为其他企业进行贴牌或代工生产，而是依靠自身的实力和消费者的认同培育自主的国际品牌。中国企业尤其是家电企业在最初进入美国市场的时候主要是依靠贴牌生产，为洋品牌代工。但是近年来，中国电子、家电制造企业开始摘掉别人的牌子，在世界第一大消费市场打造自己的品牌。TCL 集团以往销往美国的电视机，贴的是美国老牌电视机公司 RCA 的牌子，2010 年后开始以自主品牌亮相美国市场。海信集团是另一家进军美国电视机市场的中国企业，在海信以自主品牌进入美国之前，海信为其他品牌做了 10 多年的代工。2013 年和 2014 年，在拉斯维加斯国际消费电子展上，海信在原来微软的展位亮相，引起了美国媒体的极大关注。除了电视以外，具有中国自主品牌的电脑、手机、冰箱、空调等产品也越来越多地打入美国市场。比如，联想集团收购 IBM 个人电脑业务并进行整合后，品牌下的个人电脑已是美国市场的主流商品。

3. 海外并购投资模式

海外并购投资模式是指中国企业在美国兼并或收购当地的企业而不是进行绿地投资。现实的经济原因使得包括美国在内的发达国家资产价格处于相对较低的位置，这使得战略上的并购成为中国企业获得美国消费市场、企业品牌价值和先进技术的有效途径。越来越多的中国企业热衷于并购美国企业。例如，在食品行业，双汇国际控股有限公司 2013 年收购了美国的史密斯菲尔德公司，获得了该公司价值巨大的养猪和肉类加工技术，同时未来有望开拓双汇的美国市场；在移动通信行业，联想集团 2014 年收购摩托罗拉公司，从而将自己的手机业务和摩托罗拉公司整合在一起，获得新的品牌和技术优势；在娱乐行业，大连万达集团 2012 年收购了当时美国第二大院线 AMC 娱乐公司，2016 年又收购了传奇娱乐，这是中国迄今为止最大的一笔好莱坞交易；在酒店行业，2016 年，海航集团收购希尔顿全球控股有限公司 25% 的股份，安邦保险集团股份有限公司以 55 亿美元购入美国酒店和地产。中国企业在美国频繁并购引发了中国在美国的投资浪潮。根据胡润研究院发布的《2017 中国企业跨境并购特别报告》中的调查结果，美国是 2016 年中国企业海外并购交易数量最集中的地区。其中，在2016年中国前20大跨境并购交易中，有9家并购的是美国企业。而在并购主体中，民营企业成为了中国企业境外并购的主要推动力量，其交易数量和交易金额超过了国有企业。

4. 能源开发投资模式

国家战略主导投资模式是指中国政府为了国家经济的可持续发展和国家能源安全的需要而推动中国企业对美国进行的海外投资。现阶段，中国在美国的这种投资模式主要体现在能源战略方面，投资的主体一般是大型国有或国有控股重点能源企业。例如，中国企业在美国新能源页岩气领域的投资。中国海洋石油总公司是最早投资美国页岩气的中资企业。2010年中国海洋石油总公司出资5.7亿美元收购了美国第二大天然气公司切萨皮克公司位于奈厄布拉勒的页岩气资产股份，2011年又出资10.8亿美元购买了切萨皮克公司位于伊格尔福特的页岩气资产的股份，中国海洋石油总公司通过这两次并购成功进军北美市场。2012年中国石化的全资子公司国际石油勘探开发公司对美国德文公司在美国的部分页岩油气资产权益的收购则首次开拓了中国石油化工集团公司（以下简称“中国石化”）在美国的页岩气业务，进一步拓展了中国石化的非常规资源领域。2013年，中国石化的国际石油勘探开发公司又与切萨皮克公司签署战略协议，收购其位于美国俄克拉荷马州北部的部分密西西比灰岩油藏油气资产50%的权益，该项目是中国石化在美国的能源投资的又一项重大突破。

5. 海外研发投资模式

海外研发投资模式是指中国一些高科技企业通过建立海外研发中心，利用海外研发资源，从而提高自身研发能力的一种投资方式。研发资源作为科技竞争的核心要素，被全球各国和地区作为增强科技创新竞争力的主要手段，在全球范围内进行优化配置。中国企业海外研发投资起步较晚，但发展速度很快，截至目前，已有大量中国企业进入美国进行研发投资活动。研发投资模式的形式多样，既包括设立研发中心，也包括并购美国当地的高科技企业。例如，2011年长安汽车公司在底特律的研发中心正式成立。底特律是美国汽车工业最发达的城市，三大汽车巨头福特、通用、克莱斯勒的总部都坐落于此。长安汽车公司在此设立研发中心可以有效汲取当地具有的全球领先的汽车技术和资源优势。2016年，中国最大的生物科技上市公司之一的中源协和细胞基因工程股份有限公司在美国马萨诸塞州纳迪克市设立研发中心。马萨诸塞州是全球著名的生物科技基地，中源协和可充分利用当地的环境、人才等优势，提升公司的整体研发水平。此外，联想集团并购IBM的PC项目可归纳为跨国并购获得技术研发优势，从而提高了联想的核心竞争力。高科技企业参与国际竞争，开展海外投资，必须拥有强大的技术开发实力和技术创新能力，拥有自主知识产权。而中国高科技企业的弱势和薄弱环节正在于普遍缺乏自主知识产权，技术创新能力严重不足。中国企业在美国进行海外研发投资，建立研发中心，利用美国发达的研发资源，可以推动中国企业获得居于国际先进水平的自主知识产权，提升科技国际竞争力。

（四）各种模式的比较分析

中国对美国投资各种模式的优势与劣势如表2-18所示。

表 2-18　　中国对美国投资各种模式的优势与劣势

投资模式	优　势	劣　势
建立海外营销渠道	1. 帮助企业了解市场信息，掌控海外销售，有利扩大出口规模 2. 避免受渠道商的制约，同时提高了企业在流通领域的利润	1. 与利用当地渠道商相比，这种方式前期投入较高 2. 容易遭受国外各种贸易壁垒的限制，给投资带来不确定性的风险
海外创立自主品牌	1. 打造出世界上知名品牌，可以使企业走向产业链的高端并获得超额利润 2. 创立自主品牌有利于企业的国际化经营和长远发展	1. 要想在美国这样名牌林立的市场之中塑造成当地知名品牌十分困难 2. 大量的品牌投入使海外投资的企业短期效益会受到较为严重的影响
海外并购投资	1. 并购使中国企业获得品牌、销售渠道等优势，从而快速进入当地市场 2. 运用股权并购的方式，中方公司可以在部分出资控股的情况下，取得海外目标公司的控制权	1. 被并购企业的经营状况一般不太好，对目标企业情况掌握方面的疏漏可能形成并购陷阱 2. 文化冲突可能导致企业整合失败 3. 美国的外资并购安全审查制度严格，并购可能会因为美国的外国投资委员阻挠而失败
国家战略主导	1. 将企业利润最大化转化为能更有效地为国家战略服务 2. 缓解中国能源供给的严峻形势，有利于维持国内经济的稳定增长	1. 所需投资金额较大 2. 海外投资的企业面临资源国政党或民众对外来投资的抵制
海外研发投资模式	1. 获得美国先进的技术创新资源，进行知识、技术和信息等技术创新资源的重新组合 2. 利用美国优秀的高科技人才和研发资源，从事新技术、新产品的研发工作 3. 跟踪世界前沿技术的发展趋势，获得领先企业或研发机构的技术溢出和研发溢出	1. 中国大部分企业跨国研发的经验不足，研发投资缺乏长远的战略规划，存在盲目性，容易导致无法达到预期投资目的和经营目标 2. 利用并购方式进行海外研发投资时，并购后对目标企业的整合和消化对国内企业来说是重要的难题

（五）案例分析

1. 投资动因案例分析

（1）海尔并购通用家电——扩大美国消费市场

海尔公司成立至今始终秉承“以用户为是，以自己为非”的理念，坚持创业、创新精神，坚持适应时代的战略。公司通过自身持续耕耘与并购重组日本三洋电机株式会社白电业务、通用电气公司家电业务以及受托管理新西兰 Fisher & Paykel 业务，已在海内外构建了研发、生产、营销三位一体的竞争力，基本实现了世界级品牌的布局与全球化运营。根据世界权威市场调查机构欧睿国际（Euromonitor）2016年全球大型家用电器品牌零售量数据：海尔大型家用电器2016年品牌零售量占全球市场的10.3%，第8次蝉联全球第一；同时，冰箱、洗衣机、酒柜、冷柜继续蝉联全球第一。但是海尔深耕美国市场16年，市场占有率至今仍未达预期，品牌影响力与国际大牌尚存一定距离。海尔2016年6月以55.8亿美元并购通用电气家电业务，决心扩大美国消费市场，从而在推进国际化的进程中塑造强势的品牌力。通用电气家电业务是通用电气公司传统起家业务和重要业务部门之一，已有百年历史，在美国拥有领先市场地位和品牌认可度，广受当地消费者认同。通用电气家电业务已建立一个专门对接美国当地各种“小众品牌”的社群，可同时开展众筹等多项互联网业务。通用电气家电业务很多好的创意，就是源自自有平台用户的智慧，这与美国“硅谷模式”颇为相似。海尔收购通用电气家电业务后，未来将继续保持其独立运营自主权，并支持其将以上业务进一步做大做强。同时，海尔在美国当地建立了专属研发中心，希望借此靠拢广大年轻消费群，并将通用电气家电业务积累的小众消费群吸引至海尔平台上。这是通用电气家电业务对于海尔的最大价值，海尔就是要将这个“强势品牌”背后的顾客群转换为用户群，转化为可在海尔平台上实现交互的粉丝。通用电气家电业务能够真正承担起“桥梁”作用，届时海尔将与通用电气家电业务并行发展，海尔自有品牌借助通用电气家电业务出海，携手建立与美国消费者的牢固关系，扩大美国消费市场，从而增强国际影响力。

（2）万达并购传奇影业——获得战略性资源

万达集团为完善产品链，打造全产业链，逐步将目光投向上游的影视制作环节，并于2016年1月22日宣布以不超过35亿美元（约230亿元人民币）的现金收购美国传奇影业公司100%的股份，并在北京举行签约仪式，成为迄今为止最大的中国企业海外文化并购案。万达并购传奇影业获得两类战略性资源：知识产权（IP）和影视制作经验。2000年，美国传奇影业创立于加利福尼亚州，正逐步迈向国际化电影文化公司之列，截至2016年已制作39部影视作品，如《盗梦空间》、《侏罗纪世界》、《蝙蝠侠》、《环太平洋》和《超人》等，拥有大量知识产权，并与多国影视机构达成电影版权合作协议，全球票房累计超120亿美元。因此，相较于传奇影业本身，万达更看重传奇影业拥有的诸多知识产权，这些珍贵的电影制作资源能为万达电影制作业务独立首次公开募股加码，增强万达在中国电影界乃至在全球电影产业中的话语权，并可在此基础上开发众多的衍生产品，对其发展旅游、儿童娱乐等产业形成良好的支撑并实现协同效应。自从万达集团涉足文化产业以来，电影产业成为万达文化产业的重要组成部分。虽然中国电影市场发展十分红火，但在电影制作和发行上仍存在短板，向好莱坞学习已成为公认的发展捷径。传奇影业在电影制作方面的经验和优势，对于想要打造“中国版好莱坞”并在2016年启动制作发行行业资本化运作的万达集团而言，可弥补其在电影制作发行上的短板，从而打造全产业链，增强话语权，提高品牌知名度和国际影响力。特别是2016年传奇影业有两部大片上映，万达可借此近距离学习和积累电影制作和发行经验，不仅能够跨越跨国界文化交流壁垒，更有助于缩短中国国产电影的稚嫩期，使其加速步入成熟期。

（3）汉能并购阿尔塔公司——经济发展方式转变

汉能控股集团经过数次在全球范围内的技术整合和自身不断的自主创新，已经发展成为规模庞大、技术领先全球的太阳能薄膜发电企业，可以说是“规模技术双第一”。全球的成功大大地激励着汉能控股集团向前发展的脚步，汉能控股集团已经进军光伏民用市场。2014 年 8 月 14 日，汉能控股集团对外宣布已经对美国阿尔塔（Alta Device）公司完成收购。阿尔塔公司是世界领先的薄膜太阳能电池技术生产商，其生产的柔性砷化镓太阳能电池片是世界上转换效率最高的太阳能电池片。这种太阳能电池片的产生效能比目前光伏行业量产的单晶硅生产技术高 8%，比多晶硅生产技术高 10%。对于相同面积的电池片，柔性砷化镓太阳能电池产生的效能可达普通柔性太阳能电池的 2 到 3 倍。目前，薄膜太阳能电池技术转换率最高的世界纪录就是阿尔塔公司的太阳能电池技术，其单结电池片转换效率为 28. 8%。这次汉能控股集团看重的是其砷化镓柔性薄膜电池技术，拥有此项技术以后再加上自身在全球的生产线，汉能控股集团的产品进军到民用领域的日子不会太远了。汉能控股集团创始人李河君先生同时向外界宣布汉能控股集团并购阿尔塔公司是其技术战略布局。此次并购的目的是希望通过整合阿尔塔公司的光伏发电技术，开拓太阳能薄膜电池在更多应用领域的新发展，这些新兴领域可以包括手机、汽车等日常百姓生活离不了的事物，也可以是大型的勘探、互联网移动电源等国家战略意义上的领域。汉能的并购，符合国家清洁能源的发展战略，有利于转变以往的高污染、高排放的经济发展方式，为建设节约型社会做出了巨大贡献。

2. 投资模式案例分析

（1）万向利用舍勒公司进入美国市场——建立海外营销渠道投资模式

万向集团始创立于 1969 年，位于杭州市萧山区国家级经济技术开发区，主营业务为生产汽车零件，是中国第一家上市的村镇企业。美国舍勒公司始建于 1923 年，公司总部设在美国俄亥俄州，在欧洲、亚洲、美洲、大洋洲各大洲都设有分公司，具有良好的技术历史，是美国汽车维修市场的 3 大供应商之一，在该领域它曾经是世界上专利最多的企业，拥有广阔的产品范围，曾向美国及全球市场提供了高质量的产品。1984 年，美国汽车维修市场三大零部件供应商之一——舍勒公司以代工的方式向万向集团定购 3 万套产品，万向借助舍勒渠道进入北美市场。1998 年，万向以 42 万美元——难以想象的低价收购了舍勒的品牌、专利技术、专用设备和市场网络等主要资产，使万向在美国市场获得了直接销售渠道和当地品牌。美国舍勒公司是将万向带入国际市场的第一家企业，也是市场具有强势品牌和销售渠道的企业，万向曾为其贴牌生产长达 14 年。万向通过收购美国舍勒公司成功获得了海外销售渠道，并尽快进入国际汽车零部件主流市场。万向因此构建了自己的海外销售渠道，减少了中间环节，将产品直接销往海外目标市场。之后，万向将舍勒公司的所有产品全部拿到国内工厂来生产，在美国仍以舍勒的品牌销售，实现了以国内低成本生产，以国外高价格销售。在此种运营模式下，万向不仅可以直接扩大产品出口，通过直接掌控海外销售获得流通领域的可观利润，还能够直接了解到市场信息。这种国内生产、国外销售的做法也有利于在相当长的时期内提升中国企业产品的国际竞争力，迫使万向在运营时充分考虑国内外市场，利用全球资源，实现自身的全球发展战略。

（2）中海油投资切萨皮克进入美国市场——国家战略主导投资模式

2010年10月11日，中国海洋石油总公司（以下简称“中海油”）宣布，其全资子公司中国海洋石油国际有限公司将购入美国切萨皮克能源公司（Chesapeake Energy Corporation）鹰滩页岩油气项目33%的权益。这是中国油企首次对美国陆上能源资源进行大规模投资，也是中海油首次涉足页岩气资源领域。页岩气是从页岩层中开采出来的天然气，是一种重要的非常规天然气资源。在国内该技术还处于起步阶段，而在美国，这一技术已比较成熟，美国是目前世界上唯一实现页岩气大规模商业开采的国家，页岩气已成为美国天然气的主要来源。作为美国较大的页岩气公司之一，切萨皮克能源公司在勘探开发、生产管理、环境保护等方面的处理能力很强。中海油也是看好其先进的技术和成熟的开采经验才对其进行投资。国家战略上，中国经济的高速发展对能源消费的需求不断上升，这使得包括页岩气在内的非常规能源越来越受到重视。页岩气开发具有开采寿命长和生产周期长的优点，在可开采资源量上，中国估计拥有26万亿立方米的页岩气资源，但中国企业在此方面还缺乏经验，并且技术积累较少。因此，中国政府一直都是鼓励油气公司“走出去”，此次中海油对美国页岩气的投资也获得了政府的支持。中海油投资美国切萨皮克公司对于自身来说，可获得相应技术，为国内大规模商业化开采做准备。尽管靠股权收购的形式获取核心技术有较大的难度，需要合作双方进一步商讨，但是通过合作，中海油至少可以引进部分先进技术，或者接近核心技术。对中国而言，中国企业投资美国的页岩气公司，可以向美国同行学习、了解和掌握页岩油气开发的先进技术和管理经验，为中国的页岩气技术升级创造出一个平台，从而有利于国家能源战略的实施。

（3）百度在硅谷建立研发中心进入美国市场——海外研发投资模式

随着互联网产业规模的扩大以及企业扩张的迫切需求，最近几年，中国互联网企业信息技术公司纷纷在硅谷设立了研发中心或美国分公司，吸引本地化研发人才，扩大北美市场。2011年年初，百度公司首先在加利福尼亚州库比蒂诺设立了研发中心，开始了与脸谱、谷歌和微软等企业的竞争。百度在美国成立研发中心的起始阶段，主要工作是招募员工，并与附近的大学、基金和公司进行项目合作。2013年年末，为适应人员扩张的需求，百度将美国研发中心迁至现在的桑尼威尔市，百度将这次搬迁看作是其研发中心的一次升级。在这个阶段，升级版研发中心的主要任务是吸引顶尖人才并开展富有挑战性的项目。人才引进方面，2014年，三大人工智能专家之一的吴恩达加盟百度，这位斯坦福大学的教授是国际人工智能权威，领导硅谷人工智能实验室及大数据和深度学习实验室。另外一位人工智能专家亚当·科茨也出自斯坦福大学，曾训练世界级最大人工神经网络。目前，百度美国研发中心团队有超过三分之一的研发人员都是外籍人士。在核心技术人员上，他们聘请了不少来自斯坦福大学、加州大学伯克利分校这样高端科研院所的技术顶级人才，其中不少人曾在甲骨文、雅虎、谷歌等公司工作过。在研发项目上，百度美国研发中心站在巨人的肩膀上，最大限度地吸收来自硅谷的技术和管理经验，建立了一个开放的云计算平台，开发了天眼项目，同时还积极加入了最新的深度学习技术大潮。2017年3月，百度在一份声明中表示，百度正计划在硅谷设立第二家研发机构，寻求在人工智能领域的优势地位。这座研发机构将能够容纳 150 名员工，距加利福尼亚州桑尼威尔市的研发中心 1 英里左右。作为互联网的巨头，百度更加注重对人工智能等新领域的研究，而硅谷的研发机构将在百度的全球战略中变得越来越重要。

参考文献

[1] 中国统计局. 国家数据 [EB/OL]. [2017-06-11]. http://data.stats.gov.cn/easyquery.htm? cn=C01 /.

[2] 荣鼎咨询. china-investment-monitor [EB/OL]. [2017-06-11]. http://rhg.com/interactive/china-investment-monitor/.

[3] Daniel H Rosen, Thilo Hanemann, Cassie Gao. 双行道——中美双边直接投资 25 年全景图 [R]. 荣鼎咨询, 美中关系全国委员会, 2016: 53-57.

[4] 张丽娟, 郭若楠. 中国对美国直接投资: 特征、认知与成因 [J]. 国际论坛, 2015 (17): 31-34.

[5] 韩成圆, 刘子语. 中美省州经贸合作系列活动举行 [N/OL]. 云南日报, 2017-06-14 (3) [2017-07-07]. http://yndaily.yunnan.cn/html/2017-06/14/content_1154642.htm/.

[6] 陈超. 美国外资审查的最新动态与应对策略 [J]. 全球化, 2016 (10): 66-76.

[7] 乔其明. 中美 BIT 及其对中美相互直接投资影响研究 [D]. 大连: 东北财经大学, 2015.

[8] 李超: 老帝国的新野望: 美国再工业化, 一个对全球影响深远的战略 [EB/OL]. (2016-07-10)[2016-12-15]. http://finance.sina.com.cn/stock/usstock/c/2016-07-10/doc-ifxtwihp9926452.shtml.

[9] 周金凯. 特朗普上台对中美直接投资的影响分析 [J]. 经济学家, 2017 (2): 97-103.

[10] 李俊江, 薛春龙, 史本叶. 中国对美国直接投资的内在动因、主要障碍与应对策略 [J]. 社会科学战线, 2013 (12): 73-77.

[11] 苑生龙. 中国对美国直接投资激增的原因、趋势及对策 [J]. 中国物价, 2017 (4): 3-6.

[12] 张天顶. 全球价值链重构视角下中国企业国际化的影响因素 [J]. 统计研究, 2017 (1): 34-42.

[13] 李光斗. 张瑞敏: 这是一次完全不同以往的并购 [J]. 中外管理, 2016 (10): 48-49.

[14] 高湛诗琪, 史婧茹. 中国万达集团并购美国传奇影业效应分析 [J]. 投资与合作, 2016 (7): 51-53.

[15] 王凯明. 汉能控股海外并购经验与启示 [D]. 沈阳: 辽宁大学, 2015: 20-24.

[16] 冯晓钭, 孔妹婷. 现阶段中国对美国 OFDI 的发展及启示 [J]. 财经问题研究,

2017（1）：68-72.

[17] 葛振宇. 中国对美国直接投资的影响因素研究［D］. 湘潭：湘潭大学，2016：34-45.

[18] 宋刚，李莉，耿煜. 建立境外营销网络 积极推动企业“走出去”［J］. 国际经济合作，2004（7）：40-42.

[19] 思丹. FDI视角下联想集团国际化路径研究与启示［D］. 北京：首都经济贸易大学，2015.

[20] 张起花. 中海油“探路”美国页岩气［J］. 中国石油石化，2010（21）：42-43.

第三篇

分析报告："中国跨国公司100大"及其他榜单分析

一、2017 中国跨国公司 100 大分析报告

为了贯彻党的十八届三中、四中、五中、六中全会精神，发展中国大型跨国公司，提高国际化经营水平，同时为社会各界提供中国大企业跨国经营水平及其相关信息，中国企业联合会、中国企业家协会继续第七年推出中国跨国公司 100 大分析报告。

"中国 100 大跨国公司及跨国指数"是中国企业联合会在中国企业 500 强、中国制造业企业 500 强、中国服务业企业 500 强海外数据的基础上，依据企业自愿申报的数据，参照联合国贸易和发展组织的标准编排的。中国 100 大跨国公司是由拥有海外资产、海外营业收入、海外员工的非金融企业，依据企业海外资产总额的多少排序产生；跨国指数则按照（海外营业收入÷营业收入总额+海外资产÷资产总额+海外员工÷员工总数）÷3×100% 计算得出。

（一）中国对外投资和企业国际化取得积极进展

1. 中国对外直接投资再创新高

2005 年以来，中国对外直接投资流量连续增长。2014 年，中国企业对外直接投资达到 1 400 多亿美元，首次超过外商对中国的直接投资，进而成为资本净输出国。这是中国企业"走出去"的一个里程碑，是中国企业国际化进程的分水岭。2016 年，中国境内投资者共对全球 164 个国家和地区的 7 961 家境外企业开展了非金融类直接投资，累计投资 1 701. 1 亿美元，同比增长 44. 1%，增速是上年的 3 倍，是同期中国吸收外资增速的 10 倍有余，是 2005 年的 14 倍。其中 2016 年中国对美国投资增长 3 倍，超过 500 亿美元，私营企业兼并成为主力。中国对美国投资约占其对外投资总额的 1/3，其中对旅游业、娱乐业的投资达 200 亿美元。根据普华永道国际会计事务所最新数据，2011 年—2016 年 11 月，交易宗数复合年均增长率约为 14%，交易金额复合年均增长率约为 33%。2016 年，中国企业对外并购交易量增加 142% 至 923 例，交易金额增加了 246% 至 2 209 亿美元。

2. 对外承包工程、对外劳务合作稳步增长

在历经 2008 年金融危机之前的 30% 超高速之后，随着全球新一轮基础设施建设高潮的来临，中国对外工程承包业务完成营业额再次提速，新签合同额增长稳定。数据显示，2016 年对外承包工程完成营业额 1 594 美元，同比增长 3. 5%，如表 3-1 所示。

表 3-1　2012—2016 年中国对外承包工程业务新签合同额和完成营业额规模变化

单位：亿美元，%

年份	完成营业额	增长率	新签合同额	增长率
2012	1 166	12. 7	1 565	10. 0
2013	1 371	17. 6	1 716	9. 7

续表

年份	完成营业额	增长率	新签合同额	增长率
2014	1 424	3.8	1 918	11.7
2015	1 541	8.2	2 101	9.5
2016	1 594	3.5	2 440	16.2

数据来源：2012—2016 年国民经济和社会发展统计公报。

对外劳务合作是中国企业“走出去”的重要路径之一，也是中国企业“走出去”同东道国政府、企业合作最为传统的方式之一。改革开放以来，中国的对外劳务合作获得了长足的发展。据统计，2016 年中国对外劳务合作派出各类劳务人员 49.4 万人。

3. “一带一路”沿线国投资成热点

自 2013 年“一带一路”倡议提出以来，中国从筹建亚投行到成立丝路基金，再到国家开发银行的近千个项目，“一带一路”建设取得了明显进展，获得了多方积极响应，为各方在投资领域的深度合作奠定了坚实基础。“一带一路”已经从倡议变成了实际行动，从理念和总体框架设计进入实质性合作阶段。截至目前，已有 100 多个国家和国际组织表示愿意投入到“一带一路”的共建当中，有 40 多个沿线国家和中国签订了各种形式的合作文件。2016 年，中国对参与“一带一路”的沿线国家直接投资达到 145 亿美元，中国企业已经在沿线 20 多个国家建立了 56 个经贸合作区，累计投资超过 185 亿美元，为东道国增加了近 11 亿美元的税收和 18 万个就业岗位。截止到 2017 年 5 月，累计共有 47 家中央企业参与、参股、投资，或者和相关国家的企业合作共建了总计 1 676 个项目。中国交通建设股份有限公司在“一带一路”沿线修建了 10 320 千米公路、152 座桥梁、95 个深水泊位、10 座机场；“中车制造”已遍及全球 102 个国家和地区，全球 83% 拥有铁路的国家都运行着中车产品；中国石油天然气股份有限公司 2016 年在“一带一路”国家项目的油气权益产量近 6 000 万吨，占全部海外总产量的八成。高铁“走出去”方面，除了广为人知的亚吉、蒙内、雅万等铁路线，中老（中国至老挝）等铁路已开工建设，中泰（中国至泰国）铁路等一批铁路项目也在加快推进。通信网络方面，中国移动通信集团公司率先在巴基斯坦开通 4G 无线宽带服务；跨境海底光缆、陆地光缆等大容量高速度通信设施打造了全方位的通信网络联通体系。由国机集团等中央企业投资建设的中白（中国与白俄罗斯）工业园一期起步区已经建成，首批 9 家企业已经入驻，2017 年 6 月中白商贸物流园也已完工。

4. 企业国际化程度稳步提高

21 世纪的前 16 年，部分中国领先集团公司积极走出国门，竞逐海外市场。电信业的华为技术有限公司、中兴通讯股份有限公司，装备制造业的三一集团有限公司、中联重科股份有限公司，重卡行业的潍柴控股集团有限公司、中国重型汽车集团有限公司，家电业的 TCL 集团股份有限公司、海尔集团公司、美的集团股份有限公司，个人计算机（PC）行业的联想控股股份有限公司，建筑行业的中国建筑股份有限公司、中国交通建设集团有限公司、中国中铁股份有限公司、中国铁建股份有限公司，汽车行业的浙江吉利控股集团有限公司、奇瑞汽车股份有限公司，以及近期异常活跃的中国化工集团公司、海航集团有限公司、复星国际有限公司、绿地控股集团股份有限公司等是中国企业"走出去"的典型样本。这些集团公司，或市场驱动，以获取海外市场份额为目的；或资源驱动，以获取海外大宗商品为目的；或资本驱动，以获取更高的资本回报为目的；或机会导向，抓住机会，大胆出击；或深谋远虑，谋定而后动：都披荆斩棘，走出了一条成功进军海外之路。这些企业是中国企业走出国门、开拓海外市场的当之无愧的先行者和领航员。

"2017 中国跨国公司 100 大"的平均跨国指数为 14.85%，比"2011 中国跨国公司 100 大"的平均跨国指数提高 2.61 个百分点。"2017 中国跨国公司 100 大"的海外资产占比、海外营业收入占比、海外员工占比分别为 16.01 %、19.54% 和 8.99%，与"2011 中国跨国公司 100 大"相比分别提高了 1.28、2.20 和 3.25 个百分点。（见表 3-2 和图 3-1）

表 3-2　2011—2017 中国跨国公司 100 大平均跨国指数及相关指标　单位：%

年份	2011	2012	2013	2014	2015	2016	2017
跨国指数	12.24	12.93	13.98	13.60	13.66	14.40	14.85
海外资产占比	14.73	13.73	14.61	14.65	14.32	15.55	16.01
海外营业收入占比	17.34	21.51	22.25	20.86	20.83	20.00	19.54
海外员工占比	4.67	3.55	5.07	5.29	5.84	7.64	8.99

数据来源：中国企业联合会、中国企业家协会 2011—2017《中国 500 强企业发展报告》。

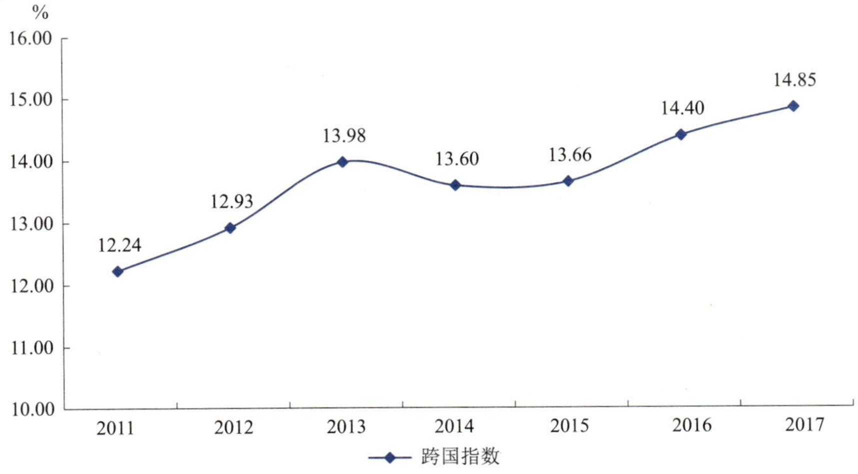

图 3-1　2011—2017 中国跨国公司 100 大平均跨国指数

数据来源：中国企业联合会、中国企业家协会 2011—2017《中国 500 强企业发展报告》。

5. 企业积极布局海外知识产权

中国企业在"走出去"过程中，为规避竞争风险，赢得国际市场的竞争优势，正在加快全球范围内的知识产权布局。据世界知识产权组织统计，2016 年全球的专利申请数量增加了7.3%，达到约23.3万项，中国的申请数量较上年增加44.7%。自2002年以来，中国每年都实现了两位数的增长。在企业专利申请量排名当中，位于中国深圳的中兴通讯（4 123件，同比猛增91.3%）和华为（3 692件，同比下滑5.3%）占据了2016年专利合作协定申请人前两名的位置。紧跟其后的是美国的高通公司（2 466件，同比增长1%）、日本的三菱电机株式会社（2 053件，同比增长28.9%）和韩国的LG电子（1 888件，同比增长29.6%）。汤森路透发布的《2016年全球创新报告》显示，家电行业排名前三位的企业均来自中国，分别是美的、格力和海尔。从发明数量来看，美的以5 427件专利遥遥领先，格力为1 995件，海尔为1 315件。企业进行知识产权的全球化布局，将助力中国企业在海外市场上的健康发展，保护企业的创新力和国际竞争力。

6. 开展属地化经营，树立负责任形象

推进“本土化”政策。中国建筑总公司外籍劳务人员占劳务人员总数的近90%，在阿尔及利亚雇用当地分包队伍近300支，住房项目采购率达85%，年当地采购额近4亿美元。中国中车集团在马来西亚设立东盟制造中心和维保中心，实现制造、销售和服务全产业链属地化。

立足当地宗教风俗开展文化交流。中国建筑总公司与中国铁建集团为海外穆斯林员工建立简易清真寺、祈祷室等，开办阿拉伯语及伊斯兰文化交流班。中远海运集团欧洲公司中外员工组建龙舟队，连续8年参加汉堡龙舟赛。

积极参与当地公益事业。中国石油天然气集团公司在哈萨克斯坦公益投入超过3亿美元。在加拿大的资源能源企业捐款修建图书馆、赈灾、捐助儿童医院，关注环境保护。中国铝业集团秘鲁铜矿项目开工前先投资建设污水处理厂，解决了矿区70年的水污染问题，斥资2亿多美元为矿区建设现代化城镇设施，获得民众支持，项目如期投产。

培养当地管理技术人才。华为、中兴等企业在多国设立培训中心或与知名大学合作，为当地培养大批通信技术人才。

（二）“2017中国跨国公司100大”及跨国指数

依据2017中国企业500强、2017中国制造业企业500强、2017中国服务业企业500强的海外数据，中国企业联合会排出了“2017中国跨国公司100大”及其跨国指数，中国石油天然气集团公司、中国石油化工集团公司、中国海洋石油总公司、中国中信集团有限公司、中国远洋海运集团有限公司、海航集团有限公司、中国中化集团公司、中国五矿集团公司、中国化工集团公司、中国铝业公司位列前10位（详见第五篇榜单一）。“2017中国跨国公司100大”及其跨国指数有以下主要特点。

1. 规模继续扩大，入围门槛大幅提高

“2017中国跨国公司100大”海外资产总额达到80 783亿元，比上年增长16.01%；“2017中国跨国公司100大”海外营业收入达到49 012亿元，比上年增长3.58%；“2017中国跨国公司100大”海外员工总数达到1 166 176人，比上年增长15.26%；“2017中国跨国公司100大”入围门槛为61.47亿元，比上年增长48.19%。（见表3-3）

表 3-3　　2011—2017 中国跨国公司 100 大有关数据　　单位：亿元，人

年份	2011	2012	2013	2014	2015	2016	2017
海外资产	32 503	38 187	44 869	52 473	56 334	70 862	80 783
海外营业收入	31 015	43 517	47 796	50 074	51 771	47 316	49 012
海外员工数	421 000	485 480	624 209	72 392	754 731	1 011 817	1 166 176
入围门槛	7.52	8.82	14.91	21.00	26.67	41.48	61.47

数据来源：中国企业联合会、中国企业家协会 2011—2017《中国 500 强企业发展报告》。

"2017 中国跨国公司 100 大"海外营业收入排前 10 位的企业分别是中国石油天然气集团公司、中国石油化工集团公司、中国中化集团公司、华为技术有限公司、中国海洋石油总公司、联想控股股份有限公司、中国化工集团公司、中国兵器工业集团公司、浙江吉利控股集团有限公司、中国交通建设集团公司（详见第五篇榜单二）。

"2017 中国跨国公司 100 大"海外员工数排前 10 位的企业分别是中国石油天然气集团公司、中国电力建设集团有限公司、华为技术有限公司、中国化工集团公司、中国石油化工集团公司、大连万达集团股份有限公司、中粮集团有限公司、中国五矿集团公司、联想控股股份有限公司、潍柴控股集团有限公司（详见第五篇榜单三）。

2. 54 家公司跨国指数高于平均跨国指数

"2017 中国跨国公司 100 大"按照跨国指数排序，前 10 位的企业分别是宁波均胜电子股份有限公司、广东省航运集团有限公司、常州天合光能有限公司、浙江吉利控股集团有限公司、中国中化集团公司、中国化工集团公司、联想控股股份有限公司、江苏新潮科技集团有限公司、潍柴控股集团有限公司、华为技术有限公司。其中宁波均胜电子股份有限公司居首位，达到 62.59%。"2017 中国跨国公司 100 大"的平均跨国指数为 14.85%，其中高于平均跨国指数的公司达到 54 家（详见第五篇榜单四）。

3. 经济发达地区占大多数，国有控股公司仍然占据明显的主导地位

从公司总部所在地看，"2017 中国跨国公司 100 大"主要分布在经济发达地区，其中北京占 43%，广东占 10%，浙江占 8%，上海、山东各占 6%，安徽占 4%，江苏占 3%，河北、湖南、甘肃各占 2%。

从公司所有制性质看，"2017 中国跨国公司 100 大"中，民营企业 27 家，比 2016 年增加 9 家，国有及国有控股公司 73 家，其中中央企业 43 家，说明当前大企业国际化的主力军仍然是国有控股公司。

从公司所在行业看，"2017 中国跨国公司 100 大"中，工业和商业机械装备业 12 家，金属制品业 11 家，汽车及零部件业、消费品生产业、房地产业各 7 家，批发贸易业 6 家，运输仓储业、电力生产业、电信及互联网信息服务业各 4 家，石油天然气开采与石油炼制及相关行业、通信设备业、煤炭采掘及采选业、化学品制造业、公用事业服

务业、军工业各 3 家。

（三）“2016 世界跨国公司 100 大”及跨国指数

联合国贸发会议出版的《世界投资报告 2017》中公布了“2016 世界跨国公司 100 大”及跨国指数，皇家壳牌石油公司、丰田汽车公司、英国石油公司、道达尔公司、百威英博公司、大众汽车、雪佛龙公司、通用电气公司、埃克森美孚公司、软银公司荣列“2016 世界跨国公司 100 大”前 10 名。“2016 世界跨国公司 100 大”海外资产总额达到 82 697 亿美元，比上年增长 3.76%；“2016 世界跨国公司 100 大”海外营业收入达到 4 768 9 亿美元，比上年下降 3.09%；“2016 世界跨国公司 100 大”海外员工总数达到 9 282 031 人，比上年增长 1.24%；“2016 世界跨国公司 100 大”入围门槛为 371.58 亿美元，比上年增长 5.78%。“2016 世界跨国公司 100 大”的跨国指数为 61.31%，比上年提高 0.3 个百分点（详见第五篇榜单五）。

从跨国公司总部所在国家看，“2016 世界跨国公司 100 大”主要分布在发达国家。美国有 22 家，英国 15 家，法国、德国、日本各 11 家，瑞士 5 家，中国 4 家（内地 2 家，香港和台湾各 1 家），西班牙 3 家，意大利、爱尔兰各 2 家，瑞典、丹麦、比利时、芬兰、挪威、荷兰、卢森堡、以色列、新加坡、韩国、澳大利亚、巴西、墨西哥、马来西亚各 1 家。

从跨国公司所在行业看，“2016 世界跨国公司 100 大”主要分布在以下 14 大行业：电信及互联网信息服务业 14 家，汽车及零部件业、制药业各 12 家，采掘业 9 家，石油炼制及相关行业、公用事业各 8 家，批发零售贸易业 7 家，食品饮料业 6 家，化学品制造业、运输仓储业各 3 家，工业和商业机械、飞机制造、通信设备、烟草等行业各 2 家。

（四）中国跨国公司国际化的主要差距

尽管中国跨国公司已取得较大发展，在“2017 中国跨国公司 100 大”中，有 6 家公司达到“2016 世界跨国公司 100 大”的入围门槛，有 1 家公司的跨国指数达到 2016 世界跨国公司的平均跨国指数，有 43 家公司达到“2016 发展中经济体跨国公司 100 大”的入围门槛，有 15 家公司的跨国指数达到“2016 发展中经济体跨国公司 100 大”的平均跨国指数，但世界级跨国公司是在世界范围内跨国化程度高、拥有全球行业领导地位、全球资源配置高效的跨国公司。具体来说，世界级跨国公司的一般标准包括：跨国化程度高（体现为跨国指数不低于 30%），在品牌营销、技术创新、商业模式、管理水平、服务能力等方面在全球行业拥有领先地位，有能力高效配置和重组全球资源，具有较强的企业软实力或影响力。按照上述标准衡量，中国跨国公司还存在较大差距。

1. 国际化程度远远落后于世界平均水平

“2017 中国跨国公司 100 大”的平均跨国指数只有 14.54%，不仅远远低于“2016 世界跨国公司 100 大”的平均跨国指数 61.31%，而且也低于“2016 发展中国家跨国公司 100 大”的平均跨国指数 36.14%。“2017 中国跨国公司 100 大”中跨国指数在 30%

以上的只有 22 家，达到"2017 世界跨国公司 100 大"平均跨国指数的企业只有 1 家，达到"2016 发展中经济体跨国公司 100 大"平均跨国指数的企业也只有 15 家，还有 20% 的企业的跨国指数没有超过 5%。

除此之外，中国跨国公司 100 大的海外资产、海外营业收入、海外员工的比例都亟须提高，海外经营业绩也亟待改善。"2017 中国跨国公司 100 大"的入围门槛只有 61.47 亿元，而"2016 世界跨国公司 100 大"的入围门槛高达 2 488.40 亿元、"2016 发展中经济体跨国公司 100 大"的入围门槛也达到 315.29 亿元；"2017 中国跨国公司 100 大"的平均海外资产比例只有 16.01%，而"2016 世界跨国公司 100 大"的平均海外资产比例高达 62.49%、"2016 发展中经济体跨国公司 100 大"的平均海外资产比例为 28.76%；"2017 中国跨国公司 100 大"的平均海外营业收入比例只有 19.54%，而"2016 世界跨国公司 100 大"的平均海外营业收入比例高达 64.06%，"2016 发展中经济体跨国公司 100 大"的平均海外营业收入比例也为 47.00%；"2017 中国跨国公司 100 大"的平均海外员工比例只有 8.99%，而"2016 世界跨国公司 100 大"的平均海外员工比例高达 57.38%，"2016 发展中经济体跨国公司 100 大"的平均海外营业收入比例也为 32.67%。（见表 3-4）

表 3-4 跨国公司 100 大有关指标 单位：亿元人民币，%

	入围门槛	海外资产比例	海外营业收入比例	海外员工比例	跨国指数
2017 中国	61.47	16.01	19.54	8.99	14.85
2016 发展中经济体	315.29	28.76	47.00	32.67	36.14
2016 世界	2 488.40	62.49	64.06	57.38	61.31

注：汇率按照 1 美元 = 6.696 8 元人民币换算。

数据来源：中国企业联合会、中国企业家协会 2017《中国 500 强企业发展报告》。

2. 在技术、品牌和管理上缺乏企业核心竞争优势

当前公认的世界级跨国公司无一例外都拥有自己的企业核心竞争优势，这些核心竞争优势或者体现在产品和技术创新方面，或者体现在品牌方面，或者体现在经营管理方面。与世界级跨国公司相比，当前中国跨国公司仍然主要体现为"大而不强""大而不优"，规模庞大但缺少拿得出手的"撒手锏"，即企业的核心竞争优势。具体来看，中国跨国公司与世界级跨国公司在竞争优势方面主要差在技术、品牌和管理上。一是缺技术。相当一部分中国跨国公司的技术创新能力还不够强，尚未开发出突破性的原创技术，或者仍然处在追赶阶段。二是缺品牌。当前越来越多的中国企业已经意识到品牌的重要性，然而拥有世界一流品牌的中国跨国公司仍然不多。三是缺管理。无论是生产管理、研发管理还是营销管理，中国跨国公司均存在不小差距。

3. 影响力和全球行业地位尚待提升

全球行业领导企业往往是整个行业的技术领先者、商业模式首创者、行业价值链的

组织者和控制者。与世界级跨国公司相比，当前不少中国跨国公司的生产经营规模位居世界前列，但其全球影响力却远远不够，尤其缺少全球行业领导企业。

4. 人才国际化程度低

当前中国大企业国际化程度低的问题十分严重。根据《应对中国隐现的人才短缺》报告，中国满足跨国公司所需技能要求的综合型管理人才严重不足。预计到 2020 年，中国将需要 7.5 万名具备国际经验的经理人，而目前中国仅具备 5 000 名此类人才。“2016 世界 100 大跨国公司”国际化员工的比例达到 57.38%，而“2017 中国跨国公司 100 大”国际化员工的比例只有 8.71%。

（五）提升企业国际化经营水平的几点建议

党的十八届五中全会提出，要支持企业扩大对外投资，推动装备、技术、标准、服务“走出去”，深度融入全球产业链、价值链、物流链，建设一批大宗商品境外生产基地，培育一批跨国企业。这为中国大企业国际化发展指明了方向。当前和今后一个时期，中国大企业要认真审视自身差距，积极学习世界一流企业的先进经验，牢固树立国家战略意识，增强紧迫感和危机意识，抓住新的机遇，迎接新的挑战，不断修炼并增强国际化能力，努力提升国际化经营水平。

1. 牢固树立国家战略意识

第二次世界大战后世界主要大国实现国家战略的主要路径已经由军事手段变为经济手段，利用跨国公司实现国家战略是其重要方式。许多西方跨国公司为了获得全球垄断利益，也愿意借助国家力量，主动充当国家战略工具。最典型的是美国政府，在国际政治经济和外交活动中注意发挥大企业的作用，要求其为国家战略服务，当然也会维护大企业利益，注意培育大企业的国家战略意识。中国多数大企业都能够主动服从国家战略，并做出积极贡献，但也有少数大企业缺乏自觉的国家战略意识，没有将自身国际化经营战略与国家战略紧密结合起来，没有将推进国家战略变为自觉行动。诚然，近年来活跃在国际市场上的中资大企业，不仅提升了中国的国际地位，而且在一定程度上帮助国家实现了既定战略，功不可没。“一带一路”倡议推出三年多来，中国已经和沿线 30 多个国家签订了共建合作协议，与 20 多个国家开展了国际产能合作，一批有影响力的标志性项目逐步落地。但同时也应该看到，少数中资大企业缺乏自觉的国家战略意识，有的充当国际竞争对手的帮手，有的做一些没有战略意义的国际大型并购项目，有的在国际市场上和本国企业恶性竞争。例如，商务部发言人指出，在非洲、拉美、东南亚基础设施领域的电站、大坝、公路、铁路项目上经常出现几家中国企业同时竞标，有的企业为了拿到订单，采取低价策略，不断降价，造成恶性竞争，使中国企业蒙受重大损失。为此，中国大企业应该自觉遵守国家的法律法规，积极主动配合并大力支持国家的战略目标。

“一带一路”倡议不仅有利于促进中国与沿线国家的全方位合作，而且也为中国更好地利用国际市场和资源，加快开放型经济发展，带动国内资本、产能、技术“走出去”带来重大机遇。中国大企业要更加聚焦“一带一路”建设，以基础设施互联互通为指导，以国际产能和装备制造为重点，以境外经贸产业合作园区为载体，加强在"一带一路"沿线国家的投资布局，构建产业分工合作新格局，深化中国与沿线国家的经贸合作，把沿线国家打造成中国企业"走出去"的重点区域，为"一带一路"建设提供有力支撑。

当前，海外并购现已成为中国大企业国际化的主要途径，中国大企业的海外投资并购要服务国家战略，要有利于促进当地和区域经济发展及企业自身发展，要着眼于深层次对接市场需求，追求企业战略布局、产业布局和能力结构的全面转型。具体来看，在海外并购时主要应考虑以下几个方面的问题：一是并购项目是否符合企业的战略规划；二是并购项目的技术是否在全球具备先进性；三是并购项目的盈利能力是否足够强；四是被并购公司的品牌是否在全球细分行业领跑；五是能不能给国内带来紧缺资源，能不能给国内带来就业机会，是否有利于企业的进一步发展。与此同时，还要考虑当地的法律体系研究、集团公司文化是否可以有效地结合、团队是否需要切换、产品是否可以引进亚洲市场并重新制定战略规划。此外，中国目前为止比较成功的并购都是围绕核心业务进行的，如联想集团、中国化工集团等。中国化工集团是中央企业中海外并购比较多的企业，有的人认为国有企业海外并购失败的相对比较多，但根据笔者对中国化工集团并购企业的了解，他们所并购的企业绝大多数是成功的，之所以能做到这一点，主要是因为前期各项战略准备工作比较充分。中国化工集团对这些公司进行了长期跟踪，有的达3年之久，不仅全面了解了它们的历史和文化背景、产能、技术、市场、前景等情况，而且与这些公司的大股东和高管频繁接触并成为好朋友，也使对方加深了对中国化工企业文化、经济实力和发展前景的了解，增强了它们对企业价值观的认同。单项并购交易的时机把握艺术在安迪苏和罗地亚公司并购中表现得较为明显。因"非典"影响，全球家禽存栏量和养殖量减少，安迪苏公司的蛋氨酸产品产量、销售量和利润受到较大的影响。中国化工集团认为这是降低收购成本的良机，于是主动出击，在多年的沟通基础上，促成双方在2005年正式签约，实现了低成本收购。罗地亚集团2004年总体财务状况发生困难，中国化工集团把握住这次难得的时机，促成了双方在2006年10月正式签约，既缓解了罗地亚集团的财务状况，又使中国化工集团获得了完整的有机硅业务。

中国大企业在布局海外市场时，要量力而行，先着手区域布局，稳扎稳打，进而徐图全球化。坚持全球标准与本土特色并重。一是价值全球化，在品牌、服务及流程方面形成始终如一的全球价值和标准，以便让各国消费者都有相同的品牌联想、认知及印象。二是策略区域化，考虑不同区域客户的差异和相似性，针对目标市场设定适当策略。三是战术本土化。大企业要脱颖而出，须根据当地市场条件，制定具有本土特色、有别于竞争对手的营销组合和销售技巧。

2. 加快构建自主全球价值链

中国大企业对外投资不能仅着眼于短期收益，而应有长远规划。大企业需要明确，全球价值链的解构促使研发设计、原料选配、加工组装、物流配送和品牌营销等环节广布于世界不同的国家或地区，各环节有序承接为完整链条，在此链条中每一环节都体现价值创造，反映其不同的增值能力。中国大企业不仅要借助对外直接投资来获取单一链节优势，如通过逆向对外直接投资来获取研发资源或技术优势，或是借助海外并购来提升品牌价值、扩展营销渠道，而且应结合国家特定优势、企业自身优势和各区位要素禀赋优势，对全球价值链进行系统治理，以赢得竞争优势，提升市场竞争力。

为突破全球价值链中的“低端锁定”，中国大企业可以在价值链中进行横向和纵向的协同发展。可以通过沿着价值链条升级，即从价值链条的低端制造区段向高端研发区段、营销区段和营运区段横向升级；也可以在价值链之间进行选择升级，即从各区段价值网络的最低端，沿着模块供应商、系统集成商、规则设计商纵向升级。价值链条、价值网络上的节点企业，既可以选择横向价值链条升级的“一”字型成长模式，也可以选择纵向价值网络升级的“1”字型成长模式，还可以选择混合升级的“十”字型成长模式，纵横同步推进中国大企业全面成长。除了嵌入全球价值网络，中国大企业也可以通过构建全球价值网络，成为全球价值网络的网主企业。中国大企业只有通过建立自主发展型的价值网络，推进分工深化，才能摆脱价值链“被俘获”的处境，进而掌握价值链网络的主导权。

构建自主全球价值链，中国企业首先需要以开放合作的心态在全球价值链中整合全球资源进行创新，而不是关起门来自己创新。为了突破技术瓶颈，吉利控股集团通过整合全球创新资源，迅速学习到别人在几十年甚至上百年积累的经验和技术。通过在全球各地设置研发中心、设计中心，吉利可以利用这些平台与全球汽车产业链上最先进或前沿的合作伙伴们一起合作，这又极大地促进了其竞争力的提升。其次，需要由从过去注重整合国内创新资源到现在注重整合国际创新资源，由过去的注重引进国外先进技术到现在主动“走出去”并购国际先进技术企业，获得知识产权和技术人才并能持续性发展。吉利在全球汽车产业格局的变化中，抓住机会通过跨国并购获得了像沃尔沃这样的国际知名汽车品牌，获得了实现跨越式发展的机会。最后，需要紧跟全球行业发展潮流，与世界先进的企业和研发机构协同合作，锻炼、培养自己的技术研发和管理人才等，形成自身的创新能力，并与世界同行竞争。并购沃尔沃给了吉利突破的机会，吉利和沃尔沃在研发领域的协同布局，让吉利的触角真正伸入到了国际化研发体系循环之中。不同于传统的合资企业外方合作伙伴对核心技术的保留，吉利与沃尔沃作为吉利控股集团的两大品牌，双方可以共享资源、共同开发全新的中级车模块架构 CMA，吉利在 CMA 架构上打造领克品牌，而沃尔沃则在 CMA 架构上打造 40 系列产品，这使得吉利和沃尔沃的协同效应和相互学习达到了一个更高层次。

3. 构建科学的跨国管控体系

一个理想的公司管控体系通常需要具备管控战略导向明确、管控理念统一清晰、管控利益协调一致、管控定位科学合理、管控模式求同存异、管控组织健全严密、管控机制清晰系统、管控事项完善到位、管控途径规范可行、管控决策执行高效、管控制度柔性完备、管控能力胜任匹配等多项特征。根据“整—分”逻辑，每个模块设计和运行的内在机理都要具体体现管控体系运行的整体价值创造最大化和相互摩擦损耗最小化的要求。不应该仅是公司管理总部的单方面“己所欲，施于人”，而应是引导公司所有成员企业都朝着整体价值最大化的方向努力。应该在兼顾相关方利益诉求的基础上分进合击，群策群力。

随着经营地域的扩展和国际化进程的加速，中国的集团公司要积极稳妥地推进全球化管控体系建设，合理设置海外业务管理的组织架构，明确集团总部与海外专业分支机构经营与管理职能定位，并在实践探索和经验总结中最终形成一套成熟的适合自身全球化管控需要的可复制管控体系。

按照责权利相统一的原则，要科学划分集团公司与国际分支机构的职责和权限，探索职能模块、业务条线、区域板块的矩阵式运作模式，实现跨地域、多层次经营的资源有效配置方式，促使集团母公司发挥宏观管理的作用。

要发挥集团在海外分支机构发展过程中的技术和资源支持、竞争优势附加值注入、品牌无形资产支撑、战略引领及推动国际联盟合作等关键作用，强化集团母体对海外分支机构的影响力和控制力。

4. 加强国际化人才的培养

中国企业要成为世界一流跨国公司，就必须有世界级人才，世界一流跨国公司不仅要善于从世界范围内吸引中级和高级人才，并公平对待、充分尊重具有多元文化背景的员工，全面激发员工的创造力和主动性，在企业文化上体现海纳百川的气魄，而且要在构建全球知识流动机制的基础上，使员工形成开放的学习与合作态度，树立灵活的全球职业发展理念，从而最大限度地发挥全球范围的智力优势。中国企业要在以下五个方面下功夫。一是制订明确的人才计划。要根据企业国际化发展战略要求制订全球的人才计划和分配，如哪些部门和业务环节需要本地化员工，哪些地方需要全球的管理人员。二是加大国际化人才培训力度。要依据国际化人才培训需求，完善企业内部人才培养培训体系。通过与国外跨国公司、知名院校建立战略合作关系，选派优秀人才到境外研修，培养人才的国际化思维、全球视野和跨文化经营管理能力。要注重在跨国经营和海外投资项目中培养人才，通过实践锻炼，使得大批国际化人才在跨国经营中茁壮成长。要通过多种方式选派员工参加海外工作，体验海外文化和生活方式，培养一批能够融入海外市场、具有多元文化背景的专家，使得企业的触角多元化、丰富化。如中国建筑股份有限公司大胆使用年轻的管理人员，从企业内部培养国际化的人才。通过多年的全球化运作，已经培养了一大批年轻的全球化业务骨干，30岁出头的年轻人，就能在海外独当一面，管理几万人和数亿美元的工程。三是加大海外优秀人才引进力度。要根据企业发展需要，注重择优聘用外籍人士参与海外分支机构管理；可以逐步加大从国外知名院校接收优秀毕业生的工作力度，为国际化经营管理人才队伍建设做好人才储备。同时，要建立有效的激励机制吸引和挽留国际先进人才。四是加大境内外人才交流力度。要建立交换项目，为员工提供在不同工作环境中工作的机会，促进不同文化背景的员工相互沟通与交流，设计共同的信息和通信技术平台，鼓励知识共享和建设性讨论。要有计划地选派国内优秀的经营管理人才到境外合资合作企业、海外分支机构工作锻炼，使其进一步熟悉国外的经营环境和国际商业规则，提高涉外工作能力、多元化团队领导力和跨国经营管理水平。要注重把经过海外复杂环境考验、境外工作业绩突出的优秀人才优化配置到集团总部、国内重要分支机构的关键岗位上，使其在推动企业国际化经营工作中担当重任。五是实施人员本土化战略。招聘和雇用当地各类人才，有利于跨文化交流和沟通，降低东道国市场进入门槛。

5. 强化风险防控和合规经营

企业国际化难免会遇到种种风险，特别是中国企业“走出去”的“一带一路”沿线的一些中亚、中东、南亚及非洲部分国家，宗教、民族矛盾突出。企业参与“一带一路”建设面临的风险可以分为内部风险和外部风险，也可以分为非市场风险和市场风险。外部风险包括政治动乱风险、文化差异风险、宗教民族风险、环境生态风险等。企业国际化必须把风险防范摆在重要位置，从这些年中国企业的实践看，到海外进行投资尤其要做到六个“充分考虑”：一是要充分考虑可能面临的政治风险，包括政党轮换、政党利益、宗教冲突、民族矛盾、利益集团、腐败严重等；二是要充分考虑可能发生的金融风险，包括外汇十分短缺、外汇严格管制、货币大幅贬值、偿债能力低下等；三是要充分考虑沿线国家的经济发展情况，包括经济发展水平、基础设施状况、科技创新能力、人均收入水平、市场规模容量等；四是要充分考虑员工情况，包括所在国的员工劳动技能、劳动习惯、管理能力、劳工政策等；五是要充分考虑投资的经济效益，特别是一些重大基础设施投资，投资额大，回收期长，要认真测算投资回报率；六是要充分考虑产业园区的平台作用，尽量规避国家基础设施落后、产业配套薄弱、安全形势严峻等给投资可能造成的损失。

最近几年，跨国公司在强化企业社会环境责任的基础上正在加大合规反腐的力度，强化合规经营已经成为跨国公司发展的一个新趋势。中国企业应高度重视这一新的动向，借鉴跨国公司合规反腐的经验和教训，建立和健全合规经营体系，特别要关注在高风险地区投资的合规性，努力做到与当地社会互利共赢。在经过一年多的谈判后，中兴通讯股份有限公司于 2017 年 3 月就美国政府对其做出的三项指控表示认罪，与美国政府达成了和解协议，同意向美国财政部海外资产控制办公室、司法部及商务部立即支付总计 8.92 亿美元的刑事和民事罚金。此外，中兴通讯股份有限公司还同意若其在接下来的 7 年内违反协议约定，将另外支付 3 亿美元罚金。美国商务部官网透露，中兴通讯股份有限公司自 2010 年 1 月至 2016 年 4 月期间，在知晓美国依据《伊朗交易与制裁条例》对伊朗长期实施制裁的情况下，仍将内含美国制造的受限类配件和软件产品出口到伊朗，以获取伊朗公司的合同并参与当地庞大通信网络的供应、建设、运营及服务，这些合同金额达到数亿美元。此外，中兴通讯股份有限公司还在明知违法的情况下向朝鲜运送了 283 批受限类产品，包括《美国出口管理条例》出于国家安全、技术保密以及反恐考虑而限制出口的路由器、微处理器以及服务器。最终美国政府对中兴通讯股份有限公司提出的三项指控包括了串谋非法出口、阻挠司法以及向联邦调查人员做出虚假陈述。这笔总计高达 12 亿美元的罚单，创造了美国政府对出口管制类案件罚单的新纪录。中兴通讯股份有限公司的罚单不是中国企业在类似国际贸易交往中收到的第一笔，也不会是最后一笔。中国企业应当从该案中吸取经验教训，规范公司内部的合规性审查和持续的内外部审计监督，最大限度地降低此类法律风险。一是要建立和健全海外风险管理组织体系与内控制度。二是加快建立风险识别、评估、预警与防控体系。三是投资前要对拟投资项目做好调研评估和科学论证。四是进行风险投保以转移风险。五是实施投资地区的多元化策略以分散风险。六是采取合资方式等柔性进入海外市场的策略，既减少进入阻力又分散风险。

6. 着力树立起企业和国家的良好形象

一是树立可持续发展理念，坚持诚信为本。企业国际化经营不仅要考虑存在的经济风险，更要考虑东道国对中国对其投资的心理认同和接纳程度。具体而言，企业在海外运营中，要首先树立和维护良好的企业形象，要树立可持续发展的理念，兼顾项目的经济性、环保性和对当地社会民生的改善，以诚意和行动改变国际社会的认知。其次，把维护和改善形象纳入公司海外战略的统筹考虑和规划之中。企业要通过实施具体的商业合作项目，用看得见、信得过的成功商业项目运作，打消当地疑虑，筑牢合作根基。二是熟悉并自觉遵守国际法律规范。商业运营的底线是遵纪守法，"走出去"的企业更要遵守三条"红线"，即本国法律法规、东道国法律法规以及国际规范和惯例。三是提升与媒体及公关机构的交往能力，提高透明度和规范信息披露。"酒香也怕巷子深"，要提升企业在国际上的整体形象，必须提高"走出去"企业的透明度，通过主动、真实、客观的信息披露，让世人了解中国企业在东道国履行企业社会责任、开展负责任投资所做出的努力，以及为支持当地经济社会发展所带来的改变。企业家可以同中国驻当地的媒体、公关公司联系，同时重视海外公关人才的培养和公共关系工作的常态化与制度化，构建和谐、务实与互利共赢的合作平台。四是尊重当地文化。"走出去"的企业要有国际化视野和担当，与土生土长的当地人做朋友，尊重东道国民众的社会文化心理与习惯，了解东道国的文化特点及其差异性，找到与当地利益相关的沟通交流渠道与最佳方式，提升当地居民对企业的认知度与满意度，构建中国企业与当地居民的情感纽带和增进文化认同。

二、其他中国跨国公司榜单分析报告

除了中国企业联合会发布的"中国跨国公司100大"榜单和跨国指数外，国内外研究机构和政府部门也定期发布了一些与中国跨国公司相关的榜单和指数。这些榜单从不同侧面反映了中国跨国公司的发展状况和特点。

（一）世界最大100家非金融类跨国公司榜单

"世界最大100家非金融类跨国公司"榜单由联合国贸易和发展会议（UNCTAD）定期发布。该榜单按照跨国公司海外资产额多少排序，同时给出跨国公司的跨国指数。目前，该榜单已成为全球跨国公司研究领域的权威榜单。

入选2016年"世界最大100家非金融类跨国公司"榜单的中国跨国公司有4家（见表3-5），其中来自内地的跨国公司有2家，来自香港地区和台湾地区的各有1家。中国海洋石油总公司以666.73亿美元海外资产列第44位，跨国指数为23.85%；中远集团以430.76亿美元海外资产列第81位，跨国指数为49.79%，在入选的两家内地跨国公司中最高，但仍未超过50%。

香港地区和台湾地区分别有1家跨国公司入选。来自香港的长江和记实业有限公司以1 105.15亿美元的海外资产名列第19位，跨国指数排名第17位，达到84.46%，成为入选的 4 家中国企业中唯一进入前 20 位的跨国公司。来自台湾的鸿海精密工业股份有限公司以 707.97 亿美元位列排行榜的第 40 位，跨国指数达到 83.54%。

与 2015 年排名相比，除鸿海精密工业股份有限公司位次超过中国海洋石油总公司外，中国入选企业整体阵容基本未变，而海外资产名次除鸿海精密工业股份有限公司外均有所下滑，跨国指数除中国远洋运输（集团）公司保持 2014 年水平外均有所下降。

表 3-5　入选 2016 年世界 100 大非金融类跨国公司排名的中国跨国公司

单位：亿美元，万人，%

海外资产排名	跨国指数排名	企业名称	海外资产	资产总额	海外销售额	销售总额	海外员工数	员工总数	跨国指数
19	17	长江和记实业有限公司	1 105.15	1 306.77	260.50	334.74	26.39	29.00	84.46
40	19	鸿海精密工业股份有限公司	707.97	799.91	1 341.70	1 351.77	66.73	106.15	83.54
44	99	中国海洋石油总公司	666.73	1 792.28	177.61	677.89	0.90	11.02	23.85
81	85	中国远洋运输（集团）公司	430.76	556.42	151.04	229.65	0.51	8.27	49.79

注：跨国指数指的是企业的海外资产占总资产比重、海外销售额占总销售额的比重、海外员工人数占员工总数的比重三者的算术平均值。

资料来源：UNCTAD. World Investment Report 2017。

（二）发展中国家和地区最大 100 家非金融类跨国公司榜单

随着来自发展中经济体的跨国公司不断增多，联合国贸易和发展会议（UNCTAD）在发布“世界最大 100 家非金融类跨国公司”榜单的同时也发布了“发展中国家和地区最大的 100 家非金融类跨国公司”榜单。该榜单仍然按照海外资产规模排序。

入选 2016 年“发展中国家和地区最大 100 家非金融类跨国公司”排名的中国企业共有 38 家（见表 3-6），其中入选的内地跨国公司共有 18 家。中国海洋石油总公司、中国远洋海运集团有限公司分别排名第 2 位和第 6 位；中国五矿集团公司（排名第 8 位）、中国建筑工程总公司（排名第 13 位）、腾讯控股有限公司（排名第 17 位）、中国化工集团公司（排名第 19 位）、中国石油天然气集团公司（排名第 22 位）、中国石油化工集团公司（排名第 23 位）、联想控股公司（排名第 24 位）、复星国际有限公司（排名第 32 位）、联想集团（排名第 33 位）、中国中化集团（排名第 34 位）、大连万达商业地产股份有限公司（排名第 43 位）等排在该榜单的前 50 位内。

来自香港地区的长江和记实业有限公司和来自台湾地区的鸿海精密工业股份有限公司两家公司分别蝉联榜单第一名和第三名。除此之外，香港地区的新世界发展有限公司、新鸿基地产发展有限公司、怡和集团、第一太平有限公司、来宝集团、香格里拉（亚洲）有限公司等，以及台湾地区的台塑集团、广达电脑股份有限公司等均位列榜单前 50 位。

表 3-6 入选 2016 年发展中国家和地区最大 100 家非金融类跨国公司榜单的中国跨国公司 单位：亿美元，万人，%

所在地	海外资产排名	跨国指数排名	企业名称	海外资产	资产总额	海外销售额	销售总额	海外员工数	员工总数	跨国指数
内地	2	87	中国海洋石油总公司	666.73	1 792.28	177.61	677.89	0.90	11.02	23.85
	6	55	中国远洋海运集团有限公司	430.76	556.42	151.04	229.65	0.51	8.27	49.79
	8	89	中国五矿集团公司	351.65	1 079.33	162.21	684.13	1.51	24.00	20.86
	13	95	中国建筑工程总公司	254.72	1 657.40	97.17	1 400.99	3.71	24.15	12.56
	17	72	腾讯控股有限公司	240.86	473.08	10.52	163.65	1.56	3.06	36.08
	19	63	中国化工集团公司	237.95	513.82	229.18	413.98	4.78	12.90	46.25
	22	99	中国石油天然气集团公司	221.68	6 220.18	85.13	3 208.64	5.86	151.82	3.36
	23	94	中国石油化工集团公司	219.43	3 628.73	1 270.39	4 704.28	5.10	92.70	12.85
	24	50	联想控股公司	211.64	472.20	337.37	493.33	3.36	7.50	52.68
	32	79	复星国际有限公司	181.93	628.20	42.90	125.36	1.62	5.58	30.71
	33	47	联想集团	178.69	249.33	325.53	449.12	1.39	6.00	55.77
	34	70	中国中化集团	176.76	546.82	468.65	606.46	0.46	4.62	39.87
	43	92	大连万达商业地产股份有限公司	139.12	1 391.15	41.07	273.77	4.00	12.85	18.71
	56	100	中国移动	110.08	2 201.67	53.17	1 063.31	0.00	43.86	3.33
	65	81	中国电子信息产业集团公司	102.39	382.05	84.50	315.32	3.46	12.89	26.80
	66	90	中粮集团有限公司	101.95	706.82	64.52	645.16	4.57	12.18	20.66
	80	96	中国交通建设集团公司	71.31	1 127.21	119.44	643.43	0.73	11.52	10.41
	99	98	海航集团公司	47.67	953.39	14.78	295.62	0.88	17.50	5.00

续表

所在地	海外资产排名	跨国指数排名	企业名称	海外资产	资产总额	海外销售额	销售总额	海外员工数	员工总数	跨国指数
香港	1	11	长江和记实业有限公司	1 182.50	1 332.80	172.24	215.11	23.96	27.00	85.84
	15	61	新世界发展有限公司	249.90	513.45	32.68	71.25	1.14	2.37	47.58
	26	85	新鸿基地产	205.65	779.49	14.36	86.13	1.18	3.70	25.01
	31	68	怡和集团	188.09	665.81	245.12	370.07	12.43	44.00	40.91
	36	3	第一太平有限公司	164.25	171.99	64.37	64.37	9.31	9.75	97.00
	39	9	来宝集团	148.63	170.52	603.80	667.12	0.14	0.15	91.22
	49	6	香格里拉（亚洲）有限公司	130.47	132.85	18.59	21.23	2.74	2.79	94.66
	57	65	中电控股有限公司	108.23	263.17	53.87	104.10	0.29	0.74	44.19
	70	41	万洲国际集团	95.73	143.01	135.74	212.09	5.10	10.50	59.84
	81	2	银河娱乐集团有限公司	70.49	71.42	63.90	65.77	2.12	2.15	98.18
	83	8	深圳国际控股有限公司	68.89	76.12	8.69	8.69	0.60	0.69	92.58
	87	28	华润啤酒	65.86	65.87	44.87	44.92	0.30	6.00	68.29
	88	4	粤海投资有限公司	65.74	69.82	11.50	11.83	0.61	0.65	95.18
	94	16	利丰集团	59.66	79.33	160.95	188.31	2.11	2.53	81.39
台湾	3	13	鸿海精密	640.40	702.44	1 396.33	1 410.70	66.73	106.15	84.34
	16	86	台塑集团	244.90	1 027.32	132.81	604.42	3.21	11.07	24.94
	47	34	广达电脑	133.67	161.76	317.02	317.02	1.01	8.11	65.04
	74	14	宝成集团	84.42	85.40	43.78	84.69	41.05	41.53	83.13
	79	27	纬创集团	71.83	88.37	73.23	196.17	3.84	4.43	68.42
	89	12	仁宝电子	65.35	99.79	266.68	266.68	5.96	6.58	85.39

注：跨国指数指的是企业的海外资产占总资产比重、海外销售额占总销售额的比重、海外员工人数占员工总数的比重三者的算术平均值。

资料来源：整理自UNCTAD《世界投资报告2017》。

与2015年“发展中国家和地区最大100家非金融类跨国公司”榜单相比，入选2016年榜单的内地企业由16家增加到18家，平均海外资产规模由2015年的204.02亿美元增加到219.19亿美元，不过，平均海外销售额和海外员工数有所下降，平均跨国指数也由 2015 年的 31.56%下降为 26.09%。香港地区入选企业数量由 2015 年的 17 家减少到 14 家，台湾地区入选企业则由 2015 年的 8 家减少到 6 家。

从全球范围看，世界最大 100 家非金融类跨国公司的海外资产占比、海外销售额占比、海外员工占比较 2014 年均略有下降，发展中国家和地区最大 100 家非金融类跨国公司除海外资产占比持平外同样较 2014 年均有所下降（见表 3-7）。

表 3-7　世界最大 100 家跨国公司国际化指标比较

单位：10 亿美元，千人，%

排名类型		世界最大 100 家非金融类跨国公司			发展中国家和地区最大 100 家非金融类跨国公司	
指标 \ 年份		2014	2015	2016	2014	2015
资产额	海外资产额	8 424	8 014	8 268	1 699	1 717
	资产总额	13 245	12 891	13 252	5 916	5 966
	海外资产占比	64	62	62	29	29
销售额	海外销售额	6 060	4 856	4 767	2 135	1 769
	销售总额	9 096	7 612	7 464	4 296	3 780
	海外销售额占比	67	64	64	50	47
员工人数	海外员工数	9 589	9 305	9 330	4 168	3 954
	员工总数	16 107	16 273	16 323	11 558	12 044
	海外员工占比	60	57	57	36	33

资料来源：整理自 UNCTAD《世界投资报告 2017》。

（三）《财富》世界 500 强企业榜单分析

"世界 500 强"企业排名是由美国《财富》杂志每年定期发布的。该榜单按照企业的销售额排序，集中反映了企业经营规模。

2017 年入选"世界 500 强"榜单的中国企业达到 115 家，仅次于美国（132 家），其中内地入选企业 103 家，香港和台湾分别有 6 家企业入选。国家电网公司以 3 151.99 亿美元销售额列第 2 位，仅次于 4 858.73 亿美元销售额的沃尔玛。中国石油化工集团公司（第 3 位）、中国石油天然气集团公司（第 4 位）进入榜单前 20 位。中国工商银行、中国建筑股份有限公司、鸿海精密工业股份有限公司、中国建设银行、中国农业银行、中国平安保险（集团）股份有限公司、上海汽车集团股份有限公司、中国银行、中国移动等企业则进入榜单前 50 名，表 3-8 列出了 2017 年入选美国《财富》杂志世界 500 强榜单前 100 位的中国企业。

表 3-8 2017 年入选美国《财富》杂志世界 500 强榜单前 100 位的中国企业

单位：亿美元

排名	企业名称	营业收入	利润
2	国家电网公司	3 151.99	95.71
3	中国石油化工集团公司	2 675.18	12.58
4	中国石油天然气集团公司	2 625.73	18.68
22	中国工商银行	1 476.75	418.84
24	中国建筑股份有限公司	1 445.05	24.93
27	鸿海精密工业股份有限公司	1 351.29	46.09
28	中国建设银行	1 350.93	348.41
38	中国农业银行	1 172.75	276.88
39	中国平安保险（集团）股份有限公司	1 165.81	93.92
41	上海汽车集团股份有限公司	1 138.61	48.18
42	中国银行	1 137.08	247.73
47	中国移动通信集团公司	1 071.17	96.14
51	中国人寿保险（集团）公司	1 048.18	1.62
55	中国铁路工程总公司	969.79	9.24
58	中国铁道建筑总公司	948.77	11.92
68	东风汽车公司	861.94	14.15
83	华为投资控股有限公司	785.11	55.79
86	中国华润总公司	757.76	25.80
89	太平洋建设集团	746.29	31.68
100	中国南方电网有限责任公司	712.42	23.30

资料来源：http：//www.fortunechina.com/。

第四篇

案例报告：典型中国跨国公司案例研究

一、中国铁建股份有限公司

（一）公司概况

中国铁建股份有限公司（以下简称“中国铁建”）的前身是中国人民解放军铁道兵，组建于1948年7月，1984年并入铁道部，组建为中国铁道建筑总公司，并于2000年9月与铁道部脱钩，归国务院国有资产监督管理委员会管理。2007年11月，由中国铁道建筑总公司独家发起设立中国铁建股份有限公司，2008年3月10日和3月13日，中国铁建人民币内资股（A股）和境外上市外资股（H股）分别在上海证券交易所和香港联合交易所上市。中国铁建专业团队强大，拥有1名中国工程院院士、10名国家勘察设计大师、11名“百千万人才工程”国家级人选，拥有249名享受国务院特殊津贴的专家，是中国乃至全球最具实力、最具规模的特大型综合建设集团之一。中国铁建连续入选美国《工程新闻记录》（ENR）杂志“全球250家最大承包商”，2016年排名第3位；连续入选《财富》杂志“世界500强”，2017年排名第58位；连续入选“中国企业500强”，2017年排名第9位。

中国铁建业务涵盖工程承包、勘察设计、工业制造、房地产开发、物流与物资贸易等，具有科研、规划、勘察、设计、施工、监理、维护、运营和投融资等完善的行业产业链，在高原铁路、高速铁路、高速公路、桥梁、隧道和城市轨道交通工程设计及建设领域确立了行业领导地位。自20世纪80年代以来，中国铁建在工程承包、勘察设计等领域，获得了659项国家级奖项，其中，国家科技进步奖69项，国家勘察设计“四优”奖125项，詹天佑土木工程大奖80项，国家优质工程奖271项，中国建筑工程鲁班奖114项，累计拥有专利6 627项，获国家级工法292项。截至2016年，中国铁建经营业务遍及全国31个省、自治区、直辖市和香港、澳门特别行政区以及世界105个国家。中国铁建海外业务范围遍及全球。自20世纪60年代参与坦赞铁路、平壤地铁建设以来，中国铁建在海外先后参与建设了土耳其安伊高铁二期、安哥拉本格拉铁路、尼日利亚铁路现代化项目、阿尔及利亚东西高速公路等一大批在国际上具有重大影响力的标志性工程，多次刷新中国对外承包工程单笔合同额记录。

（二）在“一带一路”建设中的战略与业绩

在“一带一路”建设中，中国铁建参与了哈萨克斯坦、土库曼斯坦、阿塞拜疆、阿富汗、格鲁吉亚等国的铁路、公路、房屋建筑等项目的建设，建成了土耳其安卡拉至伊斯坦布尔高速铁路、沙特麦加轻轨、埃塞俄比亚至吉布提跨国铁路等一批在国际上颇有影响的项目，此外中泰铁路、沙特麦麦高速铁路等项目也在积极推进当中。

1. 中国铁建在“一带一路”建设中的战略

（1）业务优化战略

中国铁建在“一带一路”建设中，在注重业务数量的同时，积极调整海外业务的结构和质量，贯彻执行业务优化战略。中国铁建以“调结构、转方式、促转型、上水平”为主线，在保证适度规模的基础上，强化一体化协同能力，加快产业结构调整升级，实施产业链的横向、纵向拓展，推动企业可持续发展。

中国铁建以工程承包为核心，巩固市场份额，重点提升城轨建设、房屋建筑、市政基建、水电、矿山市场占有率，积极进入跨海大桥、深水作业、吹填造地等水工领域，加快开拓环保、节能、园林等潜力市场，培育发展新能源、石油化工等建设领域。中国铁建致力于“一带一路”建设，加快推进海外市场发展，逐步由交通基础设施领域向房屋建筑、供排水及电力工程等领域延伸。中国铁建致力于巩固铁路市场领先地位，做大做强城轨市场，采取并购、控股、合作等多种手段促进房屋建筑、市政规划及公路业务发展，积极开展工程总承包和海外业务。

中国铁建对物资物流资源进行供应链一体化整合，优化升级物资供应品种，做大做强物资贸易业务，充分发挥物流业务中仓储、配送等环节的规模经济优势。在整合、提升内部市场服务的同时，把重点放在外部市场，致力于实现信息化物流。中国铁建在工业制造上，围绕机械制造这条主线，发展新的业务，拓展业务范围，全面提升自主创新能力，加快新产品研发速度，致力于增强企业核心竞争力。中国铁建着力培育自主研发能力，提高现有拳头产品的市场占有率，加快生产先进的大型养路机械、高铁养护设备、轨道检测、电气化配件、接触网导线、盾构等高端产品和大型设备，开拓其他大型、重型有轨机械与施工机械，开发与主业关联度高、市场容量大、技术及生产门槛高的新产品。中国铁建在“一带一路”的建设过程中，以高速公路、市政、城轨等基础建设，以及需求大的新兴经济体和有重要资源的发展中国家为重点，合理选择经营模式，进一步挖掘特许经营领域，积极稳妥地推进以建设—移交、建造—运营—移交、建设—拥有—运营—移交形式为主的城市综合开发项目，培育信托投资、金融租赁等创效业务，密切跟踪国外大中型未开发矿产，择机介入，培育新的经济增长点。

（2）科技创新战略

中国铁建在“一带一路”建设过程中，确立以科技拉动业务的战略理念，拓展核心技术，致力于把企业打造成传统产业中的高新技术企业；大力推进研发机构、技术研究中心、重要实验室和专项研发机构等技术创新体系建设，筹建国家级科研平台，统筹管理全系统研发资源，鼓励和支持各成员企业通过技术创新提升企业核心竞争力；着力建设隧道、桥梁、轨道、工程设备制造、地下工程等专业性技术服务平台，加强对基础设施建设科技需求的前瞻布局和关键性技术研究，对越江穿海隧道、铁路客运专线客专“四电”（通信、信号、牵引供电、电力供电）系统集成、工业制造等方面的核心技术进行重点攻关，为重点产业在设计研发、成果转化和产业化发展等方面提供有力的技术支持；建立多渠道、多层次、全方位的科技投入保障体系，加大科技投入，变被动投入为主动投入，对有助于结构调整和提升经济效益的高新技术产业以及技术水平高、经济效益好、市场发展前景广阔的技术改造项目予以重点支持；逐步推进重大科技开发项目招投标制，吸引社会科技资源广泛参与研究开发，加强产学研联合，与知名高校、科研院所建立技术创新的战略联盟；建立完善的技术标准和检测平台，积极参与国际标准和行业标准的制定，加强国际交流合作，与国际一流企业建立技术研发合作关系，重大科研项目引入外籍专家顾问；进一步提高自主知识产权、自主品牌和高端产品的比重，对企业内部研发的具有较大市场潜力并需要重点扶持的自主创新试制品或首次投向市场的产品，实现内部优先采购，限制盲目引进。

（3）本土化战略

中国铁建在“一带一路”建设中，着力推进本土化经营战略，注重对当地员工的培训，把对当地员工的培训纳入整体发展规划，建立长期有效的激励和奖励措施，不断实现员工本地化，努力为当地培养和造就人才，为东道国带来切实的利益，从而获得“一带一路”沿线国家政府的支持和当地居民的拥护。塔吉克斯坦铁路项目一上场就推行“用工本土化”，但在实施过程中发现当地工人难以胜任岗位，技术能手更是凤毛麟角。中国铁建决定开设培训课程，一方面提高管理人员的俄语水平，一方面传授外籍工人技术技能，在学中干，在干中学。仅仅一年，中国铁建就培养了 6 名铲车和挖掘机司机、38 位钢筋工人、20 名电焊工人、54 名支护工、20 名架子工、16 名混凝土工，在壮大外籍员工队伍的同时，也使他们走上自力更生、脱贫致富的道路。中国铁建在“一带一路”上，加大本地化采购力度，与所在地合格供应商建立长期的合作关系，拉动所在地市场的物资供应，带动所在地社会经济发展。中国铁建在“一带一路”上，注重与当地政府和民众建立和谐关系，关注社区发展，积极参与社区建设，给当地带来人力、技术、资金方面的支持，促进社区和谐发展。中国铁建在“一带一路”的建设上，在努力提高效益的同时，重视支持东道国的社会公益，积极参加对口扶贫、爱心助学、社区共建等活动，以提高中国铁建在“一带一路”沿线国家的企业形象。阿尔及利亚贝佳亚连接线项目开工后，施工途经当地的一所普通小学——图贾小学，目睹其办学条件极为简陋后，中国铁建副总经理兼项目经理孙长胜组织为该校师生捐赠了价值 26 万第纳尔（当时约合人民币两万余元）的办学用品，包括文具、书包、黑板、运动器材等，这件事很快就传遍了人口不多的贝佳亚，当地居民对中方人员产生了好感。截至 2016 年年底，该公司所属阿尔及利亚项目累计开展社会公益活动 7 次，捐赠总值达 15 万元。

2. 中国铁建在“一带一路”建设中的业绩

（1）为“一带一路”建设第一条铁路

2015 年 5 月 15 日，塔吉克斯坦共和国“瓦赫达特—亚湾”铁路项目开工典礼在塔吉克斯坦首都杜尚别以东约 20 千米的该项目一号隧道进口隆重举行。

塔吉克斯坦总统拉赫蒙、中国驻塔大使范先荣、商务参赞处参赞李越、中国铁建十九局集团公司参加了典礼并为项目剪彩。拉赫蒙总统在讲话中说，建设瓦亚铁路是实现塔吉克斯坦“走出交通困境”的发展战略，是促进塔吉克斯坦国家经济发展、提高人民生活水平的重要项目。希望中国铁建十九局集团公司周密组织施工，在质量、安全、工期上保障项目顺利实施，把该工程打造成中国铁建在塔吉克斯坦的一张名片。

塔吉克斯坦国土面积 14.3 万平方千米（近 1.5 个浙江），铁路基础设施十分落后，目前共有铁路总里程 950.7 千米，分为南、北、中三段，因皆处在前苏联铁路网的末梢，三段铁路之间互不相连，需要接到乌兹别克斯坦和土库曼斯坦才能实现互通，严重制约了该国的经济发展。瓦亚铁路的建成，使塔吉克斯坦中、南段铁路实现联网，大大缩短了中南部地区的路程，对塔吉克斯坦经济社会发展具有十分重要的战略意义。同时，进一步促进了“一带一路”的建设，加快了中国与中亚地区的“互联互通”。

瓦亚铁路是中国铁建首次在塔吉克斯坦承揽的工程项目，也是中国铁建首次进入中亚铁路市场，主要工程量包括：隧道三座，总长 3 755 米；桥梁五座，总长为 712 米。

中国驻塔大使范先荣表示，此项目是中国在中亚地区实现“互联互通”，特别是铁路建设方面最初的项目之一。中亚地区在铁路建设方面缺口很大，所以将来的项目会越来越多。中国铁建十九局所承建的项目如果能高质量、如期完工，其将会成为中国铁路建设企业的非常好的广告，对中国铁路企业下一步在中亚地区的发展起到巨大的推进作用。这个项目，跟习近平主席所提出的“丝绸之路经济带”紧紧相关，是实现“互联互通”的具体项目之一，隧道开通，铁路通车，连接塔吉克斯坦中部和南部，大大降低运输成本并创造大量的就业机会，是实实在在的惠民工程。

（2）在“一带一路”建设中创造“亚吉模式”

2016 年 10 月，在亚吉铁路即将通车之际，中国铁建董事长孟凤朝表示，中国铁建通过亚吉铁路的建设，成功创造了让世人瞩目的“亚吉模式”。孟凤朝说，“亚吉模式”就是以“一路”（铁路）建设带动“一带”（经济带）发展，这是中国企业实施亚吉铁路项目的重要成果。这种模式有两层含义：一层含义是指通过中国标准铁路项目的实施，把建设、装备、运营等全产业链带出去；另一层含义是指通过铁路带动沿线产业发展，以多种合作方式开展物流仓储以及工业园、土地开发建设等，建设沿线经济带。孟凤朝表示，这是一种合作共赢的“亚吉模式”。对中国企业来讲，可以实现全产业链“走出去”，让非洲国家分享中国铁路几十年建设的经验和成果；对所在国来讲，这种模式借鉴了中国这些年来招商引资的成功经验。中国铁建依托亚吉铁路的良好品牌效应，通过实施“1+N”战略，已经在埃塞俄比亚中标了 4 个工业园，这些工业园相当于一个产业平台，除了中国企业，当地以及其他国家的企业都能入驻，不仅为当地创造了就业机会，也带动了纺织业、食品加工业、农业等的发展，为这些非洲国家实现“弯道超车”提供了条件。

（3）“一带一路”建设合同金额超过 150 亿美元

截至 2016 年年底，中国铁建已在“一带一路”沿线 37 个国家设有境外机构或拥有项目，在建项目 111 个，合同额 151.7 亿美元。

中国铁建总经理齐晓飞说，基础设施互联互通是“一带一路”建设的优先领域，而沿线国家和地区大多基础设施薄弱，因此都有通过基础设施开发带动经济社会发展的强烈愿望，这为“一带一路”基础设施可持续开发提供了广阔的空间。另外，沿线国家和地区的建设能力普遍不足，而中国在这一领域的优势十分明显，积累了丰富的成功经验，拥有强大的产能支持，并且造就了一批在国际上处于行业领先地位的优秀企业。“正是众多有实力的我国企业参与其中，才使得‘一带一路’的基础设施开发具有可持续性，呈现出蓬勃发展的态势。”他说。

（三）案例点评

1. 建立资源整合、风险共担与利益共享的合作共赢体制机制，是中国企业在“一带一路”上的成功基础

以铁路产业“走出去”为例，中国铁路产业在“一带一路”上不仅涉及技术咨询、勘察设计、施工安装、装备制造、竣工验收、运行维护等全产业各环节要素，还涉及项目所在国的政治、经济、社会、技术、法律、自然等外部环境要素，是一个复杂的大系统。在这个复杂大系统中，大型铁路建设企业（例如中国中铁、中国铁建等）、大型商务进出口企业（如中国中机等）和金融机构（如国家开发银行、中国进出口银行等）能否发挥各自优势、实施强强合作，对保证项目成功中标、顺利实施及进行有效风险管控等非常重要。

2. 基于本土化策略的联合体合作模式是项目成功的重要保障

本土化策略主要是指中国铁路企业要充分利用项目所在国的各种资源，与项目所在国的利益相关方结成利益共同体，彼此分工合作，共同保障项目的顺利实施，实现双赢或多赢。本土化策略有很多合作方式和实现途径，如利用项目所在国的建筑企业和劳动力，使用当地的建筑材料和设备，聘用当地的技术专家和咨询顾问，在当地设立子公司或技术研发中心，在当地设立建筑材料、构配件生产厂等。本土化策略能在项目所在国增加就业机会、提高当地劳工的技术水平和素质、增加收入和税收、拉动经济社会发展，能得到项目利益相关方的大力支持和合作。

3. “一带一路”最重要的是国际化的人才

国际工程管理对工程管理人才的能力和素质提出了更高要求。首先，要能熟练地运用外语；其次，不仅要掌握专业技术知识，还要熟悉国际工程管理知识；最后，还要具备国际工程商务谈判、沟通交流的知识与技巧。国际工程项目的高管人员还要具备管控项目紧急情况的应急应变能力。当前，中国企业在“一带一路”上承包境外工程项目，面临的挑战之一就是缺乏国际工程管理人才，特别是领军人才。因此，强化人才引进、培养，优化人力资源管理，是企业国际化战略的重中之重。

二、中国中铁股份有限公司

（一）公司概况

中国中铁股份有限公司（以下简称“中国中铁”）是集勘察设计和咨询服务、施工安装、工业制造、基础设施建设、工程设备和零部件制造、房地产开发、矿产开发、金融投资、海外业务和其他业务于一体的多功能、特大型企业集团，也是中国和亚洲最大的多功能综合型建设集团，总部设在中国北京。中国中铁连续 12 年进入世界 500 强企业，2017 年在《财富》世界 500 强企业中排名第 55 位，在中国企业 500 强中名列第 8 位，在中国品牌价值研究院“2017 年中国品牌 500 强”中排名第 14 位。在《工程新闻纪录》（Engineering News-Record，简称 ENR）杂志全球最大 250 家工程承包商中排名第 2 位，在国际工程承包商中排名第 20 位。

中国中铁具有中国国家住房与城乡建设部批准的铁路工程施工总承包特级资质，公路工程施工总承包一级资质，市政公用工程施工总承包一级资质以及桥梁工程、隧道工程、公路路基、路面工程专业承包一级资质，城市轨道交通工程专业承包资质，拥有中华人民共和国对外经济合作经营资格证书和进出口企业资格证书。

中国中铁的业务范围包括铁路、公路、市政、房屋建筑、城市轨道交通、水利水电、机场、港口、码头等，能够提供建筑业“纵向一体化”的一揽子交钥匙服务。此外，公司实施有限相关多元化战略，在勘察设计与咨询、工业设备和零部件制造、房地产开发、矿产资源开发、高速公路运营、金融等业务方面也获得了较好的发展。

中国中铁在特大桥、深水桥、长大隧道、铁路电气化、桥梁钢结构、盾构及高速道岔的研发制造、试车场建设等方面，积累了丰富的经验，形成了独特的管理和技术优势。桥梁修建技术方面，有多项修建技术处于世界先进水平；隧道及城市地铁修建技术处于国内领先水平，部分技术达到世界先进水平；铁路电气化技术代表了当前中国电气化最高水平。

中国中铁在机械装备方面保持领先地位。拥有国内数量最多的隧道掘进机械、亚洲起重能力最大的吊装船、整套深海水上作业施工装备、国内数量最多的用于铁路建设的架桥机及铺轨机，以及国内数量最多的用于电气化铁路建设的架空接触线路施工设备。公司能够自行开发及制造具有国际先进水平的专用重工机械，同时公司是世界上能够独立生产全面隧道掘进机（Tunnel Boring Machine，简称 TBM，用于岩石地层）并具有知识产权的三大企业之一。

自 1950 年成立以来，中国中铁先后参与建设的铁路占中国铁路总里程的 2/3 以上；建成的电气化铁路占中国电气化铁路的 90%；参与建设的公路超过 13 781 千米，其中高速公路超过 7 708 千米，约占中国高速公路总里程的 1/8；参与建设了中国 3/5 的城市轨道工程；修建了武汉长江大桥、南京长江大桥、东海大桥、杭州湾跨海大桥等 9 000 多座大桥，总长达 9 297 千米；建成秦岭隧道、太行山隧道、厦门翔安海底隧道、武汉长江隧道等长大隧道，共计 6 886 千米。公司建设者八次远征南极，承担了中国中山站、长城站、昆仑站的建设和维护任务。公司还先后参加了国内外 5 000 余项公路、机场、码头、水电、地铁、高层建筑、市政等大型工程的设计与施工，经营范围覆盖土木建筑的各个领域，工程项目遍布全国各省、市、自治区和全球 60 多个国家和地区。

中国中铁是国家科技部、国务院国资委和中华全国总工会授予的全国首批“创新型企业”。共获得国家科技进步奖 103 项，其中特等奖 5 项，一等奖 14 项；国家级工法 166 项；拥有有效专利授权 4 956 件，其中发明专利 1 292 件；拥有“高速铁路建造技术国家工程实验室”、“盾构及掘进技术国家重点实验室”和“桥梁结构健康与安全国家重点实验室”；拥有 7 个博士后工作站、11 个国家认定企业技术中心，并先后组建了桥梁、隧道、电气化、先进工程材料、轨道和施工装备 6 个专业研发中心。

中国中铁在全球市场久负盛名，在全球 60 多个国家和地区设有公司办事处、代表处和项目部等境外机构。自 20 世纪 70 年代建设长达 1 861 千米的坦桑尼亚至赞比亚铁路项目开始，先后在亚洲、非洲、欧洲、南美洲、大洋洲的多个国家建设了一大批精品工程。

（二）在"一带一路"建设中的战略与业绩

中国在当今时代提出了"一带一路"的倡议，"一带一路"沿线正是世界轨道交通最急需发展的区域，为高速铁路、核电等中国装备"走出去"提供了广阔的市场空间。

在"一带一路"倡议的影响和带动下，中外产能合作加快推进。作为全球最大的基础设施建造商，中国中铁一直以来认真贯彻国家"走出去"战略，在国家提出"一带一路"倡议之际，以此为契机大力开拓海外市场，境外项目众多，涉及铁路、公路、桥梁、隧道、房屋建筑、城市轨道、市政工程以及矿产资源开发、房地产开发和实业投资等领域。中国中铁在全球各国增设驻外机构，承包、合作的项目遍及亚洲、非洲、欧洲、南美洲、大洋洲的 84 个国家和地区。

针对"一带一路"倡议带来的新机遇，中国中铁提出了新的人才战略，即打造八支人才队伍，并确定人才队伍建设的总体目标是：以人才培养体制机制改革和制度创新为突破口，以八支人才队伍建设为重点，以构建八大机制为保障，持续强化各类人才选拔、培养、开发工作力度，培养和打造一支更加符合股份公司发展战略需要，规模适度、结构合理、素质优良、梯次衔接的人才队伍，全面提升人才竞争优势，为实现"做强做优做大"的企业发展战略目标奠定坚实的人才基础。

中国中铁积极参与"走出去"和"一带一路"建设，曾被评为"一带一路"十大先锋企业。具有代表性的海外项目包括印度尼西亚雅万高铁项目、俄罗斯莫喀高铁设计项目、中老铁路项目、马来西亚吉隆坡新捷运（Marginal Rate of Transformation，简称 MRT）轻轨项目、孟加拉国帕德玛大桥项目、乌兹别克斯坦安革连—帕普电气化铁路卡姆奇克隧道项目等。

印度尼西亚是东南亚最大的经济体，其地理位置优越，是中国实施"21 世纪海上丝绸之路"战略的重要合作伙伴。中国与印度尼西亚合作建设的雅万高速铁路，是十分重要的战略举措。印度尼西亚雅万高铁项目是中国中铁积极参与"一带一路"建设的过程中极具代表性的一个项目。

2015 年 10 月 16 日，《组建中印尼合资公司协议》正式签署，双方分别是中国铁路总公司牵头组成的中国企业联合体以及印度尼西亚维卡公司牵头的印度尼西亚国企联合体。中国和印度尼西亚的合资公司负责印度尼西亚雅加达至万隆高速铁路项目的建设和运营，这具有里程碑意义，标志着中国铁路特别是高速铁路"走出去"取得历史性突破。

印度尼西亚雅万高速铁路是从印度尼西亚首都雅加达至第四大城市万隆的高速铁路，全长 150 千米，将完全采用中国技术、中国标准和中国装备，设计时速为 250～300 千米，于 2015 年 11 月开工建设，三年时间建成通车。届时，雅加达到万隆间的旅行时间将由 3 个多小时缩短至 40 分钟以内。

印度尼西亚雅万高速铁路采用中国和印度尼西亚企业合资建设和管理的合作模式，这是中国高速铁路全方位整体"走出去"的第一单项目，无论是技术标准、勘察设计、工程施工、装备制造，还是物资供应、运营管理和人才培训等，都完全由中方负责。这也是首个由政府主导搭台、两国企业对企业（B2B）合作建设的第一个铁路“走出去”项目，是中国铁路“走出去”模式的一次成功实践和重大创新。

这条高速铁路为推进“一带一路”建设提供服务保障——深化中国铁路与东南亚相关国家铁路合作，加快泛亚铁路网建设，实现中国与“一带一路”沿线国家交通基础设施互联互通。不仅如此，由印度尼西亚雅万高速铁路带来的经济溢出效应，对于增加印度尼西亚就业机会、改善民生，有效缓解雅加达至万隆的交通压力，方便沿线民众出行，加快形成雅万经济走廊，促进印度尼西亚经济社会发展，更好地造福印度尼西亚人民，都具有十分重要的意义。

1995年马来西亚提出新时期泛亚铁路这一概念，即修建一条跨越湄公河流域，从新加坡，经马来西亚、中南半岛五国到中国昆明的铁路。泛亚铁路建成后，东南亚各国可以通过昆明进入中国西部地区，并连通已建成的第二亚欧大陆桥。中老（中国和老挝）铁路正是泛亚铁路中线的重要组成部分，也是中国中铁参与的一个重要项目。

中老铁路北起中国云南省玉溪市，南到老挝首都万象，途经普洱市、西双版纳、中老边境口岸磨憨、老挝著名旅游胜地琅勃拉邦。铁路正线全长508.53千米，设计时速160千米，为国铁Ⅰ级电气化铁路。项目总投资505.45亿元人民币，工期5年。

中老铁路在中国境内即为玉磨铁路，长度近91千米。在老挝境内磨丁至万象段的铁路全长418千米，由中方负责建设。中老铁路采用国际技术标准，客运时速160千米，货运时速120千米，为快速铁路。其中，有76处隧道，约195千米，桥梁154座，包括跨湄公河大桥2座，共设有31个车站。

2016年10月28日，马来西亚交通部长向由中国中铁、中国铁建、中国交建组成的中国企业联合体正式颁发了《马来西亚南部铁路项目授标函》，这标志着联合体中标了马来西亚南部铁路工程项目。该项目为双线电气化升级改造米轨铁路，全长191.14千米，设计时速160千米，合同金额约144.69亿元。该项目是中国企业在马来西亚建设的首条铁路，有助于加速泛亚铁路网的联通。

在房地产方面，中国中铁还参与联合投资开发大马城城市综合开发项目，于2016年3月21日正式启动，中国中铁投资20亿美元。大马城项目地块位于马来西亚首都吉隆坡中心区域，占地200万平方米，规划建筑面积1 600万平方米，是目前吉隆坡最大的单一地块。项目建成后，将能够满足80万人口的工作和生活需要。这是目前中国企业在海外投资建设的规模较大的项目之一，马来西亚政府规划将其打造成为吉隆坡最重要的交通枢纽和集金融、商业、文化、旅游、高级住宅于一体的国际经济中心。大马城的投资开发建设，将提升中国企业在马来西亚的影响力。

对于中国中铁而言，大马城项目是其海外房地产市场的第一个大项目，不仅是中国中铁房地产投资开发业务迈向国际化的重要里程碑，更是中国建筑企业在海外由单一的工程承包向并购重组和资本运作转变的重要项目。中国中铁已发展成为在马来西亚投资经营的最重要的中国企业代表。

中国中铁为“一带一路”沿线基础设施建设不断贡献着自己的力量。截至2016年11月，中国中铁已在全球73个国家和地区建设了超过1 000个铁路、公路、机场、市政、水电站、矿产资源等工程项目，盾构装备、系统集成道岔、钢结构、城市轨道交通接触网等工业制造产品出口 30 多个国家和地区。中国中铁累计实现海外新签合同总额 720 亿美元，完成营业收入 350 亿美元，在建项目约 400 个，合同总额约 300 亿美元，近万名员工从事海外业务，雇用当地员工 4 万多人。

（三）案例点评

在“一带一路”倡议提出之后，中国与周边国家的互通互联网络建设不断加快。中国中铁投身“一带一路”建设，积极响应“走出去”的号召，积极参与国外各个工程项目，开发地产资源，出口高品质原材料，输出先进技术。

首先，中方企业参与“一带一路”建设不仅是展示自身实力的一种方式，也可以为公司带来长远的经济利益。这些中标、在建、完工的项目在为“一带一路”沿线国家带来便利、推动其经济发展的同时，也成为中国企业展现自身技术、实力的一张有力的名片，使中国的技术得到更多国家的认可，也让更多的国家愿意与中方合作，进而创造更大的利益。

其次，中外合作的各个项目为当地带来了大量的就业岗位。由于工程项目的特殊性，往往需要在当地建设完成，这也需要企业雇用当地员工，由此创造了大量的就业岗位，当地百姓在工作中还可以学习技术和知识。不仅如此，中方企业在与其他国家合作的过程中，可以深入了解当地的风土人情，开展更加密切的交流。

最后，中国中铁成功中标并实施多个项目，为中国其他有实力的企业提供了参与“一带一路”建设、响应“走出去”号召的成功范例。中国中铁在竞标与建设的过程中，必然面对许多问题，这都将成为后来企业处理类似事件的宝贵经验，为“走出去”走得更远奠定了基础。

三、中国交通建设股份有限公司

（一）公司概况

中国交通建设股份有限公司（以下简称“中国交建”）起源于 19 世纪 60—90 年代的洋务运动，前身为 1897 年清政府在天津建立的第一个专业疏浚机构——海河工程局，2015 年由中国港湾建设（集团）总公司与中国路桥（集团）总公司以强强联合、新设合并方式重组成立，注册资本 45 亿元。2006 年，中国交建在香港联合交易所挂牌上市交易（港股代码 HK：1800），成为中国第一家实现境外整体上市的中央直属特大型国有企业。2010 年 8 月，中国交建以国资委无偿行政划拨的方式吸收中房集团。

中国交建旗下有 60 多家全资、控股子公司，包括与共和国一起壮大的骨干国有企业、在改革开放浪潮中涌现的先进现代企业、改革性与创新性强的新世纪优秀企业、并购的在渠道和技术等方面有优势的国内外一流企业。

凭借强大的实力、优质的资源和卓越的人才队伍，中国交建在交通、基建等行业独占鳌头，是中国乃至全球领先的多专业、跨国经营的特大型国有控股上市公司。中国交建主要业务范围包括交通基础设施投资、设计、建设及运营、疏浚、装备制造、房地产及城市综合开发。同时，中国交建具有在全球范围提供投资融资、咨询规划、设计建造、管理运营一揽子解决方案和一体化服务的能力。2017 年，中国交建获评《财富》杂志“世界 500 强”第 103 位。

截至 2016 年年底，中国交建总资产为 8 010.82 亿元；实现营业收入 4 299.72 亿元，较 2015 年营业收入 4 036.16 亿元增长了 6.53%，2008—2016 年营业收入年增长率约 10%。2016 年毛利率为 13.5%，比上一年度提高了 9.76%；资产负债率为 76.7%，与上一年度持平，如图 4-1 所示。中国交建拥有 60 余家子公司，母公司业绩兴衰与主要子公司的业绩情况相关。母公司具有重大非控制性权益的子公司有上海振华重工（集团）股份有限公司和中交投资基金公司，这两家企业的经营状态均为良好。中国交建近年来国际业务发展迅猛，海外营业收入不断攀升，海外经营风险（主要为政治风险）也处在可控范围内。

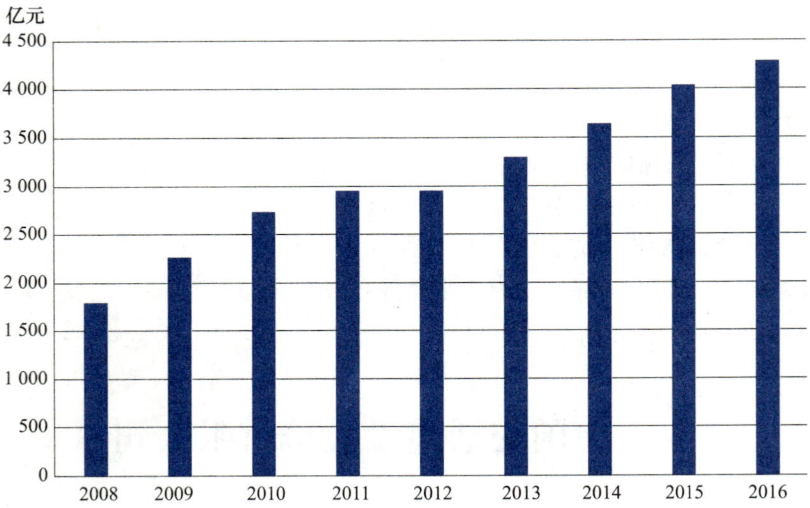

图 4-1　2008—2016 年中国交建营业收入

数据来源：中国交建 2008—2016 年年度财务报表。

中国交建从 1958 年建设援外工程，到 1978 年“走出去”，再到近年来全力投入到“一带一路”建设中，已有近 60 年海外发展的历史。截至 2016 年年底，中国交建已在 109 个国家和地区设立 210 个驻外机构，在 145 个国家和地区开展实质业务，拥有完善的海外营销网络，经营范围涉及港口、高速公路、铁路、机场、疏浚吹填、装备制造等诸多领域。2016 年，中国交建海外市场份额约占中资企业海外市场份额的 14%，海外利润贡献和海外整体贡献都约为 1/3，海外在执行的合同总额超 1 000 亿美元。2006—2015 年累计海外新签合同额 1 408 亿美元，海外营业收入 783 亿美元，海外业务实现净利润 55 亿美元。

中国交建通过设立海外事业部（外事办）和海外分公司及代表处来对集团跨国业务进行管理，设置了 32 个亚洲地区代表处、11 个欧洲地区代表处、38 个非洲地区代表处、17 个美洲地区代表处和 2 个大洋洲地区代表处。亚洲市场是中国交建海外业务的起步点，更是“一带一路”沿线多数国家所在，亚洲地区的业务特点是覆盖面广、发展成熟。中国交建是连续多年的非洲市场最大国际承包商，在非洲地区已达到业务全面覆盖的程度。中国交建旗下业务在拉美、中东和环加勒比海的市场已经相对成熟。2015 年中国交建通过并购进入大洋洲市场，一跃成为大洋洲市场第三大建筑商。

中国交建在西欧、北美高端市场仍有待深度开发与整合。2014 年，中国交建作为主要股东与美国麦格理资本筹建了拉美基础设施投资公司，通过资本纽带方式进入美洲投融资市场；2015 年，匈塞铁路开发协议正式签署，是截至 2017 年 6 月中国交建在欧盟市场的重要建设项目；2017 年 5 月，与美国路易斯伯杰集团续签全球战略合作协议，双方进一步合作探索在美国的投资及收并购机会，共同寻求新市场、新技术及金融领域的创新。

（二）在“一带一路”建设中的战略与业绩

中国交建积极响应“一带一路”倡议，建造运营了一批具有重要影响力的国家重大战略项目、国际产能合作项目、周边和国际区域间互联互通项目等，在拓展国际市场份额的同时，也提升了中国的国际影响力。

“一带一路”建设是中国交建面临的前所未有的机遇。一方面，中国交建的优势领域——基础设施建设领域是“一带一路”互联互通工程的优先领域；另一方面，发展中国家对基础设施建设及其配套设施建设有着巨大的需求，市场潜力大。因此，技术先进、供给强劲的中国交建作为行业领军者，成为最早参与“一带一路”建设的中国企业之一。中国交建在“一带一路”建设中重点跟踪的项目包括铁路、公路、桥梁、隧道、机场、港口、运河、资源开发、城市综合体开发建设、工业投资、园区开发建设等。截至 2017 年 6 月，中国交建“一带一路”市场布局日趋完善，与沿线 58 个国家签署合同、协议总金额超过 400 亿美元，沿线新签项目超过 100 个，居中资企业首位；截至 2017 年 6 月，中国交建在“一带一路”沿线国家和地区累计修建公路 10 320 千米、桥梁 152 座、深水泊位码头 95 个、机场 10 座，提供集装箱桥吊 754 台，已签约及在建铁路 2 080 千米。

中国交建结合“一带一路”沿线国家发展需求，推进了一大批重大工程项目建设，签署合同、协议超过 400 亿美元。中巴经济走廊、肯尼亚蒙内铁路、塞尔维亚泽蒙大桥、巴基斯坦瓜达尔港及喀喇昆仑公路、斯里兰卡科伦坡港口城等标志性工程项目在畅通当地交通、繁荣沿线经济、改善当地民生、促进中外交流等方面发挥了重要作用。

中国交建于 2016 年提出“聚焦一个中心，强化两项驱动，紧抓三转市场，升级四套体系，打造五类优秀，提升六种能力”发展战略——在保持“资源优先配置、管理优先和保障优先”运营模式的基础上，致力于“全面建设具有国际竞争力的世界一流企业”；确立了“国际化优先发展”战略，提高对海外市场的重视程度，加快进入海外市场，并进一步提升项目设计建造和运营质量，在基础设施建设领域把技术优势与所在国的需求深度融合，提供区域化、属地化和专业化的服务。

中国交建在“一带一路”沿线国家开展海外业务时致力于改变原有的“工程承包

商”形象为“运营商、投资商、发展商”形象，在巩固原有特许经营等主流模式运营优势的基础上，大胆创新，运作绿地投资、战略联盟、商产融结合、区域次区域投资规划等模式。截至2017年6月，中国交建已完成了肯尼亚蒙内铁路项目、牙买加南北高速公路建设—经营—转让项目、斯里兰卡科伦坡港口城建设—拥有—经营等项目的开发建设，实现了中国企业在境外交通基础设施开发建设领域运营相关模式的首例创新。

此外，中国交建通过整合公司海内外资源、调整资本结构、加强产融结合和创新能力的提升，建立多个综合调控的国际运作平台，在保持现有市场的基础上，在全球多个地区开拓有需求有竞争优势的潜在市场，实现海外业务升级，并进一步提升海外风险的控制能力。

具体来讲，在践行“国际化优先发展”战略的基础上，中国交建在“一带一路”沿线国家开展业务时注重履行以下四点战略。

1. 多渠道融资，推动产融结合

中国交建在“一带一路”倡议实施过程中，采用了多渠道融资的模式，即三级融资渠道（亚洲基础设施投资银行、丝路基金、中国交建的投资基金等投融资平台和银行授信）和其他融资渠道相结合的模式。

近年来，中国交建不断进行投融资方式创新，探索绿地投资、股权投资、股权置换、参与股权基金、项目债券、资产证券化、发行永续债等多种形式，借鉴国内外先进管理经验，深化与各级金融机构的合作，打造更适合自身发展的商业模式；立足国内发展优势，分布全球的优质资源，加快推进财务公司和产业基金、融资租赁、信托等新业务，拓展融资渠道，通过包括并购、对具体项目进行入股投资等灵活方式为“一带一路”沿线的项目提供投融资解决方案，力求打造适合当地市场的商业模式，从而进一步完善中国交建的全球金融战略版图，巩固金融资本与产业资本有效多元结合的发展体系。

在“一带一路”建设过程中，中国交建海外财务管理和融资平台发挥着积极的作用。2012年于香港注册成立的中交国际（香港）控股有限公司是中国交建境外投资业务的责任主体和主要融资平台，主要负责中国交建境外资产和股权并购、重组以及海外基础设施投资、建设和管理等业务。中交国际通过并购等灵活方式实现国际资本与“一带一路”项目的对接，统一的财物共享中心实现了基础财务工作从分散到集中的变化，大大降低了财务管理成本，显著提升了财务管理水平。

2. 建设境外企业园区，打造国际产业互通平台

中国交建在延续工程总承包传统优势的基础上，建设多处境外园区，构建“中央企业+地方政府+境外园区+境外企业”的价值网络发展模式，充分对接国内主要省份、各大企业，实现企业“组团落户”境外园区，促进产业集群和产业整合。在“一带一路”沿线国家开展业务过程中，中国交建在进行配置资源、降低运输成本、利用集群效应的基础上，逐步实现着“打造国际产业互通平台”的构想，以期确立世界领先国际园区投资发展商的地位，进一步拉动国内相关产业以集群方式“走出去”，并且拉动产业园区所在国的人员就业、技术培训和产业发展。

中国交建正在筹建肯尼亚蒙巴萨经济特区、吉布提工业园、斯里兰卡汉班托塔临港产业园区、埃塞俄比亚建材工业园等 26 个境外园区及城市综合开发运营项目，进一步丰富了全球营销网络和国际化管理经验，搭建了更广阔的“一带一路”倡议项目实践平台，实现了与合作国的互惠互利、合作共赢。

在建设境外园区的基础上，中国交建也在逐渐打造国际产业互通平台。海外项目设备集中采购工作也已初尝胜果。截至 2017 年 6 月，正在实施的巴基斯坦 KKH 二期项目、塞内加尔 TT 路项目和已完工通车的肯尼亚蒙内铁路项目均已实施设备集采模式，与供应商的价格谈判能力显著增强，设备服务质量明显提升，设备采购和维护成本大幅下降，成本节约效果明显。其中，蒙内铁路项目通过采用设备集采模式，为各参建单位节约设备采购及维护成本 3 000 多万美元。

3. 注重风险管控

“一带一路”沿线国家众多，企业面临着政治、经济、文化等多种投资风险。中国交建在推动“一带一路”项目过程中重视风险管控，为此设立了专门针对境外投资业务的决策控制程序——境外健康、安全、环境和质量管理体系，建立境外投资业务决策控制程序，境外质量、环境和职业健康安全管理体系和突发事件应急救援体系，加强风险和合规管理力度，规范投资建设的每一个环节，严格控制投资风险，构建境外业务法律风险保障体系，保障国际化经营健康发展。通过与国际救援组织开展合作，提供全球安全信息服务，初步建立了境外在建项目所在国家（地区）安全风险分级系统。及时发布海外风险预警，及时启动应急防范措施，从源头上减少事故发生。

中国交建成功处置了如利比亚动乱、越南打砸抢中资企业、中西非埃博拉疫情、斯里兰卡项目被政府中止等海外突发事件。利比亚动乱期间，中国交建安全高效地实现了 4 893 名员工从利比亚撤离，获得了交通运输部颁发的“撤离我在利比亚人员工作先进集体”荣誉奖章，三名员工获得了“撤离我在利比亚人员工作个人”荣誉称号。2015 年下半年，开工近一年的斯里兰卡港口城被新政府单方面叫停，资金、信誉受到重大影响。后经中国交建积极沟通，斯里兰卡总统和总理宣布：科伦坡港口城项目暂时停工，责任不在中方，项目随时可以重新启动。

此外，行业“领头羊”中国交建在“一带一路”项目建设的过程中，积极推广中国标准，在给所在国带来先进标准和效益的同时，也规避了建造标准不一致等带来的风险，降低了项目成本。2017 年 3 月 24 日，南苏丹朱巴国际机场改扩建项目的实体工程全部完成，实现了按时保质整体移交。这是非洲大陆上第一个完全采用“中国标准”建设的机场项目。

4. 践行“共商共建共享”原则

中国交建以“做政府与经济社会发展责任的分担者、区域经济发展的深度参与者、政府购买优质公共服务的提供者”为目标，与所在国政府、人民、企业，共同发展、融通共赢。中国交建重视“一带一路”倡议中的共享理念，奉行“利他为上，舍得为先”，秉承创新、协调、绿色、开放、共享的理念，致力于打造“一带一路”的五通——政策沟通、设施联通、贸易畅通、资金融通、民心相通，积极履行社会责任，与项目所在国“共商共建共享”，互利共赢。在“一带一路”沿线，中国交建为项目所在国带来了切实的利益——经济增长、就业扩大、民生改善，实现了“硬联通”与“软联通”的结合。

在巴基斯坦喀喇昆仑公路改扩建过程中，中国交建发挥了在当地应急救援的重要作用。2008 年 8 月，吉尔吉特旧大桥突然垮塌，巴基斯坦吉尔吉特以北的陆路交通彻底中断，项目部在最短时间内架设起一座 150 米的钢便桥，打通了北部地区的生命线，为人员、设备进入灾区开展救援创造了条件。

中国交建建设的肯尼亚蒙内铁路全长 480 千米，通车后为当地创造 4 万个就业岗位。铁路建成后，连接了东非第一大港蒙巴萨港和肯尼亚首都内罗毕，降低物流成本 40%，并给东非国家提供一个便捷的入海通道。蒙内铁路建设过程中，中国交建关注沿线的生态环境，甚至为草原迁移动物考虑，比如修建动物通道，解决动物饮水问题，环保方面也尽量达到国际标准，还为铁路沿线民众开挖深水井超过 100 口。

中国交建在完成瓜达尔港港口建设后，还牵头组织瓜达尔港运营、瓜达尔自贸区等后续项目，以港兴城，拉动瓜达尔港所在的巴基斯坦俾路支省的经济发展，开辟面向巴基斯坦及其周边国家的商贸物流国际通道。此外，中国交建在当地建设了瓜达尔法曲尔小学来提高当地民众的识字率。

（三）案例点评

中国交建拥有趋于完善的全球布局，在“一带一路”基建领域中起到龙头作用，其背后的经营管理优势、境外运营优势、技术创新与国际品牌优势起着无可替代的重要作用。

中国交建体量庞大，需要合适的战略带动每一个分公司、分支机构一起发展。在历次战略制定过程中，中国交建都十分注重把握全球市场，拥有许多值得借鉴的经营管理经验：扩展主营业务覆盖范围，搭建完整产业链，开发多个专业领域的综合运营平台整合全球业务；吸引、培养优秀的国际化人才队伍，与国内外一流企业合作；完善渠道和营销网络；搭建融资平台与财务平台，推进产融结合；推出适应项目所在地的运营模式，注重本地化；通过设立海外分公司、代表处，投资并购等多种灵活的方式进入海外市场。

中国交建积累多年的境外运营优势也为“一带一路”建设起到了重要作用。中国交建有先进的海外人才队伍、本地化的海外企业文化和多年的境外特大型项目设计投资运营经验，在多个海外市场拥有可靠的上下游企业。此外，中国交建在海外开展业务施行本地化策略，将“硬实力”与“软实力”相结合。

技术创新和国际品牌带来的优势也不容小觑。中国交建拥有数十家国家级和省部级实验室、国家工程研究中心，软件注册权 135 个，发明专利 240 项，已经形成基础设施研发集群优势。中国交建旗下的“中国交建”“中国港湾”“中国路桥”“振华重工”四大品牌在全球市场具有广泛影响力。

在全球经济仍在复苏的背景下，中国交建把握住了市场需求动向，大胆地在多个市场出击并已取得良好成效，成为“一带一路”交通基建领域的先行者和领军者，成为具有国际竞争力的世界一流企业。

四、中国电力建设集团有限公司

（一）公司概况

中国电力建设集团有限公司（以下简称“中国电建”）是在原中国水利水电建设集团公司、中国水电工程顾问集团公司和国家电网公司、中国南方电网有限责任公司所属的 14 个省（市、区）电力勘测设计、工程、装备制造企业的基础上，经国务院批准于 2011 年年底组建的国有独资公司，其主营业务为工程承包与勘测设计、电力投资与运营、房地产开发、设备制造与租赁等。中国电建是中国唯一提供以水利电力工程及基础设施规划、勘测设计、咨询监理、建设管理、投资运营为一体的综合性建设集团。截至 2016 年年底，公司资产总额达 6 032 亿元。

中国电建自成立以来，在世界 500 强榜单中的排名一路攀升，由 2012 年的第 390 位，连年升至 2017 年的第 190 位。2016 年全年，中国电建新签合同总额约为人民币 3 610. 22 亿元，同比增长 10. 14%。其中，国内新签合同额约为人民币 2 432. 49 亿元，同比增长 6. 65%；国外新签合同额折合人民币约为 1 177. 73 亿元，同比增长 18. 11%。在 2016 年《财富》世界 500 强名单中，中国电建以 456. 068 亿美元的营业收入及 11. 704 亿美元的利润列第 200 位，与 2015 年相比，提升了 53 个位次，列中国 500 强企业排名第 24 位，较上年提升 4 个位次。中国电建在全球范围内获得诸多国际机构的优质评级。根据英国《工程新闻纪录》的排名，中国电建排名第六位，是全球最大的电力建设企业。除此以外，公司被国务院国资委授予 2013—2015 年“业绩优秀企业”荣誉称号，这进一步巩固了中国电建全球最大电力承包商的地位。

截至 2016 年年底，中国电建在全球 102 个国家设有 243 个驻外机构，在 116 个国家执行勘测设计咨询、工程承包、装备与贸易供货等合同 2 156 项，海外业务以亚洲、非洲为主，辐射美洲、大洋洲和东欧，形成了以水利、电力建设为核心，涉及公路和轨道交通、市政、房建等领域综合发展的“大土木、大建筑”多元化市场结构。截至 2016 年年底，中国电建在海外在建的水利水电工程合同总额超过 2 100 亿元，已开工的超过 400 亿元，已实施的重点项目包括巴基斯坦塔帕风电场、科特迪瓦苏布雷 225 千伏输电线路工程、马里古伊那水电站、老挝南俄 4 级水电站项目、埃塞俄比亚水电站、曼维莱水电站、南欧江流域梯级项目等。中国电建紧跟国家“一带一路”倡议，参建了一批重大项目，是中国“一带一路”倡议的积极践行者。截至 2017 年第一季度，中国电建参与了国家“一带一路”能源合作专项规划、中巴经济走廊能源合作规划、中国—东盟绿色能源网络规划、孟中印缅经济走廊规划、中亚能源合作规划、中国与东南亚四国电力合作规划等国家重点战略规划，组织实施了 106 个国家的电力市场规划研究；在“一带一路”沿线的 42 个国家设立了 123 个代表处或分支机构，在 37 个国家执行 661 份项目合同，合同金额达 2 815 亿元，合同存量约 1 700 亿元人民币，累计完成营业收入约 1 200 亿元。

大体上看，中国电建的国际化发展进程可以分为四个阶段。

第一阶段。20世纪中期，中国政府决定对亚非地区国家加强经济技术援助，中国电建等中央企业开始“走出去”承担政府经济援助项目，这是中国电建国际化进程的开端。

第二阶段。20世纪80年代之后，借助其他具有对外经营权的中资企业平台，在亚洲承包一批世界银行、亚洲开发银行等国际银行的贷款支持项目，中国电建开始进军国际市场。

第三阶段。为响应国家提出的“走出去”战略号召，中国电建明确提出“国际化优先发展”战略，提出并实施了“统筹国内、优先国际、相关多元”的国际化发展战略。

第四阶段。为响应“一带一路”倡议，公司以“国际业务集团化”为目标，调整优化国际业务组织结构，于2016年组建成立了中国电建国际公司，延伸设立了东南非、中西非、中东北非、欧亚、亚太、美洲六大区域总部。一方面在前方抓项目的实施，树立公司品牌；另一方面在后方抓市场的开拓，扩大公司的市场份额，提升对海外市场的洞察力、项目竞争力和履约管控力。同时，公司对自身的国际发展做了重大调整，将国际优先发展战略调整为全球发展战略，确定了集团公司全球化、国际经营属地化和国际业务集团化“三步走”战略实施路径。六大区域总部的设立使管理前移，国内外的营销资源得以统筹，并且可以针对市场变化做出快速反应。

中国电建的目标是致力于成为能源电力、水资源与环境、基础设施领域具有国际竞争力的世界一流综合性建设投资集团。随着进入海外市场程度的不断加深，中国电建的国际化路径也逐渐清晰，主要分三步走：一是实现中国电建国际业务的集团化，实现海外资源的最佳配置。2015—2016年，中国电建将集团旗下的多块海外业务全面整合组建成中国电建国际工程有限公司，同时在海外组建了6个区域总部，初步实现了中国电建国际业务的集团化、集中化发展，海外市场资源配置得到了进一步优化，公司的整体品牌价值也进一步提升。这在市场上也得到了印证：2016年，中国电建国际工程有限公司新签合同额约1 800亿元，创历史新高。二是实现海外本土化发展。关于海外发展本土化的探索，目前中国电建已建立了海外区域总部。为了进一步在当地扎根，中国电建尝试创新海外发展模式。如中国电建全资子公司与卡塔尔AMC公司以建设—拥有—经营模式（Building-Owning-Operation，BOO）共同投资建设巴基斯坦卡西姆港燃煤应急电站项目。三是全球化。参与“一带一路”建设可以更好地促进中国电建国际化、全球化发展，这是中国电建发展为世界一流企业集团的重大战略机遇。

（二）在“一带一路”建设中的战略与业绩

“一带一路”建设为在国际市场上深耕细作30多年的中国电建带来了发展契机。中国电建作为以电力项目和基础设施建设为核心业务的公司，在这两方面的业务占总业务量的2/3。中国电建紧跟国家“一带一路”建设，积极参与国家间双边多边电力能源合作，开发市场，拓展项目。中国电建在水利交通、城市建设、能源电力等领域，尤其是水电领域拥有世界一流的独特优势，即“懂水熟电、擅规划设计、长施工建造、能投资运营”，契合“一带一路”建设的需要。

为了响应国家“一带一路”倡议，中国电建采取了诸多措施。首先，中国电建将其国际优先发展战略调整为全球发展战略，与“一带一路”建设高度契合；其次，中国电建主营业务为能源和基础设施研究、设计、施工及建设，与“一带一路”业务高度契合；最后，中国电建目前在世界85个国家拥有项目，在76个国家设立了办事机构，几乎覆盖了“一带一路”沿线所有主要国家，与“一带一路”覆盖区域高度契合。具体来看，为了响应“一带一路”倡议，中国电建重点采取了以下措施。

1. 积极开拓市场，业务覆盖“一带一路”重点地区

为了把握“一带一路”建设带来的机遇，中国电建专门成立了国际业务领导小组，重视在价值链中的规划、研究、品牌营销等高端环节切入，秉着高端切入、规划先行的理念，着重于搭建全球市场营销体系。例如，集团专门设立了海外前期规划专项资金，支持对主要市场、主要领域进行规划研究，以发现和创造项目。另外，公司充分利用规划设计的专业优势，开展电网规划、能源规划和基础设施规划等活动。除此以外，公司加快与海外设计公司、投资公司、施工企业的合作，建立战略联盟的伙伴关系。当地企业对政策、制度、环境都比较熟悉，有利于将“一带一路”建设、企业优势和当地社会资源有效融合，从而提升企业的国际竞争力。

中国电建作为中央企业“走出去”的排头兵，紧紧依托“一带一路”建设，积极融入全球一体化，形成了以亚洲、非洲为主，辐射美洲、大洋洲和东欧的多元化海外业务市场格局，多个大型重点工程已成为所在国的标志性工程。自1987年中国电建进入巴基斯坦市场以来，集团不断扩大在巴基斯坦的投资、建设及技术服务，截至2017年4月底，中国电建在巴基斯坦有28个项目在执行期，涵盖火电、水电、水务、公路、轨道交通等多个领域，雇用当地员工15 000多人，成为“中巴经济走廊”建设的生力军。中国电建投资建设的卡西姆港燃煤电站，作为中巴经济走廊的首批落地项目，备受中巴两国政府关注，被巴基斯坦前总理谢里夫称为“1号工程”。

2. 打造一体化产业链，拓宽业务领域

自2015年中国电建顺利完成资产重组之后，公司已经初步打造成了一条涵盖规划、设计、咨询、监理、施工、安装、采购、制造、运营维护等活动的完整产业链，实现了资源整合，提升了自身的价值创造能力。公司发挥自身拥有的全产业链优势，建立国内、国际两种资源统筹配置机制，实现同行业产业链上下游协同和跨行业产业链之间的协同，不断提高市场竞争力。受到中巴两国政府高度重视的卡西姆港燃煤电站项目，充分运用中国电建设计、建设、运营和投融资全产业链一体化的优势，提前实现了多个重要节点目标，预计2017年年底首台机组发电。卡西姆港燃煤电站项目，从规划、设计、采购到项目的实施，以及包括整个项目的运营，都是由中国电建承担，中国电建的全产业链优势在这个项目上真正体现了出来。卡西姆港燃煤电站建成后，不仅将成为巴基斯坦国内技术最先进的环境友好型电站，同时，电站的建设也是一次中国企业全产业链“走出去”的良好范例。

中国电建不但可以很好地驾驭水和电，还将业务拓展至公路、桥梁、机场、铁路、高速铁路等基础设施。中国电建坚持“围绕主业、相关多元、产业整合、互为支撑”

的经营原则，紧跟国际经济形势和行业市场变化，将其业务由传统的水利水电、电力建设领域横向拓展到房建、市政、公路、机场、水处理等领域，并且加大资本投入，通过兼并收购等方式将其业务快速向价值链中高端拓展。例如，2014 年收购了西门子旗下的列全球风机市场第二位的德国 TLT 公司，成为全球最大的电站风机供应商，增强了创新研发能力，提升了风机制造技术水平。中国电建在清洁能源和基础设施等传统市场拥有核心竞争力和比较优势，并积极开展水资源与环境等新兴市场业务，实现了企业稳定可持续发展，为地区经济发展做出了积极贡献。

3. 严格保证工程质量，提高公司品牌价值

为了保证工程质量，中国电建加强工程质量管理，建立了以总工程师为首的质量保证体系。在工程实施前，采购符合国际标准的原材料及机械设备，加强对原材料、中间产品的抽检试验，做好现场工序质量控制检查验收工作，消除质量隐患。在工程实施中，严格按照项目流程及质量标准组织开展施工建设，确保各个环节都能达标；定期与业主召开质量专题会议，及时将业主的质量管理要求落实到施工现场管理过程中。除此以外，项目部每月会定期召开质量管理会议及不定期召开质量专题会议，及时预防和解决施工现场中出现的质量缺陷。工程实施完之后，会组织业主及第三方工程质量检测机构对项目质量和各项招标过程及结果进行验收。

公司在海外承建的最大水电站项目——厄瓜多尔 CCS 水电站经受住了 7.8 级大地震的考验，公司承建的巴基斯坦卡西姆港应急燃煤电站、中老铁路、雅万高铁等中巴经济走廊和亚洲铁路互联互通一揽子重大项目的稳步推进，进一步夯实了公司的国际化经营优势。卡西姆燃煤电站秉承高标准的环保和安全理念，在中国标准、当地标准和世界标准之间始终选择最高标准去执行，有效提升了“中国制造”与“中国产品”在海外的声誉。目前，公司占有全球 50% 以上大中型水利水电建设市场，确立了在水利水电建设行业的领先地位。公司还承办了二十国集团（G20）能源部长会议，主办了首届青藏高原水资源开发保护高峰论坛，进一步提高了公司的知名度，品牌影响力显著增强。除此以外，中国电建统筹打造了集团公司（POWERCHINA）品牌和子公司中国水电（SINOHYDRO）、中国水电顾问（HYDROCHINA）和山东电建（SEPOO）品牌，在全球范围内建立了四大品牌的市场荣誉。

4. 带动当地经济发展，履行企业社会责任

中国电建在“一带一路”沿线国家的深耕细作，带动了当地的经济发展，主要体现在如下几方面。首先，项目的完工最直接的收益就是为当地带来经济效益。以中国电建在印度尼西亚建造的佳蒂格德大坝为例，大坝建成后，为当地带来了农业灌溉、防洪、旅游、养殖和发电等综合效益，居住在下游的 480 万人直接受益。其次，项目的建设帮助当地解决了很多人的就业问题，尤其是在项目建设高峰期。除此以外，项目的实施不仅为当地居民创造了可观的经济收入，也带来了先进的工程技术。例如，在卡西姆电站的建设期，中国电建为当地提供了超过 3 500 个直接就业工作岗位；在运营期还将再提供超过 500 个岗位。截至 2017 年 4 月 1 日，卡西姆电厂项目已向巴基斯坦政府有关部门累计缴纳各种税款 4 500 万美元。公司最初招聘的当地人员均为半熟练工，经验不足，在这些员工加入中国电建参与项目施工后，公司系统性地对他们进行了一些深度

培训，帮助当地员工提升驾驶、维修、电工以及工程施工等多种技能。目前，很多员工已经具备了较高的操作水准，能力接近甚至达到了中国技师的标准。“授人以鱼不如授人以渔”，中国电建通过开展“分工种、一带一”技能培训，提升了当地员工的技术操作水平。除了注重对员工技能的培训，公司还尊重当地员工的风俗习惯。在企业内部，中国电建倡导坦诚、阳光、开放、包容的企业文化，积极向员工传递尊重差异、人人平等的管理理念。公司及各个项目部充分尊重当地员工的宗教信仰习惯，通过援建清真寺、提供宗教活动场所，为其宗教信仰活动提供便利。最后，中国电建采取了本地化采购方案，依托当地社会资源，开展与当地企业的合作。例如，公司与当地中小企业在生活后勤、餐饮物流等方面展开合作，使得多家为施工现场提供服务的当地公司规模不断扩大，知名度也得到提升。

5. 建立跨文化管理制度，注重跨文化融合

在实施“走出去”和“一带一路”建设的过程中，中国电建不断加强企业文化建设和跨文化管理体系建设，为深化和优化国际业务优先发展战略奠定了坚实基础。具体来说，中国电建的具体措施主要体现在两个方面。

（1）建立跨文化制度。一方面，集团按照中央文明委关于加强出境管理的要求和国资委关于健全企业文化建设的指导意见，制定实施了《企业文化建设三年规划》；另一方面，集团在海外注重对“责任、创新、诚信、共赢”核心价值观的宣传，重视与当地文化的融合。例如在委内瑞拉圣—坎高速公路项目履约过程中，充分考虑亚洲和南美洲文化差异，主推巴西公司管理模式，聘请了跨文化管理专家，创新文化融合和员工管理。

（2）注重跨文化融合。在“一带一路”建设中，中国电建将中国文化元素与当地传统有机融合，同时积极投身当地社会公益事业。例如，每年春节期间，各海外项目积极举办丰富多彩的中国文化传统活动，邀请当地员工与民众参与；在开斋节期间，以“家文化”为主轴线主动融入当地，开展送温暖、送爱心活动。这些都有利于中国电建融入当地文化环境，与当地人民建立良好的关系。

6. 实施绿色运营，保护生态环境

中国电建秉承绿色和可持续发展理念，不断进行行业技术和经营方式的创新变革，切实增强项目规划建设与社会、自然和谐发展的意识，发挥企业在能源基础设施领域的领军作用，积极推动地区经济的绿色低碳循环发展，做负责任、有担当的企业。中国电建在具体项目方案规划时，明确提出了完善方案的三大原则：尽量减少河流水电开发对当地生态环境的影响；尽量减少河流水电开发对土地特别是耕地的占用；尽量减少水电开发对原住居民的搬迁影响。

在施工过程中，中国电建十分注重环境保护，保护生态文明。中国电建在海外的业务领域涵盖水电站、输电线路、公路、房建等，这些业务在运营过程中对环境会产生直接或间接的影响。为了减少对当地环境的破坏，在公路、输电线路、水电站等建设过程中，公司从节约能源使用、降低“三废”排放、保护生物多样性、环保意识培训等角度入手，重视保护当地环境，促进自然生态的和谐发展。首先，在工程实施前会根据工程规模、结构特点，针对存在的重大环境因素，组织进行环境策划，并根据策划结果，制定环境技术方案。例如，公司会委托第三方机构进行工程环境评价，工程建设过程中项目部会一直检查和整改，业主和当地相关环保部门也会进行检查。其次，在项目建设中，遵守有关爆破管理、废物管理、水土保持、野生动植物保护等环境保护的法规，并做好相关保护措施，最大限度降低对周围环境的影响。最后，项目完工后，做好生态恢复和治理，尽量做到还原项目所在地的原有生态。

7. 实施员工本地化战略

中国电建在项目建设期间大量使用当地员工，极大地解决了当地的就业问题，尤其是在项目建设高峰期，不仅为当地居民创造了可观的经济收入，也带去了先进的工程技术。中国电建坚持采用本地化的用人战略，并投入大量的培训力量提高本地员工技术技能，引导员工对职业发展进行规划。

一方面集团会派出国内优秀的工程技术和管理人员，在工作现场对当地工人进行技能培训，开展实施“一帮一”活动，把操作工艺及技术要点教给本地员工，帮助本地员工逐渐掌握驾驶、设备操作、修理、混凝土等技能。另一方面，公司逐步建成国内培训基地，从国外优秀的员工中选派人员到国内参加培训，再由这些完成培训的员工组成培训讲师团，返回当地，对当地员工进行再培训。

例如，中国电建在投资建设卡西姆电站期间，积极推动本土化战略，吸引了大批巴基斯坦当地员工加入中国电建。中国电建为巴方员工提供了舒适的生活和工作环境以及优厚的薪资。同时，卡西姆电站开设有 3 个巴基斯坦风味的食堂，一日三餐由当地厨师烹制美食。在开斋节、古尔邦节等巴基斯坦重要节日，当地员工可享受带薪休假待遇，营地还专门设立了祈祷室等宗教设施。为了保证卡西姆电站之后的本土化运营，中国电建对当地工程技术、安全、质量等高级技术人才和管理人才进行了系统、专业的培训和教育。2016 年，中国电建进行了一次招聘，在计划招聘 100 人的情况下，这项工程吸引了超过 16 000 名应届大学毕业生投递简历，被录取的员工随后被派往中国进行 6 个月的专业电站知识技能培训。2017 年 4 月底，这 100 名新员工在中国电建下属的甘肃能源公司崇信电厂结束培训，他们返回巴基斯坦后，被陆续安排在电站运营维护的各个关键岗位上。

8. 有效识别和管控风险

在“一带一路”沿线国家投资确实会面临不少风险，包括政策性风险、经营风险、市场竞争风险、融资风险、安全管理风险等，对企业都是考验。在公司战略方面，中国电建整合国际业务，统一编队出海，有效提高了中国电建的国际业务整体竞争力和风险防范能力；在机制保障方面，中国电建建立了完善的风险管控制度体系，打造海外业务风险防范的完整链条，实现前后方无缝对接、国内外分级管控，使国际业务风险总体处于受控状态；在银企合作方面，中国电建不断加强同国内外金融、保险机构的全方位合作，调整融资结构，优化货币组合，对冲汇率风险。更为重要的是，中国电建同外交部、国家发展改革委、商务部等国家部委始终保持着密切沟通，严格按照国家法律和政策参与“一带一路”建设，确保公司发展方向与国家战略方向保持一致，为中国电建有效应对“一带一路”外部风险挑战提供了根本的保障。

（三）案例点评

中国电建的核心竞争力主要体现在产业链、技术创新、经营优势和人力资源管理等方面。首先，中国电建建立了一条一体化的产业链。自2015年顺利完成资产重组之后，公司已经初步打造成了一条涵盖规划、设计、咨询、监理、施工、安装、采购、制造、运营维护、能源投资等活动的完整的产业链，实现了资源整合，提升了自身的价值创造能力。其次，中国电建具有雄厚的技术实力。它是中国水利水电和风电建设技术标准的主要编制修订单位，承担了全国80%以上的大中型项目前期规划、勘测和设计工作，水利电力工程建设和勘测设计能力处于国际领先水平。雄厚的技术实力是中国电建巩固和提高其核心竞争能力，成为世界一流企业、创立全球卓越品牌的基础和保障。再次，中国电建凭借海外经营的先行优势，积累了丰富的国际经营经验，提高了海外业务风险控制能力。最后，中国电建在“一带一路”建设过程中，在授人以鱼的同时还授人以渔，既解决了沿线各国急需解决的问题，也助其解决未来长远发展问题。和其他企业的区别在于，它教会了当地员工如何去掌握一些技术，技术工人掌握了本领，可以继续高技术含量的工作，从而带动当地的经济发展。对于“一带一路”上的发展中国家来说，技能转移很重要，掌握了技术的当地工人会带动本国的发展。依靠技能转移，公司能够得人心，从而与当地人民达成良好的合作关系，当有潜在的合作机会时，当地政府也会优先考虑中国电建，从而实现了互利共赢。

中国电建在实施“走出去”战略和“一带一路”倡议的过程中，有很多经验值得其他跨国企业借鉴。首先，跨国企业要对自身有一个明确的定位。例如，企业未来的发展目标是什么，目前处于哪个发展阶段，为了适应不断变化的国际环境，步入下一发展阶段，企业应采取什么样的措施。其次，跨国企业的发展离不开高素质的员工。企业不仅要重视对母国员工的培养，而且要重视对东道国当地人才的培养。再次，创新是一个企业不断发展的源泉和动力，企业的技术水平和管理水平都需要不断提高。创新可以来源于企业的内部也可以来源于外部。最后，跨国企业应重视企业社会责任的履行，重视环境保护和可持续发展。

参考文献

[1] 刘亮．规划先行打造“一带一路”全产业链——专访中国电建海外事业部亚洲业务部总经理庞旭［J］．中国电力企业管理，2015（7）：31-33.

[2] 魏立军，忽国旗．跨越海外合作的障碍——中国电力建设集团有限公司跨文化管理实践［J］．当代电力文化，2015（11）．

[3] 徐进．电力建设集团转型发展的战略思考［J］．中国电力企业管理，2012（12）：99-100.

[4] 闫鹏，张勇平．创新电力建设集团商业模式［J］．中国电力企业管理，2013（1）：49-51.

五、国家电网公司

（一）公司概况

国家电网公司（State Grid），简称国家电网，成立于2002年12月29日，是经国务院同意由国家授权投资的机构和国家控股公司的试点单位。国家电网作为关系国家能源安全和国民经济命脉的国有重要骨干企业，以建设和运营电网为核心业务，承担着保障更安全、更经济、更清洁、可持续的电力供应的基本使命，经营区域覆盖全国26个省（自治区、直辖市），覆盖国土面积的88%，供电人口超过11亿人，员工总数超过186万人。国家电网实行总经理负责制，总经理是公司的法定代表人。国家电网在菲律宾、巴西、葡萄牙、澳大利亚等国家和地区均开展了相关业务。2017年，国家电网位列《财富》世界500强第2名，是全球最大的公用事业企业。

2012—2016年，国家电网资产总额及营业收入逐年上升，年增长率基本相等，经营水平稳步提升，发展状况稳定。2016年公司营业收入达到20 946亿元，资产达到33 898亿元，如表4-1所示。国家电网资金实力雄厚，资产规模庞大，是中国国有企业中资产最多的企业之一。

表4-1　2012—2016年国家电网财务绩效　单位：亿元，%

财务绩效	2012年	2013年	2014年	2015年	2016年
营业收入	18 830	20 498	20 914	20 713.5	20 946
资产总额	23 335	25 701	28 929	31 074.4	33 898
利润总额	1 090.3	705.8	812.1	865.2	866
实现利税	2 101.5	1 739.6	1 971.7	2 035.7	2 238.8
净资产收益率	8.36	4.72	5.18	4.97	4.54
资产负债率	57.02	57.00	56.1	55.3	55.9
国资委业绩考核（等级）	A	A	A	A	A

数据来源：国家电网2016社会责任报告。

作为全球最大的公用事业单位，国家电网除了本公司的自有资产之外，还经营管理其他相关企业中由国家投资控股的全部国有资产。国家电网主要从事以下六方面业务：（1）电力购销、交易、调度业务；（2）跨区域输变电及联网工程的投资、建设及经营业务；（3）国内外投资与融资业务；（4）参与对外贸易，参与国际流通与资产经营、扩大国际交流与协作；（5）进行海外工程项目的承包，与当地企业进行劳务合作；（6）进行和电力行业相关的科学研究，创新企业核心技术，同时拓展信息传递与咨询业务。其中，（2）（3）（4）（5）项业务均涉及跨国业务，跨国并购活动以及与之相关的跨国经营活动是国家电网主营业务的主要内容。

（二）在“一带一路”建设中的战略与业绩

当前世界经济面临新格局，全球发生新一轮产业转移，加强国际产能合作将有助于推动双向投资，助力“一带一路”沿线发展中国家产业升级，拓宽中国与沿线国家的合作领域。这不仅有利于加强供给侧结构性改革，而且能有效促进经济持续健康发展。能源基础设施的互联互通，则是“一带一路”国际产能合作中不可或缺的重要组成部分。

国家电网围绕“一带一路”政策，稳步推进与周边国家能源电力设施互联互通及国际能源合作。截至 2017 年 5 月，国家电网已与俄罗斯、蒙古国、吉尔吉斯斯坦等周边国家建成 10 条互联互通输电线路，累计与周边国家实现电力交易超过 200 亿千瓦时。目前，国家电网正在积极开展中蒙锡伯敖包、中俄叶尔科夫齐煤电输一体化项目前期工作，正在研究中国—巴基斯坦、中国—尼泊尔等跨国电网互联的可行性。

1. “丝绸之路经济带”沿线合作项目

“丝绸之路经济带”地域辽阔，东边牵着亚太经济圈，西边系着发达的欧洲经济圈，有着丰富的自然资源、矿产资源、能源资源、土地资源和宝贵的旅游资源，被认为是“世界上最长、最具有发展潜力的经济大走廊”。但该区域交通不够便利，自然环境较差，经济发展水平与两端的经济圈存在巨大落差。国家电网利用自身先进的技术水平克服多重障碍，不断推进与合作方的资源互通和经济互补。

（1）俄罗斯——一系列合作协议

国家电网在 2013 年与俄罗斯统一电力国际公司签署了扩大中俄电力合作协议，叶尔科夫齐火电站是双方合作的首个项目，项目选址在阿穆尔州叶尔科夫齐褐煤矿区。该火电站装机容量达 5 000 兆瓦至 8 000 兆瓦，每年能对华输送 300 亿千瓦时至 500 亿千瓦时的电量，这接近俄罗斯总发电量的 5%。2014 年 5 月 20 日，国家电网与俄罗斯电网公司签署了《中国国家电网公司与俄罗斯电网公司战略合作协议》，双方计划在特高压交直流、智能电网的技术研究和应用、输配电建设和改造以及建设欧亚电力桥的可行性等方面开展长期技术交流与互利合作。该协议的签署标志着双方合作进入新的阶段，为双方开展务实合作奠定了坚实基础。

2015 年，国家电网与俄罗斯电网公司签署《关于设立合资公司实施电网合作项目的协议》，双方成立合资公司，在俄罗斯和其他国家开展电网设施改造和新建项目的投资、建设、运营和工程总承包（EPC）业务。2015 年，中俄供电项目平稳运营，供电量达 33 亿千瓦时。

2016 年 6 月 25 日，国家电网董事长舒印彪与俄罗斯电网公司总经理布达尔金在北京人民大会堂签署了双方设立合资公司开展电网业务的股东协议，两国在电力方面的合作进一步加深。

（2）蒙古国——锡伯敖包项目

2015 年 11 月 10 日，国家电网与蒙古国能源部签署了《中国国家电网公司、蒙古国能源部关于合作开展锡伯敖包煤电输一体化项目可行性研究的协议》。协议明确由国网节能服务有限公司作为实施主体，具体实施锡伯敖包项目煤矿和电厂的相关工作，项目将以专矿、专厂、专线方式从蒙古国向中国负荷中心送电。

蒙古国是“一带一路”沿线重要国家，锡伯敖包项目作为中蒙联合声明中确定加快推进的首批合作大项目，既是中蒙电网互联互通的首期项目，也是构建全球能源互联网、实现亚洲内互联的重点项目，它是双方下一步合作开展科研项目的基础，具有重大的战略意义。

（3）哈萨克斯坦——战略合作协议

2014 年 12 月 14 日，国家电网与哈萨克斯坦萨姆鲁克—卡泽纳国家主权基金股份公司签署了战略合作协议，双方一致同意共同推进中国、哈萨克斯坦电网互联互通，积极研究在哈萨克斯坦建设大型煤电和可再生能源基地的可能性，实现从哈萨克斯坦向中国和其他国家输送电力能源的目标。

中国与哈萨克斯坦在电力能源领域的合作有着良好的基础和前景，两国电力互联互通在技术上可行、经济上互惠，条件和时机已成熟。基于特高压输电技术的全面突破，国家电网提出了构建“全球能源互联网”的战略构想。

在哈萨克斯坦建设大型煤电一体化基地和新能源基地，利用中国国家电网特高压技术向中国和周边国家远距离、大容量输送电能，具有显著的经济互补性和现实意义。随着“丝绸之路经济带”战略的推进，双方的合作将步入一个新的历史时期。

（4）巴基斯坦——默拉直流输电项目

2015 年 4 月，国家电网和巴基斯坦水电部签署了项目合作协议，默拉直流输电项目列入了中巴经济走廊优先实施项目清单。默拉直流输电项目是巴基斯坦首条直流工程，也是输电领域首个外商投资项目，中电装备公司以建设—拥有—经营—转让（BOOT）模式实施该工程，项目设计、采购施工合同已经签署，包括新建两座输送容量为 4 000 兆瓦、±660 千伏直流换流站和长度约 910 千米的直流输电线路，该项目对改善巴基斯坦电网结构、充分利用电能及促进中巴友好合作意义重大。

2016 年 12 月 29 日，在中巴经济走廊联委会第六次会议上，中巴双方共同签署了巴基斯坦默拉直流输电项目相关协议，标志着项目进入全面实施阶段，是公司落实国家“一带一路”建设、推动中巴经济走廊建设的重要举措。

默拉直流输电项目的成功实施，不但打通了巴基斯坦南电北送的输电走廊，而且对中资企业在巴基斯坦南部建设的多个电源送出项目具有重要的保障作用，对带动国内设计、装备、施工、技术和标准等全产业链“走出去”具有重大意义，也将为公司深入开拓南亚、东南亚市场积累宝贵经验，进一步增强公司的国际影响力。在完成相关审批后，该项目已于 2017 年上半年开工建设。

2. “21 世纪海上丝绸之路”沿线合作项目

“21 世纪海上丝绸之路”的战略合作以点带线，以线带面，增进了同周边国家和地区的交往，串起连通东盟、南亚、西亚、北非、欧洲等各大经济板块的市场链，发展面向南海、太平洋和印度洋的战略合作经济带，以亚欧非经济贸易一体化为发展的长期目标。国家电网积极与沿线国家开展电力能源合作，项目成果丰硕，有效改善了合作方国家的电力现状。

（1）柬埔寨——金边环网项目

2014 年 12 月 12 日，由广西电网送变电公司负责施工的柬埔寨金边环网第 I 标 230

千伏输变电工程 230 千伏 SPP-WPP 输电线路顺利通过验收，并具备带电运行条件。至此，该公司全面完成了柬埔寨金边环网项目建设。这一工程是柬埔寨国家电力公司规划中的利用中国政府优惠买方贷款承建的设计采购施工总承包项目，是柬埔寨电网的重要组成部分。

该项目运行以来成效显著，将金边地区的输电量扩充了两倍，一举解决了环金边经济区的电荒问题，提升了柬埔寨金边的供电能力，缓解了金边电力短缺的状况，使数百万民众受益。

（2）老挝——230 千伏纳邦-南俄 1-欣赫输变电项目

2014 年 7 月 28 日，中国重型机械有限公司与老挝国家电力公司在北京人民大会堂签署了老挝 230 千伏纳邦-南俄 1-欣赫输变电项目 EPC 合同。合同内容包括新建 1 个变电站、扩建 2 个变电站和建设自老挝万象省欣赫变电站、经南俄 1 变电站至首都万象市纳邦变电站全长约 90 千米的输变电线路，建设工期 36 个月。项目建成后将完善老挝首都万象市的供电网络，增加电网和电力传输能力并确保供电稳定，促进当地经济社会发展。

（3）埃及——埃及供电公司 500 千伏输电工程

2016 年 1 月，国家电网与埃及电力及能源部签署埃及 500 千伏国家主干网升级改造总承包合同。2016 年 11 月 3 日，埃及 500 千伏国家主干网改造工程第一阶段输电线路顺利送电并移交业主，工程第一阶段三条共 380 千米输电线路顺利送电，中埃两国建设者创造出埃及尼罗河流域输电塔最高（174.8 米）、塔重最大（400 吨）、跨距最长（910 米）和施工速度最快等 4 项纪录，中国输电建设方案和技术标准在埃及成功实施，标志着中埃产能合作首个执行项目取得重大阶段性成果。埃及供电公司 500 千伏输电工程是中埃第一个国际产能合作项目，合同额达 7.58 亿美元。目前，项目已经带动中国近 50 亿元人民币的电力装备和设备出口到埃及；对埃及来说，这个项目不仅为埃及带去了中国先进的技术和理念，改造了埃及现有的老旧电网，而且拉动了当地就业，提供了近 7 000 人的就业岗位。

（4）希腊——入股希腊独立输电运营公司

2016 年 12 月，国家电网与希腊国家电力公司成功签署希腊独立输电运营公司股权购买协议，收购该公司 24% 的股权。希腊独立输电运营公司是欧洲重要的战略资产，未来将进一步开展岛屿互联项目，发展空间较大。国家电网入股希腊独立输电运营公司将助力“一带一路”建设向西延伸，促进中希电力能源合作，进一步促进中希经贸关系发展。

（5）埃塞俄比亚——GDHA500 千伏输变电工程、埃塞—肯尼亚 500 千伏直流输电线路项目

2015 年 12 月 22 日，当前非洲输电线路最长、电压等级最高、输送容量最大的输变电工程——埃塞俄比亚 GDHA500 千伏输变电工程竣工，标志着埃塞俄比亚进入 500 千伏电压等级时代，也标志着中国设备与中国标准成功走进非洲，中国超高压输电技术、装备和工程总承包“走出去”取得重大突破。

该工程是尼罗河复兴大坝水电站送出工程，包括新建 2×620 千米 500 千伏同塔双回线路和总长 98 千米的双回 400 千伏输电线路，新建德德萨、霍莱塔两座 500 千伏变电

站，扩建3座400千伏变电站，输送容量600万千瓦，项目总投资14.58亿美元。

工程由国家电网旗下的全资子公司中国电力技术装备有限公司（以下简称“中电装备公司”）总承包建设，全部采用中国国产电工电气设备，施工大量使用中国技术标准，是落实国家“一带一路”建设和国际产能合作的典范工程。工程建成了非洲迄今为止规模最大的500千伏变电站和开关站。工程不仅将对改善埃塞俄比亚电网结构、解决埃塞俄比亚首都地区电力供应紧张问题发挥显著作用，而且对促进埃塞俄比亚清洁能源外送和构建全球能源互联网均具有重要意义。

中电装备公司于2015年6月19日与埃塞俄比亚国家电力公司和肯尼亚输电公司举行埃塞—肯尼亚500千伏直流输电线路项目合同签约仪式，承建东非地区第一条高压直流输电线路。2016年8月1日在埃塞俄比亚首都亚的斯亚贝巴以南的索多地区正式启动该项目。2017年4月15日上午，该项目架线施工试点在工程lot 3标段如期进行，标志着工程施工成功进入架线阶段。

埃塞—肯尼亚500千伏直流输电线路项目由世界银行和非洲开发银行提供融资支持，是东部非洲电力高速联网主干线路，也是东非区域电力互联规划的重要工程之一。这是中国公司在非洲落地实施的首个互联互通项目，新建两端换流站和总长1 045千米的输电线路，输送容量200万千瓦。

埃塞—肯尼亚直流输电项目是埃塞俄比亚与肯尼亚两国政府间规划的重点骨干项目，建成后将成为东非地区第一条高压直流输电线路，搭建起埃塞俄比亚电力能源输出的重要通道，将加快整个东非地区电网互联进程，为区域内国家经济发展提供电力保障，在带动非洲电工装备制造业转型升级等方面意义重大。

（三）案例点评

从2014年至今，国家电网在“一带一路”沿线国家投资建设了多个项目，不仅推动了沿线国家经济发展，提高了人民福祉，也彰显了中国电力领域的雄厚实力。这背后是企业基于长期积累起来的国际竞争核心优势，走出了一条依靠自主创新加快“走出去”步伐的新路。

1. 从技术到标准：建立全方位竞争优势

在技术方面，国家电网多年来坚持大力推进自主创新，在特高压、智能电网、新能源发展等方面取得重要突破，全面掌握核心技术，实现了“中国创造”和“中国引领”。为巩固技术优势，公司利用海外科技人才优势，成立了以美国研究院、欧洲研究院为代表的全球能源互联网研究院，加强智能芯片、新能源、大容量储能等前瞻技术研究，超前做好前沿领域技术布局。

除了技术优势，国家电网还具有明显的管理优势。一个典型的证明是，其管理着目前世界上电压等级最高、规模最大的交直流混合电网，却保持着世界上唯一没有发生大面积停电事故的纪录。同时，其智能电网发展世界领先，拥有超过2亿千瓦新能源装机的运营管理经验；供电可靠性、电网线损率等经济技术指标居于世界前列。

国家电网集电网投资、建设、运营及装备制造于一体，还具有各项业务协同发展的综合优势。统计显示，国家电网坚持创新驱动发展，特高压、智能电网、新能源、大电网运行等一大批电网技术占据世界制高点，在国际上率先建立了完整的特高压交直流、智能电网技术标准体系；国家电网还主导编制国际标准 36 项，已完成 14 项，实现了中国在电动汽车领域制定国际标准零的突破。

2. 风险防控意识与本土化意识先行

在开展国际化业务过程中，国家电网始终把风险防控作为重中之重，确保积极稳健、全程管控。国家电网海外投资有一整套健全、完善、科学的决策机制。海外项目选择主要集中在熟悉和擅长的领域，重点选择经营稳健、产业带动力大和控制力强的项目，并强化资产并购风险管控和资产运营风险管控。更重要的是，投资境外项目必须坚持共建、共享、共赢，积极开展本土化运营，深度融入当地经济社会发展，采用本地化雇用劳工的方式，增强企业在东道国的亲和力。此外，还积极与当地政府、机构沟通合作，主动承担社会责任。本土化策略的实施，为国家电网国际业务的快速发展提供了稳定坚实的基础。

3. 紧抓“一带一路”机遇，合理利用发展机会

在发展模式上，国家电网实现了国际业务“利用境外资金、投资境外资产”的滚动发展；在投资目标上，围绕电网主营业务，实现了对国有资产的保值增值；在投资地域上，按照国家统一部署，参与“一带一路”建设，开展与周边国家的互联互通，不断实现业务布局和资产规模的新突破；在队伍建设上，已经形成了一支不逊于全球一流投资机构的专业化队伍；在国际业务操作中实现了从“依靠外援”到“以我为主”，再到“传播经验”的成功转变。

国家电网一直致力于推进全球能源可持续发展，落实“一带一路”政策，推进电网互联互通，推动优势产业“走出去”，开展先进技术合作，积极发挥技术与管理优势，负责任地运营海外业务，积极提升产业链价值创造能力，在构建合作共赢的新型国际关系、推动经济及环境可持续发展方面做出了极大的贡献。

六、国家电力投资集团公司

（一）公司概况

国家电力投资集团公司（以下简称“国家电投”）成立于 2015 年 6 月，由原中国电力投资集团公司与国家核电技术公司重组组建，是中国五大发电集团之一[①]，也是中国三大核电开发建设运营商之一[②]。国家电投是一家以电力为核心、追求一体化发展的综合性能源集团公司，主要业务包括火电、水电、风电、太阳能发电、核电、电力协同业务、环保业务、金融业务以及相关的境外业务，如表 4-2 所示。国家电投以建设国有

① 中国五大发电集团包括中国华能集团公司、中国大唐集团公司、中国华电集团公司、中国国电集团公司和国家电力投资集团公司。

② 中国三大核电开发建设运营商包括中国核工业集团公司、中广核集团有限公司和国家电力投资集团公司。

资本投资公司为方向，努力做国有企业改革的先行者。

表 4-2　　国家电投主要业务

核电业务	研发设计、工程总承包、投资运营、设备材料制造、核电站寿期服务、核电仪控系统研制等全产业链服务
火电业务	设计咨询、工程总承包、投资运营、输变电工程设计等全产业链服务
可再生能源业务	水电投资运营和工程总承包、太阳能发电全产业链服务、风电投资运营
国际业务	电力项目设计咨询、项目投资、工程建设
电力协同业务	煤炭开采、物流运输、铝土矿开采和铝产品
环保业务	环保工程总承包、脱硫脱硝特许经营、环保产品制造、节能技术服务、核废物处置等
金融业务	保险、经纪、信托、期货、租赁、保理、基金等

资料来源：国家电投官网，http：//www. spic. com. cn/ztjj/2015shzrbg/default. html。

截至 2016 年年底，国家电投电力总装机容量 11 662. 94 万千瓦，其中火电 7 145. 69 万千瓦、水电 2 159. 67 万千瓦、风电 1 198. 22 万千瓦、太阳能发电 711. 84 万千瓦、核电 447. 52 万千瓦，在全部电力装机容量中清洁能源比重为 42. 9%，供电煤耗同 2015 年相比降低 2. 55 克/千瓦时，具有鲜明的清洁能源发展特色。国家电投年发电量 3 969 亿千瓦时，年供热量 1. 55 亿吉焦。公司拥有煤炭产能 8 010 万吨，电解铝产能 248. 5 万吨，铁路运营里程 331 千米。

国家电投已经连续五年登上世界 500 强企业榜单，2017 年位居第 368 位。公司注册资本金 450 亿元，资产总额 8 661 亿元，员工总数 12. 7 万人。拥有 7 家上市公司，包括 5 家内地 A 股公司和 2 家香港红筹股公司。2016 年实现利润 132. 1 亿元，净利润 87. 6 亿元，利润与净利润分别居五大发电集团第二位和第一位，如图 4-2 所示。

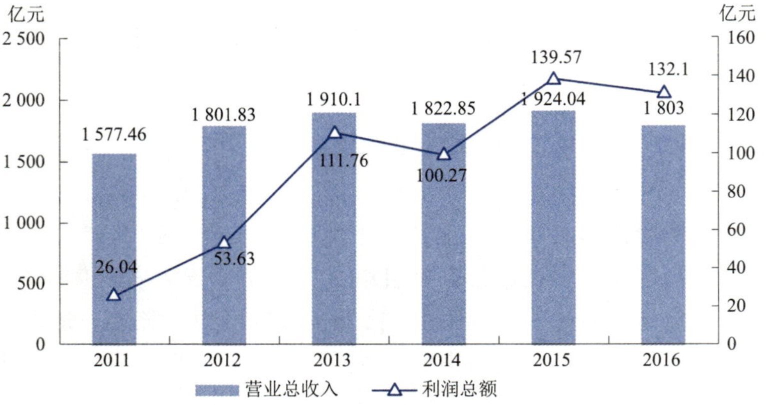

图 4-2　2011—2016 年国家电投营业总收入和利润总额

数据来源：国家电投《2015 年企业社会责任报告》，2016 年营业总收入根据报告估算而得。

国家电投是一家致力于全球业务的国际化公司。近年来，公司积极贯彻国家“走出去”战略，有效利用“两个市场、两种资源”，不断加强“一带一路”的项目研究和布局，在境外电站投资、资源合作开发、电站工程服务等方面的发展能力显著增强，发展格局初步形成，规模和范围不断扩大。公司设立境外机构 42 个，境外业务涉及电力项目投资、技术合作、工程承包建设等，业务广泛分布在日本、澳大利亚、马耳他、印度、土耳其、南非、巴基斯坦、巴西、缅甸等 35 个国家和地区。2016 年成功发行首期 12 亿美元国际债券，国际信用获穆迪、惠誉和标普三大国际评级机构 A 类评级，进一步拓宽了国际融资渠道。

境外投资方面，截至 2016 年年底，国家电投境外资产总额 354 亿元。国家电投的投资运营项目可控装机容量已经达到 120.4 万千瓦，包括绿地开发项目 10.62 万千瓦和并购项目 109.78 万千瓦；投资在建项目可控装机容量达到 1 005 万千瓦；已签署合资协议并开展前期工作的投资项目可控装机容量达到 294 万千瓦。工程承包方面，国家电投已执行完成的电站工程总承包（EPC）项目装机容量达 120 万千瓦；正在执行的电站 EPC 项目达 10 个，总装机容量达 1 172.3 万千瓦。截至 2016 年年底，国家电投已完成咨询设计、电站运维服务等项目 34 个。

随着国际化战略的不断推进和深入，国家电投确立的国际化目标是：到 2020 年，境外装机容量争取达到 800 万千瓦，约占集团装机容量的 5%。到 2030 年，境外装机容量争取达到 4 000 万千瓦，约占集团装机容量的 13%，力争境外核电开发取得实质突破，建成国际化能源集团公司。

（二）在“一带一路”建设中的战略与业绩

1. 战略目标引领：国际化发展体系初步形成

国际化是国家电投的重要发展战略，也是实现“弯道超车”目标的新动能。自 2015 年重组后，该公司积极响应国家能源外交总体战略，树立高水平国际化公司形象。在 2016 年召开的国际化发展会议上，国家电投特别指出，国际化是国家电投的大战略，是必须占据的发展高地，要保持战略定力，坚持稳中求进战略基调，任何时候都不能动摇，这充分体现了国家电投国际化的坚定决心。从战略构想和顶层设计，到抓战略落地、抓项目落地、抓工作落实，国家电投采取稳扎稳打的国际化举措，推进发展布局不断优化，组织管理体系不断完善，为国际化纵深推进打下坚实基础。基于此，国家电投提出了以下三大方针。

第一，培育发展主体，全力构建出海新模式。目前，国家电投已初步形成以海外公司为引领、联合各具特色的二级单位出海的模式。2016 年，集团海外公司组建，并开始发挥国际化战略投资和海外业务经营发展平台的作用，各二级公司设立国际业务部，上海电力股份有限公司（该公司是国家电投的控股公司，以下简称“上海电力”）、中国电力国际有限公司（该公司是国家电投的全资子公司，以下简称“中电国际”）等骨干企业国际化发展能力不断壮大，在投资并购、经营管理、工程设计、总承包等方面构建全业务链发展优势。

第二，开拓发展布局，发挥海外基地辐射效应。国家电投已完成澳大利亚太平洋水电公司、巴基斯坦卡拉奇电力公司、马耳他能源公司的并购和投资，初步形成一批具有辐射效应的海外发展基地。截至2016年年底，国家电投已在全球设立了13家境外代表处，统一机构品牌，共享资源信息，境外业务已覆盖35个国家和地区，包括17个“一带一路”国家，并且成功进入欧洲、澳大利亚、日本等发达国家电力市场。

第三，完善业务架构，形成全业务链发展优势。国家电投是五大发电集团中率先完成国际信用评级的企业，获得国际三大评级机构A类高级别评级，这为企业继续拓展国际融资渠道提供了有力支撑。公司的海外投融资、经营管理、技术工程等业务能力持续提升，逐步完善的业务架构推动国际化发展全面布局，规模和范围不断扩大。

2. 核心优势带动：业务出海硕果累累

核电、火电、水电、新能源以及配电网是国家电投的核心业务，拥有的比较完整的核电、电站服务、新能源等产业链是国家电投的核心优势，只有依托核心业务与核心优势，国家电投才能在海外经营中做大做强。国家电投以核心业务为主，认真打好海外发展“组合拳”，发挥核电和常规电全业务链优势，突出内外联动、产业间联动和上下联动，在境外电站投资、资源合作开发、电站工程服务等方面大力开拓，展现出参与国际竞争的强大实力。2016年，国家电投具有完全自主知识产权的第三代压水堆核电重大专项CAP1400示范工程通过国家核安全局的安全评审，预计2017年开工建设。同时，CAP1400还通过了国际原子能机构安全评审，为其参与国际竞争奠定了基础。

国家电投“走出去”主要实现了以下几大成果。

第一，境外资产并购工作快速发展。国家电投已顺利完成对澳大利亚太平洋水电公司和特拉格风电项目的股权并购交割，增加清洁发电装机100万千瓦，目前公司管理融合工作进展顺利，经营业绩达到预期，为该公司在海外市场的后续发展奠定了重要基础。2016年，国家电投旗下上海电力投资股份有限公司收购巴基斯坦卡拉奇电力公司66.4%的股权，进一步提升了公司国际化的发展规模。卡拉奇电力是巴基斯坦唯一一家从事发电、输电、配电、售电及电力服务纵向一体化业务的电力公司。该公司运营5座发电厂，总装机容量224.3万千瓦；拥有69个输变电站和21 817座各类配电站；拥有250万用户，覆盖面积6 500平方千米。此项收购为国家电投实现“弯道超车”迈出坚实一步，也为中巴经济走廊建设做出重要贡献。

第二，绿地开发建设项目稳步推进。2016年，国家电投投资的巴基斯坦胡布2台66万千瓦燃煤电站、土耳其胡努特鲁2台66万千瓦燃煤电站、智利亚洛克10.6万千瓦和澳大利亚蓬塔2.85万千瓦风电等项目进入施工准备阶段；越南永兴燃煤发电项目进入设备安装高峰；日本兵库三田0.48万千瓦光伏项目投产发电，茨城筑波等15.5万千瓦光伏、黑山4.6万千瓦风电项目开工建设。其中，国家电投与巴基斯坦的合作项目是“一带一路”中巴51项合作协议之一，总投资约20亿美元，是中巴经济走廊重点合作项目，也是国家电投中国电力国际有限公司在巴基斯坦投资的首个燃煤电站项目，对于进一步加强中巴双方全天候战略合作伙伴关系、打造中巴命运共同体具有重要意义。

第三，伊江水电项目开发迎来新转机。2009年3月，中缅两国政府签署《关于合作开发缅甸水电资源的框架协议》，由中国电力投资集团公司（该公司是国家电投的全资子公司，以下简称“中电投”）承建，自此中电投伊江上游水电开发项目开始全面推进，其中密松水电项目是中缅两国政府签署的伊江上游水电开发项目中投资额最大的一个。但2011年9月，缅甸总统登盛突然致函缅甸下议院，以“缅甸政府是民选政府，必须尊重人民意愿”为由，宣布在其任期内暂时搁置密松水电项目，致使整个伊江水电项目陷入僵局，之后的五年都未能正常开工。直到2016年，中缅电力合作委员会召开第三次会议，国家能源局向缅方递交了解决密松项目问题和中缅电力合作一揽子协议草案。缅甸全国民主联盟政府成立伊江项目独立调查委员会，启动调查工作，首份调查报告已提交缅甸总统。一方面，国家电投将继续全力配合调查工作，努力引导调查结果朝着有利于密松项目恢复方向发展；另一方面，国家电投还将大力推进伊江公司规范化管理，提升能力，积极为项目恢复营造有利外部环境。国家电投海外经营业绩如表4-3所示。

表4-3 国家电投在部分国家的经营业绩

日本	投资运营项目可控装机容量0.72万千瓦，投资在建项目可控装机容量12.45万千瓦，已签署合资协议并开展前期工作的有15.15万千瓦
澳大利亚	收购澳大利亚太平洋水电公司，拥有7座风电场，3座水电站，总装机容量34.9万千瓦
瑞典	已签署合资协议并开展前期工作
马其他	投资运营项目可控装机容量30万千瓦
南非	南非核电项目列入“中南产能合作重大项目清单”，核电项目投标文件编制完成约80%，完成两期南非核电中长期培训任务
巴西	拥有2座全资风电厂，总装机容量5.8万千瓦
智利	拥有5座水电站，总装机容量50.7万千瓦
缅甸	投资运营项目可控装机容量9.9万千瓦；投资在建项目可控装机容量940万千瓦；已签署合同协议并开展前期工作
越南	投资越南永兴燃煤电厂一期，装机容量120万千瓦，目前进入设备安装高峰
巴基斯坦	2016年正式签署收购巴基斯坦卡拉奇电力公司的协议
土耳其	与土耳其政府部门签署4份核能领域合作协议，土方同意启动土三核电项目合作，明确支持国家电投采用CAP1400技术开展场址和项目可行性研究工作
黑山	已签署合资协议并开展前期工作
保加利亚	与保加利亚组织开展了4轮核电项目合作商务谈判，项目已审核立项

资料来源：国家电投官网，http://www.spic.com.cn/ztjj/2015shzrbg/default.html，其中字体加粗国家是“一带一路”国家。

3. 培育发展后劲：迈入国际化新阶段

在核心业务和技术方面，国家电投始终把自己定位为清洁能源供应商和先进技术提供商，依靠绿色环保理念和强大的自主研发能力，努力使产品符合国际和当地环境标准。国家电投已经构建了以集团下属设计院为龙头，专业研究机构、装备制造企业、基础科研院所、高等院校等近百家单位共同参与的自主创新研发体系。国家电投拥有国家级科研机构8家，省部级科研机构13家，博士后科研工作站7个。国家电投已提交12

件国际《专利合作条约（PCT）》申请，并且申请34件国际专利，申请2 589件中国专利，专利遍及核电、火电、太阳能、水电等领域，如图4-3所示。此外，CAP1400技术还通过了国际原子能机构安全评审。这些都显著提高了国家电投的国际竞争力。

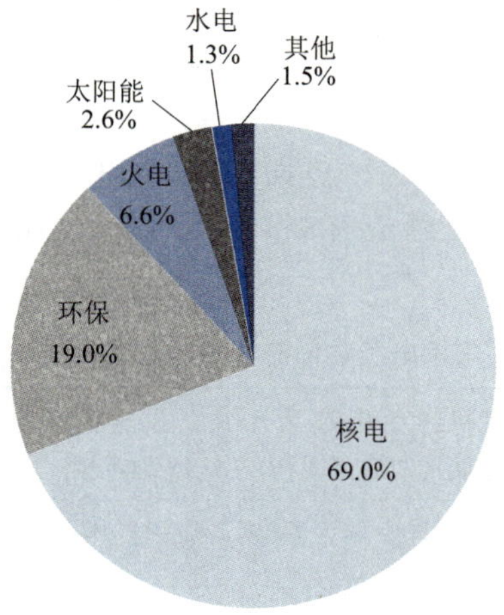

图4-3 国家电投各领域专利申请比例

资料来源：国家电投《2015年企业社会责任报告》。

在国际化经营管理体系建设方面，国家电投于2016年制定了公司“十三五”及中长期海外发展专项规划，以及国际化发展指导意见，形成由集团总部、驻外代表处、海外公司、二级企业、在境外收购或设立的企业共同构建的集团公司国际化经营管理梯队。

在国际化经营管理能力提升方面，一方面，国家电投着力培养国际化人才队伍，举办企业海外形象塑造及公共关系、英语强化、国际业务骨干研修等培训班，修订发布境外机构和人员安全管理制度；另一方面，充分发挥当地人才优势，积极融入目标国市场与社会文化。在越南永新燃煤电厂一期“建设—经营—转让”（BOT）项目，公司指定越南籍高管负责相应人才引进工作，在会计长、会计、法律顾问、商务助理、人事助理和翻译等重要岗位实现了人才本土化。截至2016年年底，国家电投的缅甸伊江项目、土耳其燃煤电站项目、几内亚项目以及日本光伏项目等共招聘当地员工约160人。

在风险防范方面，国家电投始终把防风险摆在突出位置，走稳国际化发展的每一步。集团已发布《境外投资风险管理指引》，提出覆盖境外项目全生命周期的风险清单，此举能有效增强风险防控能力。

在海外品牌建设方面，国家电投注重在国际市场上做品牌项目、建品牌工程。集团领导出席G20峰会、中印战略经济对话、世界能源大会、APEC工商峰会等重大双边和多边国际交流活动，这也提升了国家电投的品牌影响力。此外，举办外事管理培训班，邀请外国相关业务人员来华开展合作交流，也有力提升了集团外事管理与服务水平。

在树立企业形象方面，国家电投在海外积极履行社会责任，致力做全球公民。该集团始终坚持区域共赢，为发展中国家和地区建设先进的电力基础设施，满足当地的能源需求，繁荣当地经济，并且开展适合当地实际情况的帮扶项目，如提供教育奖学金、建立爱心助学项目、组织义诊、志愿开展灾后救援等。国家电投严格遵守国际公约和当地各项法律法规，依法纳税，尊重当地宗教信仰和风俗习惯，注重与当地经济与社会的共同发展和成长，并通过社会公益项目回馈当地，用实际行动履行全球公民的责任。

（三）案例点评

国家电投把握“走出去”和“一带一路”重大战略机遇，将自身定位为“创新型、国际化综合能源集团和现代国有企业”，充分发挥技术创新与产业联动优势，以国际化发展推动装备、标准、技术、服务、品牌“走出去”，有力增强了国家优势产能和装备的国际竞争力。

纵观国家电投的国际化发展路径，有以下几点值得借鉴：一是响应国家“走出去”战略和“一带一路”倡议，坚定企业国际化的大方向，并购投资和绿地建设两手抓，坚持以质量和效益为中心，做到一个一个项目精耕细作，一个一个国家站稳脚跟；二是打造核心技术，建立比较完整的核电、电站服务、新能源等产业链，培育技术优势，并且率先完成国际信用评级，成功拓展国际融资渠道，形成全产业链竞争优势；三是培育国际化人才和本土人才团队，形成由集团总部、驻外代表处、海外公司、二级企业、在境外收购或设立的企业共同构建的集团公司国际化经营管理梯队，构建国际化经营体系；四是遵守当地法律法规，建立健全风险预警和防范机制，及时防范和应对国际经营中可能出现的风险；五是积极参与国际交流活动，努力争取国际电力产业的话语权，建立正面的品牌形象；六是从就业、教育、医疗等方面入手，以实际行动积极履行社会责任，尊重当地宗教信仰，以赢得投资地区民众的好感和信任，树立负责任的国际企业形象。

在中国供给侧改革和“一带一路”倡议的推动下，能源企业寻求海外发展、开拓国际市场将成为今后一段时期的必经之路。国家电投把握大势，建立比较规范的海外经营体系，克服海外经营的种种困难，为即将开拓国际市场的能源企业树立了榜样。

七、宝钢集团有限公司

（一）集团概述

1. 宝钢集团的发展历史

宝钢集团有限公司（以下简称“宝钢集团”）是中国改革开放后建立的第一家现代化的钢铁企业，兴建于 1978 年 12 月，至今已度过 39 年的历程，见证了中国经济崛起的全部过程。

宝钢集团的发展历史可以根据不同的发展战略划分为四个阶段。

第一发展阶段（1979—1998 年）。这 20 年是宝钢集团的起步阶段，集团在钢铁产业的发展上取得了巨大的成就。截至 1999 年，宝钢集团基本实现了钢铁产量 3 000 万吨的目标，并且建成了宁波钢厂，与外资合作在广东湛江成功建成了湛江钢铁厂。

第二发展阶段（1999—2003 年）。在这五年间宝钢集团致力于做大做强钢铁主业，建立了六大钢铁精品基地，同时开始发展跨国经营和多元化经营，不仅对集团内的钢铁主业进行统一协调规划，也开始尝试统一协调海外的经营业务。同一时期，集团的核心企业——宝山钢铁股份有限公司上市。

第三发展阶段（2003—2006 年）。2003 年，宝钢集团已经在国内钢铁行业处于不容置疑的领先地位，并且拥有中国最大的钢铁精品基地和最先进的钢铁工业研发基地。集团实现年销售收入 1 200 亿元，跻身世界 500 强企业。

第四发展阶段（2007 年至今）。这一时期宝钢集团不再满足先前的“精品”战略，开始向“精品+规模”的方向发展，而这一“规模”的思路主要体现在“新建+兼并重组”。集团意图通过这样的发展模式，提高宝钢集团在国际上的综合竞争力，带领中国钢铁行业共同发展。

目前，宝钢集团已经初步形成了以钢铁为主业，包含资源开发及物流、钢材延伸加工、工程技术服务、煤化工、生产服务、金融投资在内的多元化格局，如图 4-4 所示。

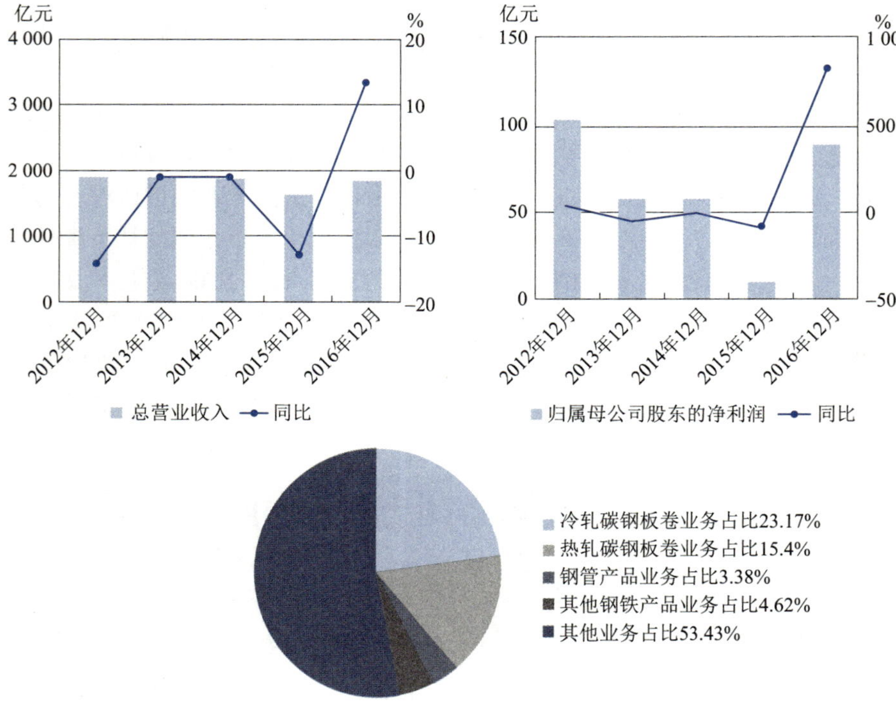

图 4-4　2012—2016 年宝钢集团基本财务数据

数据来源：宝钢集团官网。

2. 宝钢集团的发展现状

2016 年 12 月 1 日，宝钢集团和武汉钢铁（集团）公司（以下简称“武钢集团”）两大钢铁集团正式合并——中国宝武钢铁集团有限公司（以下简称“宝武集团”）宣告成立。历经 5 个月的联合重组，新生的宝武集团拥有正式员工 22.8 万人，资产总额达到了 7 300 亿元人民币，营业收入预期将达 3 300 亿元人民币。

根据世界钢铁协会（WSA）2016年5月下旬发布的《世界钢铁统计数据2016》的数据分析，宝钢集团以年均产钢3 493.8万吨位列全球第五大钢铁企业。近年来，宝钢集团频频出击，陆续收购了新疆八一钢铁有限公司（以下简称“八钢公司”）、广东韶钢松山股份有限公司（以下简称“韶钢公司”），建成了宝钢集团湛江钢铁基地，初步形成了“一体两翼”的全新发展战略。武钢集团以2 577.6万吨的粗钢产量位列中国第六大钢铁企业，体量巨大，不容小觑。武钢集团除了本部以外，还拥有武汉钢铁集团鄂城钢铁有限责任公司（以下简称“鄂钢公司”）、昆明钢铁控股有限公司（以下简称“昆钢公司”）和防城港钢铁基地。合并后，宝武集团具有年产粗钢6 000万吨的生产力，有望成为中国第一、世界第二的超级钢铁企业。

在产品结构方面，宝钢集团和武钢集团都以热轧卷板、热轧型钢、热轧重轨、中厚板、冷轧卷板、镀锌板、镀锡板、冷轧取向和无取向硅钢片以及彩涂钢板等高端产品为主。因此，宝武集团成立后，不仅可以进一步优化产品结构，还能够响应去产能化的要求，解决部分高端产品存在的重复建设、产能过剩问题。

在产业布局方面，宝钢集团与武钢集团合并后，可以预见中国钢铁产业未来格局的雏形：合并后的湛江钢铁基地和防城港钢铁基地扼守中国钢铁出口的咽喉——广西与广东两省（区）。

作为中国钢铁行业的领军企业，宝钢集团和武钢集团的合并不是简单的加总，而是中国钢铁行业的整体水平以及国际竞争力的大幅提升。

3. 宝钢集团跨国经营情况

宝钢集团作为中国钢铁的领头企业，经过近四十年的发展，已经经过国际贸易、海外投资、海外生产这三个发展时期，初步建立起了包含贸易服务网络和资源供应网络在内的国际化生产体系。

（1）宝钢集团的境外贸易服务网络

2003年6月，宝钢集团成立了海外事业部，专门承担构建宝钢集团境外贸易服务网络的责任，负责境外子公司之间的协作往来。截至2016年，宝钢集团已经形成了包含亚洲、欧洲、美洲和大洋洲在内的境外钢铁贸易体系，如表4-4所示。

表4-4 2016年宝钢集团境外贸易服务体系

地点	公司名称
亚洲	宝和通商株式会社（日本东京）
	宝和首尔事务所、BGM株式会社
	宝钢新加坡贸易有限公司总部
	宝新泰国代表处
	宝新越南代表处
	宝钢印度有限公司
	宝钢中东公司（阿联酋）
	宝岛贸易有限公司（香港）

续表

地点	公司名称
大洋洲	宝钢澳大利亚贸易有限公司
	宝钢墨尔本事务所
欧洲	宝钢欧洲有限公司（德国汉堡）
	宝钢西班牙有限公司
	宝钢意大利钢材集散中心有限公司
	意大利 NSM 剪切加工中心
	宝钢东欧代表处（波兰）
美洲	宝钢美洲贸易有限公司总部（新泽西）
	宝美洛杉矶代表处
	宝美加拿大代表处
	宝美墨西哥代表处
	宝美巴西代表处

资料来源：宝钢集团官网。

其中，宝和通商株式会社主要负责主持宝钢集团与日本、韩国等东亚国家的钢材贸易，目前宝和通商株式会社已经与此地区 500 多家企业建立起了贸易往来，更是成为国际著名企业如索尼、松下等的直接钢材供应商。

在欧洲及临近地区，宝钢欧洲有限公司负责欧洲市场的贸易，目前宝钢欧洲拥有在法国巴黎、德国多塞道夫、俄罗斯莫斯科和南非约翰内斯堡等多地的分支机构。在这些分支网络的作用下，宝钢集团的钢铁业务已经充分覆盖到了欧洲、非洲以及中东地区。

宝钢美洲贸易有限公司（以下简称“宝美公司”）则主要负责在美洲地区的钢铁业务，包括原材料采购、产品销售、物流服务等。与此同时，宝钢美洲还具备一个不同于其他地区的特殊使命，那就是开发具有高附加值的产品。如今，宝钢美洲所研发生产的汽车板、镀锡板等高附加值产品长期供应给美国通用汽车公司。

除了上述境外子公司，宝钢集团还于 2014 年 3 月在印度古吉拉特邦独资建设了第一家境外钢材加工中心，在全球钢铁供应链的开发道路上又迈出了一步。同年，宝钢集团收购的意大利印铁公司正式投入运营，这标志着宝钢集团开拓欧洲以及北非市场的一大进展。

（2）宝钢集团的海外资源供应体系

海外贸易服务体系成型之后，宝钢集团在下一阶段致力于加强海外资源供应体系的建设。

2001 年 5 月，宝钢集团与巴西淡水河谷公司达成了合资开发矿山的战略同盟，合资组建的宝华瑞矿业公司于 2002 年 4 月投入生产，揭开了海外资源供应建设的第一页。宝华瑞矿业公司每年向宝钢集团输送大约 600 万吨的铁矿石。同年，宝钢集团与澳大利亚哈莫斯利合资建设的宝澳矿业有限公司宣告成立，该公司每年向宝钢集团提供大约 1 000 万吨的铁矿石。

2007 年 5 月，宝钢集团一改以往中国钢铁企业在海外单一投资的惯例，联合武汉钢铁集团公司、鞍山钢铁集团公司和首钢集团成立了北京钢企联合矿产资源投资有限责任公司，在钢铁行业联合境外探索、开发资源方面开了先河。

2010 年，宝钢集团又在香港成立了宝钢资源（国际）有限公司，该公司成立后，宝钢资源开始实行双总部制运作。即境内总部以现在的宝钢资源有限公司为平台，主要面向境内市场的贸易及境内资源开发；境外总部以设在香港的宝钢资源（国际）有限公司为平台，主要负责国际市场的贸易及境外的资源开发布局，下设有分布自全球各个主要资源生产地的境外子公司，如表 4-5 所示。宝钢资源公司的成立标志着宝钢集团的境外资源开发进入到了一个新的阶段。

表 4-5　2016 年宝钢资源境外子公司分布

地点	公司名称
亚洲	宝钢资源新加坡有限公司
	宝钢资源印度尼西亚有限公司
非洲	宝钢资源南非有限公司
大洋洲	宝钢澳大利亚矿业有限公司

资料来源：宝钢集团官网。

综上所述，宝钢集团在全球资源开发的布局上，已经走上了一条快速发展的道路。

（3）宝钢集团的海外生产体系

宝钢集团不仅是中国钢铁行业中海外资源供应保障最完备的企业之一，也是中国第一个计划海外建厂生产钢铁的钢铁企业。

截至 2016 年，宝钢集团虽然尚未拥有海外钢铁生产基地，但是自 2011 年以来陆续投产建设了一系列海外的加工基地。2011 年，越南宝钢制罐公司成立并于 2014 年顺利投产，提高了宝钢集团在海外非钢铁金属生产领域的占有率；2012 年宝钢集团在泰国成立了无缝钢管项目；2013 年宝钢集团投资建成了韩国 BGM 钢材加工中心。

可以看出，在海外生产体系的布局上，宝钢集团比较审慎，该体系目前主要由各类加工生产基地构成，但是宝钢集团从来没有停止过在海外生产基地方面的探索。

（4）宝钢集团的境外资产管理

宝钢集团在境外资本市场上仍然处于起步阶段，2016 年宝钢集团的境外资产筹措率在 5%以下，并且截至 2017 年 10 月，尚未有宝钢集团的股份在境外上市。虽然没有实现境外资本在股本中的规模化使用，但是宝钢集团于 2013 年 12 月在香港发行了总额为 5 亿美元、票面利率为 3. 75%的债券；又于 2015 年 12 月在欧洲债券市场上发行了总额为 5 亿欧元、票面利率为 1. 625%的债券。通过发行境外债券的方式，宝钢集团达到了优化债权结构、降低融资成本的目的，朝着国际资本管理的方向更进一步。

（5）宝钢集团的海外营销网络体系

宝钢集团的海外营销网络由 4 家区域性总部、15 家子公司和代表处、2 家加工中心构成，集批发、分销、存储、配送于一体。海外营销网络中的这 4 家区域性总部，拥有比较大的权限，分别管理所属地区下设的分支机构。分支机构的一般性事务需要向区域性总部请示；当面临重大决策事项时，区域性总部需要向中国总部请示，这种垂直的管理结构既充分发挥了海外营销部门的主观能动性，又突出了其本地化的特点。

在日益优化的营销网络的作用下，宝钢集团的出口产品结构也得到了进一步的优化，如表 4-6 和图 4-5 所示。

表 4-6　2010—2016 年宝钢集团出口钢产品地区分布变化　单位：%

地区＼年份	2010	2011	2012	2013	2014	2015	2016
东亚、大洋洲	48.40	38.10	40.30	38.40	37.50	23.26	22.50
东南亚	19.20	19.40	21.30	22.30	23.50	23.94	24.30
美洲	13.40	18.80	18.90	20.20	21.70	14.47	15.10
欧非	19.00	23.70	19.50	19.00	17.30	38.43	25.60

数据来源：2010—2016 年宝钢集团年报。

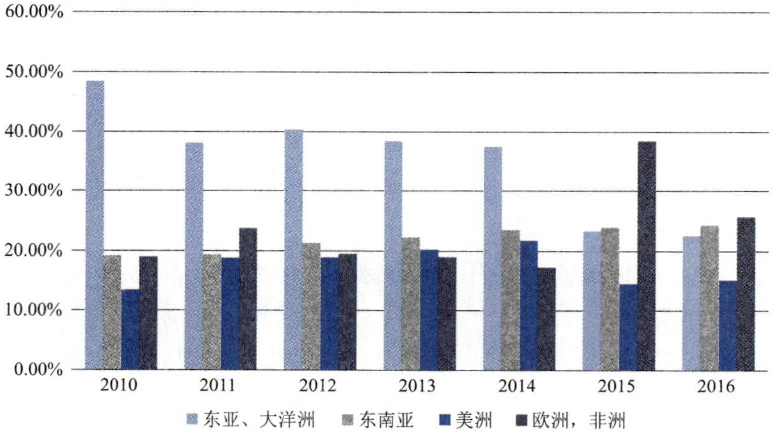

图 4-5　宝钢集团出口钢产品地区分布变化趋势图

数据来源：2010—2016 年宝钢集团年报。

（6）宝钢集团的海外品牌影响力

对 2011—2016 年宝钢集团海外品牌影响力进行分析，可以看出宝钢集团的品牌忠诚度和全球领导力这两项指标保持在较高的水平，而市场占有率仍然有较大的提升余地，如表 4-7 所示。综合而言，宝钢集团品牌的全球影响力水平还是比较可观的。

表 4-7　2011—2016 年宝钢集团品牌影响力变化

年份	亚洲 500 强品牌排名	品牌影响力排名	市场占有率排名	品牌忠诚度排名	全球领导力排名
2011	60	5	4	5	4
2012	55	5	4	5	4
2013	70	5	4	5	4

续表

年份	亚洲500强品牌排名	品牌影响力排名	市场占有率排名	品牌忠诚度排名	全球领导力排名
2014	68	5	4	5	4
2015	82	5	4	5	4
2016	85	5	4	5	4

数据来源：《世界品牌实验室》2011—2016 年“亚洲品牌 500 强”排名。

（7）宝钢集团的国际技术研发体系

在近四十年的发展中，宝钢集团已经建立健全了一整套技术研发体系，主要包括研发技术、工程集成、持续改进三大模块，如图 4-6 所示。

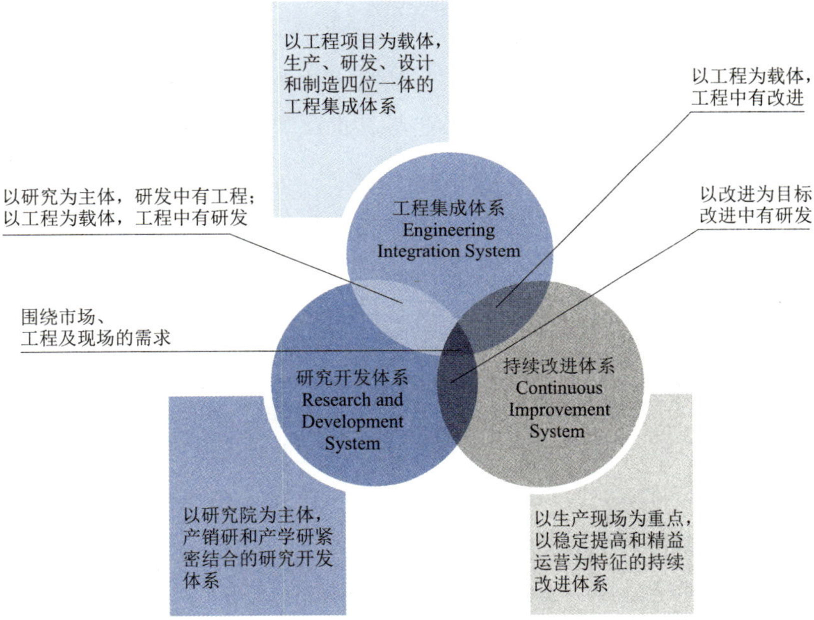

图 4-6　宝钢集团的技术研发体系

资料来源：宝钢集团官网。

2012 年，宝钢集团组建成立了宝钢中央研究院，这一独立于其他研发模块的核心机构的组建，标志着宝钢集团形成了以宝钢中央研究院为核心的一整套研发体系。得益于这一成熟的研发体系，宝钢集团逐步生产出了一系列高端钢铁系列产品，如汽车板、硅钢、能源用钢、航空航天用钢等。

2015 年，宝钢集团与美国科罗拉多矿业学院、瑞典皇家理工学院等科研院所建立了合作关系，还建成了宝钢集团—澳大利亚联合研发中心，初步达到了技术研发国际化第一阶段的水平。

（8）宝钢集团的海外人才资源储备体系

宝钢集团对于海外人才的挖掘、配置、培养十分重视。从 2012 年开始，一方面，集团本部每年都会选拔一批优秀的员工赴海外学习，进行海外轮岗，有意识地引进、学习先进的海外管理与技术经验；另一方面，宝钢集团注重在国际化人才培养过程中体现“请进来”策略，每年将在宏观经济、技术、管理方面的海外专家请进公司做讲座培训等。得益于集团对员工发展的重视，宝钢集团员工的敬业度与归属感都比较高，如表 4-8 所示。

表 4-8 2010—2016 年宝钢集团海外人力资源情况

	2010 年	2011 年	2012 年	2013 年	2014 年	2015 年	2016 年
人均培训课时/小时	78.2	111	107	73	75.1	78	77.4
培训投入/万元	11 008.7	13 624.9	14 182.3	13 199.2	13 397.4	13 780.7	14 009.2
员工敬业度/%	46.0	45.2	52.0	53.8	64.0	67.8	69.0
海外公司当地员工比例/%	37.8	42.0	65.3	67.1	68.6	70.6	71.2

数据来源：2010—2016 年《宝钢集团社会责任报告》。

与此同时，宝钢集团的海外公司中，当地员工比例这一数据逐年增长，这无疑直观地体现出宝钢集团海外人才利用率的增长趋势，也反映着宝钢集团在人才储备方面的国际化倾向正在逐年加强，如图 4-7 所示。

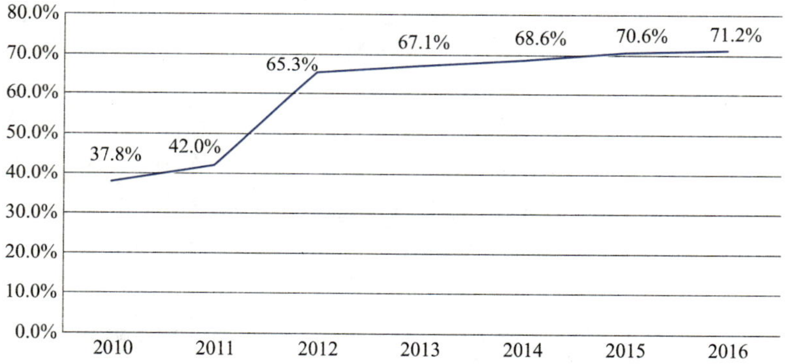

图 4-7 2010—2016 年宝钢集团海外公司当地员工占比变化

数据来源：2010—2016 年《宝钢集团社会责任报告》。

通过上述的分析可以看出，宝钢集团已经在全球主要的几大钢材需求地建立了覆盖面广、层次分明、优质高效的贸易服务网络；初步形成了全球铁矿石资源供应体系；在部分新兴发展中国家市场建立起了各具特点的生产加工基地。综上所述，宝钢集团已经初步形成了包含全球贸易服务网络、海外资源供应体系、海外生产体系的全球化钢铁产业布局。

（二）在“一带一路”建设中的战略与业绩

宝钢集团一直致力于构建国际化产业布局，逐步形成了位于欧洲、东亚、美国的营销网络体系和钢铁产业供应链以及位于印度、印度尼西亚、泰国、越南的投资体系。这两个方向不同的体系一个环印度洋，一个深入延伸至亚欧腹地。

1. 宝钢集团响应“一带一路”倡议的必要性

目前，已经加入“一带一路”合作战略的国家为了促进自己本国的经济发展，都先后制定了一些适应本国经济状况的经济发展战略（见表4-9）。

表4-9 “一带一路”沿线主要国家经济发展战略及重点

国家	经济发展战略	发展重点
哈萨克斯坦	2014年11月 光明大道新经济计划	道路、港口基础设施建设
吉尔吉斯斯坦	2013年2月 2013—2017年稳定发展战略	交通、电力、采矿等
塔吉克斯坦	2015年1月 2015—2016年国家反危机计划	基础设施、实体经济
土库曼斯坦	2010年5月 土库曼斯坦2011—2030年社会经济发展纲要	建材、化工、轻工业
乌兹别克斯坦	2010年12月 2011—2015年乌兹别克斯坦工业发展纲要	基础设施、高端工业
法国	2013年1月 2020年法国工业发展战略规划	汽车、医药、环保产业等
德国	2013年4月 德国工业4.0战略	智能制造
蒙古国	2008年1月 国家全面发展战略	基础设施、工业
荷兰	2007年6月 2007—2011年政策规划	环保、基础设施
俄罗斯	2011年10月 俄罗斯联邦2020年前创新发展战略规划	高科技产业
韩国	2008年9月 绿色能源发展战略	绿色能源
印度	2011年10月 国家制造业政策	工业、高科技产业
越南	2014年6月 越南工业2025年发展战略规划和2035年前景展望	加工制造、信息、能源
印度尼西亚	2014年10月 全面推进经济改革	基础设施、科技创新
泰国	2011年1月 五大工业发展战略	工业发展、环保

从这些国家经济发展的重点可以看出，需求主要分为两类。一类以俄罗斯、哈萨克

斯坦等国家为代表，它们的发展重点集中在工业发展以及基础设施建设上面，与中国目前的工业发展和基础设施建设存在一定水平的差异，形成了产业互补。而无论是基础设施建设还是工业化发展，都对道路、港口、铁路等有着巨大的需求，这就为中国钢铁企业提供了一个绝佳的机遇，宝钢集团作为行业的领头羊无疑能够在这波浪潮中获得较多的机会。另一类以法国、德国等国家为代表，它们的重点则集中在高端、环保产业，中国钢铁的低端钢铁制品在其中获得的机会较少，但是宝钢集团凭借以宝钢中央研究院为核心的完备研发体系，已经研制成功一系列高端的钢铁制品，因此，在这一部分国家中同样具备竞争力。

2. 宝钢集团响应“一带一路”倡议的对策

2013 年，宝钢经济管理研究院在集团的指导下，部署了“‘一带一路’战略机遇与宝钢集团对策”专项课题研讨工作，梳理出了第一批宝钢集团的富余优势产能清单。2016 年 3 月，宝钢集团“一带一路”领导小组与工作小组正式成立。

3. “一带一路”倡议对宝钢集团国际化的影响

（1）带来巨大的市场与商机

近年来，宝钢集团在国内钢铁行业产能过剩的困境里开始走上兼并重组、减量生产、降低成本的道路。然而，国内市场毕竟已经接近饱和，在这种情形下，“一带一路”倡议就为宝钢集团提供了一个崭新的选项。正如前文中所分析的，宝钢集团具有国际化经营的丰富经验，无论是国际水准的设备、技术，完善的国际贸易网络，还是流畅的营销系统，都使得宝钢集团在参与“一带一路”暨国际产能和装备制造合作项目的一众央企中独树一帜。

在“一带一路”沿线国家中有 70% 以上的国家是钢铁的净进口国，是以宝钢集团为首的钢铁企业瞄准的主要出口目标市场。在这种情况下，宝钢集团不仅为生产的钢铁产品迎来一个更大的消费出口需求，而且其在当地的生产加工基地同样也会迎来更多的市场机遇。

（2）大力破除贸易壁垒

伴随着“一带一路”建设的开展，中国必然会加大沿线各种规格的自贸协定的谈判力度，同时向亚洲、非洲、拉丁美洲等发展中国家提供用于基础设施建设的各项贷款，达到加强与各国的往来互通、促进中国资本输出的目标。在这种情况下，宝钢集团搭乘“一带一路”建设的快车，就能大大减少自身在贸易过程中可能遇到的贸易壁垒，降低出现贸易摩擦的可能性。

（3）促进钢铁产业开辟新的海外市场

国内钢铁产业无疑将在“走出去”的浪潮中迎来拓展海外市场的一次绝佳机遇。“一带一路”的具体发展规划要求沿线国家加强基础设施建设的互通互联，这必然直接带动高速铁路、电力等行业的大力输出，间接带动硅钢、钢管等碳钢板材的出口，从而有利于宝钢集团等中国钢铁企业钢铁产品的出口销售。

借用较早参与“一带一路”工作的宝钢经济管理研究院环境研究所所长赵浪、宝钢集团工程技术事业本部咨询技术总监朱晓辰针对“一带一路”对钢铁行业影响的观点，“‘一带一路’如果走得好，未来将有效降低整个供应链上的成本，化解产能过剩矛盾，减轻环保压力，腾挪出更多国内资源，培育衍生更多新的优势产业。产能的全球布局也将推进宝钢集团产业结构的持续优化。”

4. 宝钢集团在“一带一路”建设中取得的成果

（1）新疆八一钢铁有限公司

新疆八一钢铁有限公司（以下简称“八钢”）本部坐落于新疆乌鲁木齐的八钢地处“一带一路”的沿线，紧紧抓住国家“一带一路”建设的绝佳政策机遇，踏上了转型发展的崭新道路。“那里有水电、铁路、公路等大量基础设施建设需求，渴望中国企业带着项目资金去开发，而任何基建都离不开钢铁。”

在为新疆本地经济建设服务的同时，八钢公司加快“走出去”的步伐，钢材出口实现持续增长，并且成功获得了老挝钢厂运营总承包项目、尼日利亚钢厂工程服务、苏丹钢厂技术服务、巴基斯坦保税库项目、蒙古国200万吨焦煤总承包项目等工业运营项目，国外业务拓展取得巨大突破。

在国内钢铁产业的调整中，八钢公司承受了不小的生存压力，由于产能缩减，八钢在当地的一些运输、存储资源就富余了出来。随着“一带一路”带来的巨大贸易输出机遇，八钢公司将一部分区域物流资源转由乌鲁木齐铁路国际物流承担，八钢车站更是成为新疆西行出境的国际货运班列的集货区和始发站，仅2015年就发送了21列“中亚班列”。八钢物流运输倚靠着中亚乃至欧洲的巨大市场，沿着“一带”的路线出发，焕发出了新的生机。

（2）宝美公司

2015年，以美国为首的部分国家对中国钢铁产品发起“双反”调查，宝钢美洲贸易有限公司（以下简称“宝美公司”）因此而遭遇重创。“一带一路”倡议提出以来，虽然宝美公司严格意义上并不处于“一带一路”的沿线，但是在2016年年初，宝美公司就积极组建专项项目团队，在美洲区域内主动挖掘潜在的国际优势产能，积极参与到具体项目当中。

宝美公司的总经理倪志军针对本公司抓紧“一带一路”机遇所做出的一系列举措进行了这样的概括：“是我要做，而不仅是要我做，而且必须态度坚决、反应迅速、行动果敢。”

（3）宝新公司

宝钢集团新加坡贸易有限公司（以下简称“宝新公司”）的总经理助理陈强认为，现在正是借助“一带一路”倡议提升行业间、企业间横向协同的最好时候，正是扩展宝钢在这一区域的建设，让更多项目落实落地的最好时候。

遵循这一思路，宝新公司借助“一带一路”的发展机遇，在海外充分借鉴宝钢集团在国内工贸一体的营销模式，2016年先后在印度、印度尼西亚建设加工中心，实现了钢铁销量同比增长112%的历史最高纪录。

（三）案例点评

宝钢集团能够在“一带一路”的发展中取得上述成果，主要是基于以下三点原因。

1. 政策的大力支持

2013年10月，国务院公布了《关于化解产能过剩矛盾的指导意见》，提出并部署了“四个一批”的工作，即遵循消化一批、转移一批、整合一批、淘汰一批的整体思路。针对产能过剩的钢铁行业，主要以“转移一批”为指导意见。

结合“一带一路”所勾勒的“转移线路”，宝钢集团凭借自己在钢铁行业内领先的装备和技术优势，积极加速部分钢铁产能向国外输出开展产能合作的进程。

2. 联合输出的创新组织形式

中国钢铁行业在国内整体面临缩减产能的压力，彼此存在不小的竞争关系，然而当走出国门的时候，又可以成为互相守望驰援的合作者，这种方式也能有效地提高整体的竞争力，争取议价权。事实上，早在2007年，当时宝钢集团、武钢集团、鞍钢集团、首钢集团这四家钢铁巨头就达成了一个按照股权比例出资组建公司的协定，提出通过一个“集大成”的股份公司共同实现“走出去”的愿景。

事实上，2016年12月宝钢集团与武钢集团的成功合并重组，同样可以视为一种创新的组织形式，合并重组后的宝武集团无疑是强强联合的代言词，产出水平和国际竞争力大大提高。

3. 因地制宜的本土化原则

作为外国投资者，宝钢集团在推进项目合作的过程中总会面临着如何与当地政府洽谈、如何挖掘当地优秀人才、如何吸收学习当地先进技术和经验的一系列问题，而宝钢集团选择了一条很有代表性的应对道路——本土化发展。一方面，宝钢集团致力于增加境外机构分支中当地员工的数量，充分运用、保留当地的优秀人力资源；另一方面，宝钢集团在构建境外分支结构时，谨慎地赋予当地机构更独立的自主管理权限。这些本土化的措施既能有效增加当地就业岗位数量，带动当地经济发展，又能有利于项目实现最大化收益。

八、中国冶金科工集团有限公司

（一）公司概况

中国冶金科工集团有限公司（简称“中冶集团”）是中国特大型企业集团，是新中国最早的钢铁工业建设力量。从1948年投身“中国钢铁工业的摇篮”鞍钢的建设，到建设武钢、包钢、太钢、攀钢、宝钢等，公司先后承担了国内几乎所有大中型钢铁企业主要生产设施的规划、勘察、设计和建设工程，是新中国“钢筋铁骨”的奠基者。1982年，经国务院批准正式成立中国冶金建设公司，隶属于冶金工业部。2008年12月，中冶集团为进行股份制改革，与宝钢集团有限公司共同发起设立中国冶金科工股份有限公司（简称“中国中冶”）。2009年9月21日和2009年9月24日中国中冶分别在上海证券交易所和香港联合交易所主板上市。2015年12月8日，经报国务院批准，中冶集团整体并入中国五矿集团公司（简称“中国五矿”），成为其全资子企业，不再作为国资委直接监管企业。

中冶集团是全球最大最强的冶金建设承包商和冶金企业运营服务商，是国家确定的重点资源类企业之一，是国内产能最大的钢结构生产企业。股份制改革后的中国中冶 A 股已被纳入上证央企指数、中证基建指数、上证 180 成长指数、上证市值百强指数、“一带一路”指数、国企改革指数等；中国中冶 H 股已被纳入富时中国 50 指数、标普中国 BMI 指数、彭博全球指数、恒生综合指数、恒生 AH 股 H 指数、彭博亚太地区工程和建设业指数等。近年来，中冶集团的品牌美誉度和行业影响力显著提升：以中国中冶为核心资产的中冶集团在 2016 年“世界 500 强”排名中提升至第 290 位，在美国《工程新闻记录》（ENR）评选的“全球承包商 250 强”中列第 8 位。中国中冶获“金紫荆最佳科技创新上市公司”奖、上市公司百强高峰论坛与中国百强城市全面发展论坛“中国百强企业”及“最佳创新上市公司”奖。

2016 年，中国中冶营业收入为 2 195.58 亿元，较 2015 年的 2 173.24 亿元增加 22.34 亿元（即增长 1.03%）；净利润为 59.70 亿元，较 2015 年的 49.49 亿元增加 10.21 亿元（即增长 20.63%）；归属上市公司股东净利润为 53.76 亿元，较 2015 年的 48.02 亿元增加 5.74 亿元（即增长 11.96%）。

2016 年，中国中冶对海外市场重点布局进行了优化调整，增加了“一带一路”沿线热点和潜力地区、钢铁产能合作的热点国家、恢复国家稳定并大力发展基础和民用设施的国家、符合金融机构融资政策的目标国家，逐步调整市场前景一般、规模小或者市场基础差、限制多的国家。中国中冶利用区域和综合优势，努力践行和积极参与“一带一路”建设，成为响应“一带一路”倡议的先锋队和有生力量。中国中冶在“一带一路”沿线 7 大区域 30 个国家市场进行了布局，经营重心包括开拓“一带一路”沿线较为关键的中东、非洲、东南亚、南亚等四大区域，并适时进行优化及动态调整。中国中冶海外新签合同额 573.1 亿元，相比 2015 年同期签订的合同额 410.7 亿元增长了 39.5%。新签海外工程合同额中，冶金类合同占 19.8%，非冶金类合同占 80.2%。截至 2016 年年底，公司共有工程类驻外机构（包括办事处、项目部、分公司、当地公司等）合计 139 个，分布在 51 个国家和地区。

从 2007 年起，中国中冶不断成长，营业收入也日益增加，但是受到全球经济减速、钢铁业深度调整与盲目兼并的影响，公司在 2012 年发布年报时，其业绩不尽如人意。净利润急剧下滑到-69.52 亿元，连续两年在国资委业绩考核中列为最低 D 级，是债务风险特别监管企业。但是，经过 2013 年的大刀阔斧改革之后，中国中冶聚焦传统优势产业，响应“一带一路”倡议，积极寻求更大的海外市场，成功扭亏为盈，并且连年保持良好发展势头，成为名副其实的全球最大冶金建设承包商与钢铁企业运营服务商。2007—2016 年中国中冶营业收入与净利润如图 4-8 所示。

（二）在“一带一路”建设中的战略与业绩

1. 聚焦主业，再造整体核心优势

中冶集团针对企业的特定困难局面，提出了适当的发展战略：聚焦主业、做优做强、适度多元、稳健发展。

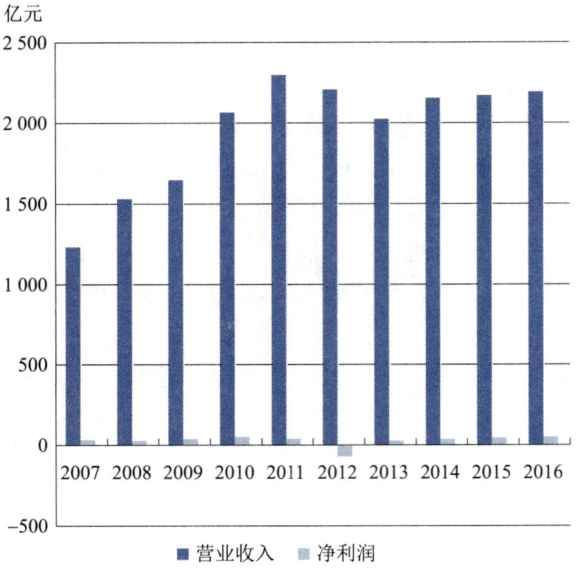

图 4-8 2007—2016 年中国中冶营业收入与净利润

数据来源：Wind 资讯中国中冶 2007—2016 年年度报告。

（1）“卸包袱”与“啃骨头”

前几年，中冶集团不顾市场需求与国家节能减排的政策趋势，盲目兼并辽宁葫芦岛有色金属集团（以下简称“葫芦岛有色”）、中冶纸业与中冶恒通，但是这些企业却成为中冶集团的“包袱”与“骨头”，每年使企业亏损几十亿元，经过艰难整顿与改造，中国中冶对中冶恒通与中冶纸业划转重整，对葫芦岛有色破产重组。一系列的举措使得中国中冶逐步走出困境，生产经营开始平稳发展，经营指标大幅改善，财务状况明显好转。

（2）整合四大主业，适度多元发展

中国中冶抓住时机，积极打造“‘四梁八柱’业务体系”。明确市场定位，集中优势资源，调整经营策略，将业务领域归结为工程承包、房地产开发、装备制造及资源开发的“四梁”，以冶金工程、高端房建、矿山建设与矿产开发、中高端地产、交通市政基础设施、核心技术装备与中冶钢构、环境工程与新能源、特色主题工程为关联互补的“八柱”。

自中国中冶提出“聚焦主业”发展战略以来，工程承包业务表现尤为突出。2016 年营业收入达到 1 876.4 亿元，占总营业收入的 85%，成为中国中冶业务的中流砥柱，而房地产开发、装备制造与资源开发三大主业也日益成为企业新的经济增长点，取得较好成绩，多元化战略取得一定成效。2015 年、2016 年中国中冶四大业务的营业收入分布如图 4-9 所示。

在工程承包领域中，在全球钢铁行业进入第三次深度调整的背景下，中国钢铁业积极“去产能、转方式、优结构、提质量、增效益”，城市钢铁企业拆迁、倡导绿色产能、升级产业装备、提升高端产品产能带来的新机遇，为中国中冶提供了较大的市场需

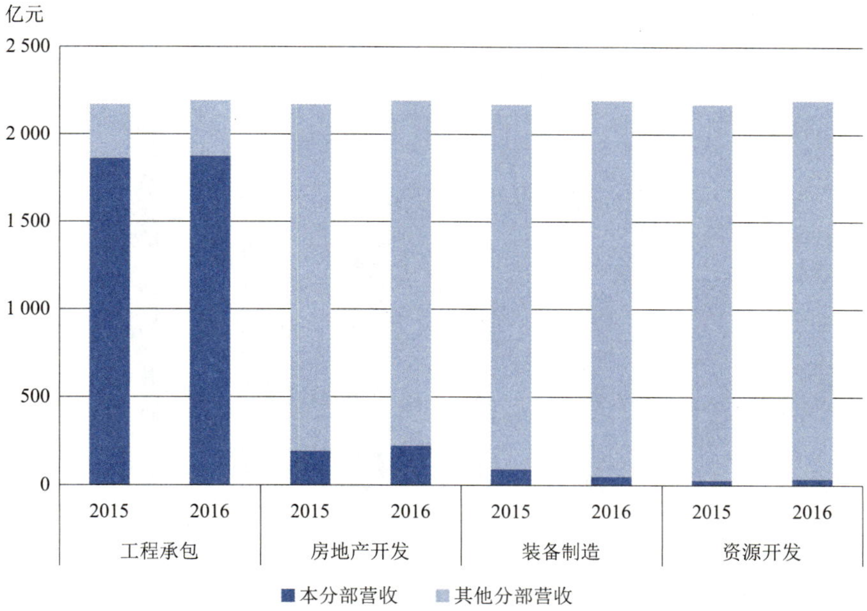

图 4-9 2015—2016 年中国中冶四大业务营业收入分布图

数据来源：Wind 资讯中国中冶 2007—2016 年年度报告。

求。“一带一路”建设为中国中冶创新营销模式、革新应用新技术手段提供了巨大的发展空间。中国中冶紧紧抓住结构调整，充分利用“互联网+”技术在工程承包行业的应用，紧密跟踪项目信息，积极扩大市场。中国中冶集中优势资源，响应国家倡议，将“一带一路”、京津冀、长三角、珠三角等经济发达和有活力的地区作为主战场，进一步完善优化市场布局，研究商业模式，在交通市政基础设施、高端房建、环境工程与新能源、地下综合管廊、特色主题、海绵城市、美丽乡村与智慧城市等非冶金工程领域持续发力，完成了一批具有行业影响力的重大项目，确立了新的竞争优势。2016 年新签合同额超 5 亿元以上的非冶金重大工程项目 159 项，公司非冶金业务新签合同额占新签工程合同额的比重达到 90%，工程产品结构调整和转型升级取得了巨大成果。

2. 优化市场布局，实行项目、业主聚焦

中国中冶树立了国际化发展观念，积极响应国家对外政策，部署资源战略，转移过剩产能，紧抓国际基础设施市场面临的发展机遇，特别是自“一带一路”建设以来，积极投资中国政府鼓励的海外市场，围绕六大经济走廊，重点布局西亚、南亚、东亚、非洲、南美、俄罗斯和中亚六大区域，对重要目标市场进行深度开发和聚焦式营销。中国中冶新签海外合同额整体呈上升态势，2016 年公司海外新签合同额 573. 1 亿元，相比 2015 年同期签订的合同额 410. 7 亿元增长了 39. 5%。新签海外工程合同额中，冶金类合同占 19. 8%，非冶金类合同占 80. 2%。2011—2016 年中国中冶累计新签合同额与新签海外合同额如图 4-10 所示。

中国中冶严格管理海外每一个项目，按照国际风险管理要求，对高风险业务进行常态化检查。接受项目前，认真评估项目的风险程度；建造工程时，密切关注项目质量，

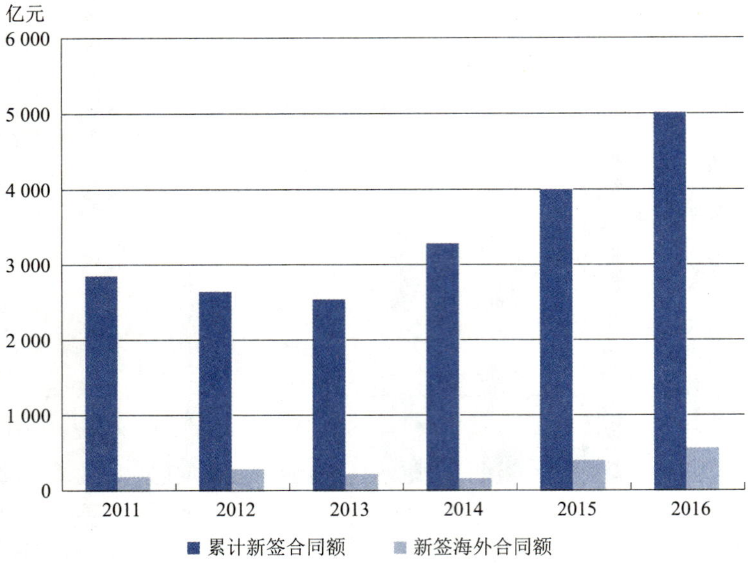

图 4-10　2011—2016 年中国中冶累计新签合同额与新签海外合同额

数据来源：Wind 资讯中国中冶 2011—2016 年新签合同情况简报。

进行动态监管；项目完工后，以诚信与高品质服务赢得客户，积累良好声誉，树立中国中冶品牌效应。做到干好一个项目，开辟一个市场，在“一带一路”沿线国家与地区取得了喜人的成绩。“一带一路”建设使得沿线各国工程建设需求量与日俱增，让 2012 年巨额亏损的中国中冶有了新的海外市场，开始大量承接各国的装备制造与工程项目，在短短两年时间内获得了较好业绩，中国中冶在“一带一路”沿线的业绩分布如图 4-11 所示。

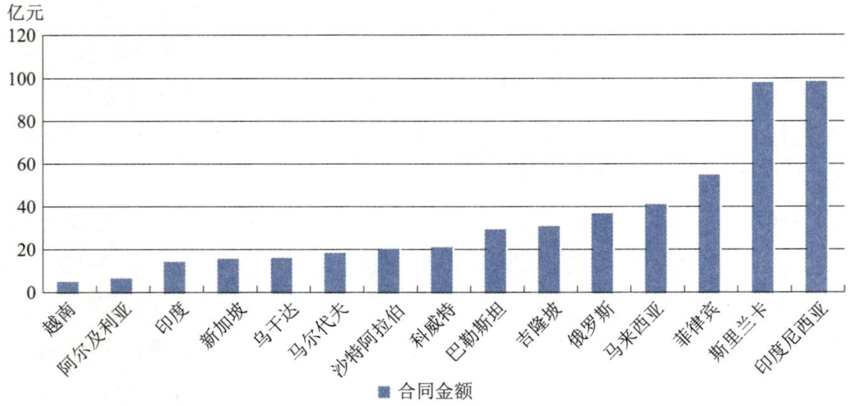

图 4-11　中国中冶“一带一路”沿线业绩国家分布

数据来源：Wind 资讯中国中冶 2013—2017 年新签合同情况简报。

中国中冶积极响应“一带一路”倡议，争做“一带一路”的龙头企业。2014 年新签合同额 53 亿元，2015 年 156.7 亿元，2016 年达到 249.3 亿元，截至 2017 年 1 月，累计在 15 个国家新签合同金额总计 515.9 亿元。中国中冶追求高标准、严要求，在“一带一路”沿线国家与地区建设了不少典型工程。其中，台塑越南河静钢铁基地是世界上最大的在建千万吨级钢铁基地，此工程吸引着世界的眼光。中国中冶为保证此项目的顺利完工，集结了上万名员工，中国中冶下属的中冶集团武汉勘察研究院有限公司、中冶赛迪集团有限公司、中冶南方工程技术有限公司、中冶长天国际工程有限责任公司、中冶京诚工程技术有限公司等 12 大子公司和单位进行了全方位的勘察、设计、施工、检修，从勘察、设计、施工、监理到设备供货、检修维护，中国中冶真正做到了全产业链、全方位、全过程的技术与管理支持，再一次彰显了冶金建设“国家队”的强大运营与服务能力。

2015 年 11 月 27 日，台塑越南河静钢铁新建炼焦项目 1 号焦炉顺利投产，这标志着中国中冶全力研发的 7 米大容积顶装炼焦技术达到世界先进水平，第一次输出海外，获得国际认可。台塑越南河静钢铁基地项目的顺利建成必将是世界钢铁建设和运营历史上高标准、高质量的样板工程，不仅使越南拥有了国内最大型的现代化钢厂，同时向世界展示了中国目前最高水平的钢铁研发技术与国产化钢铁设备。2016 年在建的中兴能源巴基斯坦旁遮普省 300 兆瓦光伏电站项目，是“中巴经济走廊”建设优先实施项目，也是“一带一路”建设的重点开局工程之一，总体建成后将成为世界上单体最大光伏发电项目，每年可提供清洁电力约 12.71 亿千瓦时。2016 年中标的新加坡 T311 地铁项目，标志着中国中冶在公共基础设施领域开启了新的一页，不仅增强了公司在当地建筑工程领域的市场影响力，而且大大提高了中国中冶的品牌效应，有利于公司做冶金建设国家队、基本建设主力军、新兴产业领跑者，长期坚持走高技术建设之路。

3. 中冶集团并入中国五矿，强强联合

2015 年 8 月，国务院核准中国五矿收购中冶集团约 122.65 亿股股份，约占中国中冶总股本的 64.18%，这意味着中国中冶并入中国五矿，战略重组形成新五矿集团公司。新五矿集团是中国最大、国际化程度最高的金属与矿业企业集团，是全球最大最强的冶金建设运营服务商。

虽然从经营状况上看，原中国五矿利润下滑速度加快，深受资源行业波动影响，部分经营业绩指标甚至不如中国中冶，但是在经营范围的广度与深度上，中国中冶都明显弱于中国五矿。两大企业各自业务也极具互补优势。中国中冶在冶金工程国际市场居领先地位，并且通过不断创新自有技术，改进冶金设备制造工艺，而原中国五矿实现了黑色金属、有色金属、金融、房地、物流五大产业的全方位发展，合并后双方能够资源共用，降低成本，增加规模经济效益。原中国五矿拥有冶金行业的原材料市场，中国中冶拥有冶金行业的设计建设营运市场，合并后几乎覆盖了冶金行业的全产业链。原中国五矿不仅有铁矿石资源，还有稀土业务，中国中冶拥有铜镍锌资源，两家都拥有资源业务，也共有房地产业务板块。因此，两家企业重组合并后必然会做长产业链，提高产业附加值。

原中国五矿与中国中冶具有深度融合的先天优势。一方面，原中国五矿历经 60 年开拓了庞大的海外营销市场，有一批国际化的人才队伍和强大的国际销售网，这种特有资源为原中国五矿在国际竞争中建立了稳固的隐形壁垒。中国中冶作为“一带一路”的先遣队，如果可以借助原中国五矿成熟的金融运作能力与国际营销体系，再加上自身

拥有的传统业务优势，必将开辟出更广大的海外市场。另一方面，中国中冶不是简单的基础建设运营公司，而是一家注重技术研究的科技企业。2016 年，公司继续推进实施“质量并举、质为先”的专利发展战略，努力提高发明专利占比，围绕冶金建设、基本建设和新兴产业三大领域构建具有核心竞争力的专利技术网，建立支撑主业发展的知识产权体系。中国中冶有效专利已达到 18 996 件，其中发明专利为 4 738 件，继续位居中央企业第四名，居建筑业中央企业第一名。公司两家子企业被评为国家级知识产权示范企业，四家子企业获评第二批国家级知识产权优势企业。2016 年，中国中冶再次获得中国专利金奖，中国专利优秀奖获奖数量再创新高。2016 年 12 月，中国中冶自主研发和申请的专利“一种干熄炉专用供气装置”荣获第十八届中国专利金奖，成为建筑类与冶金类中央企业中唯一一家获此殊荣的企业，这也是继 2015 年之后中冶集团再一次获得中国专利金奖（每年全国仅评选 20 项金奖）；同时，中国中冶还获得 11 项中国专利优秀奖，为历年最多。

（三）案例点评

1. 制定正确的企业战略，明确战略实施步调

中国中冶在积极转型的紧要时刻，找准了自身症结所在，果断奋力自救，“一天也不耽误，一天也不懈怠”，集中治理公司的亏损问题，树立了“聚焦主业”的发展战略，将极具竞争力的主营业务做优做强，然后再适度多元化发展，四大板块业务相互关联互补，发挥规模经济的优势。努力甩掉包袱，调整业务结构，专注于主业，实现其高效益、高质量。在四大主业的基础上，紧密依托工程承包与建设主业的研发、设计、勘察、施工、项目管理与服务，适度在主业关联的新业务领域板块开辟市场，突出节能环保、新能源发展、污水与垃圾回收以及再利用等战略性新兴产业的发展。

中国中冶审时度势，认真分析了公司所面临的风险与问题，决定“一年迈一步，三年跨大步”地实施公司的发展战略。2012—2013 年，“攻坚克难、奋力自救”，解决了历史遗留的中冶恒通、中冶纸业与葫芦岛有色的破产重组问题，基本遏制了各项企业经营指标恶化的趋势，止住“出血点”，财务状况明显好转。2013—2014 年，“继续巩固基础、改革发展”。“到有草的地方放羊、到有鱼的地方撒网”，积极开拓国内市场与海外市场。集中精力解决产成品占用资金多与收回应收账款难的问题，提高集团资产运营效率。2014—2015 年“创新驱动、提质增效、实现跨越发展”。研发技术，为企业转型升级打造新优势；增质提效，推进各项业务的专业化、集约化；紧密跟进市场需求，实现跨越式发展。

2. 善抓机遇，适应时代趋势

“一带一路”建设的“和平合作、开放包容、互学互鉴、互利共赢”理念，推动中国与周边沿线国家共同发展、共同进步。国内面临着钢铁产能严重过剩的巨大压力，但同时“一带一路”沿线国家与地区相对于中国来说，基础设施建设落后，钢铁供不应求，蕴含着巨大的合作商机，中国中冶紧抓机遇，不断寻求新海外市场，成为“一带一路”名副其实的排头兵。

在金属矿产行业深度调整期间，中国中央企业出现同质化、低价竞争的混乱局面，为构建国家战略性行业发展的平台，中国中冶被全资纳入中国五矿的麾下，共同打造世

界领先的金属与矿产服务型企业集团，保障国家资源安全，提高全产业链整合优势与综合服务能力，主动部署全球市场计划，给企业增加新的发展动力，开拓新的发展空间，从而大力提升在金属矿产资源领域的竞争能力与资本实力。

3. 利用资本市场，加强产融结合

中国中冶面对资金市场紧缩、企业财务状况不佳的内忧外患局面，主动寻求与各金融机构合作，实行总部对接总部的战略，先后与中国建设银行、中国银行、中国农业银行、交通银行、中国人寿等达成深度合作意向，极大地改善了融资环境。

中国中冶着重利用外部资金资源，积极联系政府、银行、保险等产业基金。一方面，中国中冶利用之前与中国建设银行、中国邮政储蓄银行的深度合作关系，筹集300亿元用于PPP项目的资金与投资预算，成立了1 000亿元的工程建设基金；另一方面，中国中冶积极完善公司与子公司的两级基金运作体系，努力进行全方位、多渠道的融资，为项目提供强大的资金支持。

九、中联重科股份有限公司

（一）公司概况

中联重科股份有限公司（以下简称“中联重科”）创立于1992年，其前身是原建设部长沙建设机械研究院。中联重科是唯一代表中国工程机械行业参与制定、修订国际标准的企业，是国内工程机械行业第一个国际标准化组织（ISO）秘书处单位。中联重科主要从事工程机械、环卫设备、农业机械等高新技术装备的研发制造。20多年的创新发展，使中联重科逐步成长为一家全球化企业，主要产品覆盖10大类别、73个产品系列、1 000多个品种。中联重科先后实现深港两地上市，成为工程机械行业内首家A股和H股同时上市的公司，注册资本达77.06亿元人民币。目前，公司正在积极推进战略转型，打造工程机械、环卫设备、农业机械等多位一体的高端装备制造企业。

中联重科的生产制造基地分布于全球各地，在国内形成了中联科技园、中联麓谷工业园、中联汉寿工业园等13大园区，在海外拥有意大利CIFA工业园、德国M-TEC工业园、印度工业园、巴西工业园和中国—白俄罗斯工业园。公司在全球40多个国家建有分、子公司，以及营销、科研机构，为全球6大洲80多个国家的客户创造价值，拥有覆盖全球的完备销售网络和强大服务体系。未来，中联重科将以资本为纽带，强化海外资源整合和市场投入，在欧洲、南亚、西亚建立更为完善的备件中心，在欧洲、西亚、南亚、东南亚及北美洲建立更为先进的制造中心，在欧洲、南美洲、南亚、东亚建立更加贴近客户的研发中心。

2016年，中联重科实现营业收入约200.23亿元人民币，经营活动产生的现金流量净额为21.69亿元人民币，归属于母公司所有者的净利润为亏损9.34亿元人民币。中联重科2016年经营亏损主要是工程机械板块积极稳妥化解存量风险、严控新增风险、员工离职补偿增加、转型升级的战略投入等因素影响所致，但中联重科经营性现金流同比明显改善，敞口风险得到有效控制。同时，以环境、农业以及金融服务为代表的战略性新兴业务在 2016 年收入近百亿元人民币，整体仍保持较好增长。其中，环境板块收入为 56.07 亿元，同比增长 23.91%；农业板块收入为 34.52 亿元，同比增长 4.75%。[①]

（二）在“一带一路”建设中的战略与业绩

1. 中联重科的公司战略

（1）借助“一带一路”乘风出海

在国内外市场萎缩、美联储加息带来资本外流隐患、融资门槛抬高的背景下，国内工业发展处境艰难，产能过剩没有得到根本性改变，新的替代性产业还没完全发展起来，与中国经济转型相匹配的增长动力转换仍在进行之中。这些问题单纯依靠国内推动产业调整解决显然有点困难，而通过“一带一路”带动相关产业和资本输出从而带来结构性调整则为包括中联重科在内的诸多高端装备制造企业更好、更快地“走出去”带来了全新的机遇。

据估算，“一带一路”沿线总人口约 44 亿、经济总量约 21 万亿美元，分别约占全球的 63% 和 29%。“一带一路”倡议的重心是基础设施建设。巨大的基础设施建设需求刺激产生了对包括工程机械在内的相关产业的需求。因此，以中联重科为代表的中国工程机械企业通过抢占“一带一路”先机，加快海外市场扩张。

（2）全球资源配置

中联重科董事长詹纯新曾经表示，中国企业要成为真正的世界级企业，必须融入全球产业生态，在全球范围内进行资源配置。“一带一路”倡议正是在恰当时期助推中国企业进入国际舞台的强力引擎。因此，在“一带一路”重点地区，中联重科正加紧相关资源的投入，沿线布局生产基地和贸易平台；有序推进“一带一路”沿线重点国家的产能合作，设立中白工业园、泰国子公司、巴基斯坦子公司等。目前，紧随国家战略积极“走出去”的中联重科，在“一带一路”主要国家的市场网络布局日趋完善。此时，中联重科可以按照全球区域市场和业务体系的要求配置和优化资源以驱动业务发展，真正实现全球一体化运营，从而成为全球工程机械领域的领先企业。

（3）多种方式拓展国际化业务

中国装备制造业当前面临着多方面的压力，作为其中的一员，中联重科同样在积极转型，契合“一带一路”建设不断拓展产能合作新空间。为此，中联重科开始尝试全面地“走出去”。一方面，不断让产品走向海外市场，通过在所在国建立销售渠道、分支机构，或与当地经销商合作销售产品和配件。另一方面，中联重科还与东道国优秀企业合资合作，发展当地工程机械产品或其他业务的合资公司，以分支机构作为桥头堡，参与程度逐渐加深。同时，中联重科与国内多家“中”字头工程企业合作，发挥“借船出海”优势，发挥当地经销商优势，发展分支机构或寻求区域代理商，通过股权投资、战略联盟、渠道代理等多种方式，进行深度合作，拓展国际化业务。

---

① 数据来源：中联重科 2016 年年报。

（4）以客户为导向

近几年，中联重科技术团队充分考虑产品的工况性能和各个国家的气候条件，开发了多款适销产品。以印度瑞来斯集团采购招标为例，在通过价格、性能、服务等多个方面的比较之后，中联重科 QY75V 轮式起重机凭借着对印度市场需求的量身定制而成功中标，不仅在力矩限制器、主泵等关键部件采用进口品牌，还做了许多本地化适应性的创新调整，充分满足了印度复杂的工况需求。通过量身定制的适应性及保姆式贴身服务，中联重科真正实现了以客户为导向，从而把自身同竞争对手区分开来，最终中标印度瑞来斯（Reliance）集团的采购项目。“一带一路”对工程机械企业的国际化战略带来了天赐良机的战略新机遇。但企业只有以国际化战略为导向，通过资源整合，强化包括客户服务在内的核心能力，才能真正实现战略突围和“弯道超车”。

2. 中联重科在“一带一路”沿线国家取得的业绩

（1）中联重科在“一带一路”沿线投资的成果

首先，“一带一路”主要国家网络布局日趋完善。聚焦新兴市场，将泛太平洋、非洲、中亚、中东、南亚、欧洲列入当前重点聚焦突破区域。2015 年中联重科在“一带一路”上入驻了中白工业园，成立了泰国子公司，2016 年中联重科成立巴基斯坦子公司。截至 2016 年年底，中联重科已经在 9 个“一带一路”沿线国家设立工业园或建立生产基地，有 20 个海外贸易平台。系列网点的建设为中联重科在“一带一路”沿线业务的快速发展提供了有力支撑。

其次，强化了重点区域的配件、服务和培训支持体系。一方面，公司已在阿联酋、印度尼西亚、新加坡等国家建立了 8 个境外备件中心库，实现本地化的服务；另一方面，加强人员培训，在成熟的境外平台招聘本土人员，更快了解当地文化、市场情况。例如，2016 年，中联重科完成了印度尼西亚雅加达中心配件库和外岛配件分库的建立，使配件供货更加及时和完善。服务方面，在代理商全国服务网络基础上，中联重科建立了自身中资工厂服务工程师队伍，沟通更顺畅、服务更贴心。一位中联重科印度尼西亚区域相关负责人介绍说，“我们独家定制了一套车辆现状的管理体系和预警系统，为客户排忧解难。同时，服务人员总能在第一时间为客户解决现场问题，高效务实的作风打动了印尼的客户朋友。”

最后，实现了本地化配置和采购。例如，2015 年成立的中白工业园立足本地化的生产，在 2015 年 12 月，中联重科与白俄罗斯当地知名企业 MAZ 集团合资的首批产品下线，白俄罗斯工业部部长亲自出席下线仪式，并表示愿意为 ZOOMLION-MAZ 产品做代言并进行推广。而为进一步推动备件本地化，巴基斯坦子公司备件库房于 2016 年正式运营，备件种类包含了混凝土、工程起重机、建筑起重机和土方设备等常用备件，且拥有 2 家备件供货商。在建设备件体系的同时，子公司还逐步将备件由国内采购转变为在当地采购，减少投入，增加产出。适应本地市场需求导入产品，这也是中联重科发展海外市场的新趋势、新思路。

（2）中联重科在“一带一路”沿线业务开展的成果

“一带一路”倡议对正在积极寻求转型的中联重科而言来得正当时。为此，中联重科积极拓展海外市场，尝试全面“走出去”。不断让产品走向海外市场。目前，公司已在工程机械、环境产业、农业等主营业务板块有了巨大收获（见表4-10）。

表4-10 中联重科在“一带一路”沿线国家重大事件

时间	国家/地区	事件
2014年11月	巴基斯坦	中联重科在巴基斯坦获得20台搅拌车大单，创下近年来中国直接出口该国搅拌车的新纪录
2015年3月13日	印度	50台总价值近8 000万元的轮式起重机，从中联重科长沙泉塘工业园出发，发往印度，用于全球最大的石化冶炼基地印度贾姆纳格尔石化冶炼基地的建设
2015年5月12日	白俄罗斯	中白（中国、白俄罗斯）元首共同见证中联重科中白工业园项目启动。标志着中联重科在国家“一带一路”政策下的“走进海外本土经营”迈出了坚实步伐
2015年6月	哈萨克斯坦	中联重科13台起重机设备助力哈萨克斯坦最大铜矿项目开发，这是中国起重机产品第一次大批量出口中亚市场
2015年12月	阿塞拜疆	承担中国政府援助阿塞拜疆市政清洁车辆项目，共援助45台环卫清洁车辆，成为中联重科“一带一路”的首笔政府援外订单
2015年12月24日	中东	50台总价值5 000多万元的工程起重机批量发车销往中东，2台随车吊上装首次在海外区域实现零突破
2015年12月31日	吉尔吉斯斯坦	中联重科获得路面机械“一带一路”首单。此次项目开创了“由中联重科提供路面成套设备、由中联重科国际融资平台提供金融支持，与国内施工企业共同走向海外”的行业第一单
2016年1月18日	苏里南	中联重科顺利完成中国政府援助苏里南环卫车辆项目
2016年2月	蒙古国	中联重科与江苏舜天股份有限公司顺利签约，将正式承担中国政府援助蒙古国亚欧首脑会议一般物资项目中环卫设备的供货任务。这也是中联重科2016年中国政府对外援助项目首单
2016年5月中旬	马来西亚	中联重科新涂装塔机L500海外首秀亮眼，助建马来西亚地标吉隆坡标志塔
2016年7月13日	印度尼西亚	中联重科工程起重机公司圆满完成24台价值2 000多万元的起重机紧急订单，产品成功交付印度尼西亚客户
2016年7月16日	缅甸	中联重科首个海外全系列产品维修中心在缅甸仰光正式揭牌成立，该中心由中联重科授权上海维得工程设备有限公司建立，将为缅甸客户提供更完善的服务，创造更优厚的价值
2016年8月29日	白俄罗斯	中联重科与白俄罗斯老牌制造企业玛斯集团签署战略合作协议，正式成立中联重科-玛斯合资公司
2016年9月29日	白俄罗斯	中联重科董事长詹纯新与白俄罗斯工业部长沃夫克签署了包括工程机械、农业机械、环卫机械在内的深度合作项目协议
2016年10月	越南	中联重科与越南艾特公司在胡志明市举行了代理商签约暨首批订单签约仪式。该笔订单共计500万美元，约合人民币3 000万元

续表

时间	国家/地区	事　　件
2017 年 2 月	科威特	中联重科与“一带一路”国家科威特客户签订的 29 台汽车起重机圆满完成全部设备的发运。此次设备总价值高达 3 000 多万元，将主要用于科威特新建的大型石油冶炼项目
2017 年 4 月	文莱	中联重科的十多台大型履带起重机在“一带一路”沿线国家文莱助力当地著名的淡布隆跨海大桥工程施工。该项目工程预计工期为 4 年。施工方首期一次性采购了中联重科价值近 6 000 万元的设备
2017 年 4 月 15 日	白俄罗斯	中联重科中白工业园项目在白俄罗斯明斯克州正式开工建设

资料来源：整理自中联重科官网，http：//www.zoomlion.com。

① 工程机械业务板块。2014 年，中联重科在巴基斯坦获得 20 台搅拌车大单，创下近年来中国直接出口该国搅拌车的新纪录；在印度，中联重科业务量达到 2013 年的 4 倍以上。中联重科 2015 年海外市场同样取得了新突破：哈萨克斯坦购置 13 台起重机设备用于最大铜矿项目开发，这是中国起重机产品第一次大批量出口中亚市场；2015 年年末，路面机械在“一带一路”沿线获得首单，中联重科 30 余台路面机械成套设备发往吉尔吉斯斯坦。2016 年，中联重科的工程机械版块呈现了筑底回暖的态势，尤其是在下半年，随着一系列“一带一路”沿线项目启动，工程机械行业带来的销量和利用小时数不断回升，以土方、起重为代表的工程机械销售实现了较好的同比增长。

② 环境产业板块。“一带一路”建设，不仅对工程机械业务板块是重大利好，对环境产业板块也是重大利好。2015 年 12 月，中联重科承担中国政府援助阿塞拜疆市政清洁车辆项目，共援助 45 台环卫清洁车辆，成为该企业“一带一路”的首笔政府援外订单，彰显了“中国制造”的高产、高质和高效。2016 年 2 月，中联重科与江苏舜天股份有限公司顺利签约，正式承担中国政府援助蒙古国亚欧首脑会议一般物资项目中环境机械的供货任务。这也是中联重科 2016 年中国政府对外援助项目首单。

③ 农业板块。南亚、东南亚等地区是农业大国，中联重科的农业板块在这些地区也大有可为。近几年，中联重科农业机械业务先后取得中国出口最大批量的单一拖拉机订单和最大批量的单一收获机订单。2014 年，中联重科农业机械海外业务销量逾 4 600 台套，销售收入达 3 亿元。其中，“一带一路”国家销售收入占比达到 35%。同时，随着“一带一路”建设的稳步实施，中联重科的高端农机装备也成功地“走出去”。例如，2016 年，中联重科自主研发的 PL2304 高端大马力拖拉机实现批量上市，同时进入了“一带一路”沿线国家市场。作为中联重科目前马力最大的一款拖拉机，PL2304 拖拉机各项指标和性能均达到欧洲技术标准，该机型不仅“颜值高”，而且产品的技术性能和质量均达到世界水平，受到国内外用户的一致好评。

（三）案例点评

从中联重科的发展过程看，其成功的经验可以从以下几个方面来分析。

1. 紧随国家政策，进行战略转型和升级

在企业宏观战略决策中，中联重科注重对全球行业发展态势的研究，把企业发展放

在国际竞争的大格局之中，强化战略方向的前瞻性。因此，在国家推出“中国制造2025”和“一带一路”倡议后，中联重科紧紧抓住新一轮战略机遇，持续聚焦产品4.0，以极致的工匠精神闯技术关、质量关、成本关，打造更加可靠、智能、环保的产品；紧跟“一带一路”建设，加快“走出去”步伐，打开产能合作新空间，实现发展由“量”向“质”的蜕变。公司敏锐把握国内外经济发展趋势，适时推进企业转型升级，按照“专业化、股份化、国际化”的原则，立足产品和资本两个市场，推进制造业与互联网、产业和金融的两个融合，做强工程机械、环境产业、农业机械、金融服务四个板块，打造了一家全球化的高端装备制造企业。

2. 整合资源，实现全球化布局

从2001年开始，中联重科就开始了国际化，是中国工程机械行业最早“走出去”的企业之一。中联重科先后并购了英国的保路捷公司、意大利的赛法公司、荷兰的瑞科斯达公司和德国的摩台克技术有限公司。其中，中联重科对赛法公司的并购就曾作为成功案例被录入哈佛大学教科书，至今被业界津津乐道。中联重科跨国并购的成功得益于对市场的准确预判，也得益于敢为人先、开拓进取的精神和其超强的文化包容力和资源整合能力。目前，在“一带一路”沿线国家，中联重科已经建立了生产基地和贸易平台，其中，公司充分利用中白工业园的平台优势，已经打造了一个丝绸之路经济带上市场覆盖东欧及中亚地区的研发、制造基地。而在泛太平洋、非洲、中亚、中东、南亚重点聚焦区域的“一国一策”“一区一策”的差异化营销策略，满足了不同市场的需求，使得在行业出口整体下滑的背景下，中联重科建筑起重机械、路面及桩工机械的境外营业收入逆势上涨。

3. 精益求精，追求产品质量

中联重科是全球领先的工程机械、环境产业、农业机械、金融服务等多位一体的装备制造企业。从创建伊始，中联重科便严格追求产品质量，精益求精。2007年，中联重科引入美国质量大师克劳士比“零缺陷”质量管理的理念，并通过举办“创建零缺陷文化高层研讨会”和全员零缺陷质量文化培训，使得“零缺陷”质量理念在全公司得到了广泛传播，改变了员工的质量观念和提升了员工的质量责任感。同时，为激发全体员工参与质量改进的积极性，中联重科还颁布了《质量管理奖励方案》，设立了质量改进项目奖、质量卓越奖等，以表彰质量管理水平有明显提升的集体和在质量管理中有突出贡献的员工。凭借着这种精益求精的工匠精神，中联重科先后开发出101米世界最长的碳纤维臂架泵车、113米全球最高的登高平台消防车、5 200吨·米世界最大水平臂塔机和全球最大平头塔机。卓越的质量和优异的表现，也使中联重科先后在要求苛刻的欧美市场和制造强国日本市场站稳脚跟。

十、华为技术有限公司

（一）公司概况

华为技术有限公司（以下简称“华为”）于1978年成立于中国深圳，起初公司只是一家香港企业的模拟交换机销售代理商，并没有自己的技术和产品，然而经过几十年的发展，华为已经成长为中国乃至全球信息与通信技术行业的领导者之一。截至2016年年底，华为已经有17万名员工，所提供的产品和解决方案涵盖了从无线接入、接入网、传送网、核心网、安全存储、数据通信到能源与基础设施、软件业务、华为终端等领域，目前业务已经覆盖全球170多个国家和地区。

华为2016年年报数据显示，2016年华为销售收入达到5 215.74亿元（见图4-12），同比增长32.04%，手机发货量达到1.39亿台，同比增长29%，连续5年持续稳健增长，消费者业务销售收入1 798.08亿元人民币，较2015年增长43.6%，营业利润达到475.15亿元，净利润达到370.52亿元（见图4-13）。在2017年《财富》世界500强排行榜中，以785.11亿美元的营业收入列第83位。在英国市场产业咨询公司品牌金融（Brand Finance）的2017年度全球最具价值品牌500强排行榜中，华为也以252.3亿美元的品牌价值列榜单第40名，较上一年提升了7位。同时，华为还排名2017中国企业500强第17位，在民营企业中排名第一。

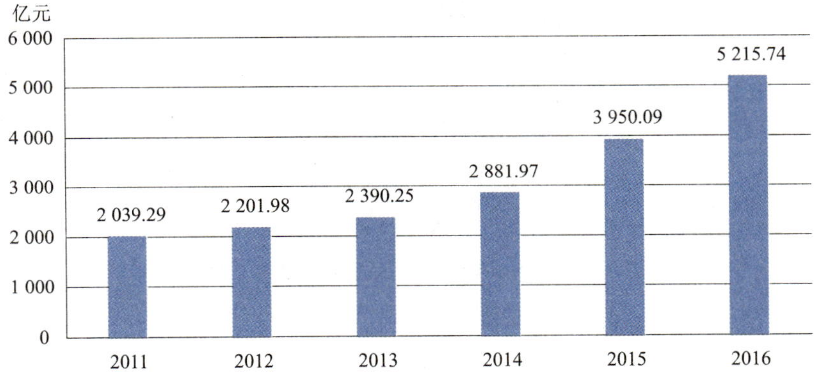

图4-12 2011—2016年华为销售收入变化情况

数据来源：华为年报。

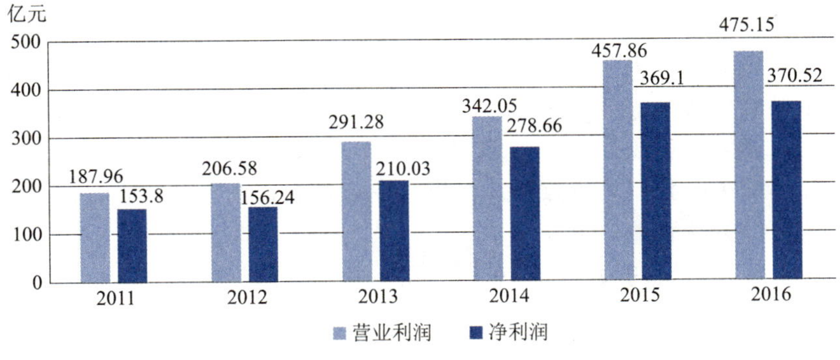

图4-13 2011—2016年华为营业利润及经营活动现金流变化情况

数据来源：华为年报。

1. 主要业务板块

目前华为的业务主要分为三大板块：运营商业务、企业业务以及消费者业务（见

图 4-14）。这三大业务最近 6 年的销售收入变化情况如图 4-15 所示。

（1）运营商业务

运营商业务是华为三大业务中最传统也最重要的业务板块，在三大板块中的收入占比最多，收入和利润贡献非常大，2016 年占华为营业总收入的 56%（见图 4-14）。相比于同行业的其他竞争对手，华为在运营商业务上的优势已经逐渐建立起来。在过去几年里，华为与全球几乎所有的运营商都建立了市场合作关系，其销售收入的绝大多数正来自于这些国际运营商，网络外包服务一直被华为视为未来营业收入和利润增长的重点，而伴随着全球建网数量的增多，华为未来提供的相关服务也会继续增长。华为轮值首席执行官（CEO）徐直军表示：华为未来运营商网络业务的服务收入比重一定会大大超过卖硬件设备的收入，因为这是全球主要设备厂商都在走的路，是产业的大趋势。

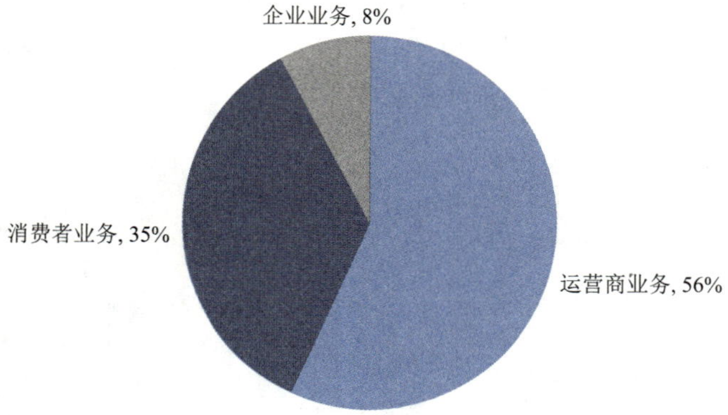

图 4-14　2016 年华为三大主要业务占比情况

数据来源：华为年报。

（2）企业业务

企业业务是华为三大业务板块中体量最小、利润贡献较小但增长速度较快的部分，2016 年同比增速达到 47.3%。相比于国外竞争企业，华为具备独特的本土优势，渠道建设更容易，品牌认知度也更高，因此华为企业业务的增长值很大一部分是来自中国本土市场的增长。企业业务市场目前成长空间依然巨大，根据华为的估计，未来几年内全球企业业务市场规模将高达 14 000 亿美元，华为已经逐渐将其未来的成长转向依赖于企业业务市场。华为企业业务 CEO 徐文伟接受采访时曾表示："华为已经从关注设备转为关注用户和体验……我们的重点客户将集中在大量的企业园上，同时包括政府以及交通、金融、能源等行业企业。"

目前，企业业务板块的领头羊是思科公司，其市场地位较为稳固。然而在华为持续的发展势头下，思科受到的冲击越来越大，2015 年 5 月，思科通过明升暗降的方式表达了对 CEO 钱伯斯的不满，并在两个月后宣布由曾经负责全球运营业务的高级副总裁查克罗宾斯代替钱伯斯出任 CEO。虽然要追赶上思科，华为仍有很长一段路要走，但在目前的发展状况下，华为所给予竞争对手的压力将不断增加。

（3）消费者业务

消费者业务板块以手机、平板电脑、笔记本等产品为主，是华为表现最为出色的业务，2016年同比增长达到43.6%。在其中最重要的手机业务上，华为以1.39亿部的销量排在了全球第三，仅次于三星和苹果，但华为与它们的差距正在急剧缩小。在国内手机市场，华为在手机总销量和旗舰机型销量方面均排在首位，其中Mate 9更是国内年度最受瞩目的机型。在高端市场，华为的主力机型已经具有了和三星、苹果相抗衡的实力。按照华为的惯例，一般业务线的主要负责人都会在两到三年后轮岗，而只有消费者业务CEO余承东连续多年一直负责消费者业务板块，也足以看出华为对于消费者板块近几年表现的肯定。

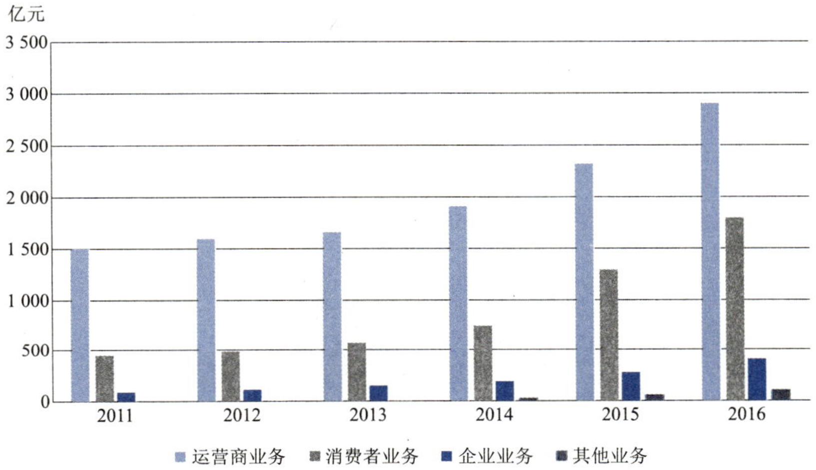

图4-15　2011—2016年华为主要业务销售收入变化情况

数据来源：华为年报。

2. 华为的跨国经营历程

在成立之初，华为一直在与国内众多竞争对手争夺市场空间，直到20世纪90年代中期，华为才开始在全球范围内拓展业务，并一步步走到今天。华为的国际化选择了一种循序渐进、由易到难的国际投资路径，通过临近的俄罗斯逐渐走出亚洲，绕过竞争激烈的欧美市场，大力拓展亚非拉发展中国家市场，积累一定资源和经验后进入欧洲市场，最后进入美国市场。

目前，华为在境外共设立了22个地区部，100多个分支机构，并在中国、美国、俄罗斯等地设立了17个研究所和36个培训中心（见表4-11）。其营业收入的70%左右来自于国际市场。华为的跨国经营历程大致可以分为三个阶段。

表4-11　华为对外投资简要历程

时间	跨境经营活动	涉及市场
1996年之前	参加国际博览会	
1996年	为香港和记电信提供技术服务	中国香港
1996年	为俄罗斯企业提供技术服务	俄罗斯
1997年	在巴西成立合资企业	巴西

续表

时间	跨境经营活动	涉及市场
1999 年	设立印度班加罗尔研究中心； 在美国通信走廊设立研究所	印度、美国
20 世纪末	建立代表处	非洲、拉丁美洲
2001 年	在美国新设 4 个研发中心； 加入国际电信联盟	美国、欧洲
2001 年	与俄罗斯签署 GSM 设备供应合同	俄罗斯
2001 年	与日本松下、日本电气公司合资成立宇梦公司	日本
2002 年	在美国成立全资子公司	美国
2003 年	与移动运营商 AIS 进行业务合作	泰国
2003 年	与美国 3COM 公司成立合资公司	美国
2003 年	与西门子合作共同研发 3G； 与欧洲英飞凌科技公司合作开发低成本 WCDMA 平台； 与思科建立互利共赢的合作关系	欧洲
2005 年	与沃达丰签署《全球框架协议》，成为沃达丰优选通信设备供应商； 成为英国电信首选的 21 世纪网络供应商	全球
2006 年	与摩托罗拉合作在上海成立研发中心，开发 UMTS 技术	全球
2007 年	与赛门铁克合作成立合资公司，开发存储和安全产品与解决方案； 与全球海洋公司合作成立合资公司，提供海缆端到端网络解决方案	全球
2008 年	首次在北美大规模商用环球移动通信系统/高速数据信息包接入/存取技术网络，为加拿大运营商特鲁斯公司和贝尔公司建设下一代无线网络	北美洲
2009 年	成功交付全球首个 LTE 商用网络，获得的 LTE 商用合同数居全球首位	全球
2010 年	加入联合国世界宽带委员会； 在英国成立安全认证中心	全球
2011 年	在全球新建 20 个云计算数据中心	全球
2012 年	在芬兰新建研发中心； 在法国和英国成立了本地董事会和咨询委员会	欧洲
2012 年	与 SAP 签署合作协议，成为全球技术合作伙伴	全球
2013 年	在英国成立全球财务风险控制中心； 欧洲物流中心在匈牙利投入运营	全球

续表

时间	跨境经营活动	涉及市场
2014 年	在全球 9 个国家建立 5G 创新研究中心	全球
2015 年	与欧洲运营商共同建设了全球首张 1T OTN 网络； 与英国电信合作完成业界最高速率 3Tbps 光传输现网测试； 在波兰波兹南超级计算与网络中心交付代号为“老鹰”（Eagle）的高性能计算集群	全球
2016 年	先后收购以色列 IT 公司 Toga Networks 和云数据安全领域的初创企业 HexaTier； MA5800 分布式接入平台在巴林成功实现规模部署	全球

资料来源：根据华为公司网站 http：//www. huawei. com/cn/相关内容整理。

（1）国际化起步阶段（1996 年—20 世纪末）

在成立后的最初十年里，华为一直面向内地市场，除了偶尔参与国际博览会之外并没有太多涉及境外市场的活动。直到 1996 年，华为做出了境外经营的第一个尝试——香港。当时香港和记电信急需一种叫做 NP 的技术，在多次沟通接触后华为取得了这份订单，提供以窄带交换机为核心产品的“商业网”产品，而这也是华为获得的境外的第一笔订单。与此同时，华为也开始尝试进军国外市场，第一站华为选择了临近的俄罗斯，但在努力了很久之后华为才获得第一笔订单，而金额也只有 38 元。华为没有放弃尝试，继续进入当时与中国外交关系友好且稳定的南斯拉夫、巴西、埃塞俄比亚等发展中国家开拓市场，在巴西成立了合资企业，在印度、美国建立了华为研究所，并在其他地区设立了数个代表处。针对当时在海外品牌影响力欠缺的情况，华为还积极参加各种国际展览会和行业论坛，通过产品展示和参与制定行业新规提升企业形象，尝试与目标市场的通信企业建立战略同盟关系来减少进入阻力。

在国际化经营的开始，华为就采取“农村包围城市”的战略，避开与国际巨头的正面交锋，在网络建设较为落后的亚非拉发展中国家积累实力，并在企业形象和品牌认知度等方面不断努力，成功迈出了跨国经营的第一步。

（2）国际化发展阶段（20 世纪末—2008 年）

跨国经营初见成效之后，华为开始进一步拓展并深入国际市场。

在跨国经营地区选择方面，华为从进入欧洲市场开始逐渐了解欧美高端市场的竞争态势，为进一步的全球化经营做准备，继续拓展其全球化经营的覆盖范围：在泰国，华为利用自身研发出的移动智能网产品与泰国当地运营商合作，使得无线产品在泰国市场销售额大幅上升，一度成为亚太地区华为销售收入最高的地区；在日本，华为与松下公司、日本电气公司合资成立了宇梦公司并正式进入日本市场；在欧洲，华为与西门子合作共同研发 3G，与欧洲英飞凌科技公司合作开发低成本宽带码分多址平台，并与英国电信、法国电信、西班牙电信和沃达丰等跨国运营商成为战略合作伙伴，进入欧洲众多发达国家；在美国，华为与 3COM 公司成立合资公司，并设立了 4 个研发中心，标志着华为的跨国经营全面铺开。

在跨国经营的深度方面，华为的经验也越来越丰富，华为从起初的单一出口模式和低价策略，逐渐演变为懂得通过合资公司利用东道国企业的销售网络和本土资源，同时华为也逐渐加大在创新领域的投入，每年华为把不低于销售收入10%的资金用作研发投入，从而慢慢建立起自身的竞争优势。在本土化战略上，华为还进行了其他各种尝试，例如对外派员工的定期培训，熟悉当地的文化和风俗习惯，大量聘请海外员工等，使得华为在跨国经营上稳步发展并逐渐跻身世界一流企业。

（3）国际化发展成熟阶段（2009年至今）

2009年，全球经济持续低迷，不少跨国企业深陷困境，很多濒临破产，而华为的营业收入不仅没有受到多少影响，反而迎来了一个飞速发展的时期。2009年，华为实现销售收入1 491亿元人民币，同比增长19%，2010年华为更是实现了销售收入1 852亿元人民币，同比增长24.2%。华为在覆盖了全球主要市场之后，开始深度挖掘世界范围内的技术资源。截至2010年年底，华为先后在中国、美国、印度、瑞典等国设立了17个研究所、36个培训中心，提交了超过两万份专利申请书。截至2016年年底，华为每年的国际专利申请数量依然高居世界第一，全球累计专利授权5万多件。这都使得华为逐渐掌握了国际竞争的话语权。

此外，华为在国际市场上的地位也进一步提升，合作领域也逐渐迈向了更尖端的领域，2010年华为加入了联合国世界宽带委员会，旗下多名员工都在各个国际行业标准组织中担任要职。华为在2011年还建设了20个云计算数据中心，与全球33个国家的客户开展了云计算合作，并积极参与构建5G全球生态圈。

在华为核心领导人的影响下，华为的企业文化也逐渐牢固，在2009年法国电信做出了让爱立信和华为两家替代“阿尔卡特—朗讯”的决定后，华为董事长孙亚芳和总裁任正非立刻向华为欧洲地区负责人提出了批评，反对这种不顾商业生态环境，把竞争对手逼上绝路的行为，最后华为放弃了与法国电信的巨额合同，也再次向公司内部以及行业传递了信息，即华为追求的是合作共赢与可持续发展，反对低价竞争将竞争对手逼上绝路的做法。这种经营战略和企业文化也标志着华为的跨境经营无论在实力上还是战略上都进入了成熟期。

（二）在“一带一路”建设中的战略与业绩

“一带一路”贯穿亚欧非大陆，覆盖了沿线64个国家和地区、全球64%的人口和全球30%的GDP。华为的跨国经营之路便是从发展中国家开始走向世界，而这些地区都是全球跨国公司业务经营的薄弱之处，这就给更多中国跨国公司从小到大、由弱到强提供了难得的发展动力。

“一带一路”意味着中国全方位的产能输出，而在产能输出的过程中就必然伴随着通信的需求，这就要求通信行业企业更多地参与到“一带一路”中去。华为目前70%左右的收入来自于跨国经营，因而在“一带一路”涵盖的地区范围内，几乎都能看到华为的身影，无论是投资建厂还是成立合资公司，无论是参与基础设施建设还是设立办事处，华为都在“一带一路”的舞台上积极发挥作用，也从中不断地寻找新的机遇。

“一带一路”的沿线国家，可以按经济发展水平分为三类：发达经济体、发展中经济体和转型经济体。

1. 发达经济体

“一带一路”沿线的发达经济体包括波兰、捷克、斯洛伐克、匈牙利、克罗地亚等12个国家，主要分布在中东欧地区，这些国家基础设施建设较为完善，投资环境较好，经济发展后发优势强劲，经济结构与中国也有较好的互补性，因此是中国企业跨国经营的重要地区。华为在这些地区的经营活动较为多样，从与运营商合作、建立各种企业职能部门再到更加直接的产品销售活动均有涉及。

以波兰为例，华为很早就与当地的运营商P4进行了合作，提供资金、技术等各个方面的企业定制化方案，协助其逐渐成长为波兰第二大运营商。除此之外华为还为法国电信运营商Orange和德国电信子公司T-Mobile提供共享网络基础设施，帮助其降低运营成本，也使得华为自身更加融入波兰的通信和网络服务市场。销售数据方面，华为请到了波兰足球巨星罗伯特·莱万多夫斯基作为其终端品牌代言人，迅速在波兰国内消费者群体中树立起了品牌形象，品牌认知度上升到近90%。目前，华为在波兰的智能手机市场份额已经超过20%，并保持着超过20%的增长率。在人才储备方面，华为与华沙理工大学、波兹南理工大学合作创立“华为授权信息与网络学院”，大力培养LTE、FTTx等技术领域的顶尖人才，同时华为还举办了多项竞赛，鼓励更多年轻人参与信息通信技术（ICT）行业技术创新，并为获奖选手提供在中国的技术培训交流。此外，华为还积极参与当地的社会公益慈善活动，为波兰乡村儿童基金会募集经费，带领当地儿童体验中国文化。这一切都使华为在波兰市场上获得了业绩口碑双丰收。

华为除了投入大量资源进行品牌宣传、成立新业务部和与当地企业合作之外，还积极并购国外企业。2016年年底，华为先后收购了以色列IT公司Toga Networks和云数据安全领域的初创企业HexaTier，两家公司都将被纳入下一代网络和企业安全产品组合。

在人才培养方面，华为从2008年就发起了“未来种子”项目，旨在帮助培养更多的ICT领域人才，促进知识的传播，并鼓励更多的人参与到数字化社区的监理工作中，华为也在努力将“未来种子”的合作国家范围扩大到更多“一带一路”沿线国家。截至2016年年底，华为与爱沙尼亚、立陶宛、斯洛伐克、拉脱维亚等国的十几所大学都陆续签订了“未来种子”奖学金合作备忘录，给予ICT专业的学生免费来华为总部学习交流以及体验实际研发工作的机会。“未来种子”项目已经覆盖了全球五大洲96个国家和地区，已有来自全球280多所高校的约2.5万名学生从中受益，超过1 700名学生来到华为总部参观学习。同时，华为还借此机会与多所大学展开合作，设立实验室并捐赠研发设备等，这也足以体现华为对国际人才培养的重视程度。

2. 发展中经济体

“一带一路”沿线的发展中经济体主要包括土耳其、阿联酋、越南、泰国、印度尼西亚、新加坡、孟加拉国、斯里兰卡、蒙古国、埃及等国，主要分布在西亚、东南亚地区，这些国家基础设施较为完善，人口众多，发展潜力巨大，与中国在地理位置上更为接近，也是国内许多企业投资布局的重点。华为在这些国家进行了积极的投资活动，设立了多个业务中心，并将其作为进军新兴市场的战略基地。

在约旦，华为建立了局域网络优化中心和信息与通信技术人才培训中心，培养当地信息与通信领域人才，并为其提供专业培训；在马来西亚的伊斯干达特区，有着华为的亚太云数据业务基地，整合全球数字音乐、游戏、视频和其他多媒体服务，并将其提供给马来西亚及其他亚太地区的电信供应商，帮助联结电信供应商和内容供应商之间的数字业务营销活动，同时华为还投资2 000多万元人民币，在马来西亚设立了南太客户解决方案创新与集成体验中心，推动当地ICT产业开放生态系统的建立，并为打开南太平洋物联网市场做准备；在印度尼西亚，华为与印度尼西亚通信部签署了ICT创新中心谅解备忘录，联合打造印尼创新中心，为技术人才培养提供平台资源和专业培训；在印度的班加罗尔，华为建立了其最大的全球服务交付共享中心，充分利用当地人才，提供网络集成、网络规划和优化、IT集成等服务，并协助加强印度本地ICT产业生态建设，同时华为还建立了其新的尖端研发中心，与印度当地研发领域的学术机构共同协作，开发面向前沿的技术，共同支撑印度社会的数字化转型；在埃及，华为的埃及网络运营中心也一直在协助运营和管理北非地区的电信网络，促进当地ICT产业发展并向当地运营商提供专业服务。

除了建设业务中心，华为还广泛投资于当地的基础设施建设。2016年，华为MA5800分布式接入平台第一次进入中东地区，在巴林成功实现规模部署，协助巴林电信为巴林南部的高端用户提供超高速宽带服务；华为还在印度尼西亚与当地的运营商、房产开发商、系统集成商等合作伙伴共同建立了印度尼西亚首个FTTH（Fiber to the Home，光纤到户宽带接入技术）联盟（IFA），共同促进印度尼西亚当地宽带基础设施建设，增加光纤渗透率，满足当地对高速宽带接入服务的需求；在黎巴嫩，华为还获得了当地运营商MTC黎巴嫩的3G网络订单，为其提供包括接入网和分组交换在内的端到端解决方案，并提供整个3G部署的交钥匙服务，其网络将包含850个Node B基站，服务45万用户。

3. 转型经济体

“一带一路”沿线的转型经济体主要包括俄罗斯、乌克兰、哈萨克斯坦、乌兹别克斯坦、塞尔维亚、波黑、塔吉克斯坦等，这些国家的资源配置、发展路径和经济发展方式都处在转变过程中。在这些国家，华为一方面加大在基础设施建设中的投资力度，另一方面继续努力与多方达成合作，进一步开发市场。

在中亚地区，华为广泛参与各国通信领域基础设施建设，与吉尔吉斯斯坦第二大运营商阿尔法电信合作，占有了当地50%的市场份额，提供除首都之外的所有区域的无线、微波传输设备。此外，华为还为赛码电信建立了吉尔吉斯斯坦国内第一张4G网络，覆盖了整个首都；2017年年初，华为还与国内液晶显示面板龙头企业京东方达成合作，利用其产品高性能和高性价比的优势，合力开发俄罗斯市场。

（三）案例点评

从一家中国本土的民营企业到目前的全球ICT行业领军企业，华为经过二十年的跨国经营历程，积累了丰富的经验，也形成了自身强大而独特的竞争优势，使其能够在激烈的国际竞争中取得胜利，并成为“一带一路”中最引人注目的跨国企业之一。总结起来，华为跨国经营成功最核心的经验共有五条，分别是选择合适的目标市场及进入方式、积极的研发和创新战略、出色的跨文化管理能力、充分利用外部环境以及与国际接轨的管理制度。

1. 跨国经营应选择合适的目标市场及进入方式

在国际化经营的初始阶段，华为果断地选择了发展中国家市场，避开了与国际企业巨头的正面竞争，并逐步进入发达国家主流市场。这种被称为“农村包围城市”的路径是华为跨国经营的最大亮点之一。发展中国家市场，特别是距离中国较近的东南亚国家和中亚国家，进入门槛低，市场竞争较弱，有着较快的经济增速和较为完善的基础设施，以及与中国互补性较好的经济结构和体制，而西方国家的市场竞争异常激烈，中国大部分企业无论是核心技术还是企业规模、管理模式等都处于极其弱势的地位，因此像华为一样选择与企业自身竞争力相匹配的跨国发展战略，不盲目进行国际化，才是比较理性和正确的做法。

选择了合适的海外市场之后，如何进入市场也是一个至关重要的问题，跨国进入主要有出口、海外代理、分销协议、战略联盟、对外直接投资等各种方式，每一种对企业的规模和资源的要求均不相同。华为在最开始进行跨国经营的时候，利用简单的产品和服务出口的形式打开国际市场的大门，随后利用东道国企业成熟的销售渠道销售产品，同时逐步建立自己的销售网络，在积累了品牌资源和经验之后，再选择更加深入的经营模式。国际化模式是需要根据企业自身特点不断加以修正和调整的，对自身的正确认知和对目标市场的理性分析，是企业选择跨国经营路径的前提。

2. 跨国公司应有积极的研发与创新战略

华为在很早就规定，公司必须将每年不低于销售收入 10% 的资金用于技术研发，并将其写进了《华为基本法》，个别年份这个比例甚至达到了 15% 以上。2016 年，华为从事研发工作的人员约 8 万名，约占公司总人数的 45%；研发费用支出为 763.91 亿元，占总收入的 14.6%（见图 4-16）。在欧盟委员会 2016 年年底发布的“2016 全球企业研发投入排行榜”中，华为以 83.58 亿欧元（608 亿元人民币）的研发投入居全球第八、中国第一。截至 2016 年年底，华为已经在世界范围内设有 15 个研究院/所、36 个联合创新中心，并累计获得专利授权 62 519 件，累计申请中国专利 57 632 件，累计申请国外专利 39 613 件，专利申请数量居全球第一。

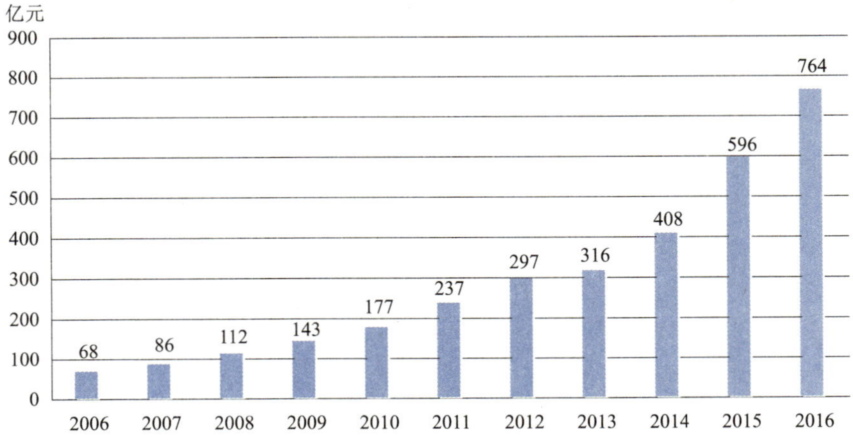

图 4-16　2006—2016 年华为研发费用变化情况

资料来源：华为年报。

除了研发投入资金高，华为研发管理成功的关键还在于研发的国际化和高效的研发管理模式。华为最为著名的2012实验室，专门从事基础性、专业性和面向未来等技术领域的研发，下辖“诺亚方舟实验室”和“高速实验室”等9个国内研究所和位于欧洲、印度、美国、俄罗斯、加拿大等地区的8个海外研究所，聘请了大量国际研发人员，其中欧洲研究所就拥有着华为5G研究的重量级团队，俄罗斯研究所以数学和基本算法技术为核心研究领域，日本研究所主要从事材料研究，印度研究所则专注于软件交付，这些在全球都有着巨大影响力的研究基地正是华为技术领先的根源所在。

3. 跨国公司应注重跨文化管理能力

华为极其重视跨国经营的本土化。截至2016年年底，华为共有约18万名员工，海外员工本地化率超过71%，中高层管理者本地化率约为17.7%，全球员工保障投入超过92.4亿元。在招聘政策中，华为规定跨国招聘应当遵循属地化管理的原则，当地用人需求优先考虑在当地聘用；员工培训方面，以狼性管理文化著称的华为则提出了“专业、责任、荣誉”的口号，并将这种文化带到了各个子公司，在员工本土化的同时也尽力使员工的素质达到公司的要求。

华为非常重视对母国员工的培训。作为本土化的基础，母国员工应该具有足够丰富的国际经营管理的知识和技能，这样才能迅速适应东道国环境，融入当地生活。华为在海外有着大量的外派员工，而派遣前华为都会用一两个月的时间进行东道国文化特征以及经济环境的专门培训，母公司员工到达东道国后，华为还会安排前任者或当地同事继续提供相关指导。

华为以开放的心态看待不同文化带来的员工接受程度的不同，并通过双向调整不断改进组织制度，重视员工培训，在保留原有企业文化的同时加深对员工的关怀，这也是华为在跨国经营中不断摸索和在实践中总结的经验。

4. 跨国公司应充分利用外部环境

在20世纪末，中国就提出了企业“走出去”战略，国家领导人出访时经常会带上国内的企业代表团，而华为就是代表团中的一员。跨国经营20年来，华为一直在紧跟国家的外交路线走，积极响应国家外交战略，利用各种关系和出访机会了解市场信息，进行市场调研，回国后再结合更详尽的资料进行研究规划，进入与中国外交关系良好的国家。

“一带一路”倡议提出后，华为作为深耕沿线市场已久的企业之一，积极贡献自身的力量。在国内，华为积极布局，为宁夏国际会议中心提供网络服务，在新疆阿拉山口建设大型地面光伏电站；在国外，华为不断拓展新市场，深化投资布局。华为既向外国展示了自身实力，也展示了“一带一路”的广阔合作前景和机遇，从而也获得了国家层面更多的支持。

与此同时，华为在跨国经营中跨境贸易的比重较大，而全球贸易环境的改善和贸易便利化程度的加深也为华为国际业务的拓展发挥了重要作用。2001年，中国正式加入了世界贸易组织（WTO），企业的跨境贸易受到了强有力的全球性多边贸易体制的保障，华为的关税负担大大降低，通关效率有效提升。为了使通关程序便利化政策顺利落地，各国海关都施行了“绿色通道”制度，对通过海关认证获得信任的进出口企业，授予 AEO（Accredited Economic Operator）资质，对于诚信运作，依法经营并自下而上、从头到脚建立相应规则和流程予以保障的进出口企业，给予充分信任和通关便利，而华为则抓住这一契机，在全球各地主要市场积极运作，获得 AEO 资质，大大缩短了通关周期，使得跨国经营效率进一步提高。

5. 跨国公司要建立起与国际接轨的管理制度

国际化的企业离不开国际化的管理，华为在跨国经营的初期就开始理解企业管理方式的重要性。

从 1997 年开始，华为陆续同全球一流管理咨询公司合作，系统地、规模化地引进国际一流管理体制。华为引入了 IBM 的产品研发流程、供应链流程和财务流程，大大提升了客户满意度，降低了供应链的总成本，华为也由此确立了“以客户为中心”的核心价值观。同时，华为还在世界顶尖咨询公司美国合益集团（Hay Group）的帮助下，建立并完善了自身的职位体系、薪酬体系、任职资格体系、绩效管理体系以及各职位系列的能力素质模型，并在此基础上逐渐形成了自己成熟的干部选拔、培养、任用、考核与奖惩机制。从 2007 年开始，华为进一步着重加强客户关系，从埃森哲公司引入了客户关系管理（CRM）流程，对公司客户关系管理体系进行了重新梳理。此外，华为还与德国国家技术应用研究院合作管理生产工艺和质量控制，与日本丰田公司合作引入“精益生产”，与中国人民大学合作管理企业文化，与奥美集团、正邦品牌顾问服务集团合作完善品牌管理，与毕马威、德勤等国际会计师事务所合作完善其核算体系、预算体系和审计体系流程等。

华为跨国经营的成功，除了内部优秀的团队，同样重要的还有外部智慧，正是执着于让专业的人去做专业的事，华为才能够在跨国经营中迅速适应国际环境，成长为行业巨头。

十一、中国银行股份有限公司

（一）公司概况

中国银行股份有限公司（以下简称“中国银行”）成立于 1912 年 2 月 5 日。作为中国国际化和多元化程度最高的银行，中国银行始终坚持以金融力量推动国际贸易与跨国投资的发展，其业务范围涵盖投资银行、商业银行、航空租赁和保险，在中国及世界 50 多个国家和地区为客户提供全面的金融服务。中国银行在英国《银行家》（The Banker）杂志公布的 2013 年“全球 100 家大银行”排名中居第 9 位；2014 年，被中国银行业协会贸易金融专业委员会评为“最佳国际结算银行、最佳贸易金融银行、最佳跨境人民币业务银行”；2017 年，在《财富》发布的世界 500 强排行榜中排名第 42 位；2017 年，在品牌金融公司（Brand Finance）发布的 2017 年度全球 500 强品牌榜中，中国银行排名第 29 位。

2011 年 9 月 23 日，中国银行的境外大宗商品融资中心在新加坡挂牌，标志着中国银行成为首个在境外成立大宗商品融资业务区域中心和福费廷业务区域中心的中资银行。为适应中国与乌干达双边贸易和投资业务的快速发展，2013 年中国银行与乌干达 DFCU 银行在坎帕拉合作开设中国业务柜台，为当地企业提供金融服务和咨询业务，成为中国银行在海外设立的第六家中国业务柜台。2014 年，中国银行首创“全球中小企业跨境投资撮合服务”，到 2016 年已累计举办 27 场跨境撮合活动，服务近 70 个国家和地区的 1 万多家中外企业，截至 2016 年 11 月已帮助参加活动的企业达成合作意向 5 000 多项，形成实质合作 1 300 多项。截至 2017 年 3 月，中国银行在全球 51 个国家和地区拥有近 600 家海外分支机构。

2016 年，中国银行积极响应“一带一路”倡议，在“一带一路”沿线国家累计投放金额达 594 亿美元，同时积极把握中国企业“走出去”、人民币国际化以及国际产能合作的历史与市场机遇，继续推进“一带一路”金融大动脉建设，加快完善产品和服务体系、拓展海外机构布局以及推进海内外一体化发展，使其全球服务能力不断提升，市场竞争力大大增强。截至 2016 年年底，中国银行海外机构实现利润总额 122.34 亿美元，同比增长 39.42%，对集团利润总额的贡献度为 36.27%，同比上升 12.63 个百分点。国际业务占比、海外商业银行经营规模与盈利能力在国内同业中继续领先并继续推进人民币国际化业务，获得美国人民币清算行资格，跨境人民币结算量和清算量继续保持全球同业第一。截至 2016 年年底，中国银行集团境外垫款和贷款总额比 2015 年增加 977.41 亿元人民币，如表 4-12 所示。

表 4-12　中国银行集团境外贷款与垫款总额　单位：百万元人民币，%

		2016 年 12 月 31 日		2015 年 12 月 31 日	
		金额	占比	金额	占比
中国	内地	7 818 508	78.40	7 199 094	78.80
	香港、澳门和台湾	1 220 962	12.24	1 100 615	12.05
其他国家和地区		933 892	9.36	836 151	9.15
贷款和垫款总额		9 973 362	100.00	9 135 860	100.00

数据来源：中国银行股份有限公司 2016 年年度报告。

自“一带一路”倡议提出以来，中国银行结合自身特点和业务实际，不断完善其在“一带一路”沿线国家和地区的机构网络布局，积极为“走出去”企业提供金融服务，加快推进沿线国家人民币国际化业务。在“一带一路”倡议的指导下，中国银行成为了“一带一路”沿线国家机构覆盖率最高的银行，长期为“走出去”企业提供日常结算、融资、国际结售汇等业务支持。另外，中国银行在全球发布中银“一带一路”人民币汇率指数和“人民币债券交易指数”，并于 2015 年在国际市场成功发行首只“一带一路”债券。2016 年，中国银行紧紧围绕国家重大战略的实施，加快业务转型，深入推进国际化战略，持续打造“一带一路”金融大动脉。中国银行积极为“走出去”企业在“一带一路”沿线国家的并购、投资提供信贷支持。截至 2016 年年末，向“一带一路”沿线国家新投放授信超过 307 亿美元，累计新投放授信近 600 亿美元；通过

“一带一路”重大项目库跟进区域重点项目约 420 个，项目投资总额逾 4 000 亿美元，意向性支持金额约 947 亿美元；截至 2016 年年末，中国银行为海外企业和个人提供贷款和垫款达人民币 9 338. 92 亿元，如表 4-13 所示。此外，中国银行大力支持中资企业“走出去”，截至 2016 年年末累计支持项目 2 334 个，提供融资金额 1 644 亿美元。

表 4-13　中国银行贷款与垫款分布

2016 年 12 月 31 日　单位：百万元人民币

	中国		其他国家和地区	合计
	内地	香港、澳门、台湾		
企业贷款和垫款				
-贴现及贸易融资	687 283	86 887	166 922	941 092
-其他	4 145 899	745 297	736 681	5 627 877
个人贷款	2 985 326	388 778	30 289	3 404 393
贷款和垫款总额	7 818 508	1 220 962	933 892	9 973 362

数据来源：中国银行股份有限公司 2016 年年度报告。

（二）在“一带一路”建设中的战略与业绩

中国银行的“一带一路”战略是加速完善沿线国家机构网络布局，积极服务“走出去”企业，推进“一带一路”沿线国家人民币国际化业务。

1. 完善沿线国家机构网络布局

中国银行是中国国际化水平最高的银行，在国家“一带一路”倡议的指导下，中国银行将“一带一路”沿线国家和地区作为海外布局的战略重点，努力为“走出去”企业的全球经营提供金融服务。中国银行在沿线国家的海外机构为海外客户提供金融服务，也为“走出去”企业开展全球经营铺设了完善的服务网络。

中国银行在机构网络布局方面紧随全球客户金融服务需求，加快在新兴市场以及“一带一路”沿线国家的机构筹备与建设，在已设立机构的国家增加经营网点数量，进一步完善沿线国家机构网络布局，建立全球服务网络，为国内外客户提供全面金融服务。截至 2016 年年底，中国银行海外机构遍布全球 50 个国家和地区，拥有 578 家分支机构，覆盖 19 个“一带一路”沿线国家，在中国银行与“走出去”企业、中国与沿线国家和地区之间开启了交流窗口。

中国银行已设立的境外分行不断完善金融服务。在电子渠道服务方面，中国银行在 2016 年进一步拓展海外渠道服务覆盖范围，完成了巴拿马分行、多伦多分行以及加拿大分行等机构的网银服务推广并推出了海外个人手机银行客户端，不断拓展海外移动金融服务，进一步完善海外网上银行、电话银行以及短信银行等服务功能。

中国银行于 2016 年提出该行将不断完善在“一带一路”沿线国家的机构网络布局，实现沿线国家机构网络覆盖率超过 50%，并通过海外项目营销工作组和互联网远程服务等形式，使中国银行的金融支持服务全面覆盖“一带一路”沿线国家，让中国银行成为中国“走出去”企业的首选银行以及“一带一路”跨境人民币业务的主渠道银行。

2. 为“走出去”企业提供金融服务

作为多元化、国际化程度最高的大型跨国银行集团，中国银行始终坚持“担当社会责任，做最好的银行”的经营理念。中国银行对“走出去”企业的优惠支持政策主要包括：一是规模政策支持，中国银行支持“一带一路”建设相关授信在2018年将达到1 000亿美元；二是审批政策支持，下放审批额度，提高审批权限，建立快速通道，提高审批效率；三是资金政策支持，包括中国银行专项低成本资金，国家外汇管理美元贷款专项资金及中央财政出资设立并由中国银行独家承办的对外承包工程保函风险专项资金。

在信贷方面，2016年中国银行持续优化信贷结构，积极支持重点领域投资，为“一带一路”金融大动脉建设以及中国企业“走出去”提供信贷支持。截至2016年年底，外币贷款总额折合3 410. 17亿美元，比上年末增加139. 27亿美元，增幅为4. 26%。中国银行成功举办中国与澳大利亚、中国与新西兰、中国与中东欧国家的中小企业跨境投资与贸易洽谈会，大力支持中国中小企业开拓全球市场，引进先进技术，同时进一步优化续贷流程，减免符合条件的服务收费，大大提升了融资便利程度，着力缓解中国中小企业融资难、融资贵的问题，并进一步提升了信用风险甄别和控制化解能力，使中小企业贷款质量稳定可控，降低了不良贷款率。截至2016年年末，中小企业客户数311万户，贷款余额为12 849亿元，比2015年年末增加1 392亿元。

在其他公司金融业务方面，中国银行大力发展公司金融跨境业务，不断完善跨境融资产品服务体系和全球客户服务体系建设。通过并购融资、项目融资、银团贷款和私募股权融资等产品，助力中国企业“走出去”并融入国际主流市场，重点支持中国企业在全球市场的跨境投资经营活动，推动中国企业开展国际产能合作。除了推动中国企业“走出去”，中国银行同时也充分发挥海内外联动优势，积极支持“一带一路”沿线国家企业“引进来”；对于“一带一路”倡议涉及的各个产业园区以及经济走廊，中国银行提供全方位的金融服务支持并明确指定相应的分行跟进项目。中国银行已在泰中罗勇工业园的金融服务方面取得突破，在2015年与泰中罗勇工业园开发有限公司签署了《战略合作备忘录》，正式向市场公布了双方专门为入园企业共同新创的金融产品——“产融通”以及“业融通”，为入园的企业提供了融资便利，切实降低了融资门槛。

在金融市场业务方面，中国银行发挥自身国际化程度高以及境内外一体化程度高的优势，不断拓宽海外行业务经营范围，授权人民币清算行开展当地报价业务，促进离岸人民币交易业务的发展。在悉尼、法兰克福和纽约等城市为跨国公司开展资金业务服务和其他金融服务，如远期跨境人民币购售交易等，为“走出去”企业提供债务保值服务；加强海外交易中心建设，实现伦敦交易中心全产品线落地，突出离岸人民币报价能力建设，成为多家同业机构首选的询价银行。同时，顺应人民币国际化趋势，完善全球网络，加快全球托管系统开发，不断优化完善海外托管服务能力，推动海外机构托管业务快速发展，为合格境内机构投资者（QDII）、合格境外机构投资者（QFII）、人民币合格境外机构投资者（RQFII）等客户的跨境投资提供一体化服务支持，2016年中国银行的海外机构托管资产规模位列前茅，中国银行发行了5亿美元的绿色资产担保债券，成为中资银行发行的首笔资产担保债券。2016年，中国银行推动新兴市场保值业务，帮助“走出去”企业管理利率和汇率风险，开展土耳其里拉现钞及现汇结售汇业务和沙特里亚尔现钞结售汇业务，新开展捷克克朗、蒙古国图格里克等19种新兴市场货币对客外汇买卖业务，外汇买卖货币数量达47种。

在境外保险业务方面，在“一带一路”建设下，中银保险充分利用中国银行国际化程度高的优势，不断开拓境外保险业务。中银保险在“走出去”的中国大型企业中，成功承保了外派员工雇主责任险以及境外工程险。截至2016年年末，中银保险承保境外项目90个，投资总额/工程承包总额超过1.6万亿元，境外业务实现保费收入1.55亿元，同比增长165%。

3. 推进“一带一路”沿线国家人民币国际化业务

中国银行的跨境人民币业务起步最早，业务份额最高。中国银行在2016年不断巩固和发挥已有优势，多措并举积极推进人民币“走出去”。截至2016年年末，中国银行在全球23家授权人民币清算行中共占有11席，其中包括匈牙利和马来西亚两个“一带一路”沿线国家，为“一带一路”沿线国家提供系统性人民币清算服务奠定了良好基础。

中国银行在“一带一路”沿线国家及地区和离岸金融中心大力推动人民币的广泛使用。2016年，中国银行继续深化与境内银行、境外代理行、境外央行和非银行金融机构、主权财富基金和国际金融组织等全球各类金融机构的全方位合作，加大跨境人民币业务拓展力度，成为境外央行、代理行、交易所的人民币清算主渠道，成为中资企业人民币业务首选银行；为119个国家和地区的代理行客户开立跨境人民币同业往来账户1 508户，领先国内同业。并支持国外金融机构和政府部门发行离岸人民币债券，协助匈牙利政府发行中东欧地区首只主权离岸人民币债券10亿元；与黑海贸易开发银行以及奥地利奥合国际银行签署《“一带一路”业务战略合作备忘录》。2016年，中国银行大力推广跨境人民币支付系统（CIPS），与160家境内外金融机构签署间接参与行合作协议，在推进人民币国际化方面取得了巨大的成就。截至2016年年末，中国银行全年跨境人民币清算量继续保持全球第一，人民币跨境支付系统间接参与行数量市场排名第一，海外代理行结算来委业务量排名第一，金融机构外币存款市场份额排名第一，B股清算业务量排名第一，第三方存管业务快速增长。

对于大型“走出去”项目及当地重大项目，中国银行积极引导企业使用人民币，扩大人民币贷款规模。2016年年末，集团客户贷款总额99 733.62亿元，比上年末增加8 375.02亿元，增长9.17%。其中，人民币贷款总额76 077.30亿元，比上年末增加5 958.63亿元，增长8.50%；外币贷款总额折合23 656.32亿元，比上年末增加2 416.39亿元，增长11.38%，如表4-14所示。

表4-14 **集团客户贷款** 单位：亿元人民币，%

	2016年12月31日	2015年12月31日	差额	变动率
人民币贷款	76 077.30	70 118.67	5 958.63	8.50
外币贷款	23 656.32	21 239.93	2 416.39	11.38
小计	99 733.62	91 358.60	8 375.02	9.17

数据来源：中国银行股份有限公司2016年年度报告。

中国银行在2016年不断提升跨境人民币清算能力，进一步维持和巩固在国际支付领域的领先优势。截至2016年年底，中国银行全年跨境人民币清算量311.98万亿元，继续保持全球第一。

4. 深化金融机构合作

在参与“一带一路”建设过程中，中国银行充分发挥自身在“一带一路”沿线国家渠道网络覆盖范围广泛的优势，主动寻求合作，对接多方资源，合力推动“一带一路”建设。

中国银行在2016年不断加强与国际主流银行及政策性金融机构的业务合作，提升对“一带一路”沿线国家重大项目的金融支持力度与服务水平。截至2016年年底，中国银行与全球179个国家和地区的1 600余家机构建立代理行关系，为跨国机构和企业提供国际结算、债券融资、外汇交易、投资托管、全球现金管理等金融服务。中国银行不断夯实沿线地区重点代理行合作基础，开启与亚洲基础设施投资银行、金砖国家新开发银行和丝路基金等新兴国际组织的全面合作，参与国内政策性金融机构沿线投融资项目，并提供延伸金融服务。2016年中国银行的合格境外机构投资者（QFII）托管服务客户数量和业务规模居同业前列；加大了与非银行金融机构和全球主权类机构的合作力度，成为四家境外央行类机构的银行间债券市场代理人以及五家境外央行类机构的银行间外汇市场代理人；协助国际金融机构发行境内银行间市场特别提款权（SDR）计价债券，在中国境内发行30亿元人民币的绿色金融债券并开展“一带一路”业务战略合作；2016年被中国证券登记结算有限责任公司选定成为“深港通”项下“港股通”的结算银行，并被香港中央结算有限公司选定成为“深股通”的独家结算银行。

中国银行通过与他国出口信用保险机构（ECA）、多边金融机构以及外资商业银行合作，不断加强项目国际化、专业化运作。2016年，中国银行与国际金融公司（IFC）合作完成其第一大规模项目，并首次与丝路基金实现投贷联动；面向菲律宾举办第二期“一带一路”国际金融交流合作研修班，推动了国际金融机构的交流与合作；还编写出版了“一带一路”国别文化手册，手册中全面介绍了“一带一路”沿线国家及地区的政治经济与社会文化环境，通过对沿线地区的深入研究，能够更有针对性地提供金融服务和推动中国企业“走出去”。

除此之外，中国银行主动对接国家有关部委、各级地方政府以及沿线各国相关机构等“一带一路”建设的中坚力量，从项目选取、支持措施、融资机会和担保手段等方面挖掘合作潜力。2016年7月，中国银行甘肃省分行承办2016年中国西部国际产能合作论坛暨企业对接洽谈会，此次会议共有国内外来宾600多人参会，其中包括“一带一路”沿线吉尔吉斯斯坦、津巴布韦、缅甸、斯里兰卡、印度尼西亚、哈萨克斯坦等13国的近80名政府官员，以及中国银行境外机构中的中银香港、俄罗斯分行、东京分行、法兰克福分行的领导和重点客户。此次论坛以“释放丝路数据价值，驱动国际产能合作”为主题，探讨实现丝绸之路大数据开放共享的路径及大数据在国际产能合作中的实践和应用，使其在“一带一路”建设和国际产能合作中发挥作用。此次国际产能合作论坛暨企业对接洽谈会举办了圆桌会议，中国银行部分海外机构领导，外国政府官员、企业代表，国内西部省份政府部门和企业，甘肃省政府有关部门、省内企业、专家和学者等围绕“一带一路”建设和国际产能合作，共商发展大计。

中国银行还打造了“中银全球中小企业跨境投资撮合服务”平台，累计为超过1 000家国内外中小企业提供跨境撮合服务。同时，中国银行不断加强与金融同业的合作。对于中国进出口银行，国家开发银行等主导的“一带一路”重大项目，积极参与融资并完善配套商业金融服务；对于丝路基金、欧亚基金等外向型产业投资基金，以信息共享、项目合作和投资入股等形式提供支持；对于亚洲基础设施投资银行和金砖国家新开发银行等新成立金融机构，积极主动创造合作机会。

（三）案例点评

2016年，中国银行的国际业务占比、海外商业银行经营规模与盈利能力在国内同业中继续保持领先地位并且成为了“一带一路”沿线国家和地区机构覆盖率最高的银行。2016年，中国银行在“一带一路”沿线国家的投资经营活动取得了较大的成功。从上述案例描述中可以总结出中国银行在响应“一带一路”倡议时的特点和经验。

（1）作为在海外深耕百余年的大型商业银行，中国银行在国内同业中国际化与多元化程度最高，其海外业务起步早，整合海外资源能力强，海外机构布局广泛，控制海外业务风险能力强。中国银行结合自身特点，发挥自身优势，将发展“一带一路”沿线国家和地区的海外金融市场作为2016年海外金融市场发展的重点，推动了在沿线国家经营投资业务的快速发展。

（2）中国银行在“一带一路”倡议的指导下，制定了符合自身特点的战略，重点完善“一带一路”沿线国家和地区的机构网络布局，坚持为“走出去”企业提供金融服务和支持，全力推进“一带一路”沿线国家及地区的人民币国际化业务，真正做到了有的放矢。

（3）与金融同业合作开展在“一带一路”沿线国家的投资经营活动，主动寻求与境内外银行、非银行金融机构、国际金融组织、国家有关部委、各级地方政府、企业等的合作，整合多方优势资源，合力推进“一带一路”建设。

十二、中国建设银行股份有限公司

（一）公司概况

中国建设银行股份有限公司（以下简称“中国建设银行”）成立于1954年10月1日。中国建设银行成立的基本背景是：1953年，中国开始执行国民经济和社会第一个五年计划，以建设156项重点工程为中心的大规模经济建设在全国陆续展开，为管理好巨额建设资金，中国建设银行应运而生。中国建设银行最初行名为“中国人民建设银行”，1996年3月26日更名为“中国建设银行”。2004年9月15日，中国建设银行由国有独资商业银行改制为国家控股的股份制商业银行，名称为“中国建设银行股份有限公司”。2005年10月27日，公司H股在香港联合交易所挂牌上市（股票代码为

HK. 939）；2007 年 9 月 25 日，公司 A 股于上海证券交易所挂牌上市（股票代码为 SH. 601939）。

中国建设银行经国务院银行业监督管理机构和国家外汇管理机构批准，并经国家登记机关核准，其经营范围是：吸收公众存款；发放短期、中期、长期贷款；办理国内外结算；办理票据承兑与贴现；发行金融债券；代理发行、代理兑付、承销政府债券；买卖政府债券、金融债券；从事同业拆借；买卖、代理买卖外汇；从事银行卡业务；提供信用证服务及担保；代理收付款项及代理保险业务；提供保管箱服务；经国务院银行业监督管理机构等监管部门批准的其他业务。中国建设银行改造为股份制商业银行并相应建立了一个新的现代公司管理架构，明确了股东大会、董事会、监事会、高级管理层的权利和责任。中国建设银行的目标是按照“三会分设、三权分开、有效制约、协调发展”的原则，建立科学高效的决策、执行和监督机制，确保各方独立运作、有效制衡。

中国建设银行在内地设有分支机构 14 121 家（2012 年），在香港、台湾、墨尔本等地设有分行，拥有建信基金、建信租赁、建信信托、建信人寿、中德住房储蓄银行、建行亚洲、建行伦敦、建行俄罗斯、建行迪拜、建银国际等多家子公司，为客户提供全面的金融服务。中国建设银行拥有广泛的客户基础，与多个大型企业集团及战略性行业的主导企业保持业务联系，营销网络覆盖全国主要地区。截至 2016 年 12 月 31 日，中国建设银行总市值为 12 301 亿元人民币，居全球上市银行第五位。2017 年 7 月 20 日，《财富》发布了世界 500 强排行榜，中国建设银行名列第 28 位。9 月，由中国企业联合会发布的 2017 中国企业 500 强中，中国建设银行排名第 6 位。

2016 年，中国建设银行资产负债业务稳步增长。截至 2016 年年末，中国建设银行资产总额 20. 96 万亿元人民币，较 2015 年增加 2. 61 万亿元人民币，增幅 14. 25%；其中客户贷款总额 11. 76 万亿元人民币，较 2015 年增加 1. 27 万亿元人民币，增幅 12. 13%。负债总额 19. 37 万亿元人民币，较上年增加 2. 47 万亿元人民币，增幅 14. 61%；其中客户存款总额 15. 40 万亿元人民币，较上年增加 1. 73 万亿元人民币，增幅 12. 69%。

2016 年财务指标表现良好。中国建设银行积极消化五次降息、利率市场化等因素的影响，实现净利润 2 323. 89 亿元人民币，较 2015 年增长 1. 53%。手续费及佣金净收入 1 185. 09 亿元人民币，在营业收入中的占比较 2015 年提升 0. 83 个百分点。平均资产回报率 1. 18%，加权平均净资产收益率 15. 44%，净利息收益率 2. 20%，成本收入比为 27. 49%，资本充足率 14. 94%，居同业领先水平。中国建设银行主要财务指标变动情况如图 4-17 所示。

自 1991 年设立第一家海外机构——伦敦代表处以来，中国建设银行海外业务不断发展壮大。特别是近几年，秉承“做强亚太地区，扩展欧美网络，开拓新兴市场”的策略，积极构建多种形式和不同层次的海外机构网络，基本完成了在全球主要金融中心的布局，初步具备了 24 小时不间断服务能力。截至 2016 年年末，中国建设银行境外一级机构总数达到 20 余家，包括在香港、新加坡、法兰克福、约翰内斯堡、东京、首尔、纽约、胡志明市、悉尼、台北、卢森堡、澳门的 12 家一级分行，拥有中国建设银行（亚洲）有限公司、建银国际（控股）有限公司、中国建设银行（伦敦）有限公司、中国建设银行（俄罗斯）有限公司、中国建设银行（迪拜）有限公司、中国建设银行

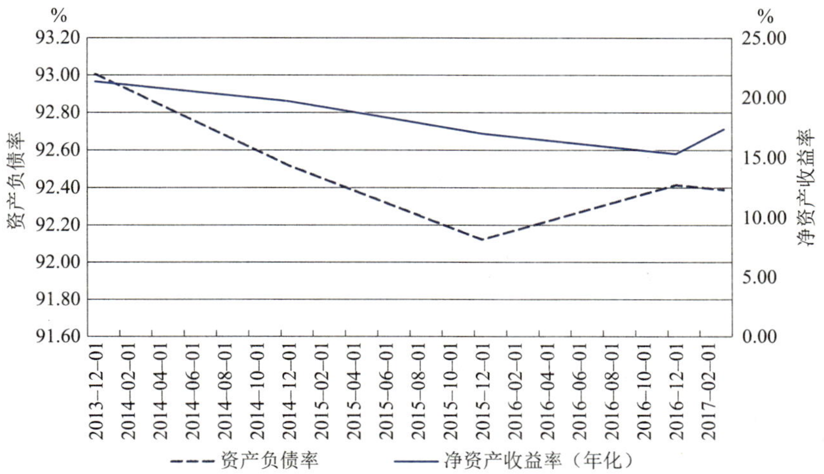

图 4-17　中国建设银行主要财务指标变动情况

数据来源：Wind 资讯。

（欧洲）有限公司和中国建设银行（新西兰）有限公司 7 家全资子公司，在巴西收购了 Banco Industrial e Comercial S. A.（以下简称“BICBANCO”或“BIC 银行”），覆盖 20 余个国家和地区。

随着越来越多的中国企业走向世界，中国建设银行海外扩张步伐进一步提速。2013 年，俄罗斯和迪拜子银行、台北和大阪分行、卢森堡分行和子银行等 6 家机构相继开业，新设多个境外机构。2014 年以来，中国澳门分行开业、新西兰子银行获批并注册成立；巴西 BIC 银行总股本 72% 的股份买卖交易已完成交割手续；多伦多分行也于 2017 年年初正式获得加拿大财政部批准，成为第一家在加拿大获得分行牌照的中资银行。此外，中国建设银行有效整合了香港地区的机构和资源，正在加快拓展欧洲版图，将尽快通过中国建设银行（欧洲）有限公司（以下简称“中国建设银行欧洲”）在荷兰、法国、西班牙、意大利等国设立机构，力争 2017 年实现全球主要目标市场布局计划，大幅提升全球客户服务能力和市场竞争力。

经过多年的发展和积累，中国建设银行国际业务从品种单一到服务多样，从松散经营到统一管理，从手工操作到实现电子化，具备了扎实的基础和持续增长的能力。近年来，全行大力推进国际化战略，国际业务厚积薄发，在境内外市场均建立了良好的信誉，竞争优势逐步显现，为在更高层次上加速发展、参与全球化竞争创造了条件。

2016 年，中国建设银行先后获得国内外知名机构授予的 100 余项重要奖项。荣获《欧洲货币》“2016 年最佳银行”、《环球金融》“2016 年最佳消费者银行”、“2016 年亚太地区最佳流动性管理银行”、《机构投资者》“人民币国际化服务钻石奖”、《亚洲银行家》“中国最佳大型零售银行奖”及中国银行业协会“年度最具社会责任金融机构奖”。

（二）在“一带一路”建设中的战略与业绩

1. 突出优势，为“走出去”企业提供全方位支持

中国建设银行在参与“一带一路”建设方面，不仅具有得天独厚的优势，还具有

支持基础设施建设方面的传统优势。改革开放初期，中国建设银行积极响应国家“引进来”战略，在项目融资和大型设备引进等金融服务方面积累了丰富经验。

近年来，中国建设银行国际融资等业务的产品线日趋丰富和成熟，为中国“走出去”企业提供了真正“跟上去”的优质金融服务。经过20多年的发展，中国建设银行几乎所有一级分行和重点海外分支机构均开办了“走出去”国际融资业务，所承办的一批重大“走出去”项目中有多个项目获国际奖项，带动了中国大型机电设备出口，推动了境外工程承包建设。“一带一路”带来的战略机遇中，中国建设银行将充分依托传统业务优势和传统优质客户优势，发挥在建筑材料、工程机械、铁路设备、电力设备、通信设备及港口机械等成套设备的输出，零部件生产和供货等基建项目方面的优势，为实施“一带一路”倡议提供全方位、多层次的金融支持。

中国建设银行人民币业务发展迅猛。一方面，中国建设银行在人民币业务方面具有较为强大的比较优势。作为全球范围人民币综合实力第二大行，中国建设银行拥有近3亿个人客户、300余万企业客户的庞大的境内客户群体，大部分重点客户是中国企业“走出去”的主要力量。中国建设银行拥有庞大的人民币资金实力，客户服务能力十分突出，是人民币业务品种最为丰富、人民币产品创新最为积极的银行之一。中国建设银行可发挥这些先天优势，拓展“一带一路”沿线市场，带动相关的金融产品与服务，将人民币的应用从国内扩展到国际大舞台。另一方面，中国建设银行获任伦敦人民币清算行，在离岸人民币市场占据了有利地位。这是中国人民银行首次在亚洲以外的国家（地区）选定人民币清算行，也是中国建设银行首次获任海外人民币指定清算行。作为人民币清算行，中国建设银行能够提供快捷安全的人民币清算服务、拓展活跃有序的人民币离岸资金交易市场、探索市场认可的大宗商品人民币定价机制。

此外，中国建设银行已基本完成在全球发达国家的机构布局工作，具有海外网络的优势。在开拓“一带一路”相关业务的过程中，中国建设银行将通过整合优质资源，发挥整体优势，利用在全球18个国家和地区的21家一级境外机构组成的多层次、多元化网络，把发达国家和地区的资金、服务与产品优势引入到“一带一路”沿线国家，实现优势互补。

2. 多措并举，推动沿线投资便利化

中国建设银行董事长王洪章先生表示：“我国‘一带一路’发展战略的实施，不仅为地方经济发展和企业‘走出去’提供了难得的机遇，也为我国银行业在新常态下转型发展带来了新的契机。”为抓住“一带一路”倡议带来的国际化转型发展的重要契机，中国建设银行高度重视、积极落实，推动“一带一路”沿线投融资便利化。

（1）加强宏观政策指导。2014—2015年，中国建设银行分别制定了《金融支持丝绸之路经济带及21世纪海上丝绸之路建设综合金融服务方案》《国际化转型发展暨支持企业“走出去”指导意见》《贯彻落实党中央国务院一系列重大战略的实施意见》等方案意见。

（2）加大信贷支持力度。中国建设银行为“一带一路”战略研究制定多项信贷配套政策及措施，合理引导相关项目的信贷投放。这些政策及措施包括：结合沿线分行区域特色和业务机遇采取差别化的信贷政策安排，建立“一带一路”专项信贷政策快速通道；细化并完善行业信贷政策，突出基础设施建设领域项目选择标准精细化和差异化；对于列入“一带一路”战略规划的优质客户、重大项目，加快评估进度并实行差别化授权管理。

（3）夯实项目储备。截至2016年年末，中国建设银行在“一带一路”沿线国家和地区已储备了176个重大项目，投资金额约3 000亿美元，基本实现了“一带一路”沿线国家的全覆盖，主要涉及电力、建筑、矿产、交通、油气、通信等“走出去”行业。

（4）搭建“一带一路”投融资平台。2015年4月初，中国建设银行与陕西省共同主办了丝绸之路经济带投资推介会，促成陕西省与信托、保险、证券等多家机构对接超1 000亿元规模的项目；2015年9月，中国建设银行在广西南宁举办2015年投资论坛暨项目签约会，与广西壮族自治区联合发起广西丝路产业基金、珠江—西江产业发展基金等500亿元丝路主题产业发展系列基金。同时与广西壮族自治区相关部门、区内国有企业、区外社会资本联合设立总规模200亿元的广西本土首只跨境人民币基金。

3. 加快转型，确立实施“一带一路”建设先行者地位

（1）加快完善海外布局。中国建设银行将海外机构布局纳入到“一带一路”的建设中，有针对性地选择能保障丝路畅通的重要战略支点为切入口，通过以点带面的方式，通过“立足东南亚、贯通中西亚、深耕细作欧洲、择优兼顾非洲”的策略，形成在“十三五”期间横跨亚、欧、非“三极”，辐射陆上丝绸之路和海上丝绸之路“两翼”的“三极两翼”布局体系。

（2）尽快落实一批重大项目。“一带一路”是个系统工程，涉及领域多、国家多、合作机制多。中国建设银行将直接管理企业、总行级战略性客户，以及其他国内“走出去”及境外重要客户在境外投资设立的重大项目，集中资源，增加营销手段，实现服务升级。

（3）积极推动人民币国际化。积极配合“一带一路”建设，以项目推动“一带一路”沿线地区对人民币的需求，特别是对于那些与中国经济结构高度互补的海外投资项目中涉及的成套设备进口、国内大型企业“走出去”过程中产生的信贷业务机会，尽量采用人民币支付，选择人民币投资的方式，让人民币国际化落到实处。同时，“一带一路”建设促进了人民币的跨境使用，同时也为中国建设银行在沿线国家中设立人民币清算行提供更多机会。

（4）努力强化综合化优势。中国建设银行海外机构采取“一行一式”模式，在贯彻综合化经营原则的同时，发挥各自的市场、牌照及经营优势，做到每一家海外机构都有自己的定位、特色及核心竞争力。在此基础上，将所有海外机构之“长”整合成一体，极大地完善集团海外服务功能，提升集团综合化服务优势，显著增强集团的国际竞争能力。

（5）依托创新驱动发展。中国建设银行将创新作为提高国际竞争能力的突破口。在产品设计创新方面，将根据市场特点，使用更多创新手段和工具来化解潜在风险；在政策制度创新方面，充分利用多种渠道，深入研究东南亚、南亚、中西亚、东北亚、中东欧和非洲国家的市场及文化，培养锻炼一批具有国际化视野和卓越业务能力的任务团队，凭借过硬的研究能力、杰出的销售能力、高超的产品设计与定价能力，提高参与国际竞争的能力。

（三）案例点评

1. “一带一路”政策支持

2014年，在一次国务院常务会议上，李克强总理指出：加大金融支持“走出去”力度；推动优势产能跨出国门、拓展发展空间，提高中国产品和装备的国际竞争力；简化境外上市、并购、设立银行分支机构等核准手续，拓展投融资渠道，对大型成套设备出口融资应保尽保，鼓励商业银行加大重大装备设计、制造等产业链的金融支持，探索境外项目提供贷款新机制等。此后，中国政府相继出台相关政策，如大力支持优惠出口买方信贷、援外优惠贷款等。

2. 充分发挥传统优势

近年来，中国建设银行发挥自身传统优势，大力支持基础设施和重点项目建设，基本实现了“一带一路”沿线国家全覆盖，主要涉及电力、建筑、交通、油气、通信等“走出去”行业。从成立之初，中国建设银行就以“基本建设投资拨款和监督”立行，提出“哪里有重点工程建设，哪里就有中国建设银行”，为大规模建设做出了卓越贡献。“一带一路”带来的机遇正是中国建设银行的业务优势所在。中国建设银行充分依托传统业务优势和传统优质客户优势，发挥在建筑材料、工程机械、铁路设备、通信设备及港口机械等成套设备的输出，以及零部件生产和供货等基建项目方面的竞争力，为实施国家战略提供全方位、多层次的金融支持。

3. 拥有庞大的资金实力

中国建设银行在人民币业务方面具有较为强大的比较优势，作为全球范围内人民币综合实力第二大行，中国建设银行拥有近3亿个人客户、300余万公司客户的庞大的境内客户群体和境外客户群体，大部分重点客户均是中国企业“走出去”的主要力量。

中国建设银行拥有庞大的人民币资金实力，客户服务能力突出，是人民币业务品种最为丰富、人民币产品创新最为积极的银行之一。中国建设银行可发挥这些先天优势，拓展“一带一路”沿线市场，带动相关的金融产品和服务，将人民币的应用从国内扩展到国际。

十三、中国工商银行股份有限公司

（一）公司概况

中国工商银行股份有限公司（以下简称“工商银行”）成立于1984年1月1日，主要从事个人和公司金融业务、资金业务、投资银行业务，并提供资产管理、信托、金融租赁及其他金融服务。经过多年的持续努力和稳健发展，工商银行已经迈入世界领先大银行行列，拥有优质的客户基础、多元的业务结构、强劲的创新能力和市场竞争力，向全球532万公司客户和4.96亿个人客户提供广泛的金融产品和服务。2017年，工商银行连续第 4 年蝉联《银行家》全球 1 000 家大银行、美国《福布斯》全球企业 2 000 强和美国《财富》“500 强商业银行子榜单” 3 个权威排行榜的榜首，并以 478.32 亿美元的品牌价值成为全球最具价值银行品牌。

工商银行作为国内银行业的领头羊，在积极推动国内业务发展的同时，也大力推动海外业务的发展。经过多年的投资和布局，境外网络覆盖 42 个国家和地区，境外业务和基金、保险、租赁等综合化子公司的盈利贡献不断提升，国际化水平不断提高，综合化经营格局不断完善。

1. 境外网络建设

多年来，通过在境外开设分支机构、设立代理点、参股或者收购等形式，工商银行已成功搭建起全球业务网络。截至 2017 年一季度，工商银行已在全球 42 个国家和地区建立了 412 家境外机构，并通过参股南非标准银行间接布局 20 个非洲国家。其中 127 家境外机构分布在“一带一路”沿线的 18 个国家和地区，为全球业务的开展奠定了坚实的基础。表 4-15 为工商银行 2008 年以来在境外收购的主要公司。

表 4-15 工商银行境外收购主要公司

时间	投资项目	投资项目所在地	投资额
2008 年 3 月	南非标准银行 20% 股份	南非	约 54.6 亿美元
2010 年 1 月	加拿大东亚银行 70% 权益	加拿大	8 024.91 万加拿大元
2011 年 8 月	南非标准银行旗下阿根廷子公司 80% 股权	阿根廷	6 亿美元
2015 年 1 月	标准银行公众有限公司 60% 股权	美国	7.7 亿美元
2015 年 5 月	土耳其纺织银行（Tekstil Bank）	土耳其	3.16 亿美元

资料来源：整理自工商银行官网。

2. 产品线

借助全球融资、投资银行、金融租赁和保险等投融资产品线的发展，积极推动外汇业务、贸易金融、金融市场、投资银行、资产管理、私人银行、现金管理等产品线向纵深发展，为客户提供全面的一揽子金融解决方案，提升公司在国际市场的竞争力和影响力。

3. 综合化子公司业务

2016 年工银瑞信、工银租赁、工银安盛等综合化子公司实现净利润 61.13 亿元，同比增长 7.5%。其中，借助工商银行的资源和自主创新，工银瑞信充分发挥自身资金管理平台优势，进一步增强市场竞争力。2016 年资产管理规模突破万亿元大关，实现净利润 16.4 亿元，同比增长 27%，成为第二大公募基金。工银租赁资产规模、营业收入和利润总额继续保持同业首位。工银安盛坚持规模和价值并重，总资产突破千亿元，净利润连续两年保持银行系保险公司第一。工银国际作为银行系投资银行，不断加快自身转型，盈利能力不断增强。

4. 跨境人民币业务

工商银行依托全球6家人民币清算行和覆盖84个国家的强大清算网络，以及24小时不间断提供服务的优势，推动跨境人民币业务的发展。2016年，工商银行办理首笔离岸人民币利率做市交易，发行首个在美国托管和结算的人民币存单，并成为境内银行间外汇市场唯一的美洲区会员和首家获得外汇期权和货币掉期的人民币清算行。2016年，跨境人民币业务量3.89万亿元，同比有所下降。

5. 境外资产状况

境外资产对于公司的整体贡献来看，截至2016年年底，境外机构总资产达到3 065亿美元，同比增长8.9%，占集团总资产比重为8.8%。报告期实现税前利润折合32.47亿美元，与去年同期相比增长2.56%。表4-16为工商银行境外机构的主要财务数据。

表4-16　　工商银行境外机构主要财务数据

境外机构主要指标						
项　目	资产/百万美元		税前利润/百万美元		机构/个	
	2016年年末	2015年年末	2016年年末	2015年年末	2016年年末	2015年年末
港澳地区	159 445	135 988	1 646	1 543	108	107
亚太地区（不包含港澳地区）	69 935	67 323	567	783	87	84
欧洲	58 317	56 089	140	58	80	78
美洲	64 723	55 853	582	436	136	134
非洲代表处	—	—	—	—	1	1
抵销调整	(49 741)	(38 718)				
小计	302 679	276 535	2 935	2 820	412	404
对标准银行投资	3 771	3 295	312	346		
合计	306 450	279 830	3 247	3 166	412	404

注："对标准银行投资"列示资产为本行对标准银行的投资余额，税前利润为本行报告期对其确认的投资收益。

数据来源：工商银行2016年年报。

（二）在"一带一路"建设中的战略和业绩

1. 国际化是工商银行的一项重要战略

"一带一路"建设为工商银行加速国际化进程提供了难得的机遇。工商银行认为，"一带一路"建设的深入发展，将会带来基建融资以及日益频繁的贸易融资等巨大商机。为了更好地实现自身发展和服务于"一带一路"，工商银行从以下三方面发力。

（1）发挥好融资的引导和撬动作用

在满足境外项目资金需求的同时，以融资为杠杆，撬动其他业务的开展，从而带动全面金融服务的发展。一是丰富产品线，为客户提供一揽子金融服务。通过在项目融资中嵌入财务顾问服务，在风险控制措施中加入金融风险管理服务以及搭配租赁融资、夹层融资、股权融资等方式推动自身业务之间的相互促进，同时更好地满足客户多方面的金融需求。二是客户至上，增强自身服务能力。为客户做好结算、存款、汇兑等综合金融服务，与客户形成从境外到境内、从前端到后端的合作黏性。三是持续投入，加强渠道建设。通过分销网络和分销能力的建设，形成批量获取资产并迅速分销的专业能力，在控制融资风险的同时，提升跨境资产的流转效率。四是加强管理，提高跨境风险的监测和管控能力。在对新兴国家和行业项目进行融资总量管理的同时，加强对政权更迭、法律环保、劳工税收等“走出去”特定风险的识别和防控，做好突发事件的应对预案等。

（2）打造专业化、集约化的经营模式

精准把握从国家政治、经济、文化到社会等的各类情况，做好国别市场、行业标准、跨境法律、境外监管等方面的专业把控。加强对“一带一路”重点行业、重点领域的金融支持。比如支持高端制造业“走出去”和优势富余产能的输出，以及为“中巴经济走廊”“孟中印缅经济走廊”等重大项目提供资金支持等。同时，通过专业团队和人员实现对业务流程的集中处理、风险信息的集中监测、专业环节的集中审核。

（3）坚持互利共赢，推动与全球金融同业的开放合作

一是加强与政策性、开发性金融机构的合作，促进政策性贷款与商业贷款的更好结合；二是深化与银行同业、保险公司、产业基金以及区域多边机构和国际金融组织的合作，更好地融入国际金融市场和全球资本市场，实现信息交流、收益分享和风险共担。

2. 在“一带一路”沿线国家和地区的业绩

（1）形成了覆盖程度较高的经营网络

截至 2017 年一季度，工商银行已在全球 42 个国家和地区建立了 412 家境外机构，并通过参股南非标准银行间接布局 20 个非洲国家，其中在“一带一路”沿线的 18 个国家和地区共有 127 家境外分支机构，是目前“一带一路”沿线国家和地区覆盖程度最高的中资银行。同时，工商银行还建立了全球化、全天候的资金清算体系，通过将遍布全球的营业机构联成一体，实现了资金汇划的实时到账。此外，工商银行在泰国、新加坡、卢森堡、卡塔尔、加拿大、阿根廷和俄罗斯七个国家担任人民币清算行，是全球首家提供 24 小时不间断人民币清算与交易服务的商业银行。

2016 年 1 月 26 日，工商银行比利时安特卫普分行正式成立：1 月 27 日，工商银行荷兰鹿特丹分行正式成立。安特卫普和鹿特丹是“21 世纪海上丝绸之路”沿线的重要港口和“丝绸之路经济带”的重要中转站。工商银行在当地设立分行以后，在欧洲地区的服务能力将获得增强，进一步为中欧和亚欧大陆发展互联互通以及“一带一路”建设提供优质的金融服务。9 月 21 日，工商银行圣彼得堡分行正式开始对外营业。圣彼得堡分行是工商银行莫斯科股份公司下设的分行，也是俄罗斯西北地区第一家营业性中资银行。圣彼得堡分行的设立，进一步完善了工商银行在“一带一路”沿线国家和地区的网点布局和业务辐射能力。

（2）提供了全面深入的融资支持，并且取得了一批显著的、具有示范意义的成果

截至 2017 年一季度末，工商银行已累计支持“一带一路”沿线国家和地区项目

212 个，累计承贷额 674 亿美元，业务遍及亚、非、欧 30 多个国家和地区，占到“一带一路”沿线国家总数的 1/3。融资行业涉及电力、交通、油气、矿产、电信、机械、园区建设、农业等，实现对重要行业的基本全面覆盖。同时，工商银行在“一带一路”沿线已储备项目 200 余个，总投资合计 2 208 亿美元。

① 2014 年以来，工商银行牵头为中资企业在孟加拉国的四个电力工程承包项目提供了融资，总金额达 13 亿美元。四个项目均为中国工程建设企业承包孟加拉国电力发展署的电力建设项目。其中沙吉巴扎电站总装机容量 300MW，由中国能源建设集团下属广东火电工程总公司及广东电力设计院联合总承包，工商银行与汇丰银行联合牵头为该项目安排 2.59 亿美元融资，其中工商银行承贷 1.41 亿美元。另外三个项目总金额约 10 亿美元，由工商银行牵头项目融资安排并设计结构化融资方案。工商银行的融资支持，为中资工程建设企业推进项目的实施提供了有力支持。

② 2015 年 12 月，工商银行为中国与阿根廷核电项目合作安排等额 51 亿美元融资，其中人民币贷款近 300 亿元。中阿两国于 5 年前启动核电合作谈判，工商银行积极发挥商业银行在“一带一路”建设中的金融引领作用，倾力优化融资方案设计，充分发挥其阿根廷子行作为阿根廷最大中资银行的独特优势，与中核集团密切配合，为促成中阿此次核能合作发挥了重要的作用。此次阿根廷核电站商务合同和基于“华龙一号”技术的第五座核电站商务框架合同的成功签署，是中国第三代自主核电技术“华龙一号”首次落地国际竞争性市场，也是首次由商业银行基于商业原则引领自主核电技术出口，标志着中国核能技术国际化和高端装备制造出口取得重要进展。该项目的成功签署，极大地促进了中阿经贸与产能合作，深化了两国全面战略合作伙伴关系，有效提升了中国高端装备制造业的全球竞争力。

③ 2016 年 9 月，工商银行成功与沙特阿拉伯电信运营商 Zain KSA 签署了 6 亿美元融资协议，推动该电信运营商从中国华为技术有限公司采购设备。该项目是工商银行目前单笔金额最大的电信融资项目。Zain KSA 的母公司是科威特第一大电信公司 Zain KSC，目前集团网络已覆盖中东地区八个国家。该项目的成功，有力扩大了中国企业在中东地区的影响力。

④ 2017 年 1 月，工商银行巴基斯坦分行成功为“中巴经济走廊”项目之一——巴基斯坦第一个城市轨道交通项目建设提供总计 13.6 亿卢比（约合 1 300 万美元）的短期资金支持。工商银行本次支持的巴基斯坦拉合尔轨道交通橙线项目是“一带一路”倡议框架下“中巴经济走廊”首个正式启动的大型轨道交通项目，也是巴基斯坦第一条城市轨道交通项目。此项目是“中巴经济走廊”建设的重要一环，对于推动“中巴经济走廊”建设、深化两国全天候战略合作伙伴关系、促进中巴两国产能合作具有重要意义。

（3）充分发挥自身的信息和网络等优势，通过积极组织国内企业家到世界各地访问、举办商业论坛等，促进企业之间建立有效的沟通与合作机制

工商银行的“人民币国际化之新丝路”、“狮城债的新契机”、“首尔人民币高峰论坛”、“人民币国际化暨中美经济合作论坛”、“中非企业家论坛”、“巴基斯坦投资论坛”、“工银标准银行商品业务暨全球金融市场业务论坛”和“印度投资推介会”等多

场高层次交流活动，对中资企业与“一带一路”国家和地区的项目对接、推动国内企业走出国门参与“一带一路”沿线国家和地区的投资起到了巨大的推动作用。

（4）成功构建了全球化、综合化的“一带一路”金融服务体系

通过“商行+投行+私人订制”的综合服务模式，为企业承销发行境外债，提供高端财务顾问、股权融资、远期结售汇、利率掉期、货币互换、跨境人民币、全球现金管理、境外资产管理等综合金融组合产品。近年来，工商银行筹组的银团贷款规模一直稳居亚太地区银团业务牵头行、簿记行榜首，牵头完成的并购交易量连续三年位居亚太区第一。工商银行的全球现金管理服务已延伸至70多个国家和地区，服务跨国企业5 000多家。

（5）成功打造了一批具有国际竞争力的融资产品线和专业团队

工商银行在总部设有专项融资部，凭借十余年的海外投融资经验，专注推动“走出去”和“一带一路”金融服务。针对“一带一路”重点领域，工商银行建立了全球电力融资、全球资源融资、全球交通基建融资、全球制造业融资、金融租赁等产品线，成立了境外项目审查团队、国别项目开发团队，专门负责重点国别的项目开发和主权客户维护；同时，加强前端服务，通过发展与客户的战略合作关系，向企业提供信息咨询和交易撮合等服务，更好地为“一带一路”建设提供支持。

（三）案例点评

1. 持续投入，不断完善在沿线国家和地区的经营网络

境外子公司和分支机构是工商银行推进国际化战略的物质支撑和现实基础。完善而强大的境外网络，有利于促进银行融入当地的政治经济环境，更有效地开展相关业务，长远来说有利于国际化的可持续深入发展。从量上来看，截至2017年一季度，工商银行境外机构覆盖42个国家和地区，在中国的香港和澳门以及日韩、东南亚、欧洲、美洲等地开设经营性分支机构412家，在“一带一路”沿线的18个国家设立了127家分支机构，是目前“一带一路”沿线国家和地区覆盖程度最高的中资银行。

从境外分支机构的经营成效来看，工商银行本土化战略成效逐渐显现，不少境外机构已成为当地主流银行。其中，工银亚洲在香港综合排名第五位，是近年来香港盈利增长最快的银行之一；工银澳门是澳门本地最大的法人银行；工银阿根廷是阿根廷第十二大银行；工商银行万象分行是老挝第二大银行；工商银行在首尔、河内、金边、印度尼西亚、泰国等地分行的规模效益均位列当地外资银行前茅。

高质量的境外网络为工商银行抓住“一带一路”建设带来的机遇打下了坚实的基础，在工商银行开展“一带一路”相关项目业务时发挥了巨大的作用。

2. 充分发挥综合化子公司战略协同作用，加强境内外机构联动

工银瑞信在资产管理上深耕多年，有丰富的资产管理经验，管理资产规模突破万亿元；工银租赁在租赁行业各项指标都居于首位；工银安盛在保险领域实现了快速发展；工银国际作为持牌投行，不断转型变革，盈利能力不断增强。伴随“一带一路”建设的深入发展，沿线国家和地区投资理财、融资租赁、商业保险以及直接融资需求有望迸发。借助完善而强大的境外网络，工商银行可以充分发挥综合化子公司在各自业务领域

的优势和专长，协同合作，促进行内各项业务的相互融合，形成完善的金融服务产业链，为客户提供全品类、一站式的金融服务。

同时，通过不断加强与工商银行境内外机构的协同联动，综合化子公司对集团利润增长产生协同效益。以工银租赁为例，自成立以来，通过“租赁+贷款”、“租赁+保理”、“租赁+理财”和“保函+租赁+保理”等新型结构化产品，为工商银行境内外分行带来租金清算、汇划和结售汇业务，累计实现结算业务量约4 000亿元，并拉动存款、客户理财和银行卡等业务，有效推动了境内外分行业务发展。

3. 与其他中资机构开展全方位合作，共同推进“一带一路”建设

“一带一路”沿线国家和地区项目多集中于基础设施投资领域，周期长、风险高、融资额大、融资需求多样，面对这种情况，单个机构凭一己之力往往难以完成。所以，在实际工作中，工商银行充分发挥多年来与其他金融机构建立的伙伴关系，开展深入合作，共同推进项目的实施。2015年7月13日，工商银行与中国出口信用保险公司（简称“中国信保”）在北京签署“一带一路”建设专项合作协议，面向客户推出PPP项目投融资、大宗商品结构化融资、项目融资、出口信贷、跨境投融资担保、跨境供应链融资和风险管理服务等十项银保创新金融服务，全面加大对“一带一路”建设的金融支持力度。中国信保是承办出口信用保险业务的政策性保险公司，积极服务中国外贸发展。两家机构此次强强联手，风险共担，收益共享，对于推进两家机构业务的开展以及“一带一路”的深入发展有着重要的作用。2016年9月，工商银行分别与新加坡报业控股有限公司、新加坡工商联合总会、新加坡交易所、中化国际（控股）股份有限公司及新加坡盛裕控股集团签署合作意向协议，在基础设施建设、综合金融服务等领域加强合作。

十四、国家开发银行

（一）银行概况

1. 国家开发银行成立与发展情况

1993年，中共十四届三中全会提出要组建国家开发银行。当年12月，国务院专门下发了有关文件，具体部署国家开发银行的组建工作。1994年4月，由国务院组建的国家开发银行正式成立。它是由国务院直接领导的正部级单位。国家开发银行也是中国成立时间最早、体量最大的政策性金融机构。它的职责是负责在宏观上调控由国务院安排投资的国家重点建设项目，负责合理调节投资规模与优化投资结构。国家开发银行成立的目的是帮助国家更好地落实国家经济政策、产业政策，优化产业布局、结构，通过市场化的手段，调控社会资金向新兴科技领域流动，同时支持相对落后的中西部地区，缓解东西部发展不平衡的问题，推动早日实现区域协调发展。

国家开发银行初始注册资本为500亿元人民币，由国家财政分四次划拨。国家开发银行还发行金融债券以筹措资金。

2008年12月11日，国家开发银行由政策性银行转型为商业银行，注册资本为

3 067.11 亿元，国家开发银行前四大股东分别为财政部、汇金公司、梧桐树公司、社保基金理事会，截至 2015 年年末，持股比率分别为 36.54%、34.68%、27.19% 和 1.59%。截至 2015 年年末，国家开发银行境内分支机构包括一级分行 37 家，二级分行 3 家；境外分支机构包括分行 1 家和代表处 5 家；主要全资子公司 5 家，包括国开金融、国开发展基金、国银金融租赁、国开证券、创业投资综合服务公司等，分别涉及投资、投行、租赁等多项业务。国家开发银行的总资产由 2010 年的 5.112 3 万亿元人民币增长至 2015 年的 12.619 7 万亿元人民币，6 年来平均年增长超过 1 万亿元人民币。国家开发银行的净利润也增长迅猛，由 2010 年的 371 亿元人民币增长至 2015 年年末的 1 027.88 亿元人民币。

2. 国家开发银行的国际化经营

国家开发银行坚持开发性金融道路，将成为国际顶尖的开发性金融机构作为自己的发展目标，不断推动、深化公司改革，完善公司治理、运行架构，为未来长远发展打好坚定基础。国家开发银行一直发挥着自身金融引擎和国际经营先驱者的作用，支持“走出去”，服务“一带一路”建设，在国际金融市场上大显身手，成为一股不可缺少的重要力量。

（1）深入推进国际合作

规划开展重大国际合作项目，开展一大批“一带一路”相关项目并推进落实，推动中国高铁、核电项目“走出去”。加强与金砖国家及其他国家的交流合作，健全与金砖国家的合作机制，加强与上海合作组织银行联合体等多双边金融合作。推动国际业务管理体制改革，在英国伦敦设立代表处，为进一步拓展国际业务做好准备。

（2）积极开拓外汇市场化筹资渠道

除了继续建设国家开发银行金融债券一、二级市场外，还在多元化外币筹资方面取得重要突破。2015 年 10 月 20 日，在伦敦证券交易所成功发行 10 亿美元债券和 5 亿欧元债券，并在伦敦证券交易所成功上市。

（3）推进重大国际化项目

推进中国—阿根廷重大项目、中国—南非海洋经济合作框架、澳大利亚塔斯马尼亚州等规划的编制和研究合作。

（4）服务“一带一路”，进一步促进国际业务

主动完善国际业务管理体制机制，成立伦敦代表处。主动服务于“一带一路”建设，发放“一带一路”相关贷款 149 亿美元。联络装备和国际产能合作，帮助高铁与核电项目“走出去”。加强与中国—东盟银联体、金砖国家银行的多双边金融合作。帮助中国企业“走出去”及人民币国家化。境外人民币业务得到了快速发展，并与 104 个国家和地区的 747 家银行建立了代理行关系，国际业务水平有了显著提高。截至 2015 年年末，国家开发银行外币贷款余额折合 2 760 亿美元，跨境人民币贷款余额 690 亿元。

2015 年参与编制与研究的“一带一路”相关项目有中巴经济走廊、斯里兰卡科伦坡集装箱码头南港项目、非洲棉花种植加工及采购项目、南非国家运输公司铁路机车采购项目、中亚能源有限责任公司吉尔吉斯斯坦年产 80 万吨炼油厂项目等。

（5）推动合作国人员能力建设，推动共同发展

2015年，国家开发银行以"一带一路"相关国家为重点，举办多双边交流研讨会37期，外方参与人员799人。"国家开发银行奖学金"资助119名外国留学生来到中国进修学业，为"一带一路"相关国家培养国际化的一流经济金融人才。

（6）通过中非发展基金进一步加强对非洲股权的投资

中非发展基金，全名中非发展基金有限公司，成立于2007年6月26日，是国家开发银行间接持有100%股份的全资子公司。这是中国首家以对非洲国家进行股权投资作为主营业务的股权投资基金。2015年11月，国务院正式批复中非基金三期20亿美元增资，基金规模达到50亿美元。2015年12月，在中非合作论坛约翰内斯堡峰会上，中国宣布再次为中非发展基金注资50亿美元，基金总规模增长一倍，达到100亿美元，提升了国家开发银行对非洲国家的金融服务能力。

2015年，中非发展基金积极推动对非洲"三网一化"（铁路网、公路网、区域航空网和工业化）、区域互联互通、产能合作、装备"走出去"等重点领域的投资合作，建立了基础设施项目开发平台，总体规模超过5亿美元，为非洲国家基础设施建设做出了宝贵的贡献。截至2015年年底，中非发展基金已经对非洲投资了31.7亿美元，涵盖了非洲36个国家的84个项目，并带动了总计多达160亿美元的投资。

（二）在"一带一路"建设中的战略和业绩

"一带一路"建设是中国利用自身在产能、技术、经验、资金与模式上的优势，与沿线国家进行市场合作，实现双赢共赢。这是实行全方位对外开放的一项重要创新。通过"一带一路"，沿线国家可以与中国分享中国的改革红利以及中国改革开放三十余年来的经验。中国努力创建沿线国家间的沟通对话平台，建立平等均衡的新型全球发展伙伴关系，夯实世界经济长期稳定发展的基础。

国家开放银行作为中国对外投资的先驱者，在"一带一路"中也贡献了重要力量，典型案例主要有为中俄石油合作融资以及助力中国—东盟银行联合体和亚洲基础设施投资银行的建立。

1. 为中俄石油合作融资

（1）项目背景介绍

俄罗斯的能源政策向来奉行以国家利益为优先的宗旨，丰富的能源资源在俄罗斯的外交战略中占据着举足轻重的地位，石油和天然气也因此成为了俄罗斯重要的战略资源。而近年来中国经济得到了飞速发展，国际地位也随之得到了很大的提高。这使得俄罗斯担心中国可能会与俄罗斯争夺势力范围，影响俄罗斯的地区影响力。当中国企业试图进入俄罗斯能源产业这种具有很强战略性的产业时，可能会面临很大的困难与阻力，因此，必须对于合作项目所面临的法律与政治风险有清晰的认识。通过中俄石油合作，建成石油管道，对于扩大中俄两国的地缘政治优势，促进两国双边关系发展，有着十分重要的意义。

（2）国家开发银行为中俄石油合作进行大额融资，加强中俄双边关系

中俄石油合作项目的成功不仅来源于国家对外开放政策的大力支持，更重要的是项

目能够得到充足的资金支持。国家开发银行对于中俄石油项目的融资，开创了一种全新的模式，即管道运输+原油贸易+贷款的一揽子模式。这种模式获得了俄罗斯方面的青睐，推动了谈判进程，有效破解了谈判过程中遭遇的瓶颈，使得中俄大规模的能源项目合作最终得以实现。

2. 助力中国—东盟银行联合体和亚洲基础设施投资银行的建立

（1）中国—东盟银行联合体合作协议的签署

2010 年 1 月 1 日，中国—东盟自由贸易区正式启动，这是除了欧盟、北美自贸区外的第三大自贸区，也是世界上覆盖人口最多，完全由发展中国家组成的自贸区。自贸区既促进了区域经济的发展，又满足了中国对外战略发展的需求。伴随着经贸关系的不断深入，自贸区对于金融合作的要求也越来越高。因此，在 2010 年 10 月底的第十三次东盟领导人峰会期间，各国具有影响力的大银行共同签署了《中国—东盟银行联合体合作协议》。这标志着中国—东盟银行联合体的建立。

（2）国家开发银行在创建中国—东盟银行联合体与亚投行中的作用

国家开发银行牵头组建并完善了中国—东盟银行联合体机制，整个过程如表 4-17 所示。

表 4-17　　中国—东盟银行联合体机制历程

时间	机制建立
2010 年 6 月	提出组建方案，报送外交部《中国—东盟银行联合体组建方案》，得到国家领导人肯定；同年 7 月的中国—东盟外长会议上，杨洁篪外长正式推动发起设立中国—东盟银行联合体，深化区域金融、经贸合作
2010 年 10 月	第十三次东盟（10+1）领导人峰会期间，与各国央行/发展银行/投资银行签署《中国—东盟银行联合体合作协议》，银行联合体正式成立
2011 年 5 月	召开中国—东盟银行联合体首届理事会
2012 年 5 月	国家开发银行主办了银行联合体理事会第二次会议；成员国签署《中国—东盟银行联合体合作协议的补充协议》

截至 2013 年年底，国家开发银行在东盟地区贷款余额超过 120 亿美元，国家开发银行与各成员行开展了授信及项目合作，累计对老挝开发银行、柬埔寨加华银行、越南投资发展银行等东盟国家金融机构发放贷款 9.1 亿美元，主要合作领域有基础设施、电信、电力、农业、中小企业、能源资源、民生工程等。为中国企业“走出去”开拓了更为广阔的市场，如对外承包、设备出口、劳务出口等；促进中国石油来源多样化，如中缅油气管道建设；为东盟国家基础设施建设和产业升级改造注入活力，促进各成员国务实合作。

国家开发银行在深度参与“一带一路”建设以及亚投行的筹备过程中，不仅能够将自身长期从事国际金融业务的经验分享给相关国家，还能促进国家开发银行自身以及中国实现多元化的投资体系，为获取区域经济主导权，建立新的区域国际化标准提供助力。与此同时，还能让周边的沿线国家享受到与中国共同发展的利益，加深对亚洲利益共同体的认同感，通过高水平的金融外交为中国实施区域战略提供坚实的融资支持以及经济上的可靠依托。

（三）案例点评

在为中俄石油大项目进行融资的过程中，国家开发银行依托政府信用，利用自身的国际合作经验，充分发挥国家开发银行的金融优势，促进了项目相关企业、机构的合作，充分考虑了中国与俄罗斯的两国利益以及战略需要，通过发挥金融服务功能来为经济发展注入强劲动力，成功实现了中俄两国的高水平政治经济合作。这种合作反过来又能带动两国能源、科技等方面的交流与合作，深化了两国关系。

国家开发银行牵头组建中国—东盟银行联合体，实现了将国际金融业务合作融入政府间的官方外交中。中国—东盟银行联合体的创建是由外交部指定由国家开发银行制定和规划具体方案的。外交部选择国家开发银行来牵头，主要是因为国家开发银行具有丰富成熟的海外合作经验。而且，在经历了商业化改革之后，国家开发银行的融资贷款项目具有非官方的特点，方式相对较为灵活，成功链接了企业、政府与金融机构，实现了国际合作与官方外交的有机结合。

国家开发银行助力亚投行的筹建，提升了中国的国际金融外交的水平。从金融角度来讲，实现亚洲国家互联互通的最大的障碍就是资金问题。国家开发银行通过为亚洲国家的基础设施建设提供足够的贷款额度，突破了实现互联互通的资金障碍。实现了亚洲国家的互联互通，更是能助力“一带一路”建设，为沿线国家的基础设施建设提供助力，形成资源互补。

十五、亚洲基础设施投资银行

（一）银行概况

亚洲基础设施投资银行（以下简称“亚投行”）是一个亚洲政府间多边开发机构。英文名称为 Asian Infrastructure Investment Bank，简称 AIIB。亚投行总部位于北京，法定资本为 1 000 亿美元。亚投行重点支持亚洲地区的基础设施建设，促进亚洲的基础设施互联互通和经济一体化进程，加强中国与其他亚洲国家和地区之间的合作。

1. 成立过程

2013 年 10 月 2 日，习近平主席倡议筹建亚投行。2014 年 10 月 24 日，包括中国、印度、新加坡等在内的 21 个意向创始成员国的财长和授权代表在北京签约，共同决定成立亚投行。2015 年 12 月 25 日，亚投行正式成立，这是全球首个由中国倡议设立的多边金融机构。2016 年 1 月 16 日，亚投行正式开业，初期投资的重点领域主要包括五大方向，即能源、交通、农村发展、城市发展和物流。

2. 成员概况

截至 2016 年年底，亚投行正式成员总计 57 国。亚投行主要成员有中国、印度、德国、俄罗斯和韩国。其中，中国认缴股本为 297.804 亿美元，占总认缴股本的 32.363 5%，现阶段为亚投行第一大股东。中国投票权占总投票权的 27.827 6%，也是现阶段投票权占比最高的国家；印度是第二大股东，认缴股本为 83.637 亿美元，占总认缴股本的 9.093 1%，投票权占总投票权的 8.021 3%；俄罗斯认缴股本为 65.362 亿美元，占总认缴股本的 7.103 1%，投票权占总投票权的 6.327 6%；德国认缴股本为 44.842 亿美元，占总认缴股本的 4.973 1%，投票权占总投票权的 4.429 6%；韩国认缴股本为 37.387 亿美元，占总认缴股本的 4.063 0%，投票权占总投票权的 3.740 1%。主要成员相关信息如表 4-18 所示。

表 4-18 亚投行主要成员（按出资比例）

国家/地区	申请加入时间	批准加入时间	股权出资比例	投票权
中国	2014 年 10 月 24 日	2014 年 10 月 24 日	32.3635%	27.8276%
印度	2014 年 10 月 24 日	2014 年 10 月 24 日	9.093 1%	8.021 3%
俄罗斯	2015 年 3 月 30 日	2015 年 4 月 14 日	7.103 1%	6.327 6%
德国	2015 年 3 月 17 日	2015 年 4 月 1 日	4.973 1%	4.429 6%
韩国	2015 年 3 月 26 日	2015 年 4 月 11 日	4.063 0%	3.740 1%

数据来源：亚投行官网。

2017 年 3 月 24 日，亚投行理事会批准 13 个新意向成员加入该行，成员总数扩展至 70 个。预计 2017 年将有大约 15 个国家加入亚投行，届时成员将达到 85～90 个。随着新成员不断加入，组织结构日臻完善，在全球的影响力不断增强。

3. 治理结构

亚投行设立理事会、董事会、管理层三层治理结构。理事会是最高决策机构，每个成员在亚投行有正副理事各一名。董事会有 12 名董事，其中域内 9 名，域外 3 名。管理层由行长和 5 位副行长组成。管理层详细信息如表 4-19 所示。

表 4-19 亚投行管理层主要人员

职位	姓名	国籍及任职情况
理事会主席	楼继伟	中国（财政部部长）
行长	金立群	中国（财政部副部长）
副行长	丹尼·亚历山大（Danny Alexander）	英国（前自由民主党部长）
副行长	冯·阿姆斯贝格（Joachimvon Amsberg）	德国（世界银行负责开发性金融的副行长）
副行长	潘蒂安（D. J. Pandian）	印度（长期在印度联邦及州政府任职）
副行长	洪起泽（Kyttack Hong）	韩国（产业银行行长）
副行长	陆基（Luky Eko Wuryanto）	印度尼西亚（政府官员）

数据来源：亚投行官网。

4. 主要业务

亚投行主要业务是援助亚太地区国家的基础设施建设。在全面投入运营后，亚投行将采取贷款、股权融资以及担保等方式为亚洲地区基础设施建设提供融资支持，以促进各个国家和地区交通、能源、电信、农业和城市发展等行业的发展。

（二）在“一带一路”建设中的战略和业绩

亚投行关注亚太地区的基础设施建设，和“一带一路”有重合，但并非完全覆盖。亚投行与“一带一路”相辅相成，互相促进。“一带一路”沿线国家和地区建设融资需求大。根据公开资料，2010—2020 年，亚洲发展中国家基础设施投资总需求 8 万亿美元，年平均投资需求约为 7 300 亿美元，而世界银行、亚洲开发银行等多边金融机构在亚洲基础设施领域的年度投资规模仅为 100 亿～200 亿美元，供需极度不匹配。大部分投资需求以基础设施建设为主，项目建设周期长，资本回收速度慢，资本需求量大，需要引进外部资本的支持，而亚投行的成立正好迎合了这一需求。亚投行可以在一定程度上缓解投资供求矛盾，促进亚洲经济的发展。

亚投行将围绕“一带一路”基础设施建设项目展开投资，建设一批优质项目，打造分工协作、互惠共赢的产业链。亚投行作为“一带一路”的投融资平台，可以促进亚洲地区资本的有效配置，提高资本效率，改善“一带一路”沿线国家的投资环境预期，推动亚洲和世界其他区域的基础设施建设。近年来，中国民营经济产值占 GDP 总量的比重超过 60%，其固定资产投资占全社会固定资产投资的比重也超过 60%，在对外投资中必将成为主要力量。因此，亚投行可以为民营企业参加“一带一路”建设提供资本。

亚投行在“一带一路”沿线国家和地区投资与开展业务的战略重点主要包括推动基础设施建设、跨境互联互通和动员私人资本参与三个方面。亚投行将逐步扩大贷款投资规模，充分调动私人资本参与，改善借款国的城市设施、交通、能源供给能力和使用效率，推进国际产能合作，促进区域互联互通，满足亚洲各国日益增长的基础设施需求，从而促进亚洲经济与社会稳定发展。亚投行业务稳步开展，有力地促进了有关国家和地区的发展。

2016 年 6 月，亚投行首批 4 个项目总计 5.09 亿美元的贷款获董事会批准，涉及孟加拉国、印度尼西亚、巴基斯坦和塔吉克斯坦的能源、交通和城市发展等领域。2016 年 9 月，亚投行第二批贷款总额 3.2 亿美元的 2 个项目获董事会批准：巴基斯坦塔贝拉水电站扩建工程，贷款额 3 亿美元，系与世界银行联合融资；缅甸 225 兆瓦联合循环燃气轮机发电厂项目，贷款额 0.2 亿美元，系与其他多边开发银行和商业银行联合融资。2016 年 12 月 9 日，亚投行宣布同意向阿曼提供两笔贷款，总额 3.01 亿美元，系亚投行首次为港口及铁路领域项目提供贷款。2016 年 12 月 21 日，亚投行批准为阿塞拜疆的跨安纳托利亚天然气管道项目提供 6 亿美元的贷款。2017 年 3 月，亚投行宣布 2017 年首批三个项目，分别为：与世界银行联合融资的改善印度尼西亚大型水库功能及安全性项目、改善基础设施项目以及与亚洲开发银行联合融资的孟加拉国天然气基础设施项目。三笔贷款金额分别为 1.25 亿美元、1 亿美元和 6 000 万美元。表 4-20 为截至 2017 年一季度所有获批项目详情。

表 4-20 亚投行融资项目一览表 单位：亿美元

国别	融资性质	项目名称	行业	亚投行提供融资额度	联合融资方	投资总额
2016 年 6 月获批项目						
巴基斯坦	主权担保	M-4 国家高速公路项目	交通	1	亚洲开发银行	2.73
孟加拉国	主权担保	电力输配系统升级扩建项目	能源	1.65	—	2.623
塔吉克斯坦	主权担保	杜尚别—乌兹别克斯坦边界公路项目	交通	0.275	欧洲复兴开发银行	1.095
印度尼西亚	主权担保	国家贫民窟改造升级项目	城建	2.165	世界银行	17.43
缅甸	私营部门	明池天然气电厂项目	能源	0.2	国际金融公司	3.04
巴基斯坦	主权担保	塔贝拉水电站扩建项目	能源	3	世界银行	8.235
2016 年 12 月获批项目						
阿塞拜疆	主权担保	跨安纳托利亚天然气管道项目	能源	6	世界银行	86
阿曼	主权担保	杜肯港商业码头和运营区发展项目	航运	2.62	—	3.533
阿曼	主权担保	铁路系统发展项目	交通	0.36	—	0.6
2017 年 3 月获批项目						
孟加拉国	主权担保	国家天然气基础设施项目	能源	0.6	亚洲开发银行	4.53
印度尼西亚	主权担保	大型水库改善运营和安全性项目	水利	1.25	世界银行	3
印度尼西亚	主权担保	地区基础设施融资项目	基础设施建设	1	世界银行	4.06

数据来源：整理自亚洲基础设施投资银行官网。

截至 2017 年一季度，亚投行发放的贷款总额达 28.89 亿美元，项目全部集中在亚洲，大多集中在能源、交通和基建领域。亚投行审批流程高效透明，得到了贷款方的一致认可，总体来说实现了良好的开局，为以后的发展打开了局面。亚投行行长金立群表示，亚投行计划逐步加大运作规模，预计今后 5～6 年内，每年贷款额可以达到 100 亿～150 亿美元。

（三）案例点评

1. 顺势而为，推动自身发展

“一带一路”联结了亚太、非洲、欧洲等多个经济圈，是世界上跨度最长的经济走廊。沿线国家和地区总人口约44亿，约占全球总人口的63%，GDP总量约21万亿美元，占全球比重为29%，是当前世界上最具发展潜力的经济带。据有关机构预测，亚洲地区未来8～10年的基础设施资金需求有望达到8万亿美元。基础设施建设领域不少具有自然垄断的性质，投资风险相对较低，回报相对稳定，再加上主权担保，项目和资金的安全性就更有保障。庞大的融资需求为亚投行所筹集的资本提供了良好且相对安全的投资渠道，伴随“一带一路”建设深入发展，亚投行发展有望驶入快车道。

2. 吸纳新成员，增强亚投行在全球经济与金融事务中的影响力

在发展过程中，亚投行始终保持开放的态度，欢迎新成员的加入。2017年3月24日，亚投行理事会批准13个新意向成员加入，成员总数扩展至70个，超过拥有67个国家和地区成员、由美日主导的亚洲开发银行。预计2017年将有大约15个国家加入亚投行，届时成员将达到85～90个。不断吸纳新成员，将从多个方面促进亚投行的发展：首先，新加入的成员将为亚投行带来新的资金，增加亚投行的资本容量，使得亚投行能够更好地为亚洲基础设施建设融资。其次，新成员的加入，一方面为亚投行带来更多的投资项目，丰富投资渠道。另一方面，也使得更多国家积聚在亚投行所建立的相关合作框架之内，从而增强亚投行在国际上的影响力，促进亚投行在更多国家和地区开展业务。除此之外，新成员加入增加了贷款的隐形违约成本，有利于增强投资项目的安全性。

3. 正确处理好与现有国际金融机构之间的关系，加强合作，互利共赢

根据市场原则，亚投行难以避免地要与现有的全球性和区域性国际金融机构展开竞争，但与此同时，彼此之间也存在合作。一方面，亚太地区基础设施融资需求巨大。另一方面，亚投行立足亚洲地区，主要服务于亚太地区基础设施建设融资，与其他国际金融机构的定位存在一定差异，彼此之间存在互补性。从2016年亚投行获批的项目可以看出，亚投行与亚洲开发银行、世界银行、欧洲复兴开发银行以及国际金融公司展开了一系列合作，共同为有关国家基础设施建设提供融资支持。这样的合作有利于亚投行与其他多边金融机构互相合作，风险共担，收益共享，更好地开展业务。同时，也有利于亚投行和其他多边金融机构相互影响和促进，建立起互信关系，在最大限度维持现有国际金融和经济秩序的同时，逐步提高亚投行在国际金融领域的话语权和影响力。

十六、丝路基金有限责任公司

（一）公司概况

丝路基金有限责任公司（以下简称“丝路基金”）成立于2014年，由中国外汇储备、中国投资有限责任公司（简称“中投公司”）、中国进出口银行、国家开发银行共同出资，旨在发现“一带一路”建设中的投资机会并提供相应的融资服务，该基金以中长期股权投资为主，多种投融资方式并存，能够支持中国装备制造业进行海外投资，推动“一带一路”沿线国家间国际产能合作，并优化中国对外投资结构。目前，丝路基金是中国规模最大、规格最高的政府多边合作基金。

丝路基金的资金总规模为400亿美元，首期资本金规模为100亿美元，其中中国外汇储备出资比重最大，占到65%，中投公司、中国进出口银行和国家开发银行出资各占比15%、15%和5%。其投资方式以市场化、国际化、专业化为原则，通过股权、债权、基金、贷款等多种方式提供融资服务，同时也能通过与国际开发机构、境内外金融机构等共同发起设立共同投资基金，开展资产受托管理和对外委托投资等活动。

丝路基金设立的原因主要有四点：第一，这也是最直接的原因，就是借助中国的资金实力支持“一带一路”的实施，加快沿线国家和地区的互联互通，增强其自我发展能力，由于“一带一路”沿线国家多为发展中国家，基础设施建设不完善，资金不充裕，因此丝路基金的设立有其必要性；第二，丝路基金能够帮助加快人民币的国际化进程，推动国内资本“走出去”，提高国内产业和企业的国际竞争力；第三，丝路基金还是中国外汇储备投资多元化的一个途径，以信贷的形式将中国巨额的外汇储备借贷给需要投资的企业，帮助国内企业加快海外投资布局；第四，丝路基金还能通过在沿线各国开展基础设施建设开拓新市场，深入挖掘市场潜力，消化中国国内的过剩产能。

丝路基金与亚投行、金砖国家开发银行等机构都能够为“一带一路”提供资金支持，并且都专注于在“一带一路”沿线国家寻找投资机会，为交通运输、电力能源等领域的投资项目提供资金，实现中国与周边国家互联互通，推动区域经济一体化发展。

但丝路基金也与其他机构有着显著不同。首先丝路基金是一个开放的投资合作平台，与亚投行等政府间机构不同，丝路基金的参与者不仅有机构投资者还有私人投资者。其次亚投行作为多边参与的银行，其自身就具备债务融资的能力，而丝路基金则以股权融资为主，与债权、贷款等融资方式相结合，投资方式更加多元化，专注于解决项目投资主体的问题，并为项目提供中长期的股权融资。最后，在覆盖地区方面，亚投行主要针对亚洲基础设施建设项目，而丝路基金则跟随“一带一路”，在亚洲、非洲、中东欧都有项目。

（二）在“一带一路”建设中的战略与业绩

从成立以来，丝路基金就将工作重点放在了支持实体经济发展和推进对经济发展有带动能力的大型项目投资和基础设施建设投资上，其投资行为一直聚焦于基础设施、资源开发、产业合作和金融合作领域。经过两年的发展，丝路基金已经成功完成了5单跨国直接投资项目。

1. 巴基斯坦卡洛特水电站项目

2015年4月，丝路基金与中国长江三峡集团公司、巴基斯坦私营电力和基础设施委员会共同签署了《关于联合开发巴基斯坦水电项目的谅解合作备忘录》，这是丝路基金成立以来的第一个项目，也是迄今为止中国企业在海外投资在建的最大绿地水电项目，标志着丝路基金开始按照市场化、国际化、专业化方向开展实质性投资运作。

巴基斯坦卡洛特水电站项目在丝路基金接触后不久后签下，得益于中巴两国紧密的外交关系，项目本身不仅是对巴基斯坦经济发展和清洁能源建设的支持，也反映出丝路基金以及“一带一路”对中巴经济走廊建设的重要作用。

卡洛特水电站位于巴基斯坦吉拉姆河的第四梯级，规划装机容量 72 万千瓦，每年发电量 32. 12 亿千瓦时，总投资额约 16. 5 亿美元。中国的水电技术已经比较成熟，而三峡集团已经在巴基斯坦陆续开展了 8 个清洁能源项目的开发，包含风电、水电和太阳能等领域，建设经验十分丰富，保障了项目建设过程中的技术和质量。

卡洛特水电站项目采取的是 BOT 模式运作，即“建设—经营—转让”，项目在 2015 年年底开始建设，预计 2020 年投入运营，在运营 30 年后无偿转让给巴基斯坦政府。这种在国际上早已比较成熟的投资建设方式在中国对外直接投资时深受发展中国家的青睐，因为其建设流程较短，主要企业出资建设导致东道国政府成本较低，建设完成后能够利用投资企业成熟的管理模式运营，政府出资购买服务以供企业回收成本，经营期满后再转让给政府，极大地降低了项目风险。

目前，卡洛特水电站项目的临建设施已经基本完成，导流洞工程也进入了主体开挖阶段，项目进展十分迅速，施工现场也井井有条，使得巴政府官员对中国企业的建设速度和标准化管理赞不绝口。

2. 联手中国化工集团投资倍耐力轮胎公司

倍耐力轮胎公司成立于 1872 年，是一家拥有一百多年历史的意大利上市公司，是全球第五大轮胎制造商，也是目前世界一级方程式赛车（F1）的独家轮胎供应商。2015 年 6 月 5 日，丝路基金与中国化工集团签署合作投资协议，成为中国橡胶国际控股（香港）有限公司的股东并持股 25%，通过股权加贷款的方式支持橡胶控股收购意大利倍耐力轮胎公司。这是丝路基金对发达国家高端制造业的首个投资项目，也是首个并购项目。

此次投资侧重于支持中国企业在跨国经营中引入先进技术和管理模式，是中国制造 2025 战略的一次有效尝试，也是中国化工集团、丝路基金、倍耐力管理层及本交易的其他合作伙伴对倍耐力的长期产业投资，凸显出各方共同建设一个全球轮胎行业领导者企业的决心。

3. 中哈产能合作专项基金和框架协议

2015 年 12 月 14 日，丝路基金与哈萨克斯坦出口投资署在北京签署了《关于设立中哈产能合作专项基金的框架协议》。这是丝路基金成立以来设立的首个专项基金。

根据框架协议，中哈产能合作专项基金将重点支持中哈产能合作及相关领域的项目投资，其中，丝路基金出资 20 亿美元，投资项目由双方共同推荐，双方商定以股权、债权等多种方式进行合作，寻求在产能、创新、信息技术等领域的广泛合作机会，而相关优惠政策将由哈方协调落实。

中哈产能合作开展两年以来，已达成了超过 50 个产能合作项目，总金额超过 240 亿美元，合作领域包含钢铁、水泥、汽车制造、轻轨列车等，将中国“一带一路”和哈萨克斯坦“光明之路”新经济政策对接起来，通过产能合作为今后的铁路、农业、能源等各领域合作奠定了基础。

4. 亚马尔液化天然气一体化项目交易协议

2015 年 12 月 17 日，丝路基金与俄罗斯诺瓦泰克公司（Novatek）在北京签署了关于亚马尔液化天然气一体化项目的股权转让及贷款相关协议，丝路基金将从诺瓦泰克公司购买亚马尔项目 9.9% 的股权，同时提供为期 15 年、总额约 7.3 亿欧元的贷款，支持亚马尔项目建设。这也是丝路基金在俄罗斯的首次投资，也是在油气领域的首次投资。

位于俄罗斯亚马尔半岛的亚马尔液化天然气一体化项目，是目前全球最大的天然气勘探开发、液化、运输、销售一体化项目，目前俄罗斯天然气开采量的 90% 及全球天然气开采量的 17% 都来源于该地，亚马尔项目也因此号称全球最大的液化天然气（Liquefied Natural Gas）项目，被誉为"镶嵌在北极圈的一颗能源明珠"。项目计划在南坦别伊气田（截至 2015 年 12 月 31 日，按照石油资源管理系统 PRMS 标准测算，已发现天然气储量 9 260 亿立方米）建设年产 1 650 万吨的液化天然气加工厂，项目总金额 269 亿美元，预计 2017 年工厂一期将启动运营。

项目达成后，俄罗斯诺瓦泰克公司、法国道达尔公司（TOTAL）、中国石油天然气集团公司和丝路基金将分别持股 50.1%、20%、20% 和 9.9%，中方总持股达到 29.9% 成为第二大股东。丝路基金的投资入股标志着其在中俄全面战略协作伙伴关系建设和国际能源合作与发展领域的积极作用。

5. 阿联酋及埃及电站项目

2016 年年初，丝路基金与沙特阿拉伯国际电力和水务公司（英文简称 ACWA）在利雅得签署了关于共同投资开发阿联酋及埃及电站的谅解备忘录。根据谅解备忘录，丝路基金将以股权加债权的投资方式与沙特阿拉伯国际电力和水务公司以及中国企业共同开发包括埃及代鲁特天然气电站及阿联酋哈翔清洁燃煤电站在内的合作项目，开启了丝路基金在中东地区投资合作的第一单。

沙特阿拉伯国际电力和水务公司是沙特阿拉伯政府基金和私人共同投资的企业，专注于电力开发与海水淡化领域，项目遍及中东、西亚、北非、南部非洲以及东南亚地区。中东、北非是目前全球发展较快的地区，而电力建设是基础设施建设的先导，在经济增长中发挥着举足轻重的作用，但建设周期长、资金需求量大、资金回收周期长、风险高，需要大量的融资支持和技术支持。此外，中国许多电力企业也已经具备了产品、技术出口和海外工程承包的实力和经验，海外市场尤其是"一带一路"沿线发展中国家市场潜力巨大，毛利率较高，为中国电力企业跨国经营提供了极好的国际环境，而丝路基金的投资将电力及新能源项目作为投资重点，采用灵活的投资方式为项目资金提供了长期稳定的来源，进一步推动了中国电力设备企业"走出去"的步伐，一定程度上缓解了中国电力设备行业产能严重过剩的问题。

（三）案例点评

1. 丝路基金满足沿线国家发展需求

在"一带一路"的背景下，中国周边国家迎来新一轮的经济发展机遇。"一带一路"沿线国家 GDP 总量占世界的 1/3，但人均 GDP 尚不到世界平均水平的一半，经济结构失衡，农业和工业比重明显高于世界平均水平，服务业比重过低，经济发展质量不高，但该地区经济发展速度一直在全球位居前列，其 GDP 年增长率始终保持在世界平均增长率的 1.5～2 倍，经济发展活力旺盛，投资需求非常强烈。根据相关机构的预测，亚洲地区基础设施建设投资年需求大约为 8 万亿美元，而中国高达 4 万亿美元的外汇储备就有着足够的实力进行对外直接投资。丝路基金专注于为“一带一路”沿线投资项目提供资金支持，这对于基础设施建设普遍落后的西亚、东南亚、北非和中东欧地区以及丝路基金本身无疑都是难得的发展机遇。中国目前与周边国家的基础设施互联互通进程仍然相对滞后，沿线国家地形地貌复杂也对施工带来了一定难度，这就更需要大量的资金投入，丝路基金在其中的重要性不言而喻。

2. 丝路基金满足中国自身发展需要

作为“一带一路”发起国的中国本身拥有全球总量第一的外汇储备，基础设施建设领域技术优势逐渐显现，对外投资合作发展迅速，同时国内产能过剩，从政府到企业层面都有着“走出去”的实力和需求。“一带一路”沿线各国大部分是发展中国家和新兴经济体，经济发展仍处于上升期，基础设施建设需求较大，与中国经济结构互补性较好，产业协同发展的空间也较大，该地区自然资源丰富，是世界矿产资源的集中生产区，能为中国企业发展提供充足的资源和空间。虽然该地区资源消耗相较于其生产量也居高不下，但在先进生产技术应用的推广以及新能源项目不断落地的背景下，这一比率将会逐渐降低，相应的成本降低和利润增长将带来巨大的发展空间。

3. 丝路基金面临多种风险，需要建立防控机制

丝路基金成立于 2014 年，相关的运作经验仍较为缺乏，对于基础设施建设这样资金需求量极大的项目，丝路基金运作过程中资金的正常流通就显得格外重要，这就对丝路基金内部管理人员的专业素养提出了极高的要求。丝路基金面临的风险主要有投资风险、国别政治风险和经营风险。

丝路基金主要服务于“一带一路”沿线国家的基础设施建设项目，所面向的领域主要为资源开发、产能合作、金融合作等，涉及资金总量较大，所面临的风险也更高、更复杂，在项目运作过程中资金环节一旦出现问题，工程进展将会受到巨大影响，投资主体的利益也将受到巨大损害。

目前，“一带一路”沿线国家都处于复杂的政治经济社会转型过程中，地缘政治和社会变化不确定性较大，尤其是近年来“伊斯兰国”（英文简称 IS）恐怖主义活动频繁，中东、南亚、东欧多地局势走向不明朗，而基础设施建设项目规模较大，涉及资金较多，往往需要依赖国家间友好的合作关系和稳定的社会环境。中国企业在“走出去”过程中因为政治风险和社会环境变化而遭受损失的案例已不止一个，准确评估和防范政治风险就成为了丝路基金要做的首要准备。

在项目实施的过程中，经营风险是不可避免的，而如何将其控制在最小范围内则是对企业的重要考验。中国企业在基础设施建设领域对外直接投资项目出现的此类问题并不少，丝路基金要避免类似的经营失误，才能保证投资项目按照计划顺利完成。

面对各种错综复杂的风险，丝路基金需要建立完整的风险防范与控制机制。首先要建立激励约束机制，与企业共同分担风险，协助企业明确项目各方的经营管理责任，建立起产权清晰、责任明确的治理结构，确保各投资主体的权益得到保障；其次要建立合理的风险缓释和补偿机制，在项目初期进行全面细致的规划，明确各种风险的程度，并设计一套覆盖每一种风险的防范方案，包括充分利用主权担保、资产抵押和各类保险机制；最后，丝路基金还需要一套完善的退出机制，针对商业性较强的项目，丝路基金可以在项目上市后退出，而对于基础设施建设等周期较长的项目，则可以选择类似 BOT 的建设模式，在项目完工后运营一段时间，再向当地政府转让，或者通过向企业主体回购、股权转让、公开上市等其他方式退出，并获得相应的投资回报，最大限度减少和降低风险。

十七、中哈产能合作

（一）合作概况

在“一带一路”的建设过程中，中国与沿线各国开展了多项合作，其中，产能合作最为引人注目。产能合作是指两个存在意愿和需要的国家或地区之间进行产能供求跨国家或者地区配置的联合行动。产能合作一般以两个渠道进行：一是通过产品输出的方式进行产能位移；二是通过产业转移的方式进行产能位移。这种合作形式为两国在彼此需要的节点实现对接，互惠互利，共享收益。

中国曾向多个国家表达了中方愿与其深入合作的意愿，将当地的资源或基础设施缺口与中国富余且高质量的产能相结合。2015 年 5 月，国务院发布了《关于推进国际产能和装备制造合作的指导意见》，其中，对于国际产能合作的阐述是极为重要的一点，大力推进国际产能合作不仅可以促进中国经济产业发展，并且有助于构建互利共赢的世界经济。这也是中国第一次以国务院文件的形式推进国际产能合作。

早在 2014 年 12 月 14 日，中哈双方已就“中哈产能合作框架协议”达成了初步共识。在中哈双方领导人的会谈中，哈方向中方详细介绍了哈萨克斯坦正在推行的“光明之路”计划，并表达了愿意向中国出口矿物资源和农产品的合作意向。经过会谈，中国与哈萨克斯坦达成了在“光明之路”上深化产能合作的共识。

哈萨克斯坦在 2014 年 11 月提出了名为“光明之路”的新经济政策，提出该计划是为了应对经济下行的压力，加强本国以道路为代表的大规模基础设施建设，通过加强基础设施建设支撑服务业、制造业的发展。中哈双方进行产能合作，可以将哈萨克斯坦基础设施的巨大缺口与中国富余优质的产能相对接，这样的结合使双方取长补短、互为补充。

2014 年 12 月 25 日至 26 日，中哈双方在北京共同举行了中哈产能合作第一次对话。双方就两国产能合作的多个具体问题进行了探讨和磋商并签署了《会议纪要》，初步确定了 16 个早期收获项目和 63 个前景项目清单，涉及钢铁、水泥、能源、电力、矿业、化工等领域。

2015 年 3 月，中哈两国高层领导再次举行会谈，此时，中哈产能合作已经初见成效。3 月 27 日，双方达成 33 份重要合作文件，其中涉及多领域合作，包括钢铁、有色金属、水电、汽车等领域。至此，中哈之间已签约的项目金额达到 236 亿美元。

中国与哈萨克斯坦之间的产能合作有条不紊向前推进，开展的项目逐渐增多，合作程度逐步加深，双方企业参与度也日渐加深。早在中哈企业家委员会第二次会议的现场，就有众多中国企业家到场，人数并不亚于东道主。哈方企业家同样热情，他们当场表达了对中国伙伴们由衷的信任。

中哈产能合作开局良好，进展顺利，经过两年多持续不断的合作，两国彼此互信，携手共进，已取得颇为丰硕的成果。

（二）在“一带一路”建设中的战略与业绩

哈萨克斯坦是中亚地区经济发展最快的国家，也是“一带一路”建设中非常重要的一环。自中哈 1992 年建交之后，两国于 2005 年建立合作伙伴关系，2011 年宣布发展全面战略伙伴关系。两国一直保持友好的关系，高层交往频繁，在联合国或各种经济合作上也都十分愉快。哈萨克斯坦是中国在独联体国家中的第二大贸易伙伴，仅次于俄罗斯，而中国是哈萨克斯坦第一大贸易伙伴。2013 年，中方首次向哈方提出共建“丝绸之路经济带”的战略构想，这与哈方后来提出的“光明之路”新经济政策不谋而合，两国也正是在此找到契合点，实现战略对接。目前，中国与哈萨克斯坦的双边贸易增长迅速，贸易结构不断优化，双边投资持续增长，产能合作更是受到高度重视，正在全面推进。

截至 2017 年 3 月，双方已经进行了 11 次产能合作对话，中国与哈萨克斯坦之间的产能合作也在这一次次的对话中不断总结、推进。

2014 年 12 月 14 日至 15 日，中哈双方达成了关于产能合作的重要共识。2014 年 12 月 25 日至 26 日，中哈产能合作第 1 次对话在北京举行。对话涵盖产能合作政策对话、企业分组项目对接和部长级会谈等几部分内容。双方重点对如何推进和深化两国的产能合作、投资合作进行了讨论，将本国重点产业发展现状、规划和政策等内容与对方做了交流和沟通，由此达成诸多共识。第 1 次对话初步确定了 16 个早期收获项目和 63 个前景项目清单，涉及钢铁、水泥、能源、电力、矿业、化工等领域。除此之外，哈萨克斯坦方面还希望在食品、轻纺、家具、建材、农业、旅游等领域开展产能合作，并愿意提供融资配套和优惠政策，并希望就合作模式进一步探讨。

2015 年 1 月 29 日至 30 日，中国与哈萨克斯坦进行了第 3 次对话。此次会谈中哈双方共有 300 多名代表、近 200 家企业参与，双方的行业协会、金融机构以及企业代表都参与了谈论，围绕早期收获项目、现期在建项目以及未来潜在可能的合作项目进行了深入的交流和探讨，此外还提及了与产能合作相伴并行的融资支持安排。通过投资洽谈和项目对接，中国企业对哈萨克斯坦的情况有了更加深入的了解，不仅提高了他们的投资热情，也为以后更为深入的合作夯实了基础。

2016 年年初，举行了有关产能与投资合作的第 8 次对话。在日新月异的网络时代，“互联网+”已席卷世界，中国与哈萨克斯坦的合作自然也要走在前沿，结合“中国制造 2025”战略纲领，中方与哈萨克斯坦就工业与信息发展规划进行了磋商，还讨论了签证便利化、推进中哈产能合作早期项目落地等议题。

2016 年 9 月 29 日，中哈产能与投资合作第 10 次对话进行。本次对话双方研究确定了中哈产能与投资合作第 9 轮早期收获项目清单，此次清单包括 51 个项目，总投资额 268 亿美元。此外，还对落实产能合作基金首批投资项目、编制产能合作规划、落实签证便利化安排、探讨资源担保融资问题、推动中哈毗邻地区合作等问题进行讨论并达成系列重要共识。

2017 年 2 月 28 日，中哈产能与投资合作第 11 次对话召开。与会双方围绕 2017 年重点工作、产能合作规划编制、新一轮重点项目清单、签证便利化安排等进行了沟通交流。

在产能合作的 11 次对话中，双方不断摸索，共同前进，不仅使中国富余的产能得到有效利用，也为哈萨克斯坦的建设做出了重要的贡献。其中，哈萨克斯坦的中哈里海沥青合资公司尤其具有代表性。

哈萨克斯坦石油资源十分丰富。阿克套坐落于里海之滨，是哈萨克斯坦著名港口城市，其周边有众多油田，因而这里也是哈萨克斯坦石化行业的重要基地。中国与哈萨克斯坦在非资源领域最大的合作项目——中哈里海沥青合资公司正是坐落于这座美丽能源之都的近郊。

哈萨克斯坦虽然拥有丰富的石油资源，一直以来都是原油开采和出口大国，但其炼化技术的发展一直相对滞后，许多石化产业链的下游产品都长期依赖进口以满足本国的需求。

哈萨克斯坦幅员辽阔，但之前的基础设施建设较为薄弱，需要建造大量的公路以满足人们出行的交通需求，而"光明之路"新经济政策十分重视公路建设。现代道路建设需要一样必不可少的东西——沥青，哈萨克斯坦计划大规模进行公路建设就不可避免地要面对其一直存在的沥青缺口。哈萨克斯坦只有个别炼油厂有一些小型沥青生产设备，年产量不过几万吨，根本无法满足市场需求，其余的沥青都需要从国外进口。哈萨克斯坦不得不将从本土开采的原油无偿出口到其他国家的炼油厂，在支付了高额的加工费、运输费之后再将沥青成品进口到国内，从俄罗斯进口的沥青要占到将近九成。这无疑极大地制约了哈萨克斯坦的基础设施建设和经济发展，中哈里海沥青合资公司正是在这样的情况下成立了。

中哈里海沥青合资公司经过三年的建设和发展，目前每年可加工原油 100 万吨，主要生产氧化沥青、改性沥青、混合油等产品。在生产的过程中，中哈里海沥青合资公司注重结合当地气候、地质等特点，研究测试更符合本土实际情况、在低温环境下耐受性与抗疲劳性更强的改性沥青。早在 2015 年，中哈里海沥青合资公司的小规模试制产品已全部优于哈萨克斯坦国家标准，成为在哈萨克斯坦境内首次成功生产的改性沥青，填补了该国空白。虽然早已拿到改性沥青生产许可证，但企业的研发和工作人员考虑到哈萨克斯坦的地理位置以及可能会出现的极端天气，对原料配比和加工提出了更为严格的要求。2016 年，沥青厂在曼吉斯套州名优工业产品评比中荣获银奖，已被列入哈石油加工企业名录。除了技术上的突破，中哈里海沥青合资公司还为当地民众提供了大量的就业岗位。仅在筹建阶段，中哈里海沥青合资公司就累计提供就业岗位 2 000 多个，累计纳税千万美元。

未来，随着“西部欧洲—西部中国”国际公路干线以及“希姆肯特—克孜洛尔达”等哈萨克斯坦国内洲际公路建设项目的深入推进，中哈里海沥青合资公司的产品必将发挥更大的作用，成为中国“一带一路”与哈萨克斯坦“光明之路”经济计划对接的重要成果和推动力量。

除了原油加工、沥青制成方面，在哈萨克斯坦还有许多项目由中国企业负责实施。

阿克托盖地处哈萨克斯坦东部，是新亚欧大陆的枢纽之一。以往这个小镇最大的特色是每年数以万计来来往往的火车，而现在，其地下储量高达 18.5 亿吨的世界级铜矿正让小城焕发新的生机。2014 年年底，哈方业主与中国有色金属建设股份有限公司（以下简称“中色股份”）签订铜矿选厂建设合同，合同价值 5.3 亿美元。哈方在工程进行的过程中全程按照西方标准，这对中国企业也是全新的考验。经过短期的适应之后，中方企业严格遵守标准，克服了工期紧张、环境艰苦、设备通关复杂等一系列难题，实现了“欧洲标准，中国速度”的目标。

2017 年 3 月，阿克托盖铜矿选厂顺利投产，标志着中色股份与哈萨克斯坦铜业集团的合作达到新高度。阿克托盖铜矿是世界级大型露天铜矿，已探明储量逾 17 亿吨。阿克托盖铜矿选厂项目总投资 21 亿美元，投产后计划年处理矿石 3 700 万吨。对中国而言，哈萨克斯坦与中国毗邻而居，这座铜矿在品质、运输、成本等方面都有着无可比拟的优势，这座铜矿也为中方提供了高品质、可靠的进口源。

哈萨克斯坦各界对中方的诚意和实力都高度认可，并表达了愿意再度合作的意愿。“一带一路”建设和产能合作为中哈关系提供了发展的新契机。

（三）案例点评

与“一带一路”沿线国家进行产能合作是经过摸索而得出的新的合作方式，通过这样的合作，双方可以取长补短，发挥各自的比较优势，实现双赢。

首先，中国和哈萨克斯坦在产业分工和资源禀赋上存在极大的互补性。制造业一直是中国的优势，而作为制造业大国，对能源和资源的需求量格外大。就哈萨克斯坦而言，这个被称为“世界能源和原材料基地”的国家，有着丰富的石油储量和金属矿藏，而能源合作也一直是中哈经济合作的支柱。

其次，中国与哈萨克斯坦在基础设施建设和加工制造业上有着巨大的合作潜力。近年来全球经济形势较为严峻，中国也面临着经济下行的压力，而中国已趋于饱和的几个产业在哈萨克斯坦还有着广阔前景，当地优质的矿藏和资源也能得到有效利用，是一个双赢的选择。

再次，中国与哈萨克斯坦的合作可以帮助哈方摆脱因技术制约而造成的进口依赖。哈萨克斯坦有着丰富的资源，却没有先进的加工技术，导致很多资源先出口到国外再进口成品，不仅是对资源的极大浪费，无形中还提高了成本。现在中哈产能合作使哈萨克斯坦可以在本土进行生产加工，甚至成为出口国，不仅带来了直接的经济利益，还为当地增加了许多就业岗位。

最后，中国与哈萨克斯坦成功的产业合作也成为中国与其他国家进行产业合作的成功范例，不仅有助于中国“一带一路”建设的进一步推进，还可为中国与其他国家开展产能合作提供可靠的参考。

十八、中埃·泰达苏伊士经贸合作区

（一）合作区概况

1. 基本概况

中埃·泰达苏伊士经贸合作区（以下简称“苏伊士经贸合作区”）位于埃及苏伊士湾西北经济区，紧邻苏伊士运河，距开罗 120 千米，距苏伊士城 40 千米，距离埃及第三大港口——因苏哈那港仅 2 千米，产品可直接面向全球 15 亿消费者。截至 2016 年年底，苏伊士经贸合作区规划面积 7 平方千米，远期规划面积 20 平方千米，是一个以工业项目为主，涵盖物流、加工制造、技术开发、保税、商贸和现代服务等主要产业，融居住、金融、商业等功能区为一体的国际化产业基地和现代化新城。

2. 成立背景

埃及位于非洲东北部，东临红海，北濒地中海，位于古代丝绸之路和海上丝绸之路的交汇点上，是亚、非、欧三洲的交通要冲。埃及是第一个同中华人民共和国建交的非洲和阿拉伯国家，中国始终从战略高度和长远角度看待和发展中埃关系，以务实合作的精神推动中埃关系稳定发展。埃及与美国、欧盟等世界主要经济体签订了多个双边或多边贸易协议，在埃及制造的工业品可以不受配额限制，可自由地进入美国、欧盟等市场，并免除一切关税和非关税壁垒。

埃及政府在 20 世纪 90 年代初就提出了建立苏伊士湾经济特区的设想，因为苏伊士湾地处亚非欧三大洲连接处，交通便利，能源价格便宜，人力资源丰富。1994 年，埃及时任总统希望中国帮助在埃及建一个开发区。1996 年，埃及政府再次提出希望中方帮助在埃及建立一个经济自由区，并提出可在苏伊士地区规划出一块土地供中方使用。1997 年，中埃两国政府签署谅解备忘录，由中国帮助埃及在苏伊士地区建设一个开发区，由中方提供建设经济特区的经验并鼓励中方企业参与开发区的项目建设。1998 年，国务院确定由天津泰达开发区代表中国承担帮助埃及建立经贸合作区的任务。2008 年，在中非合作论坛中，天津泰达建设的苏伊士经贸合作区成为国家级经贸合作区，中非泰达投资有限公司、埃及泰达投资公司成立，成为合作区的投资和运营主体。至此，苏伊士经贸合作区成为中国政府批准的国家级境外经贸合作区，由天津泰达投资控股有限公司主导运营。

3. 投资与经营概况

苏伊士经贸合作区是中国“走出去”战略的重点项目，是中国商务部确认的国家级境外苏伊士经贸合作区，也是中东地区唯一一个国家级经贸合作区。苏伊士经贸合作区分为起步区与扩展区两部分。2012 年，苏伊士经贸合作区已建成起步区 1.34 平方千米，开发建设累计投资 1.05 亿美元，入驻 68 家企业。截至 2016 年年末，起步区吸引投资 10 亿美元，年产值达 2 亿美元，提供就业岗位 2 000 多个，吸引了江苏牧羊集团有限公司、巨石集团、中国西电集团公司等知名企业入驻。

2016 年，苏伊士经贸合作区启动了扩展区项目，并将其作为中埃经贸合作的重点项目。该扩展区占地 6 平方千米，分三期开发建设，总投资约 2.3 亿美元。规划有城市商业区、保税物流区、高端居住区、文化娱乐度假区以及加工制造区共 5 大板块，吸引了以中资企业为主的 100 余家各国企业入驻。截至 2016 年年末，扩展区一期 2 平方千米项目已竣工，中国大运集团以及埃及最大的汽车物流公司已签约入驻。

4. 境内投资主体

苏伊士经贸合作区的境内投资主体为中非泰达投资股份有限公司（以下简称“中非泰达”），中非泰达成立于 2008 年 10 月，由天津泰达投资控股有限公司（以下简称“泰达控股”）和中非发展基金合作成立，中非泰达推动了合作区的建设步伐。

中非泰达的两个主要投资方分别为泰达控股和中非发展基金。其中，泰达控股从开发和建设天津经济技术开发区起步，经过 30 余年的发展，已拥有了制造业、金融业、公用事业、现代服务业和区域开发与房地产业共 5 大产业。泰达控股拥有一整套成熟先进的开发区建设、运营与管理的经验，为把苏伊士经贸合作区建成中国海外最优秀的经济区提供了有力保障。中非发展基金是为支持中国企业开展对非合作、开拓非洲市场而设立的专项基金，是目前国内最大的私募股权基金和第一只专注于对非投资的股权投资基金。中非发展基金是支持中国企业开展对非合作、开拓非洲市场而设立的专项基金，经国务院批准成立，由国家开发银行出资 10 亿美元作为首期资金。中非基金投资的第一个海外经贸合作区项目就是中埃苏伊士经贸合作区。

5. 境外运营实施主体

苏伊士经贸合作区的境外运营实施主体为埃及泰达投资公司，埃及泰达投资公司是由泰达控股、天津开发区苏伊士国际合作有限公司和埃及埃中合营公司于 2008 年 7 月合资组建的，是合作区项目的开发、建设、招商和管理的实施主体。

因此，与其他境外经贸合作区不同的是，苏伊士经贸合作区的建立是以天津开发区建设经验为基础的，它实际上具有开发区“走出去”的性质。

（二）在“一带一路”建设中的战略与业绩

1. 开发苏伊士经贸合作区扩展区

2016 年，习近平主席对埃及进行国事访问，访问期间两国领导人共同为中埃苏伊士经贸合作区扩展区揭牌，并签署了《中华人民共和国和阿拉伯埃及共和国关于加强两国全面战略伙伴关系的五年实施纲要》（以下简称《纲要》）。《纲要》明确提出：“（中埃）双方同意加倍努力，发展中埃苏伊士经贸合作区，继续鼓励和支持有意愿的中方企业在该地区或埃及其他地区投资，积极推动一些中国产业落户埃及，特别是在埃及有比较优势的领域，如纺织、钢铁、石油等。双方鼓励两国金融机构和企业开展融资合作。双方鼓励在中小产业领域开展合作。”

苏伊士经贸合作区扩展区的建设是在中国“一带一路”倡议和埃及“苏伊士运河走廊”开发计划的推动下进入的一个新的建设阶段。2016 年 1 月，苏伊士经贸合作区宣布扩容，新建扩展区6平方千米，建设周期为10年，分三期开发，预计开发总投资达2.3亿美元。建成后的综合性自由合作区将以先进制造、出口加工、现代仓储物流为主导，包括科技研发和服务外包、保税商品展示和交易、商务办公以及完善的生活与服务配套设施。截至2016年年末，中埃苏伊士经贸合作区已吸纳入区企业60余家，吸引投资近9亿美元，并已形成纺织服装、石油装备、新型建材和高低压电器设备四大产业区，已初步形成“产业+生活”的国际化产业基地和现代化新城市。

2. 合作区招商工作取得进展

苏伊士经贸合作区的招商经历了几个阶段，各个阶段的招商思路和策略随着合作区的发展而发生改变。在合作区开发之初，因为合作区规模较小、知名度较小、配套服务不完善等原因，其招商策略为“随机式招商”，有部分生存能力不强的企业入驻园区。但随着合作区的发展和品质的不断提升，入园企业的质量也在不断地提高，合作区对园区内的企业采取了“腾笼换鸟”的策略，逐步淘汰了那些不符合园区发展规划的企业，留下了高附加值的、技术含量高的、优质的企业。随着合作区的稳定发展，其招商策略逐步从“招商”向“择商”转变，合作区着重进行了产业研究和规划，从埃及的自有优势和产业结构出发，结合中国产能过剩的现状以及淘汰落后产能的需求，国内劳动力紧缺、“人口红利”渐渐丧失的现状，规避反倾销制裁，辐射欧美市场、西亚和非洲腹地市场的需求，以及中国政府扶持“走出去”企业的政策导向等对招商产业进行研究，以确定明确具体的产业规划。合作区再依据产业规划对招商项目进行选择，将招商重点放在产业规划中的龙头企业和相关配套企业上，选择优质的符合园区发展规划的企业入驻，从根本上提升经贸合作区的质量。

截至2016年年底，合作区起步区共有企业68家（包含埃及泰达投资公司和埃及泰达综合服务公司），其中制造型企业达到了33家，包含中资成分投资企业29家，另有生产和生活配套型企业35家，总计吸引协议投资额近10亿美元，提供近3 000个就业岗位。已初步形成了以宏华石油设备有限公司和国际钻井材料制造公司为龙头的石油装备产业园区，以西电—埃格麦克高压设备公司为龙头的高低压电器产业园区，以中纺机无纺布有限公司为龙头的纺织服装产业园区，以巨石埃及玻璃纤维有限公司（以下简称“巨石埃及”）为龙头的新型建材产业园区和以牧羊埃及工业公司为龙头的机械设备制造产业园区五大产业布局，依靠产业集群，形成较为完整的产业链，获得集群优势。2012年，世界上规模最大的玻璃纤维生产商—中国巨石集团入驻中埃苏伊士经贸合作区，成立巨石埃及。截至2016年年底，巨石埃及已建成投产的两条玻璃纤维生产线总投入逾4亿美元，年产16万吨玻璃纤维。巨石埃及具有非常适合到埃及投资的模式，目前已成为中国在埃及投资金额最大、技术装备最先进、建设速度最快的工业项目；其原料是埃及生产的，品相非常好，另外其产品大量出口欧洲和北美，从埃及出口也不会受到出口壁垒的限制，另一方面接近原料产地，一方面接近产品市场，极有利于巨石集团的发展。

出口量位居世界第三的江苏牧羊集团的入驻进一步丰富和完善了起步区的产业布局。2016年年初，牧羊埃及项目正式投产。其项目投资总额约为7 400万美元，项目全部落成后，总产值为库容490万吨左右，预计总共为当地提供就业岗位近300个。牧羊埃及项目分为两期，第一期于2015年10月试运营，并于2016年年底达成目标产值1亿元人民币。

3. 园区配套服务日臻完善

秉持天津开发区“服务是天职，投资者是帝王”的招商服务理念，泰达坚持为入区企业提供“一站式，一条龙”全方位配套服务，包括投资、职业培训、涉外手续、法律咨询、经营代理和物流保税等，为中国企业“走出去”贡献自己应有的力量。

截至2016年年底，苏伊士经贸合作区已累计吸引投资10亿美元，总产值超过了2亿美元。起步区1.34平方千米已全面建成并完成招商工作；起步区建筑面积近10万平方米，建有拥有12栋标准厂房、多间仓库、餐饮供应场所和小型服务中心的中国中小企业孵化园，已有超过20家中小型企业入驻，成为推动中国中小企业“走出去”的孵化器；起步区建设了总体规划建筑面积为10万平方米的商务商业综合配套服务中心，包括一座7层四星级酒店、一座8层投资服务中心大楼、4栋员工公寓和1栋蓝领公寓，已全部投入使用；起步区内建设了占地2万平方米的泰达乐园以满足埃及人民的休闲娱乐需要；园区的绿化、道路景观以及软环境也在不断改善，并在极短时间内收获了超过1.1万户家庭会员，为6平方千米扩展区的规划设计提供了先行经验。

园区投入使用的服务中心已有25家服务机构入驻，除为入区企业提供保安、保洁、维修、绿化等基本物业服务外，还能为入区企业提供银行、保险、职业培训、法律咨询、涉外手续、经营代理、广告设计等“一站式、一条龙”服务，并设立了货代清关、海运服务公司、银行、财务监督办公室和广告公司等服务机构，一次性解决企业面临的所有难题。截至2016年年底，园区内共有配套服务机构35家，包括法国兴业银行、苏伊士运河银行、苏伊士运河保险公司、阳明海运股份有限公司、中海运公司、韩进物流公司、广告公司等机构。此外，园区内还设有面包房、中西餐厅、图书馆、体育馆、健身房、员工俱乐部和健身房等设施，丰富了入驻企业员工的业余文化生活。

4. 带动中国企业“走出去”的平台作用日益显现

以园区输出模式“走出去”作为中国改革开放30多年的成功经验之一，已成为中国企业“走出去”以及扩展国际市场的重要手段。以园区模式“走出去”呈现抱团和聚集的特点，有利于发挥产业集聚效应以及带动更多企业“走出去”的作用。对于中国企业来说，这是一种全新的对外直接投资方式。境外经贸合作园区的建设能够让中国企业，特别是中国的中小企业，更为顺利和便捷地“走出去”，更好地分享国际市场资源和开拓国际市场，从而增强其国际竞争力。

苏伊士合作区在初创阶段，需要从中国进口一些原材料和工业设备，带动了国内设备和原材料的出口——设备出口从2009年的1 349.82万美元增加到2015年的9 160.9万美元。2009—2015年，累计基础设施投资从2 654万美元增加到了10 500万美元，说明苏伊士经贸合作区运营商对基础设施的投入力度持续扩大，基础设施的逐渐完善吸引了更多的国内企业和海外企业到合作区投资和创业，开始发挥吸引外资的平台作用。中国中小企业也将过剩产能向园区转移，一方面配合了国内产业结构调整的政策导向，另一方面创立了中国对外投资合作的新模式。苏伊士合作区历年经营成果如表 4-21 所示。

表 4-21　苏伊士合作区历年经营成果　单位：万美元

项目＼年份	2009	2010	2011	2012	2013	2014	2015
历年累计基础设施投资	2 654	4 621.1	4 940.5	7 000	8 000	10 000	10 500
累计实际对外直接投资	972.2	6 948	10 482	32 450	66 087	89 587	90 691
累计带动国内的设备出口	1 340.82	1 974.1	3 423.1	—	—	—	9 160.9
带动国内原材料出口	1 098.6	2 294.34	3 070.01	—	—	—	—
利润总额	143	226.18	230	353.3	195.27	686.01	1 262.2

数据来源：马霞，宋彩岑．中国埃及苏伊士经贸合作区："一带一路"上的新绿洲［J］．西非亚洲，2016（2）：108-126.

5. 促进埃及经济社会发展

苏伊士经贸合作区的开发与发展，与埃及的经济发展战略相契合。2013 年，中国政府提出"一带一路"倡议，埃及政府提出"振兴苏伊士运河走廊"的经济发展战略。埃及《大公报》记者伊哈卜表示，"一带一路"建设与埃及国家发展战略高度契合有两个原因：首先，苏伊士运河在埃及具有重要战略地位，是目前埃及最具活力的心脏地区和埃及发展的未来。塞西总统上任后重点推出了苏伊士运河走廊开发计划，并以此为依托大力发展经济，增强埃及的国际影响力。其次，埃及作为"一带一路"沿线的重要国家，"一带一路"建设在埃及的成功实践将对其他阿拉伯国家起到良好的示范作用。

苏伊士经贸合作区作为"一带一路"倡议和埃及"苏伊士运河走廊"开发战略的黄金交汇点，获得了极大的发展，也在很大程度上促进了埃及的经济社会发展。

苏伊士经贸合作区对埃及经济社会的贡献在于以下几个方面：其一，缓解了埃及的就业压力，提高了埃及居民的收入水平。埃方就业人员从 2009 年的 1 102 人上升到了 2015 年的 1 806 人，工资也有大幅度上涨。其二，增加了当地税收，增加了埃及政府的收入，推动了埃及经济增长。年税收从 2009 年的 83.64 万美元增加到了 2015 年的 1 843 万美元。其三，拉动了埃及的外贸发展，到 2016 年，苏伊士经贸区的进出口额已达 24 048.1 万美元。其四，促进埃及经济模式的调整，合作区吸引了装备、石油、建材、轻工等多个行业的企业，产能转移合作日趋深化，这促进了当地生产技术水平的提高以及经济模式的调整。2009—2015 年苏伊士经贸合作区对当地经济与社会发展的贡献如表 4-22 所示。

表 4-22　2009—2015 年苏伊士经贸合作区对当地经济与社会发展的贡献

项目＼年份	2009	2010	2011	2012	2013	2014	2015
入驻生产型企业/家	20	28	25	28	30	32	33
协议投资额	18 004	21 682	28 362	32 450	66 791	90 291	90 691
年产值/万美元	3 082.61	4 691.66	4 634.84	4 566.04	4 502.55	12 264.04	17 871.48
年税收/万美元	83.64	105	211	373	1 215.02	1 192.24	1 843
进出口额/万美元	1 886.8	2 901.84	3 445.91	4 540	12 092.84	19 910	24 048.1
埃方就业人员/人	1 102	835	675	1 052	1 316	1 741	1 806
埃方人员工资/美元	144.25	196.65	100.91	1 510	1 600	2 991	4 900

数据来源：马霞，宋彩岑．中国埃及苏伊士经贸合作区："一带一路"上的新绿洲［J］．西非亚洲，2016（2）：108-126.

（三）案例点评

中国在非洲共有 6 个经贸合作区，苏伊士经贸合作区被认为是发展得最好的境外经贸合作区，被外界誉为"中埃合作桥梁"。

1. 抓住政策机遇，吸引"走出去"企业

苏伊士经贸合作区不仅是"一带一路"倡议与埃及"苏伊士运河走廊"开发计划的黄金契合点，还符合中国鼓励企业"走出去"的政策导向。产能合作是未来企业"走出去"的重要方式，在建设"一带一路"的过程中，面对尚不完善的投资环境和较大的投资风险，依托产业合作园区实现产业集聚，可以获取产业集聚带来的高效率和低成本优势，也可以降低到海外投资经营的风险，同时助推合作区所在国的经济繁荣。苏伊士经贸合作区抓住了国家的政策机遇，吸引了大批"走出去"企业来到园区进行投资经营活动，形成了产业集聚效应，入园企业呈快速增长与发展态势，为满足入园企业的生产与生活需求，园区配套类设施和服务也得到快速发展，使园区建立起良态发展模式。

2. 重视工业发展，满足埃及发展工业的需求

金融危机的爆发对经济产生了巨大的冲击，欧美等一些发达国家选择重回实体经济，越来越多的国家也渐渐意识到发展实体经济的重要性，纷纷出台措施促进本国的工业发展，防止出现产业空心化。因此，要走向海外，提升国际化水平，就必须发展工业。苏伊士经贸合作区正是顺应了这一发展趋势，以工业为基础，与埃及对于工业发展的需求相对接，有利于双方开展合作，互利共赢。

3. 制定明确的战略和产业规划，有的放矢

从苏伊士经贸合作区战略发展的角度来看，中非泰达从成立伊始就着重于制定战略规划，苏伊士经贸合作区的开发与发展一直以战略规划为目标。在其战略规划的指引下，苏伊士经贸合作区在起步阶段就能获得稳定现金流，发展态势良好；苏伊士经贸合作区经过在埃及的几十年实践与发展，速度、质量、效益环境多赢的“泰达模式”逐渐成型并在海外工业园区领域占领了一席之地，团队经验的积累为苏伊士经贸合作区扩展区的建设打下了良好的基础。

从苏伊士经贸合作区投资吸引力的角度来看，园区通过制定明确具体的产业规划，并依据产业规划对招商项目进行选择，实现了从“招商”到“择商”的转变，使得入园企业的质量不断提高，实现了从低级制造业向技术含量较高产业的过渡。

第五篇

榜单与文献

一、2017中国跨国公司100大（按海外资产排序）

排名	公司名称	海外资产/万元	企业资产/万元	海外收入/万元	营业收入/万元	海外员工数/人	企业员工数/人	跨国指数/%
1	中国石油天然气集团公司	85 850 415	406 975 924	68 304 475	187 190 290	113 281	1 512 048	21.69
2	中国石油化工集团公司	58 697 151	215 939 145	51 849 469	196 921 982	50 235	713 288	20.18
3	中国海洋石油总公司	49 485 959	115 775 510	21 456 636	43 774 087	6 114	100 821	32.61
4	中国中信集团有限公司	49 485 037	652 044 382	4 832 084	35 111 397	19 437	201 263	10.34
5	中国远洋海运集团有限公司	33 357 334	65 875 709	10 223 694	19 759 362	9 981	106 478	37.25
6	海航集团有限公司	33 000 000	120 292 600	2 000 000	35 233 200	29 000	220 258	15.43
7	中国中化集团公司	31 599 622	39 948 441	31 552 362	39 549 504	9 894	59 803	58.47
8	中国五矿集团公司	24 385 471	75 981 820	9 000 191	43 545 005	37 219	212 406	23.43
9	中国化工集团公司	21 213 075	37 764 188	20 432 724	30 012 718	55 130	111 160	57.95
10	中国铝业公司	20 896 307	52 183 078	1 467 837	26 758 014	2 111	124894	15.74
11	华为投资控股有限公司	19 963 530	44 363 400	31 294 440	52 157 400	55 800	180 000	45.33
12	广州越秀集团有限公司	19 739 692	37 394 918	266 040	3 412 214	1 826	14 538	24.38
13	中国交通建设集团有限公司	17 348 427	101 993 168	10 710 349	47 002 154	25 907	167 882	18.41
14	腾讯控股有限公司	14 937 415	29 339 002	652 419	10 149 082	15 600	30 641	36.08
15	国家电网公司	14 246 652	340 412 600	1 245 039	209 397 168	2 776	980 058	1.69
16	中国建筑股份有限公司	13 968 567	139 195 328	7 958 246	95 976 549	20 544	263 915	8.70

续表

排名	公司名称	海外资产/万元	企业资产/万元	海外收入/万元	营业收入/万元	海外员工数/人	企业员工数/人	跨国指数/%
17	中国兵器工业集团公司	13 332 398	36 929 503	15 271 681	40 740 610	11 116	234 771	26.11
18	联想控股股份有限公司	13 125 278	30 624 289	20 922 675	30 594 847	33 615	75 000	52.02
19	浙江吉利控股集团有限公司	12 920 287	20 674 077	14 529 694	20 879 870	26 546	60 712	58.60
20	中国航空工业集团公司	11 897 367	86 793 318	6 001 546	37 119 722	24 988	495 775	11.64
21	复星国际有限公司	11 282 753	38 959 079	2 660 529	7 774 451	16 160	55 800	30.71
22	中国电力建设集团有限公司	10 455 227	60 243 116	7 425 307	32 465 182	106 848	187 813	32.37
23	大连万达集团股份有限公司	10 315 725	106 119 337	3 916 810	18 922 100	47 435	155 905	20.28
24	潍柴控股集团有限公司	9 546 519	17 993 137	4 632 984	10 068 582	33 401	79 038	47.11
25	海尔集团公司	9 000 000	17 568 507	5 538 455	20 160 868	25 792	73 065	38.00
26	兖矿集团有限公司	6 728 985	23 170 446	2 075 582	13 978 878	1 572	97 612	15.17
27	光明食品（集团）有限公司	6 720 655	24 192 979	4 839 447	15 585 452	25 521	148 813	25.33
28	绿地控股集团股份有限公司	6 606 226	73 313 796	297 300	24 716 022	237	26 686	3.70
29	北京首都创业集团有限公司	6 600 155	25 405 827	242 439	3 803 068	1 732	26 252	12.98
30	中粮集团有限公司	6 322 633	43 834 856	4 001 337	40 010 888	45 740	121 767	20.66
31	中国联合网络通信集团有限公司	6 200 335	66 284 164	296 648	27 573 518	614	273 951	3.55
32	中国铁道建筑总公司	5 862 452	76 422 213	3 322 665	63 029 681	9 016	336 872	5.21

续表

排名	公司名称	海外资产/万元	企业资产/万元	海外收入/万元	营业收入/万元	海外员工数/人	企业员工数/人	跨国指数/%
33	中国华能集团公司	5 836 181	100 285 174	1 127 873	24 607 111	1 555	140 032	3.84
34	河钢集团有限公司	5 773 115	36 038 803	6 484 832	29 077 196	12 000	125 552	15.96
35	国家电力投资集团公司	5 642 128	87 610 712	202 504	19 593 468	421	127 343	2.60
36	中国铁路工程总公司	4 945 458	75 654 813	2 801 130	64 426 089	6 136	293 940	4.32
37	中国宝武钢铁集团有限公司	4 627 700	74 168 343	1 134 500	30 962 102	2 122	169 344	3.72
38	中国移动通信集团公司	4 531 399	171 267 353	1 342 991	71 161 106	7 439	463 712	2.05
39	中国有色矿业集团有限公司	4 457 136	11 962 401	3 638 875	14 095 403	10 509	55 609	27.32
40	TCL 集团股份有限公司	4 379 216	14 713 679	4 733 385	10 647 350	2 584	79 561	25.82
41	金川集团股份有限公司	3 754 918	12 594 538	3 576 485	19 313 227	2 123	32 991	18.26
42	中国船舶工业集团公司	3 599 013	28 335 396	3 100 093	19 848 192	416	68 025	9.64
43	中国通用技术（集团）控股有限责任公司	3 556 632	14 496 899	1 077 529	14 690 487	793	38 589	11.31
44	中兴通讯股份有限公司	3 532 748	14 164 091	4 268 310	10 123 318	6 197	81 468	24.90
45	美的集团股份有限公司	3 450 000	17 060 000	6 610 560	15 984 170	20 000	120 000	26.08
46	中国电子信息产业集团有限公司	3 330 594	25 417 702	7 339 125	19 936 460	8 587	149 019	18.56
47	中国中车股份有限公司	3 060 119	33 831 061	1 905 173	22 972 215	4 808	183 061	6.66

续表

排名	公司名称	海外资产/万元	企业资产/万元	海外收入/万元	营业收入/万元	海外员工数/人	企业员工数/人	跨国指数/%
48	鞍钢集团公司	3 016 541	33 109 220	1 275 919	13 925 490	420	155 287	6. 18
49	中国能源建设集团有限公司	2 970 168	30 703 366	3 300 765	22 540 735	6 862	149 055	9. 64
50	中国旅游集团公司	2 917 318	14 370 004	1 396 985	6 036 399	6 576	46 937	19. 15
51	国家开发投资公司	2 884 073	46 711 601	2 890 503	8 704 528	12 633	64 745	19. 63
52	上海汽车集团股份有限公司	2 861 749	59 062 814	3 038 936	75 641 617	1 778	94 121	3. 58
53	常州天合光能有限公司	2 797 139	3 643 636	2 929 062	3 291 603	2 172	13 270	60. 71
54	济宁如意投资有限公司	2 753 325	5 276 326	2 383 581	5 192 988	8 103	30 132	41. 66
55	神华集团有限责任公司	2 688 722	97 925 945	290084	24 793 964	628	240455	1. 39
56	万向集团公司	2 539 454	8 406 613	2 202 606	11 071 835	15 262	28 150	34. 77
57	中联重科股份有限公司	2 505 973	8 914 102	216 442	5 026 920	246	15 154	11. 35
58	首钢总公司	2 459 582	44 610 873	2 412 516	13 487 099	4 649	112 323	9. 18
59	广东省广晟资产经营有限公司	2 455 270	14 215 975	1 428 492	4 672 889	5 300	30 931	21. 66
60	中国航空集团公司	2 400 441	23 695 440	4 313 150	11 588 474	2 760	93 802	16. 76
61	中国黄金集团公司	2 377 872	10 312 239	254 211	10 788 422	3 087	48 749	10. 58
62	海信集团有限公司	2 308 583	10 980 151	2 344 430	10 033 120	1 963	58 250	15. 92
63	中国华电集团公司	2 248 944	77 914 529	250 510	18 737 087	1 044	107 100	1. 73
64	北京汽车集团有限公司	2 131 074	40 156 360	1 826 448	40 610 384	6 846	131 256	5. 01

续表

排名	公司名称	海外资产/万元	企业资产/万元	海外收入/万元	营业收入/万元	海外员工数/人	企业员工数/人	跨国指数/%
65	紫金矿业集团股份有限公司	2 113 041	8 921 770	609 445	7 885 114	5 912	23 698	18.79
66	三一集团有限公司	2 100 000	10 483 746	1 091 000	6 375 794	526	19 922	13.26
67	中国华信能源有限公司	2 096 287	15 690 401	5 160 599	29 094 988	11 236	29 637	23.00
68	中国建材集团有限公司	2 094 772	56 446 466	2 618 324	26 123 339	2 645	228 448	4.96
69	雅戈尔集团股份有限公司	1 997 120	8 023 751	1 852 528	5 633 399	21 415	42 258	36.15
70	华侨城集团公司	1 879 901	17 407 226	446 102	5 425 604	314	41 832	6.59
71	中国机械工业集团有限公司	1 873 650	27 201 623	6 216 221	21 416 120	3 278	117 155	12.90
72	宁波均胜电子股份有限公司	1 737 466	3 723 257	1 248 660	1 855 241	17 766	24 075	62.59
73	中国电信集团公司	1 598 091	80 488 306	899 052	41 445 834	5 212	413 536	1.81
74	新华联集团有限公司	1 569 713	11 534 623	3 242 016	7 189 858	965	58 916	20.11
75	青建集团股份公司	1 531 777	6 421 859	1 259 516	5 072 174	1 137	13 986	18.94
76	江苏新潮科技集团有限公司	1 518 547	3 077 123	1 034 387	1 923 671	9 036	21 938	48.10
77	浙江龙盛控股有限公司	1 265 397	4 176 396	720 039	2 168 761	1 988	6 426	31.48
78	白银有色集团股份有限公司	1 198 858	4 442 132	208 360	5 594 960	2 300	16 268	14.95
79	北京控股集团有限公司	1 165 754	26 592 496	439 384	7 588 018	1 728	85 419	4.07

续表

排名	公司名称	海外资产/万元	企业资产/万元	海外收入/万元	营业收入/万元	海外员工数/人	企业员工数/人	跨国指数/%
80	铜陵有色金属集团控股有限公司	1 161 929	8 352 027	678 867	14 955 342	1 669	26 146	8. 28
81	上海建工集团股份有限公司	1 086 943	17 436 958	442 504	13 365 654	564	38 007	3. 68
82	中国大唐集团公司	1 078 216	70 628 676	131 998	15 836 122	457	97 091	0. 94
83	奇瑞汽车股份有限公司	1 048 237	7 790 968	242 585	3 296 370	265	15 527	7. 51
84	北京建工集团有限责任公司	1 017 877	5 655 782	251 917	4 079 153	378	20 222	8. 68
85	广东粤海控股集团有限公司	1 017 113	8 507 343	205 734	1 567 397	570	11 514	10. 01
86	银亿集团有限公司	971 245	7 153 999	1 016 137	6 525 061	6 170	14 618	23. 79
87	广东省航运集团有限公司	946 940	1 687 611	310 875	399 616	2 866	5 882	60. 88
88	广东省广新控股集团有限公司	946 680	5 634 117	808 703	5 709 640	6 243	24 857	18. 69
89	山东魏桥创业集团有限公司	887 347	21 988 813	616 145	37 318 332	4 906	135 393	3. 10
90	新希望集团有限公司	852 280	11 453 150	546 206	6 855 885	3 172	65 407	6. 75
91	晶科能源控股有限公司	848 579	2 609 064	1 315 160	2 235 000	4 227	16 920	38. 78
92	中国恒天集团有限公司	817 794	8 290 206	487 553	4 345 555	2 832	43 085	9. 22
93	正泰集团股份有限公司	771 277	4 973 648	631 025	5 104 068	633	30 010	9. 99

续表

排名	公司名称	海外资产/万元	企业资产/万元	海外收入/万元	营业收入/万元	海外员工数/人	企业员工数/人	跨国指数/%
94	徐州工程机械集团有限公司	736 321	9 048 526	1 013 274	7 711 016	3 356	24 283	11.70
95	陕西煤业化工集团有限责任公司	703 726	44 582 030	251 123	21 209 513	992	131 890	1.17
96	卧龙控股集团有限公司	702 642	2 560 416	1 071 433	3 024 640	4 083	16 183	29.37
97	中国重型汽车集团有限公司	700 181	12 272 753	777 095	7 002 988	253	36 176	5.83
98	安徽中鼎控股（集团）股份有限公司	651 586	1 472 406	489 416	1 354 673	3 650	13 928	35.53
99	天津泰达投资控股有限公司	644 689	30 452 748	102 169	5 103 810	401	19 065	2.07
100	安徽海螺集团有限责任公司	614667	11 511 928	364835	9 865 157	1 826	50 401	4.22
合计		807 830 877	5 050 312 360	4 900 119 496	2 508 613 200	1 166 176	12 977 367	14.85

注：由于华为技术有限公司未填报海外数据，海外收入是由该公司对外发布占营业收入的60%算出，海外资产、海外员工数是依据该公司以前的数据推算出来的，只能做参考。海航集团公司的海外资产、企业员工数来自该公司网站，海外营业收入依据上年数估算。腾讯控股有限公司、联想控股公司、复星国际有限公司、中粮集团公司、海航集团公司的海外资产、海外收入和海外员工数来自于2016发展中国家跨国公司100大。汇率换算2015年为1美元＝6.2017元人民币，2016年为1美元＝6.6968元人民币。

资料来源：中国企业联合会、中国企业家协会。

二、2017中国跨国公司100大（按海外营业收入排序）

排名	公司名称	海外资产/万元	海外收入/万元	海外员工数/人	跨国指数/%
1	中国石油天然气集团公司	85 850 415	68 304 475	113 281	21.69
2	中国石油化工集团公司	58 697 151	51 849 469	50 235	20.18

续表

排名	公司名称	海外资产/万元	海外收入/万元	海外员工数/人	跨国指数/%
3	中国中化集团公司	31 599 622	31 552 362	9 894	58.47
4	华为投资控股有限公司	19 963 530	31 294 440	55 800	45.33
5	中国海洋石油总公司	49 485 959	21 456 636	6 114	32.61
6	联想控股股份有限公司	13 125 278	20 922 675	33 615	52.02
7	中国化工集团公司	21 213 075	20 432 724	55 130	57.95
8	中国兵器工业集团公司	13 332 398	15 271 681	11 116	26.11
9	浙江吉利控股集团有限公司	12 920 287	14 529 694	26 546	58.60
10	中国交通建设集团有限公司	17 348 427	10 710 349	25 907	18.41
11	中国远洋海运集团有限公司	33 357 334	10 223 694	9 981	37.25
12	中国五矿集团公司	24 385 471	9 000 191	37 219	23.43
13	中国建筑股份有限公司	13 968 567	7 958 246	20 544	8.70
14	中国电力建设集团有限公司	10 455 227	7 425 307	106 848	32.37
15	中国电子信息产业集团公司	3 330 594	7 339 125	8 587	18.56
16	美的集团股份有限公司	3 450 000	6 610 560	20 000	26.08
17	河钢集团有限公司	5 773 115	6 484 832	12 000	15.96
18	中国机械工业集团有限公司	1 873 650	6 216 221	3 278	12.90
19	中国航空工业集团公司	11 897 367	6 001 546	24 988	11.64
20	海尔集团公司	9 000 000	5 538 455	25 792	38.00
21	中国华信能源有限公司	2 096 287	5 160 599	11 236	23.00
22	光明食品（集团）有限公司	6 720 655	4 839 447	25 521	25.33
23	中国中信集团有限公司	49 485 037	4 832 084	19 437	10.34
24	TCL 集团股份有限公司	4 379 216	4 733 385	2 584	25.82
25	潍柴控股集团有限公司	9 546 519	4 632 984	33 401	47.11
26	中国航空集团公司	2 400 441	4 313 150	2 760	16.76
27	中兴通讯股份有限公司	3 532 748	4 268 310	6 197	24.90
28	中粮集团有限公司	6 322 633	4 001 337	45 740	20.66
29	大连万达集团股份有限公司	10 315 725	3 916 810	47 435	20.28

续表

排名	公司名称	海外资产/万元	海外收入/万元	海外员工数/人	跨国指数/%
30	中国有色矿业集团有限公司	4 457 136	3 638 875	10 509	27.32
31	金川集团股份有限公司	3 754 918	3 576 485	2 123	18.26
32	中国铁道建筑总公司	5 862 452	3 322 665	9 016	5.21
33	中国能源建设集团有限公司	2 970 168	3 300 765	6 862	9.64
34	新华联集团有限公司	1 569 713	3 242 016	965	20.11
35	中国船舶工业集团公司	3 599 013	3 100 093	416	9.64
36	上海汽车集团股份有限公司	2 861 749	3 038 936	1 778	3.58
37	常州天合光能有限公司	2 797 139	2 929 062	2 172	60.71
38	国家开发投资公司	2 884 073	2 890 503	12 633	19.63
39	中国铁路工程总公司	4 945 458	2 801 130	6 136	4.32
40	复星国际有限公司	11 282 753	2 660 529	16 160	30.71
41	中国建材集团有限公司	2 094 772	2 618 324	2 645	4.96
42	首钢总公司	2 459 582	2 412 516	4 649	9.18
43	济宁如意投资有限公司	2 753 325	2 383 581	8 103	41.66
44	海信集团有限公司	2 308 583	2 344 430	1 963	15.92
45	万向集团公司	2 539 454	2 202 606	15 262	34.77
46	兖矿集团有限公司	6 728 985	2 075 582	1 572	15.17
47	海航集团有限公司	2 956 350	2 000 000	29 000	15.43
48	中国中车股份有限公司	3 060 119	1 905 173	4 808	6.66
49	雅戈尔集团股份有限公司	1 997 120	1 852 528	21 415	36.15
50	北京汽车集团有限公司	2 131 074	1 826 448	6 846	5.01
51	中国铝业公司	20 896 307	1 467 837	2 111	15.74
52	广东省广晟资产经营公司	2 455 270	1 428 492	5 300	21.66
53	中国旅游集团公司	2 917 318	1 396 985	6 576	19.15
54	中国移动通信集团公司	4 531 399	1 342 991	7 439	2.05
55	晶科能源控股有限公司	848 579	1 315 160	4 227	38.78
56	鞍钢集团公司	3 016 541	1 275 919	420	6.18

续表

排名	公司名称	海外资产/万元	海外收入/万元	海外员工数/人	跨国指数/%
57	青建集团股份公司	1 531 777	1 259 516	1 137	18.94
58	宁波均胜电子股份有限公司	1 737 466	1 248 660	17 766	62.59
59	国家电网公司	14 246 652	1 245 039	2 776	1.69
60	中国宝武钢铁集团有限公司	4 627 700	1 134 500	2 122	3.72
61	中国华能集团公司	5 836 181	1 127 873	1 555	3.84
62	三一集团有限公司	2 100 000	1 091 000	526	13.26
63	中国通用技术（集团）控股有限责任公司	3 556 632	1 077 529	793	11.31
64	卧龙控股集团有限公司	702 642	1 071 433	4 083	29.37
65	江苏新潮科技集团有限公司	1 518 547	1 034 387	9 036	48.10
66	银亿集团有限公司	971 245	1 016 137	6 170	23.79
67	徐州工程机械集团有限公司	736 321	1 013 274	3 356	11.70
68	中国电信集团公司	1 598 091	899 052	5 212	1.81
69	广东省广新控股集团公司	946 680	808 703	6 243	18.69
70	中国重型汽车集团有限公司	700 181	777 095	253	5.83
71	浙江龙盛控股有限公司	1 265 397	720 039	1 988	31.48
72	铜陵有色金属集团控股公司	1 161 929	678 867	1 669	8.28
73	腾讯控股有限公司	14 937 415	652 419	15 600	36.08
74	正泰集团股份有限公司	771 277	631 025	633	9.99
75	山东魏桥创业集团有限公司	887 347	616 145	4 906	3.10
76	紫金矿业集团股份有限公司	2 113 041	609 445	5 912	18.79
77	新希望集团有限公司	852 280	546 206	3 172	6.75
78	安徽中鼎控股（集团）公司	651 586	489 416	3 650	35.53
79	中国恒天集团有限公司	817 794	487 553	2 832	9.22
80	华侨城集团公司	1 879 901	446 102	314	6.59
81	上海建工集团股份有限公司	1 086 943	442 504	564	3.68
82	北京控股集团有限公司	1 165 754	439 384	1 728	4.07
83	安徽海螺集团有限责任公司	614 667	364 835	1 826	4.22
84	广东省航运集团有限公司	946 940	310 875	2 866	60.88

续表

排名	公司名称	海外资产/万元	海外收入/万元	海外员工数/人	跨国指数/%
85	绿地控股集团股份有限公司	6 606 226	297 300	237	3.70
86	中国联合网络通信集团公司	6 200 335	296 648	614	3.55
87	神华集团有限责任公司	2 688 722	290 084	628	1.39
88	广州越秀集团有限公司	19 739 692	266 040	1 826	24.38
89	中国黄金集团公司	2 377 872	254 211	3 087	10.58
90	北京建工集团有限责任公司	1 017 877	251 917	378	8.68
91	陕西煤业化工集团有限公司	703 726	251 123	992	1.17
92	中国华电集团公司	2 248 944	250 510	1 044	1.73
93	奇瑞汽车股份有限公司	1 048 237	242 585	265	7.51
94	北京首都创业集团有限公司	6 600 155	242 439	1 732	12.98
95	中联重科股份有限公司	2 505 973	216 442	246	11.35
96	白银有色集团股份有限公司	1 198 858	208 360	2 300	14.95
97	广东粤海控股集团有限公司	1 017 113	205 734	570	10.01
98	国家电力投资集团公司	5 642 128	202 504	421	2.60
99	中国大唐集团公司	1 078 216	131 998	457	0.94
100	天津泰达投资控股有限公司	644 689	102 169	401	2.07

资料来源：中国企业联合会、中国企业家协会。

三、2017 中国跨国公司 100 大（按海外员工数排序）

排名	公司名称	海外资产/万元	海外收入/万元	海外员工数/人	跨国指数/%
1	中国石油天然气集团公司	85 850 415	68 304 475	113 281	21.69
2	中国电力建设集团有限公司	10 455 227	7 425 307	106 848	32.37
3	华为投资控股有限公司	19 963 530	31 294 440	55 800	45.33
4	中国化工集团公司	21 213 075	20 432 724	55 130	57.95
5	中国石油化工集团公司	58 697 151	51 849 469	50 235	20.18

续表

排名	公司名称	海外资产/万元	海外收入/万元	海外员工数/人	跨国指数/%
6	大连万达集团股份有限公司	10 315 725	3 916 810	47 435	20.28
7	中粮集团有限公司	6 322 633	4 001 337	45 740	20.66
8	中国五矿集团公司	24 385 471	9 000 191	37 219	23.43
9	联想控股股份有限公司	13 125 278	20 922 675	33 615	52.02
10	潍柴控股集团有限公司	9 546 519	4 632 984	33 401	47.11
11	海航集团有限公司	2 956 350	2 000 000	29 000	15.43
12	浙江吉利控股集团有限公司	12 920 287	14 529 694	26 546	58.60
13	中国交通建设集团有限公司	17 348 427	10 710 349	25 907	18.41
14	海尔集团公司	9 000 000	5 538 455	25 792	38.00
15	光明食品（集团）有限公司	6 720 655	4 839 447	25 521	25.33
16	中国航空工业集团公司	11 897 367	6 001 546	24 988	11.64
17	雅戈尔集团股份有限公司	1 997 120	1 852 528	21 415	36.15
18	中国建筑股份有限公司	13 968 567	7 958 246	20 544	8.70
19	美的集团股份有限公司	3 450 000	6 610 560	20 000	26.08
20	中国中信集团有限公司	49 485 037	4 832 084	19 437	10.34
21	宁波均胜电子股份有限公司	1 737 466	1 248 660	17 766	62.59
22	复星国际有限公司	11 282 753	2 660 529	16 160	30.71
23	腾讯控股有限公司	14 937 415	652 419	15 600	36.08
24	万向集团公司	2 539 454	2 202 606	15 262	34.77
25	国家开发投资公司	2 884 073	2 890 503	12 633	19.63
26	河钢集团有限公司	5 773 115	6 484 832	12 000	15.96
27	中国华信能源有限公司	2 096 287	5 160 599	11 236	23.00
28	中国兵器工业集团公司	13 332 398	15 271 681	11 116	26.11
29	中国有色矿业集团有限公司	4 457 136	3 638 875	10 509	27.32
30	中国远洋海运集团有限公司	33 357 334	10 223 694	9 981	37.25
31	中国中化集团公司	31 599 622	31 552 362	9 894	58.47
32	江苏新潮科技集团有限公司	1 518 547	1 034 387	9 036	48.10

续表

排名	公司名称	海外资产/万元	海外收入/万元	海外员工数/人	跨国指数/%
33	中国铁道建筑总公司	5 862 452	3 322 665	9 016	5. 21
34	中国电子信息产业集团公司	3 330 594	7 339 125	8 587	18. 56
35	济宁如意投资有限公司	2 753 325	2 383 581	8 103	41. 66
36	中国移动通信集团公司	4 531 399	1 342 991	7 439	2. 05
37	中国能源建设集团有限公司	2 970 168	3 300 765	6 862	9. 64
38	北京汽车集团有限公司	2 131 074	1 826 448	6 846	5. 01
39	中国旅游集团公司	2 917 318	1 396 985	6 576	19. 15
40	广东省广新控股集团有限公司	946 680	808 703	6 243	18. 69
41	中兴通讯股份有限公司	3 532 748	4 268 310	6 197	24. 90
42	银亿集团有限公司	971 245	1 016 137	6 170	23. 79
43	中国铁路工程总公司	4 945 458	2 801 130	6 136	4. 32
44	中国海洋石油总公司	49 485 959	21 456 636	6 114	32. 61
45	紫金矿业集团股份有限公司	2 113 041	609 445	5 912	18. 79
46	广东省广晟资产经营有限公司	2 455 270	1 428 492	5 300	21. 66
47	中国电信集团公司	1 598 091	899 052	5 212	1. 81
48	山东魏桥创业集团有限公司	887 347	616 145	4 906	3. 10
49	中国中车股份有限公司	3 060 119	1 905 173	4 808	6. 66
50	首钢总公司	2 459 582	2 412 516	4 649	9. 18
51	晶科能源控股有限公司	848 579	1 315 160	4 227	38. 78
52	卧龙控股集团有限公司	702 642	1 071 433	4 083	29. 37
53	安徽中鼎控股（集团）公司	651 586	489 416	3 650	35. 53
54	徐州工程机械集团有限公司	736 321	1 013 274	3 356	11. 70
55	中国机械工业集团有限公司	1 873 650	6 216 221	3 278	12. 90
56	新希望集团有限公司	852 280	546 206	3 172	6. 75
57	中国黄金集团公司	2 377 872	254 211	3 087	10. 58
58	广东省航运集团有限公司	946 940	310 875	2 866	60. 88
59	中国恒天集团有限公司	817 794	487 553	2 832	9. 22

续表

排名	公司名称	海外资产/万元	海外收入/万元	海外员工数/人	跨国指数/%
60	国家电网公司	14 246 652	1 245 039	2 776	1.69
61	中国航空集团公司	2 400 441	4 313 150	2 760	16.76
62	中国建材集团有限公司	2 094 772	2 618 324	2 645	4.96
63	TCL 集团股份有限公司	4 379 216	4 733 385	2 584	25.82
64	白银有色集团股份有限公司	1 198 858	208 360	2 300	14.95
65	常州天合光能有限公司	2 797 139	2 929 062	2 172	60.71
66	金川集团股份有限公司	3 754 918	3 576 485	2 123	18.26
67	中国宝武钢铁集团有限公司	4 627 700	1 134 500	2 122	3.72
68	中国铝业公司	20 896 307	1 467 837	2 111	15.74
69	浙江龙盛控股有限公司	1 265 397	720 039	1 988	31.48
70	海信集团有限公司	2 308 583	2 344 430	1 963	15.92
71	安徽海螺集团有限责任公司	614 667	364 835	1 826	4.22
72	广州越秀集团有限公司	19 739 692	266 040	1 826	24.38
73	上海汽车集团股份有限公司	2 861 749	3 038 936	1 778	3.58
74	北京首都创业集团有限公司	6 600 155	242 439	1 732	12.98
75	北京控股集团有限公司	1 165 754	439 384	1 728	4.07
76	铜陵有色金属集团控股公司	1 161 929	678 867	1 669	8.28
77	兖矿集团有限公司	6 728 985	2 075 582	1 572	15.17
78	中国华能集团公司	5 836 181	1 127 873	1 555	3.84
79	青建集团股份公司	1 531 777	1 259 516	1 137	18.94
80	中国华电集团公司	2 248 944	250 510	1 044	1.73
81	陕西煤业化工集团有限公司	703 726	251 123	992	1.17
82	新华联集团有限公司	1 569 713	3 242 016	965	20.11
83	中国通用技术（集团）控股有限责任公司	3 556 632	1 077 529	793	11.31
84	正泰集团股份有限公司	771 277	631 025	633	9.99
85	神华集团有限责任公司	2 688 722	290 084	628	1.39

续表

排名	公司名称	海外资产/万元	海外收入/万元	海外员工数/人	跨国指数/%
86	中国联合网络通信集团公司	6 200 335	296 648	614	3.55
87	广东粤海控股集团有限公司	1 017 113	205 734	570	10.01
88	上海建工集团股份有限公司	1 086 943	442 504	564	3.68
89	三一集团有限公司	2 100 000	1 091 000	526	13.26
90	中国大唐集团公司	1 078 216	131 998	457	0.94
91	国家电力投资集团公司	5 642 128	202 504	421	2.60
92	鞍钢集团公司	3 016 541	1 275 919	420	6.18
93	中国船舶工业集团公司	3 599 013	3 100 093	416	9.64
94	天津泰达投资控股有限公司	644 689	102 169	401	2.07
95	北京建工集团有限责任公司	1 017 877	251 917	378	8.68
96	华侨城集团公司	1 879 901	446 102	314	6.59
97	奇瑞汽车股份有限公司	1 048 237	242 585	265	7.51
98	中国重型汽车集团有限公司	700 181	777 095	253	5.83
99	中联重科股份有限公司	2 505 973	216 442	246	11.35
100	绿地控股集团股份有限公司	6 606 226	297 300	237	3.70

资料来源：中国企业联合会、中国企业家协会。

四、2017 中国跨国公司 100 大（按跨国指数排序）

排名	公司名称	海外资产/万元	海外收入/万元	海外员工数/人	跨国指数/%
1	宁波均胜电子股份公司	1 737 466	1 248 660	17 766	62.59
2	广东省航运集团有限公司	946 940	310 875	2 866	60.88
3	常州天合光能有限公司	2 797 139	2 929 062	2 172	60.71
4	浙江吉利控股集团公司	12 920 287	14 529 694	26 546	58.60
5	中国中化集团公司	31 599 622	31 552 362	9 894	58.47

续表

排名	公司名称	海外资产/万元	海外收入/万元	海外员工数/人	跨国指数/%
6	中国化工集团公司	21 213 075	20 432 724	55 130	57.95
7	联想控股股份有限公司	13 125 278	20 922 675	33 615	52.02
8	江苏新潮科技集团公司	1 518 547	1 034 387	9 036	48.10
9	潍柴控股集团有限公司	9 546 519	4 632 984	33 401	47.11
10	华为投资控股有限公司	19 963 530	31 294 440	55 800	45.33
11	济宁如意投资有限公司	2 753 325	2 383 581	8 103	41.66
12	晶科能源控股有限公司	848 579	1 315 160	4 227	38.78
13	海尔集团公司	9 000 000	5 538 455	25 792	38.00
14	中国远洋海运集团公司	33 357 334	10 223 694	9 981	37.25
15	雅戈尔集团股份有限公司	1 997 120	1 852 528	21 415	36.15
16	腾讯控股有限公司	14 937 415	652 419	15 600	36.08
17	安徽中鼎控股（集团）公司	651 586	489 416	3 650	35.53
18	万向集团公司	2 539 454	2 202 606	15 262	34.77
19	中国海洋石油总公司	49 485 959	21 456 636	6 114	32.61
20	中国电力建设集团有限公司	10 455 227	7 425 307	106 848	32.37
21	浙江龙盛控股有限公司	1 265 397	720 039	1 988	31.48
22	复星国际有限公司	11 282 753	2 660 529	16 160	30.71
23	卧龙控股集团有限公司	702 642	1 071 433	4 083	29.37
24	中国有色矿业集团有限公司	4 457 136	3 638 875	10 509	27.32
25	中国兵器工业集团公司	13 332 398	15 271 681	11 116	26.11
26	美的集团股份有限公司	3 450 000	6 610 560	20 000	26.08
27	TCL 集团股份有限公司	4 379 216	4 733 385	2 584	25.82
28	光明食品（集团）有限公司	6 720 655	4 839 447	25 521	25.33
29	中兴通讯股份有限公司	3 532 748	4 268 310	6 197	24.90
30	广州越秀集团有限公司	19 739 692	266 040	1 826	24.38
31	银亿集团有限公司	971 245	1 016 137	6 170	23.79
32	中国五矿集团公司	24 385 471	9 000 191	37 219	23.43

续表

排名	公司名称	海外资产/万元	海外收入/万元	海外员工数/人	跨国指数/%
33	中国华信能源有限公司	2 096 287	5 160 599	11 236	23.00
34	中策橡胶集团有限公司	584 092	635 500	2 625	22.55
35	中国石油天然气集团公司	85 850 415	68 304 475	113 281	21.69
36	广东省广晟资产经营公司	2 455 270	1 428 492	5 300	21.66
37	大连万达集团股份有限公司	10 315 725	3 916 810	47 435	20.28
38	中国石油化工集团公司	58 697 151	51 849 469	50 235	20.18
39	新华联集团有限公司	1 569 713	3 242 016	965	20.11
40	国家开发投资公司	2 884 073	2 890 503	12 633	19.63
41	中国旅游集团公司	2 917 318	1 396 985	6 576	19.15
42	青建集团股份公司	1 531 777	1 259 516	1 137	18.94
43	紫金矿业集团股份有限公司	2 113 041	609 445	5 912	18.79
44	广东省广新控股集团公司	946 680	808 703	6 243	18.69
45	中国电子信息产业集团公司	3 330 594	7 339 125	8 587	18.56
46	中国交通建设集团有限公司	17 348 427	10 710 349	25 907	18.41
47	金川集团股份有限公司	3 754 918	3 576 485	2 123	18.26
48	中国航空集团公司	2 400 441	4 313 150	2 760	16.76
49	河钢集团有限公司	5 773 115	6 484 832	12 000	15.96
50	海信集团有限公司	2 308 583	2 344 430	1 963	15.92
51	中国铝业公司	20 896 307	1 467 837	2 111	15.74
52	海航集团有限公司	2 956 350	2 000 000	29 000	15.43
53	兖矿集团有限公司	6 728 985	2 075 582	1 572	15.17
54	白银有色集团股份有限公司	1 198 858	208 360	2 300	14.95
55	三一集团有限公司	2 100 000	1 091 000	526	13.26
56	北京首都创业集团有限公司	6 600 155	242 439	1 732	12.98
57	中国机械工业集团有限公司	1 873 650	6 216 221	3 278	12.90
58	徐州工程机械集团有限公司	736 321	1 013 274	3 356	11.70
59	中国航空工业集团公司	11 897 367	6 001 546	24 988	11.64

续表

排名	公司名称	海外资产/万元	海外收入/万元	海外员工数/人	跨国指数/%
60	中联重科股份有限公司	2 505 973	216 442	246	11.35
61	中国通用技术（集团）控股有限责任公司	3 556 632	1 077 529	793	11.31
62	中国黄金集团公司	2 377 872	254 211	3 087	10.58
63	中国中信集团有限公司	49 485 037	4 832 084	19 437	10.34
64	广东粤海控股集团有限公司	1 017 113	205 734	570	10.01
65	正泰集团股份有限公司	771 277	631 025	633	9.99
66	中国船舶工业集团公司	3 599 013	3 100 093	416	9.64
67	中国能源建设集团有限公司	2 970 168	3 300 765	6 862	9.64
68	中国恒天集团有限公司	817 794	487 553	2 832	9.22
69	首钢总公司	2 459 582	2 412 516	4 649	9.18
70	中国建筑股份有限公司	13 968 567	7 958 246	20 544	8.70
71	北京建工集团有限责任公司	1 017 877	251 917	378	8.68
72	铜陵有色金属集团控股公司	1 161 929	678 867	1 669	8.28
73	奇瑞汽车股份有限公司	1 048 237	242 585	265	7.51
74	新希望集团有限公司	852 280	546 206	3 172	6.75
75	中国中车股份有限公司	3 060 119	1 905 173	4 808	6.66
76	华侨城集团公司	1 879 901	446 102	314	6.59
77	鞍钢集团公司	3 016 541	1 275 919	420	6.18
78	中国重型汽车集团有限公司	700 181	777 095	253	5.83
79	中国铁道建筑总公司	5 862 452	3 322 665	9 016	5.21
80	北京汽车集团有限公司	2 131 074	1 826 448	6 846	5.01
81	中国建材集团有限公司	2 094 772	2 618 324	2 645	4.96
82	中国铁路工程总公司	4 945 458	2 801 130	6 136	4.32
83	安徽海螺集团有限责任公司	614 667	364 835	1 826	4.22
84	北京控股集团有限公司	1 165 754	439 384	1 728	4.07
85	中国华能集团公司	5 836 181	1 127 873	1 555	3.84

续表

排名	公司名称	海外资产/万元	海外收入/万元	海外员工数/人	跨国指数/%
86	中国宝武钢铁集团有限公司	4 627 700	1 134 500	2 122	3.72
87	绿地控股集团股份有限公司	6 606 226	297 300	237	3.70
88	上海建工集团股份有限公司	1 086 943	442 504	564	3.68
89	上海汽车集团股份有限公司	2 861 749	3 038 936	1 778	3.58
90	中国联合网络通信集团公司	6 200 335	296 648	614	3.55
91	山东魏桥创业集团有限公司	887 347	616 145	4 906	3.10
92	国家电力投资集团公司	5 642 128	202 504	421	2.60
93	天津泰达投资控股有限公司	644 689	102 169	401	2.07
94	中国移动通信集团公司	4 531 399	1 342 991	7 439	2.05
95	中国电信集团公司	1 598 091	899 052	5 212	1.81
96	中国华电集团公司	2 248 944	250 510	1 044	1.73
97	国家电网公司	14 246 652	1 245 039	2 776	1.69
98	神华集团有限责任公司	2 688 722	290 084	628	1.39
99	陕西煤业化工集团有限公司	703 726	251 123	992	1.17
100	中国大唐集团公司	1 078 216	131 998	457	0.94

资料来源：中国企业联合会、中国企业家协会。

五、2016年世界最大100家非金融类跨国公司

排名	公司名称	母国/地区	海外资产/百万美元	海外收入/百万美元	海外员工数/人	跨国指数/%
1	荷兰皇家壳牌有限公司	英国	349 720	152 018	67 000	74.3
2	丰田汽车公司	日本	303 678	173 529	148 941	60.2
3	英国石油公司	英国	235 124	140 683	43 598	74.9
4	道达尔公司	法国	233 217	110 255	70 496	80.9
5	百威英博公司	比利时	208 012	39 507	163 177	82.1
6	大众汽车集团	德国	197 254	192 093	346 715	60.3

续表

排名	公司名称	母国/地区	海外资产/百万美元	海外收入/百万美元	海外员工数/人	跨国指数/%
7	雪佛龙公司	美国	189 116	54 160	28 704	57.9
8	通用电气公司	美国	178 525	70 352	191 000	56.8
9	埃克森美孚公司	美国	165 969	121 881	35 725	52.1
10	软银公司	日本	145 611	45 324	42 032	62.5
11	沃达丰集团	英国	143 574	44 602	75 666	81.4
12	戴姆勒股份公司	德国	138 967	143 547	112 430	59.6
13	本田汽车有限公司	日本	130 067	112 614	143 424	77.6
14	苹果电脑公司	美国	126 793	139 972	45 721	47.9
15	必和必拓集团有限公司	澳大利亚	118 953	29 751	10 993	79.1
16	日产汽车有限公司	日本	116 612	88 651	87 584	70.1
17	西门子股份公司	德国	115 251	67 737	136 890	65.9
18	意大利国家电力公司	意大利	111 240	37 622	30 124	55.3
19	长江和记实业有限公司	中国香港	110 515	26 050	263 900	84.5
20	三菱商事株式会社	日本	107 860	20 360	52 251	62.5
21	嘉能可集团	瑞士	107 077	97 927	115 820	74.9
22	西班牙电信公司	西班牙	106 765	43 504	99 216	78.5
23	埃尼集团	意大利	106 408	35 510	12 626	58.8
24	雀巢公司	瑞士	106 319	89 307	317 954	92.5
25	宝马汽车公司	德国	106 244	88 934	36 670	56.1
26	强生公司	美国	104 274	34 079	93 339	65.0
27	德意志电信公司	德国	102 176	53 588	106 972	60.2
28	西班牙伊贝德拉电力公司	西班牙	100 890	19 178	17 992	70.8
29	艾尔健 PLC 公司	爱尔兰	94 512	2 885	12 237	55.4
30	力拓公司	英国	89 177	33 429	50 531	99.3
31	菲亚特克莱斯勒汽车	英国	86 599	113 442	145 389	77.7
32	辉瑞公司	美国	85 930	26 455	48 318	50.1
33	法国电力集团	法国	84 508	17 923	25 142	22.5
34	微软公司	美国	82 992	44 742	51 000	46.7

续表

排名	公司名称	母国/地区	海外资产/百万美元	海外收入/百万美元	海外员工数/人	跨国指数/%
35	三井物产有限公司	日本	82 233	22 161	34 868	71.6
36	蒂斯集团	荷兰	81 640	22 575	47 901	97.0
37	Engie 集团	法国	77 809	46 125	80 439	53.9
38	安塞尔米塔尔集团	卢森堡	75 142	55 761	118 025	85.8
39	赛诺菲公司	法国	72 747	28 507	59 935	65.4
40	鸿海精密工业股份有限公司	中国台湾	70 797	134 170	667 318	83.5
41	可口可乐公司	美国	70 595	31 653	49 300	68.6
42	福特汽车公司	美国	70 153	58 367	93 000	38.1
43	诺华公司	瑞士	67 487	48 590	63 188	67.8
44	中国海洋石油总公司	中国	66 673	17 761	8 979	23.8
45	希尔制药集团	爱尔兰	66 615	11 355	18 358	91.9
46	空中客车集团	法国	66 490	50 010	85 819	62.9
47	梯瓦制药工业有限公司	以色列	66 161	17 058	50 097	79.0
48	罗氏集团	瑞士	64 754	50 745	53 183	80.4
49	国际商业机器公司	美国	63 897	79 919	206 863	69.6
50	三星电子有限公司	韩国	63 704	114 510	228 775	55.1
51	宝洁有限公司	美国	62 718	38 299	51 797	52.4
52	Orange 公司	法国	62 623	24 283	58 399	51.3
53	亚马逊公司	美国	61 177	56 202	250 424	62.7
54	日本电报电话公司	日本	60 466	15 025	77 000	26.0
55	挪威国家石油公司	挪威	58 995	10 190	2 505	30.3
56	葛兰素史克公共有限公司	英国	58 514	36 217	56 970	78.0
57	巴斯夫股份公司	德国	58 370	44 264	60 512	65.0
58	拉法基豪瑞有限公司	瑞士	54 886	21 994	69 074	74.9
59	沃尔玛公司	美国	54 734	124 571	800 000	29.3
60	自由全球有限公司	英国	54 358	17 285	30 750	91.6
61	通用汽车公司	美国	53 687	48 070	101 000	32.7
62	康菲公司	美国	52 461	9 471	7 772	52.0
63	联合利华公司	英国	52 356	43 755	136 832	81.4
64	罗伯特·博世有限公司	德国	51 200	64 809	255 307	68.3

续表

排名	公司名称	母国/地区	海外资产/百万美元	海外收入/百万美元	海外员工数/人	跨国指数/%
65	亿滋国际公司	美国	50 917	19 594	78 000	81.7
66	英国太古集团有限公司	英国	50 491	10 241	121 330	98.8
67	阿斯利康公司雷诺汽车公司	英国	49 822	13 650	52 700	75.8
68	雷诺汽车公司	法国	49 381	43 451	100 473	67.7
69	斯伦贝谢有限公司	美国	48 561	21 229	62 292	66.9
70	博通有限公司	新加坡	48 413	12 990	14 800	96.4
71	英美资源集团	英国	48 216	20 139	78 000	96.0
72	马来西亚国家石油公司	马来西亚	47 912	46 459	10 630	42.5
73	丸红株式会社	日本	47 511	30 846	30 748	67.0
74	西班牙普雷索尔石油公司	西班牙	46 745	15 446	24 535	69.5
75	国家电网公司	英国	45 727	11 687	14 830	58.1
76	迪奥公司	法国	45 489	37 855	81 478	76.5
77	拜耳公司	德国	45 422	20 136	55 717	46.6
78	诺基亚公司	芬兰	44 674	24 866	96 123	94.4
79	法国液化空气集团	法国	44 155	19 174	41 354	84.2
80	英美烟草公司	英国	44 007	16 039	71 891	84.9
81	中国远洋运输（集团）总公司	中国	43 076	15 104	5 114	49.8
82	思爱普公司	德国	42 635	21 051	84 183	92.5
83	联合技术公司	美国	42 473	24 909	137 088	53.0
84	住友商事株式会社	日本	42 258	22 208	40 704	60.6
85	帝豪有限公司	英国	42 245	32 823	18 100	79.1
86	达能集团	法国	41 855	21 872	90 173	90.5
87	莱茵集团	德国	41 791	20 577	23 817	45.1
88	安进公司	美国	41 199	4 665	10 190	42.1
89	施耐德电气公司	法国	41 093	25 441	142 356	91.4
90	惠普公司	美国	40 228	30 542	98 512	54.0
91	字母表（Alphabet）公司	美国	39 672	47 491	17 066	33.3
92	英特尔公司	美国	39 392	46 430	53 000	54.3

续表

排名	公司名称	母国/地区	海外资产/百万美元	海外收入/百万美元	海外员工数/人	跨国指数/%
93	沃尔沃公司	瑞典	37 948	34 194	64 804	86.8
94	WPP 有限公司	英国	37 765	16 902	177 000	88.4
95	伊藤忠商事株式会社	日本	37 697	15 707	54 910	46.3
96	意昂集团	德国	37 681	18 394	26 443	53.7
97	索尼公司	日本	37 650	50 121	76 300	52.0
98	AP 穆勒马士基有限公司	丹麦	37 610	34 050	53 990	73.0
99	淡水河谷公司	巴西	37 413	25 123	15 527	50.5
100	美洲移动公司	墨西哥	37 158	42 188	103 887	61.7

资料来源：联合国贸易和发展会议网站，http：//www.unctad.org，《世界投资报告 2017》。

六、2016 年发展中国家和地区最大 100 家非金融类跨国公司

排名	公司名称	母国/地区	海外资产/百万美元	海外收入/百万美元	海外员工数/人	跨国指数/%
1	和记黄埔有限公司	中国香港	118 250	17 224	239 552	85.8
2	中国海洋石油总公司	中国	66 673	17 761	8 979	23.8
3	鸿海精密工业股份有限公司	中国台湾	64 040	139 633	667 318	84.3
4	三星电子有限公司	韩国	62 294	158 756	228 775	63.4
5	双子星-马来西亚国家石油公司	马来西亚	47 912	46 459	10 630	42.5
6	中国远洋运输（集团）公司	中国	43 076	15 104	5 114	49.8
7	巴西淡水河谷公司	巴西	35 338	21 688	15 268	48.6
8	中国五矿集团公司	中国	35 165	16 221	15 082	20.9
9	墨西哥美洲电信公司	墨西哥	34 480	44 219	107 029	59.8
10	塔塔汽车公司	印度	30 589	35 675	34 360	68.3
11	西麦斯公司	墨西哥	26 830	11 300	32 067	79.9
12	韩华株式会社	韩国	26 326	6 820	1 147	20.4
13	中国建筑工程总公司	中国	25 472	9 717	37 112	12.6

续表

排名	公司名称	母国/地区	海外资产/百万美元	海外收入/百万美元	海外员工数/人	跨国指数/%
14	新加坡电信有限公司	新加坡	25 309	7 703	13 690	65.3
15	新世界发展有限公司	中国香港	24 990	3 268	11 439	47.6
16	台塑集团	中国台湾	24 490	13 281	32 112	24.9
17	腾讯控股有限公司	中国	24 086	1 052	15 600	36.1
18	印度石油天然气公司	印度	23 921	1 889	15 095	32.8
19	中国化工集团公司	中国	23 795	22 918	47 831	46.3
20	韩国现代汽车公司	韩国	23 450	31 826	44 792	32.2
21	沙特基础工业公司	沙特阿拉伯	22 870	26 141	25 391	51.9
22	中国石油天然气集团公司	中国	22 168	8 513	58 554	3.4
23	中国石油化工集团公司	中国	21 943	127 039	51 000	12.9
24	联想控股有限公司	中国	21 164	33 737	33 615	52.7
25	嘉德置地有限公司	新加坡	20 763	2 331	6 700	60.9
26	新鸿基地产发展有限公司	中国香港	20 565	1 436	11 832	25.0
27	丰益国际有限公司	新加坡	20 548	31 116	10 846	49.2
28	卢克石油公司	俄罗斯	19 942	59 362	33 642	37.9
29	卡塔尔电信公司	卡塔尔	19 429	6 783	16 023	81.0
30	阿联酋电信公司	阿拉伯联合酋长国	19 359	5 962	21 895	51.1
31	怡和控股有限公司	中国香港	18 809	24 512	124 302	40.9
32	复星国际有限公司	中国	18 193	4 290	16 160	30.7
33	联想集团有限公司	中国	17 869	32 553	13 900	55.8
34	中国中化集团	中国	17 676	46 865	4 622	39.9
35	云顶集团	马来西亚	17 055	2 890	40 300	69.9
36	第一太平有限公司	中国香港	16 425	6 437	93 076	97.0
37	阿布扎比国家能源公司	阿拉伯联合酋长国	16 208	3 351	2 517	69.8
38	浦项公司	韩国	15 161	16 706	3 654	25.4
39	来宝集团	中国香港	14 863	60 380	1 440	91.2
40	塔塔钢铁公司	印度	14 641	10 930	36 028	55.7
41	YTL 集团有限公司	马来西亚	14 412	3 333	8 627	76.2

续表

排名	公司名称	母国/地区	海外资产/百万美元	海外收入/百万美元	海外员工数/人	跨国指数/%
42	南非报业集团	南非	14 237	3 221	10 972	59.8
43	大连万达商业地产股份有限公司	中国	13 912	4 107	40 000	18.7
44	巴西 JBS 公司	巴西	13 787	34 613	109 727	53.9
45	迪拜港口世界公司	阿拉伯联合酋长国	13 742	1 132	14 965	45.6
46	萨索尔公司	南非	13 402	7 865	4 781	36.1
47	广达电脑股份有限公司	中国台湾	13 367	31 702	10 121	65.0
48	俄罗斯天然气工业股份公司	俄罗斯	13 337	67 644	26 800	26.6
49	香格里拉（亚洲）有限公司	中国香港	13 047	1 859	27 400	94.7
50	巴帝电信有限公司	印度	12 527	3 691	9 170	32.8
51	墨西哥饮料公司	墨西哥	11 985	19 617	58 516	58.2
52	盖尔道公司	巴西	11 941	8 849	15 054	59.4
53	MTN 集团有限公司	南非	11 634	8 372	15 602	68.2
54	工业公司	印度	11 162	11 956	13 846	62.8
55	印孚瑟斯技术有限公司	印度	11 116	9 289	45 356	72.8
56	中国移动有限公司	中国	11 008	5 317	0	3.3
57	中电控股有限公司	中国香港	10 823	5 387	2 922	44.2
58	塔塔咨询服务公司	印度	10 818	15 429	61 215	63.6
59	斗山集团	韩国	10 730	6 943	15 800	40.5
60	亚通集团	马来西亚	10 613	3 264	21 050	76.7
61	伟创力公司	新加坡	10 570	21 651	170 697	86.5
62	科威特移动通信公司	科威特	10 541	2 706	7 390	82.9
63	阿尔及利亚国家油气公司	阿尔及利亚	10 383	44 833	4 717	28.6
64	博通有限公司	新加坡	10 287	6 616	7 300	94.4
65	中国电子信息产业集团公司	中国	10 239	8 450	34 556	26.8
66	中粮集团有限公司	中国	10 195	6 452	45 740	20.7
67	吉宝集团有限公司	新加坡	9 935	2 448	21 542	46.4
68	生力啤集团	菲律宾	9 922	1 798	2 886	21.7
69	巴西国家石油公司	巴西	9 899	12 865	6 856	8.8

续表

排名	公司名称	母国/地区	海外资产/百万美元	海外收入/百万美元	海外员工数/人	跨国指数/%
70	万洲国际有限公司	中国香港	9 573	13 574	51 000	59.8
71	信实工业公司	印度	9 293	24 846	2 424	25.2
72	宾宝集团公司	墨西哥	9 014	8 996	55 281	62.4
73	森那美公司	马来西亚	8 819	8 587	27 627	48.9
74	宝成工业股份有限公司	中国台湾	8 442	4 378	410 520	83.1
75	南非医药国际公司	南非	8 290	2 056	16 113	67.4
76	委内瑞拉石油公司	委内瑞拉	8 122	27 949	4 595	15.6
77	黄金农业资源有限公司	新加坡	8 036	6 510	46 300	100.0
78	奥兰国际有限公司	新加坡	7 191	8 342	15 780	49.9
79	纬创资通股份有限公司	中国台湾	7 183	7 323	38 427	68.4
80	中国交通建设有限公司	中国	7 131	11 944	7 290	10.4
81	银河娱乐集团有限公司	中国香港	7 049	6 390	21 220	98.2
82	特尔尼翁钢铁集团	阿根廷	6 982	5 305	11 197	73.6
83	深圳国际控股有限公司	中国香港	6 889	869	6 006	92.6
84	阿斯彭制药集团有限公司	南非	6 712	2 442	4 203	68.2
85	墨西哥阿尔法集团	墨西哥	6 694	10 711	31 721	51.0
86	胜科工业有限公司	新加坡	6 638	4 230	4 459	57.3
87	华润啤酒（控股）有限公司	中国香港	6 586	4 487	3 000	68.3
88	粤海投资有限公司	中国香港	6 574	1 150	6 141	95.2
89	仁宝电脑工业股份有限公司	中国台湾	6 535	26 668	59 641	85.4
90	泰国万浦集团公司	泰国	6 499	2 271	5 202	95.1
91	城市发展有限公司	新加坡	6 440	1 210	22 077	64.5
92	LG 电子公司	韩国	6 429	37 254	39 272	48.8
93	墨西哥集团	墨西哥	6 207	4 288	8 312	36.1
94	利丰集团	中国香港	5 966	16 095	21 145	81.4
95	墨西哥化工集团	墨西哥	5 772	4 354	12 500	71.2
96	巴西航空工业公司	巴西	5 497	4 777	4 841	49.1
97	巴西食品公司	巴西	4 954	4 839	5 245	34.7

续表

排名	公司名称	母国/地区	海外资产/百万美元	海外收入/百万美元	海外员工数/人	跨国指数/%
98	金矿公司	南非	4 892	2 313	5 352	77.7
99	海航集团有限公司	中国	4 767	1 478	8 750	5.0
100	SK 海力士公司	韩国	4 708	15 532	4 398	44.0

资料来源：联合国贸易和发展会议网站，http：//www.unctad.org，《世界投资报告 2017》。

七、2016 年中国非金融类跨国公司 100 强（按对外直接投资存量排序）

排名	公 司 名 称
1	中国移动通信集团公司
2	中国石油天然气集团公司
3	中国海洋石油总公司
4	中国石油化工集团公司
5	中国联合网络通信集团有限公司
6	招商局集团有限公司
7	腾讯控股有限公司
8	华润（集团）有限公司
9	中国远洋海运集团有限公司
10	中国化工集团公司
11	中国建筑工程总公司
12	国家电网公司
13	中国五矿集团公司
14	北京控股集团有限公司
15	海航集团有限公司
16	华为技术有限公司
17	中国中化集团公司
18	中国铝业公司
19	中国中信集团有限公司
20	中国交通建设集团有限公司

续表

排名	公　司　名　称
21	中粮集团有限公司
22	中国电力建设集团有限公司
23	中国长江三峡集团公司
24	兖州煤业股份有限公司
25	国家电力投资集团公司
26	中国兵器工业集团公司
27	中国民生投资股份有限公司
28	广东粤海控股集团有限公司
29	深业集团有限公司
30	中国旅游集团公司
31	广州越秀集团有限公司
32	中国宝武钢铁集团有限公司
33	中国航空工业集团公司
34	大连万达集团股份有限公司
35	中国航空集团公司
36	联想集团有限公司
37	中国有色矿业集团有限公司
38	紫光集团有限公司
39	三一重工股份有限公司
40	中国华能集团公司
41	海尔集团公司
42	中兴通讯股份有限公司
43	中国中钢集团公司
44	中国铁道建筑总公司
45	美的集团股份有限公司
46	光明食品（集团）有限公司
47	上海吉利兆圆国际投资有限公司
48	洛阳栾州铝业集团股份有限公司
49	苏宁云商集团股份有限公司
50	金川集团股份有限公司
51	中国国际海运集装箱（集团）股份有限公司

续表

排名	公 司 名 称
52	上海云钜创业投资有限公司
53	中国黄金集团公司
54	中国电信集团公司
55	中国铁路工程总公司
56	上海汽车集团股份有限公司
57	安徽省外经建设（集团）有限公司
58	中国中车集团公司
59	中国机械工业集团有限公司
60	中国华电集团公司
61	中国广核集团有限公司
62	中国航天科技集团公司
63	中联重科股份有限公司
64	中国保利集团公司
65	东风汽车公司
66	神华集团有限责任公司
67	河钢集团有限公司
68	渝商投资集团股份有限公司
69	山东如意科技集团有限公司
70	中国节能环保集团公司
71	万科企业股份有限公司
72	金地（集团）股份有限公司
73	内蒙古伊利实业集团股份公司
74	中国建银投资有限责任公司
75	广州汽车集团股份有限公司
76	汉能控股集团有限公司
77	鞍钢集团公司
78	南光（集团）有限公司
79	中国建材集团有限公司
80	南山集团有限公司
81	绿地控股集团股份有限公司
82	紫金矿业集团股份有限公司

续表

排名	公 司 名 称
83	中国能源建设集团有限公司
84	吉林吉恩镍业股份有限公司
85	广东省航运集团有限公司
86	中国重型汽车集团有限公司
87	中国大唐集团公司
88	北京首旅酒店（集团）股份有限公司
89	广东省广晟资产经营有限公司
90	宁波东方亿圣投资有限公司
91	中铁建铜冠投资有限公司
92	万向集团公司
93	中国东方航空集团公司
94	宁波均胜电子股份有限公司
95	三胞集团有限公司
96	福耀玻璃工业集团股份有限公司
97	中国东方资产管理公司
98	上海医药集团股份有限公司
99	泛海控股集团有限公司
100	三林万业（上海）企业集团有限公司

资料来源：《2016 年度中国对外直接投资统计公报》。

八、2017 年美国《财富》杂志世界 500 强名单

2017 年排名	2016 年排名	公司名称	营业收入/百万美元	利润/百万美元	母国/地区
1	1	沃尔玛百货有限公司(WAL-MART STORES)	485 873.0	13 643.0	美国
2	2	国家电网公司(STATE GRID)	315 198.6	9 571.3	中国
3	4	中国石油化工集团公司(SINOPEC GROUP)	267 518.0	1 257.9	中国

续表

2017年排名	2016年排名	公司名称	营业收入/百万美元	利润/百万美元	母国/地区
4	3	中国石油天然气集团公司 (CHINA NATIONAL PETROLEUM)	262 572.6	1 867.5	中国
5	8	丰田汽车公司 (TOYOTA MOTOR)	254 694.0	16 899.3	日本
6	7	大众公司 (VOLKSWAGEN)	240 263.8	5 937.3	德国
7	5	荷兰皇家壳牌石油公司 (ROYAL DUTCH SHELL)	240 033.0	4 575.0	荷兰
8	11	伯克希尔-哈撒韦公司 (BERKSHIRE HATHAWAY)	223 604.0	24 074.0	美国
9	9	苹果公司 (APPLE)	215 639.0	45 687.0	美国
10	6	埃克森美孚公司 (EXXON MOBIL)	205 004.0	7 840.0	美国
11	12	麦克森公司 (MCKESSON)	198 533.0	5 070.0	美国
12	10	英国石油公司 (BP)	186 606.0	115.0	英国
13	17	联合健康集团 (UNITEDHEALTH GROUP)	184 840.0	7 017.0	美国
14	18	CVS Health 公司 (CVS HEALTH)	177 526.0	5 317.0	美国
15	13	三星电子公司 (SAMSUNG ELECTRONICS)	173 957.3	19 316.5	韩国
16	14	嘉能可集团 (GLENCORE)	173 883.0	1 379.0	瑞士
17	16	戴姆勒股份公司 (DAIMLER)	169 483.0	9 428.4	德国
18	20	通用汽车公司 (GENERAL MOTORS)	166 380.0	9 427.0	美国
19	23	美国电话电报公司 (AT&T)	163 786.0	12 976.0	美国

续表

2017年排名	2016年排名	公司名称	营业收入/百万美元	利润/百万美元	母国/地区
20	19	EXOR集团 (EXOR GROUP)	154 893.6	651.3	荷兰
21	21	福特汽车公司 (FORD MOTOR)	151 800.0	4 596.0	美国
22	15	中国工商银行 (INDUSTRIAL & COMMERCIAL BANK OF CHINA)	147 675.1	41 883.9	中国
23	28	美源伯根公司 (AMERISOURCEBERGEN)	146 849.7	1 427.9	美国
24	27	中国建筑股份有限公司 (CHINA STATE CONSTRUCTION ENGINEERING)	144 505.2	2 492.9	中国
25	33	安盛公司 (AXA)	143 722.3	6 446.0	法国
26	44	亚马逊公司 (AMAZON.COM)	135 987.0	2 371.0	美国
27	25	鸿海精密工业股份有限公司 (HON HAI PRECISION INDUSTRY)	135 128.8	4 608.8	中国
28	22	中国建设银行 (CHINA CONSTRUCTION BANK)	135 093.3	34 840.9	中国
29	36	本田汽车公司 (HONDA MOTOR)	129 198.4	5 690.3	日本
30	24	道达尔公司 (TOTAL)	127 925.0	6 196.0	法国
31	26	通用电气公司 (GENERAL ELECTRIC)	126 661.0	8 831.0	美国
32	30	威瑞森电信公司 (VERIZON COMMUNICATIONS)	125 980.0	13 127.0	美国
33	37	日本邮政控股公司 (JAPAN POST HOLDINGS)	122 990.3	-267.4	日本
34	34	安联保险集团 (ALLIANZ)	122 195.9	7 611.5	德国
35	50	康德乐公司 (CARDINAL HEALTH)	121 546.0	1 427.0	美国

续表

2017 年排名	2016 年排名	公司名称	营业收入/百万美元	利润/百万美元	母国/地区
36	38	好市多公司 (COSTCO WHOLESALE)	118 719.0	2 350.0	美国
37	47	沃尔林格联合博姿集团 (WALGREENS BOOTS ALLIANCE)	117 351.0	4 173.0	美国
38	29	中国农业银行 (AGRICULTURAL BANK OF CHINA)	117 274.9	27 687.8	中国
39	41	中国平安保险（集团）股份有限公司 (PING AN INSURANCE)	116 581.1	9 392.0	中国
40	42	克罗格公司 (KROGER)	115 337.0	1 975.0	美国
41	46	上海汽车集团股份有限公司 (SAIC MOTOR)	113 860.8	4 818.2	中国
42	35	中国银行 (BANK OF CHINA)	113 708.2	24 773.4	中国
43	39	法国巴黎银行 (BNP PARIBAS)	109 026.4	8 517.2	法国
44	53	日产汽车公司 (NISSAN MOTOR)	108 164.1	6 123.4	日本
45	31	雪佛龙股份有限公司 (CHEVRON)	107 567.0	-497.0	美国
46	40	房利美公司 (FANNIE MAE)	107 162.0	12 313.0	美国
47	45	中国移动通信集团公司 (CHINA MOBILE COMMUNICATIONS)	107 116.5	9 614.3	中国
48	55	摩根大通公司 (JPMORGAN CHASE & CO.)	105 486.0	24 733.0	美国
49	—	英国法通保险公司 (LEGAL & GENERAL GROUP)	105 234.8	1 697.9	英国
50	60	日本电报电话公司 (NIPPON TELEGRAPH & TELEPHONE)	105 127.5	7 384.4	日本
51	54	中国人寿保险（集团）公司 (CHINA LIFE INSURANCE)	104 818.2	162.4	中国

续表

2017年排名	2016年排名	公司名称	营业收入/百万美元	利润/百万美元	母国/地区
52	51	宝马集团（BMW GROUP）	104 129.7	7 589.4	德国
53	52	美国快捷药方控股公司（EXPRESS SCRIPTS HOLDING）	100 287.5	3 404.4	美国
54	59	托克集团（TRAFIGURA GROUP）	98 097.8	750.8	新加坡
55	57	中国铁路工程总公司（CHINA RAILWAY ENGINEERING）	96 978.5	924.1	中国
56	126	英国保诚集团（PRUDENTIAL）	96 965.2	2 592.8	英国
57	49	意大利忠利保险公司（ASSICURAZIONI GENERALI）	95 216.6	2 301.3	意大利
58	62	中国铁道建筑总公司（CHINA RAILWAY CONSTRUCTION）	94 876.5	1 192.4	中国
59	69	家得宝公司（HOME DEPOT）	94 595.0	7 957.0	美国
60	61	波音公司（BOEING）	94 571.0	4 895.0	美国
61	67	美国富国银行（WELLS FARGO）	94 176.0	21 938.0	美国
62	64	美国银行（BANK OF AMERICA CORP.）	93 662.0	17 906.0	美国
63	56	俄罗斯天然气工业股份公司（GAZPROM）	91 382.4	14 222.6	俄罗斯
64	66	雀巢公司（NESTLÉ）	90 813.9	8 659.2	瑞士
65	94	字母表公司（ALPHABET）	90 272.0	19 478.0	美国
66	71	西门子公司（SIEMENS）	88 419.1	6 050.5	德国
67	73	家乐福有限公司（CARREFOUR）	87 111.9	825.0	法国

续表

2017年排名	2016年排名	公司名称	营业收入/百万美元	利润/百万美元	母国/地区
68	81	东风汽车公司 (DONGFENG MOTOR)	86 193.5	1 415.0	中国
69	63	微软公司 (MICROSOFT)	85 320.0	16 798.0	美国
70	85	安森保险公司 (ANTHEM)	84 863.0	2 469.8	美国
71	79	日立公司 (HITACHI)	84 558.4	2 134.3	日本
72	92	软银集团 (SOFTBANK GROUP)	82 892.3	13 163.4	日本
73	75	西班牙国家银行 (BANCO SANTANDER)	82 801.3	6 860.7	西班牙
74	70	花旗集团 (CITIGROUP)	82 386.0	14 912.0	美国
75	58	巴西国家石油公司 (PETROBRAS)	81 405.0	-4 838.0	巴西
76	87	博世公司 (ROBERT BOSCH)	80 869.4	2 155.3	德国
77	90	德国电信 (DEUTSCHE TELEKOM)	80 831.8	2 958.1	德国
78	84	现代汽车公司 (HYUNDAI MOTOR)	80 701.4	4 659.0	韩国
79	96	美国康卡斯特电信公司 (COMCAST)	80 403.0	8 695.0	美国
80	77	法国农业信贷银行 (CRÉDIT AGRICOLE)	80 257.8	3 914.7	法国
81	82	国际商业机器公司 (INTERNATIONAL BUSINESS MACHINES)	79 919.0	11 872.0	美国
82	80	法国电力公司 (ÉLECTRICITÉ DE FRANCE)	78 739.5	3 152.8	法国
83	129	华为投资控股有限公司 (HUAWEI INVESTMENT & HOLDING)	78 510.8	5 579.4	中国

续表

2017年排名	2016年排名	公司名称	营业收入/百万美元	利润/百万美元	母国/地区
84	78	意大利国家电力公司 （ENEL）	78 063.9	2 842.0	意大利
85	93	州立农业保险公司 （STATE FARM INSURANCE COS.）	76 131.8	350.3	美国
86	91	中国华润总公司 （CHINA RESOURCES NATIONAL）	75 776.3	2 580.2	中国
87	111	日本永旺集团 （AEON）	75 772.0	103.9	日本
88	68	汇丰银行控股公司 （HSBC HOLDINGS）	75 329.0	2 479.0	英国
89	99	太平洋建设集团 （PACIFIC CONSTRUCTION GROUP）	74 629.0	3 168.1	中国
90	279	英杰华集团 （AVIVA）	74 627.6	948.8	英国
91	—	尤尼佩尔公司 （UNIPER）	74 406.8	-3 557.5	德国
92	72	乐购公司 （TESCO）	74 393.1	-52.7	英国
93	89	Engie 能源集团 （ENGIE）	73 692.4	-458.9	法国
94	100	空中客车集团 （AIRBUS GROUP）	73 628.3	1 100.3	荷兰
95	294	SK 集团 （SK HOLDINGS）	72 579.1	659.7	韩国
96	74	Phillips 66 公司 （PHILLIPS 66）	72 396.0	1 555.0	美国
97	103	强生公司 （JOHNSON & JOHNSON）	71 890.0	16 540.0	美国
98	86	宝洁公司 （PROCTER & GAMBLE）	71 726.0	10 508.0	美国
99	107	美国邮政 （U.S. POSTAL SERVICE）	71 498.0	-5 591.0	美国

续表

2017年排名	2016年排名	公司名称	营业收入/百万美元	利润/百万美元	母国/地区
100	95	中国南方电网有限责任公司(CHINA SOUTHERN POWER GRID)	71 241.5	2 329.8	中国
101	102	中国南方工业集团公司(CHINA SOUTH INDUSTRIES GROUP)	71 150.5	580.3	中国
102	76	卢克石油公司(LUKOIL)	70 896.8	3 090.6	俄罗斯
103	110	中国交通建设集团有限公司(CHINA COMMUNICATIONS CONSTRUCTION)	70 750.8	1 431.3	中国
104	155	法国BPCE银行集团(GROUPE BPCE)	70 516.5	4 410.1	法国
105	113	索尼公司(SONY)	70 170.3	676.4	日本
106	83	瓦莱罗能源公司(VALERO ENERGY)	70 166.0	2 289.0	美国
107	97	塔吉特公司(TARGET)	69 495.0	2 737.0	美国
108	43	法国兴业银行(SOCIÉTÉ GÉNÉRALE)	69 335.4	4 284.0	法国
109	106	慕尼黑再保险公司(MUNICH RE GROUP)	68 699.6	2 853.1	德国
110	128	松下公司(PANASONIC)	67 774.9	1 378.4	日本
111	114	日本生命保险公司(NIPPON LIFE INSURANCE)	67 388.3	2 786.9	日本
112	141	苏黎世保险集团(ZURICH INSURANCE GROUP)	67 245.0	3 211.0	瑞士
113	159	伊塔乌联合银行控股公司(ITAÚ UNIBANCO HOLDING)	66 876.3	6 666.4	巴西
114	119	中国人民保险集团股份有限公司(PEOPLE'S INSURANCE CO. OF CHINA)	66 731.9	2 144.3	中国
115	109	中国海洋石油总公司(CHINA NATIONAL OFFSHORE OIL)	65 891.7	1 752.4	中国

续表

2017年排名	2016年排名	公司名称	营业收入/百万美元	利润/百万美元	母国/地区
116	138	丸红株式会社 (MARUBENI)	65 791.6	1 433.7	日本
117	108	德国邮政 (DEUTSCHE POST)	65 786.8	2 918.3	德国
118	124	房地美公司 (FREDDIE MAC)	65 665.0	7 815.0	美国
119	105	中国邮政集团公司 (CHINA POST GROUP)	65 605.0	4 980.3	中国
120	323	中国五矿集团公司 (CHINA MINMETALS)	65 546.9	-446.7	中国
121	193	英国劳埃德银行集团 (LLOYDS BANKING GROUP)	65 208.1	2 784.4	英国
122	148	美国劳氏公司 (LOWE´S)	65 017.0	3 093.0	美国
123	101	麦德龙公司 (METRO)	64 853.3	665.0	德国
124	—	戴尔科技公司 (DELL TECHNOLOGIES)	64 806.0	-1 672.0	美国
125	130	中国第一汽车集团公司 (CHINA FAW GROUP)	64 783.9	2 411.3	中国
126	88	巴斯夫公司 (BASF)	63 641.4	4 485.3	德国
127	131	JXTG 控股有限公司 (JXTG HOLDINGS)	63 628.5	1 477.3	日本
128	104	大都会人寿 (METLIFE)	63 476.0	800.0	美国
129	122	天津物产集团有限公司 (TEWOO GROUP)	63 324.2	141.7	中国
130	142	安泰保险公司 (AETNA)	63 155.0	2 271.0	美国
131	127	百事公司 (PEPSICO)	62 799.0	6 329.0	美国

续表

2017 年排名	2016 年排名	公司名称	营业收入/百万美元	利润/百万美元	母国/地区
132	65	埃尼石油公司 (ENI)	62 693.7	-1 619.0	意大利
133	132	中国电信集团公司 (CHINA TELECOMMUNICATIONS)	62 387.0	1 764.6	中国
134	112	ADM 公司 (ARCHER DANIELS MIDLAND)	62 346.0	1 279.0	美国
135	134	中国兵器工业集团公司 (CHINA NORTH INDUSTRIES GROUP)	61 325.5	853.0	中国
136	121	中粮集团有限公司 (COFCO)	61 265.3	204.5	中国
137	160	北京汽车集团 (BEIJING AUTOMOTIVE GROUP)	61 129.5	1 260.6	中国
138	149	联合包裹速递服务公司 (UNITED PARCEL SERVICE)	60 906.0	3 431.0	美国
139	—	安邦保险集团 (ANBANG INSURANCE GROUP)	60 799.8	3 883.9	中国
140	140	标致公司 (PEUGEOT)	59 748.8	1 913.1	法国
141	—	艾伯森公司 (ALBERTSONS COS.)	59 678.2	-373.3	美国
142	135	第一生命控股有限公司 (DAI-ICHI LIFE HOLDINGS)	59 589.7	2 134.5	日本
143	139	中国中化集团公司 (SINOCHEM GROUP)	59 532.6	468.0	中国
144	158	英特尔公司 (INTEL)	59 387.0	10 316.0	美国
145	151	三菱商事株式会社 (MITSUBISHI)	59 303.2	4 063.5	日本
146	144	欧尚集团 (AUCHAN HOLDING)	58 861.9	652.4	法国
147	253	荷兰全球保险集团 (AEGON)	58 789.0	483.3	荷兰

续表

2017 年排名	2016 年排名	公司名称	营业收入/百万美元	利润/百万美元	母国/地区
148	152	保德信金融集团（PRUDENTIAL FINANCIAL）	58 779.0	4 368.0	美国
149	133	沃达丰集团（VODAFONE GROUP）	58 611.4	-6 904.0	英国
150	147	联合利华（UNILEVER）	58 292.4	5 732.7	英国/荷兰
151	115	巴西银行（BANCO DO BRASIL）	58 093.4	2 013.8	巴西
152	98	墨西哥石油公司（PEMEX）	57 773.9	-10 256.3	墨西哥
153	137	西班牙电话公司（TELEFÓNICA）	57 543.8	2 619.7	西班牙
154	209	巴西布拉德斯科银行（BANCO BRADESCO）	57 442.7	5 127.9	巴西
155	136	联合技术公司（UNITED TECHNOLOGIES）	57 244.0	5 055.0	美国
156	123	安赛乐米塔尔（ARCELORMITTAL）	56 791.0	1 779.0	卢森堡
157	178	雷诺公司（RENAULT）	56 666.8	3 780.9	法国
158	118	俄罗斯石油公司（ROSNEFT OIL）	56 553.3	2 705.1	俄罗斯
159	163	山东魏桥创业集团有限公司（SHANDONG WEIQIAO PIONEERING GROUP）	56 174.0	1 217.2	中国
160	120	马拉松原油公司（MARATHON PETROLEUM）	55 858.0	1 174.0	美国
161	164	华特迪士尼公司（WALT DISNEY）	55 632.0	9 391.0	美国
162	143	中国航空工业集团公司（AVIATION INDUSTRY CORP. OF CHINA）	55 306.2	464.2	中国
163	117	荷兰国际集团（ING GROUP）	55 282.3	5 501.6	荷兰

续表

2017 年排名	2016 年排名	公司名称	营业收入/百万美元	利润/百万美元	母国/地区
164	191	三菱日联金融集团 (MITSUBISHI UFJ FINANCIAL GROUP)	55 185.3	8 550.1	日本
165	222	皇家阿霍德德尔海兹集团 (ROYAL AHOLD DELHAIZE)	54 955.0	917.9	荷兰
166	162	哈门那公司 (HUMANA)	54 379.0	614.0	美国
167	179	Seven & I 控股公司 (SEVEN & I HOLDINGS)	53 858.0	892.9	日本
168	161	印度石油公司 (INDIAN OIL)	53 561.5	2 960.0	印度
169	167	瑞士罗氏公司 (ROCHE GROUP)	53 427.2	9 719.9	瑞士
170	353	海航集团 (HNA GROUP)	53 035.3	278.9	中国
171	153	交通银行 (BANK OF COMMUNICATIONS)	52 989.6	10 116.9	中国
172	156	中国中信集团有限公司 (CITIC GROUP)	52 852.0	3 236.3	中国
173	186	辉瑞制药有限公司 (PFIZER)	52 824.0	7 215.0	美国
174	165	拜耳集团 (BAYER)	52 568.6	5 010.6	德国
175	150	美国国际集团 (AMERICAN INTERNATIONAL GROUP)	52 367.0	-849.0	美国
176	154	美洲电信 (AMÉRICA MÓVIL)	52 201.0	462.9	墨西哥
177	172	韩国电力公司 (KOREA ELECTRIC POWER)	51 500.4	6 074.1	韩国
178	197	洛克希德-马丁公司 (LOCKHEED MARTIN)	50 658.0	5 302.0	美国
179	188	西斯科公司 (SYSCO)	50 366.9	949.6	美国

续表

2017 年排名	2016 年排名	公司名称	营业收入/百万美元	利润/百万美元	母国/地区
180	192	联邦快递公司（FEDEX）	50 365.0	1 820.0	美国
181	—	慧与公司（HEWLETT PACKARD ENTERPRISE）	50 123.0	3 161.0	美国
182	157	路易达孚集团（LOUIS DREYFUS）	49 838.0	305.0	荷兰
183	190	正威国际集团（AMER INTERNATIONAL GROUP）	49 676.7	1 199.9	中国
184	125	马来西亚国家石油公司（PETRONAS）	49 478.7	4 092.9	马来西亚
185	177	东京电力公司（TOKYO ELECTRIC POWER）	49 446.4	1 225.7	日本
186	175	诺华公司（NOVARTIS）	49 436.0	6 712.0	瑞士
187	183	思科公司（CISCO SYSTEMS）	49 247.0	10 739.0	美国
188	231	MS&AD 保险集团控股有限公司（MS&AD INSURANCE GROUP HOLDINGS）	49 238.8	1 942.2	日本
189	166	德意志银行（DEUTSCHE BANK）	48 876.2	-1 550.4	德国
190	200	中国电力建设集团有限公司（POWERCHINA）	48 868.8	1 057.6	中国
191	185	巴西 JBS 公司（JBS）	48 825.3	107.7	巴西
192	146	泰国国家石油有限公司（PTT）	48 719.1	2 681.6	泰国
193	261	东京海上日动火灾保险公司（TOKIO MARINE HOLDINGS）	48 291.6	2 527.4	日本
194	48	惠普公司（HP）	48 238.0	2 496.0	美国
195	174	莱茵集团（RWE）	48 203.8	-6 249.1	德国

续表

2017年排名	2016年排名	公司名称	营业收入/百万美元	利润/百万美元	母国/地区
196	187	陶氏化学公司 (DOW CHEMICAL)	48 158.0	4 318.0	美国
197	170	Finatis 公司 (FINATIS)	48 154.0	687.8	法国
198	171	西农公司 (WESFARMERS)	48 002.9	296.1	澳大利亚
199	205	中国医药集团 (SINOPHARM)	47 809.7	504.0	中国
200	182	法国国家人寿保险公司 (CNP ASSURANCES)	47 804.3	1 327.3	法国
201	180	LG 电子公司 (LG ELECTRONICS)	47 712.2	66.2	韩国
202	243	日本三井住友金融集团 (SUMITOMO MITSUI FINANCIAL GROUP)	47 374.6	6 520.5	日本
203	215	信实工业公司 (RELIANCE INDUSTRIES)	46 930.7	4 458.9	印度
204	275	中国宝武钢铁集团 (CHINA BAOWU STEEL GROUP)	46 606.2	442.8	中国
205	116	来宝集团 (NOBLE GROUP)	46 528.3	8.7	中国
206	211	百威英博公司 (ANHEUSER-BUSCH INBEV)	45 905.0	1 241.0	比利时
207	145	挪威国家石油公司 (STATOIL)	45 873.0	-2 902.0	挪威
208	173	韩国浦项制铁公司 (POSCO)	45 620.5	1 167.5	韩国
209	208	起亚汽车公司 (KIA MOTORS)	45 425.0	2 373.8	韩国
210	204	Orange 公司 (ORANGE)	45 249.0	3 245.7	法国
211	234	中国化工集团公司 (CHEMCHINA)	45 177.2	17.9	中国

续表

2017年排名	2016年排名	公司名称	营业收入/百万美元	利润/百万美元	母国/地区
212	203	德国联邦铁路公司（DEUTSCHE BAHN）	44 849.8	768.6	德国
213	213	德国大陆集团（CONTINENTAL）	44 841.5	3 099.1	德国
214	212	HCA公司（HCA HOLDINGS）	44 747.0	2 890.0	美国
215	223	日本伊藤忠商事株式会社（ITOCHU）	44 654.1	3 250.6	日本
216	189	招商银行（CHINA MERCHANTS BANK）	44 551.8	9 344.8	中国
217	232	印度国家银行（STATE BANK OF INDIA）	44 533.4	36.0	印度
218	176	澳大利亚伍尔沃斯公司（WOOLWORTHS）	43 924.9	-898.3	澳大利亚
219	271	日本KDDI电信公司（KDDI）	43 821.6	5 045.1	日本
220	282	瑞士再保险股份有限公司（SWISS RE）	43 786.0	3 558.0	瑞士
221	201	河钢集团（HBIS GROUP）	43 768.9	-146.8	中国
222	229	中国华信能源有限公司（CEFC CHINA ENERGY）	43 743.3	740.9	中国
223	219	西班牙对外银行（BANCO BILBAO VIZCAYA ARGENTARIA）	43 697.5	3 842.8	西班牙
224	184	蒂森克虏伯公司（THYSSENKRUPP）	43 589.0	328.6	德国
225	196	圣戈班集团（SAINT-GOBAIN）	43 230.8	1 449.8	法国
226	202	联想集团（LENOVO GROUP）	43 034.7	535.1	中国
227	210	万喜集团（VINCI）	42 770.8	2 770.1	法国

续表

2017 年排名	2016 年排名	公司名称	营业收入/百万美元	利润/百万美元	母国/地区
228	238	新日铁住金株式会社 (NIPPON STEEL & SUMITOMO METAL)	42 756.9	1 208.5	日本
229	214	邦吉公司 (BUNGE)	42 679.0	745.0	美国
230	195	兴业银行 (INDUSTRIAL BANK)	42 621.6	8 105.9	中国
231	32	意昂集团 (E.ON)	42 213.4	-9 344.4	德国
232	199	俄罗斯联邦储蓄银行 (SBERBANK)	42 159.4	8 078.0	俄罗斯
233	281	中国船舶重工集团公司 (CHINA SHIP BUILDING INDUSTRY)	42 149.2	485.8	中国
234	228	迪奥集团 (CHRISTIAN DIOR)	42 112.8	1 740.3	法国
235	206	可口可乐公司 (COCA-COLA)	41 863.0	6 527.0	美国
236	268	电装公司 (DENSO)	41 781.0	2 377.6	日本
237	248	富士通公司 (FUJITSU)	41 619.9	816.7	日本
238	303	广州汽车工业集团 (GUANGZHOU AUTOMOBILE INDUSTRY GROUP)	41 560.4	551.9	中国
239	254	丰益国际集团 (WILMAR INTERNATIONAL)	41 401.7	972.2	新加坡
240	233	赛诺菲公司 (SANOFI)	41 376.3	5 207.4	法国
241	207	中国联合网络通信股份有限公司 (CHINA UNITED NETWORK COMMUNICATIONS)	41 273.9	23.2	中国
242	335	住友生命保险公司 (SUMITOMO LIFE INSURANCE)	40 920.8	517.5	日本
243	198	美国纽约人寿保险公司 (NEW YORK LIFE INSURANCE)	40 786.6	1 088.1	美国

续表

2017年排名	2016年排名	公司名称	营业收入/百万美元	利润/百万美元	母国/地区
244	470	Centene公司 (CENTENE)	40 721.0	562.0	美国
245	227	上海浦东发展银行股份有限公司 (SHANGHAI PUDONG DEVELOPMENT BANK)	40 688.7	7 992.8	中国
246	277	韩华集团 (HANWHA)	40 605.5	423.7	韩国
247	226	印度塔塔汽车公司 (TATA MOTORS)	40 329.2	1 111.6	印度
248	262	中国铝业公司 (ALUMINUM CORP. OF CHINA)	40 278.0	-282.5	中国
249	245	三井物产株式会社 (MITSUI)	40 275.0	2 825.3	日本
250	394	宏利金融公司 (MANULIFE FINANCIAL)	40 238.1	2 209.7	加拿大
251	221	中国民生银行 (CHINA MINSHENG BANKING)	40 234.3	7 201.6	中国
252	251	中国太平洋保险（集团）股份有限公司 (CHINA PACIFIC INSURANCE (GROUP))	40 192.7	1 814.9	中国
253	236	美国航空集团 (AMERICAN AIRLINES GROUP)	40 180.0	2 676.0	美国
254	241	美国全国保险公司 (NATIONWIDE)	40 074.1	334.3	美国
255	246	默沙东公司 (MERCK)	39 807.0	3 920.0	美国
256	264	信诺公司 (CIGNA)	39 668.0	1 867.0	美国
257	239	达美航空公司 (DELTA AIR LINES)	39 639.0	4 373.0	美国
258	244	百思买公司 (BEST BUY)	39 403.0	1 228.0	美国
259	327	中国建材集团 (CHINA NATIONAL BUILDING MATERIAL GROUP)	39 322.6	74.5	中国

续表

2017 年排名	2016 年排名	公司名称	营业收入/百万美元	利润/百万美元	母国/地区
260	256	霍尼韦尔国际公司（HONEYWELL INTERNATIONAL）	39 302.0	4 809.0	美国
261	366	京东集团（JD.COM）	39 155.3	-573.0	中国
262	276	三菱电机股份有限公司（MITSUBISHI ELECTRIC）	39 118.6	1 942.6	日本
263	320	采埃孚公司（ZF FRIEDRICHSHAFEN）	38 888.2	949.9	德国
264	194	卡特彼勒公司（CATERPILLAR）	38 537.0	-67.0	美国
265	249	美国利宝互助保险集团（LIBERTY MUTUAL INSURANCE GROUP）	38 308.0	1 006.0	美国
266	351	加拿大鲍尔集团（POWER CORP. OF CANADA）	38 286.4	855.5	加拿大
267	263	摩根士丹利公司（MORGAN STANLEY）	37 949.0	5 979.0	美国
268	—	恒力集团（HENGLI GROUP）	37 879.7	821.7	中国
269	216	南苏格兰电力公司（SSE）	37 813.0	2 082.9	英国
270	258	万通互惠理财公司（MASSACHUSETTS MUTUAL LIFE INSURANCE）	37 788.0	1 273.5	美国
271	252	高盛集团（GOLDMAN SACHS GROUP）	37 712.0	7 398.0	美国
272	—	江森自控国际公司（JOHNSON CONTROLS INTERNATIONAL）	37 674.0	-868.0	爱尔兰
273	278	英国葛兰素史克公司（GLAXOSMITHKLINE）	37 641.8	1 230.9	英国
274	217	中国华能集团公司（CHINA HUANENG GROUP）	37 542.6	-85.9	中国
275	225	Energy Transfer Equity 公司（ENERGY TRANSFER EQUITY）	37 504.0	995.0	美国

续表

2017 年排名	2016 年排名	公司名称	营业收入/百万美元	利润/百万美元	母国/地区
276	270	神华集团（SHENHUA GROUP）	37 321.5	1 916.9	中国
277	311	绿地控股集团有限公司（GREENLAND HOLDING GROUP）	37 240.3	1 085.2	中国
278	291	美国教师退休基金会（TIAA）	37 105.4	1 492.3	美国
279	273	怡和集团（JARDINE MATHESON）	37 051.0	2 503.0	中国
280	260	甲骨文公司（ORACLE）	37 047.0	8 901.0	美国
281	255	西班牙 ACS 集团（ACS）	36 992.2	830.5	西班牙
282	308	住友商事株式会社（SUMITOMO）	36 888.0	1 577.1	日本
283	235	泰森食品公司（TYSON FOODS）	36 881.0	1 768.0	美国
284	181	巴克莱银行（BARCLAYS）	36 788.8	2 807.4	英国
285	305	意大利邮政集团（POSTE ITALIANE）	36 616.8	687.8	意大利
286	220	英国森特理克集团（CENTRICA）	36 579.6	2 256.7	英国
287	265	美国联合大陆控股有限公司（UNITED CONTINENTAL HOLDINGS）	36 556.0	2 263.0	美国
288	283	好事达公司（ALLSTATE）	36 534.0	1 877.0	美国
289	230	印尼国家石油公司（PERTAMINA）	36 486.7	3 147.0	印度尼西亚
290	306	麦格纳国际公司（MAGNA INTERNATIONAL）	36 445.0	2 031.0	加拿大
291	257	瑞银集团（UBS GROUP）	36 229.5	3 252.2	瑞士

续表

2017 年排名	2016 年排名	公司名称	营业收入/百万美元	利润/百万美元	母国/地区
292	224	意大利联合圣保罗银行 (INTESA SANPAOLO)	36 225. 3	3 440. 3	意大利
293	274	加拿大乔治威斯顿公司 (GEORGE WESTON)	36 211. 1	414. 9	加拿大
294	307	日本三菱重工业股份有限公司 (MITSUBISHI HEAVY INDUSTRIES)	36 122. 4	809. 6	日本
295	423	Rajesh Exports 公司 (RAJESH EXPORTS)	36 113. 9	185. 8	印度
296	259	和硕公司 (PEGATRON)	35 891. 2	599. 6	中国
297	284	日本明治安田生命保险公司 (MEIJI YASUDA LIFE INSURANCE)	35 766. 6	2 064. 8	日本
298	240	马士基集团 (MAERSK GROUP)	35 464. 0	-1 939. 0	丹麦
299	247	沙特基础工业公司 (SABIC)	35 421. 0	4 757. 1	沙特阿拉伯
300	280	法国布伊格集团 (BOUYGUES)	35 276. 5	809. 5	法国
301	272	沃尔沃集团 (VOLVO)	35 268. 6	1 535. 8	瑞典
302	289	Talanx 公司 (TALANX)	35 100. 6	1 003. 0	德国
303	285	汉莎集团 (LUFTHANSA GROUP)	35 011. 1	1 964. 0	德国
304	297	加拿大皇家银行 (ROYAL BANK OF CANADA)	34 903. 9	7 839. 6	加拿大
305	312	埃森哲公司 (ACCENTURE)	34 797. 7	4 111. 9	爱尔兰
306	250	雷普索尔公司 (REPSOL)	34 484. 7	1 919. 7	西班牙
307	356	万科企业股份有限公司 (CHINA VANKE)	34 458. 0	3 164. 5	中国

续表

2017 年排名	2016 年排名	公司名称	营业收入/百万美元	利润/百万美元	母国/地区
308	317	大众超级市场公司（PUBLIX SUPER MARKETS）	34 274.1	2 025.7	美国
309	321	德国艾德卡公司（EDEKA ZENTRALE）	34 193.0	356.0	德国
310	288	森宝利公司（J. SAINSBURY）	34 148.8	490.9	英国
311	301	Alimentation Couche-Tard 公司（ALIMENTATION COUCHE-TARD）	34 144.6	1 193.5	加拿大
312	309	中国能源建设集团有限公司（CHINA ENERGY ENGINEERING GROUP）	33 929.8	421.0	中国
313	237	韩国现代重工集团（HYUNDAI HEAVY INDUSTRIES）	33 881.4	469.8	韩国
314	286	瑞士 ABB 集团（ABB）	33 828.0	1 899.0	瑞士
315	302	美国运通公司（AMERICAN EXPRESS）	33 823.0	5 408.0	美国
316	296	力拓集团（RIO TINTO GROUP）	33 781.0	4 617.0	英国
317	319	SNCF Mobilités 公司（SNCF MOBILITÉS）	33 747.1	565.1	法国
318	266	中国中车股份有限公司（CRRC）	33 738.7	1 700.3	中国
319	473	长江和记实业有限公司（CK HUTCHISON HOLDINGS）	33 475.0	4 252.4	中国
320	267	冀中能源集团（JIZHONG ENERGY GROUP）	33 365.5	-153.9	中国
321	338	TJX 公司（TJX）	33 183.7	2 298.2	美国
322	318	新兴际华集团（XINXING CATHAY INTERNATIONAL GROUP）	33 173.8	448.2	中国
323	310	现代摩比斯公司（HYUNDAI MOBIS）	32 971.8	2 617.8	韩国

续表

2017年排名	2016年排名	公司名称	营业收入/百万美元	利润/百万美元	母国/地区
324	393	爱信精机公司 （AISIN SEIKI）	32 879.4	1 168.9	日本
325	340	来德爱公司 （RITE AID）	32 845.1	4.1	美国
326	325	陕西延长石油（集团）有限责任公司 （SHAANXI YANCHANG PETROLEUM（GROUP））	32 652.3	-22.6	中国
327	334	德国中央合作银行 （DZ BANK）	32 635.7	1 623.4	德国
328	300	联合信贷集团 （UNICREDIT GROUP）	32 538.9	-13 038.0	意大利
329	313	中国光大集团 （CHINA EVERBRIGHT GROUP）	32 460.5	1 877.8	中国
330	402	大和房建集团 （DAIWA HOUSE INDUSTRY）	32 420.6	1 861.5	日本
331	343	耐克公司 （NIKE）	32 376.0	3 760.0	美国
332	295	Iberdrola 公司 （IBERDROLA）	32 307.7	2 991.3	西班牙
333	269	澳洲联邦银行 （COMMONWEALTH BANK OF AUSTRALIA）	32 286.9	6 712.9	澳大利亚
334	293	中国机械工业集团有限公司 （SINOMACH）	32 237.0	502.0	中国
335	341	费森尤斯集团 （FRESENIUS）	32 161.3	1 761.6	德国
336	344	中国航天科技集团公司 （CHINA AEROSPACE SCIENCE & TECHNOLOGY）	32 093.8	1 996.2	中国
337	347	陕西煤业化工集团 （SHAANXI COAL & CHEMICAL INDUSTRY）	31 926.0	-254.4	中国
338	496	中国恒大集团 （CHINA EVERGRANDE GROUP）	31 828.0	2 368.8	中国
339	328	江西铜业集团公司 （JIANGXI COPPER）	31 679.8	20.4	中国

续表

2017年排名	2016年排名	公司名称	营业收入/百万美元	利润/百万美元	母国/地区
340	388	损保控股有限公司 (SOMPO HOLDINGS)	31 558.8	1 535.7	日本
341	401	中国保利集团 (CHINA POLY GROUP)	31 508.3	744.1	中国
342	—	安达保险公司 (CHUBB)	31 469.0	4 135.0	瑞士
343	410	浙江吉利控股集团 (ZHEJIANG GEELY HOLDING GROUP)	31 429.8	1 265.7	中国
344	355	Exelon 公司 (EXELON)	31 360.0	1 134.0	美国
345	330	通用动力公司 (GENERAL DYNAMICS)	31 353.0	2 955.0	美国
346	369	英国电信集团 (BT GROUP)	31 333.4	2 484.6	英国
347	332	佳能公司 (CANON)	31 271.0	1 385.0	日本
348	359	物产中大集团 (WUCHAN ZHONGDA GROUP)	31 185.0	324.3	中国
349	324	三菱化学控股公司 (MITSUBISHI CHEMICAL HOLDINGS)	31 157.6	1 442.1	日本
350	168	必和必拓公司 (BHP BILLITON)	30 912.0	-6 385.0	澳大利亚
351	350	多伦多道明银行 (TORONTO-DOMINION BANK)	30 854.9	6 646.1	加拿大
352	395	斯巴鲁公司 (SUBARU)	30 695.5	2 605.8	日本
353	333	普利司通公司 (BRIDGESTONE)	30 678.3	2 441.3	日本
354	292	瑞士信贷公司 (CREDIT SUISSE GROUP)	30 588.0	-2 750.7	瑞士
355	381	中国航天科工集团公司 (CHINA AEROSPACE SCIENCE & INDUSTRY)	30 581.9	1 443.7	中国

续表

2017 年排名	2016 年排名	公司名称	营业收入/百万美元	利润/百万美元	母国/地区
356	371	日本钢铁工程控股公司 (JFE HOLDINGS)	30 538.6	627.0	日本
357	399	日本瑞穗金融集团 (MIZUHO FINANCIAL GROUP)	30 390.1	5 570.1	日本
358	316	Gilead Sciences 公司 (GILEAD SCIENCES)	30 390.0	13 501.0	美国
359	299	CHS 公司 (CHS)	30 347.2	424.2	美国
360	358	巴拉特石油公司 (BHARAT PETROLEUM)	30 316.0	1 300.5	印度
361	348	3M 公司 (3M)	30 109.0	5 050.0	美国
362	329	中国电子信息产业集团有限公司 (CHINA ELECTRONICS)	30 009.7	321.9	中国
363	411	CRH 公司 (CRH)	29 972.8	1 374.6	爱尔兰
364	349	中国船舶工业集团公司 (CHINA STATE SHIPBUILDING)	29 876.8	367.6	中国
365	314	江苏沙钢集团 (JIANGSU SHAGANG GROUP)	29 862.2	352.1	中国
366	465	中国远洋海运集团有限公司 (CHINA COSCO SHIPPING)	29 743.1	1 489.0	中国
367	373	马自达汽车株式会社 (MAZDA MOTOR)	29 665.3	865.5	日本
368	342	国家电力投资集团公司 (STATE POWER INVESTMENT)	29 493.4	436.6	中国
369	403	台积电公司 (TAIWAN SEMICONDUCTOR MANUFACTURING)	29 387.9	10 283.7	中国
370	417	巴西淡水河谷公司 (VALE)	29 363.0	3 982.0	巴西
371	376	时代华纳公司 (TIME WARNER)	29 318.0	3 926.0	美国

续表

2017 年排名	2016 年排名	公司名称	营业收入/百万美元	利润/百万美元	母国/地区
372	426	山东能源集团有限公司（SHANDONG ENERGY GROUP）	29 298.6	39.2	中国
373	405	铃木汽车公司（SUZUKI MOTOR）	29 251.6	1 476.2	日本
374	315	利安德巴塞尔工业公司（LYONDELLBASELL INDUSTRIES）	29 183.0	3 836.0	荷兰
375	368	荷兰皇家飞利浦公司（ROYAL PHILIPS）	29 003.0	1 601.3	荷兰
376	—	特许通讯公司（CHARTER COMMUNICATIONS）	29 003.0	3 522.0	美国
377	—	美敦力公司（MEDTRONIC）	28 833.0	3 538.0	爱尔兰
378	377	西北互助人寿保险公司（NORTHWESTERN MUTUAL）	28 799.0	818.0	美国
379	378	欧莱雅公司（L'ORÉAL）	28 571.8	3 434.5	法国
380	385	大连万达集团（DALIAN WANDA GROUP）	28 482.8	110.3	中国
381	424	Medipal 控股公司（MEDIPAL HOLDINGS）	28 276.7	267.7	日本
382	331	中国华电集团公司（CHINA HUADIAN）	28 204.3	360.6	中国
383	456	友邦保险公司（AIA GROUP）	28 196.0	4 164.0	中国
384	367	印度斯坦石油公司（HINDUSTAN PETROLEUM）	28 165.5	1 228.1	印度
385	372	Migros 集团（MIGROS GROUP）	28 154.9	693.3	瑞士
386	363	法国航空-荷兰皇家航空集团（AIR FRANCE-KLM GROUP）	27 920.4	875.8	法国
387	387	金巴斯集团（COMPASS GROUP）	27 837.3	1 408.5	英国

续表

2017 年排名	2016 年排名	公司名称	营业收入/百万美元	利润/百万美元	母国/地区
388	287	斯伦贝谢公司（SCHLUMBERGER）	27 810.0	-1 687.0	美国
389	391	关西电力公司（KANSAI ELECTRIC POWER）	27 791.6	1 299.3	日本
390	326	广达电脑公司（QUANTA COMPUTER）	27 715.1	469.3	中国
391	336	西太平洋银行（WESTPAC BANKING）	27 704.4	5 477.0	澳大利亚
392	396	Coop 集团（COOP GROUP）	27 668.7	482.1	瑞士
393	—	Facebook 公司（FACEBOOK）	27 638.0	10 217.0	美国
394	397	Travelers Cos. 公司（TRAVELERS COS.）	27 625.0	3 014.0	美国
395	430	第一资本金融公司（CAPITAL ONE FINANCIAL）	27 519.0	3 751.0	美国
396	360	二十一世纪福克斯公司（TWENTY-FIRST CENTURY FOX）	27 326.0	2 755.0	美国
397	345	中国国电集团公司（CHINA GUODIAN）	27 315.1	268.7	中国
398	438	LafargeHolcim 公司（LAFARGEHOLCIM）	27 308.4	1 817.9	瑞士
399	354	施耐德电气公司（SCHNEIDER ELECTRIC）	27 306.6	1 935.2	法国
400	408	中国电子科技集团公司（CHINA ELECTRONICS TECHNOLOGY GROUP）	27 291.7	1 611.6	中国
401	444	联合服务汽车协会（UNITED SERVICES AUTOMOBILE ASSN.）	27 131.1	1 779.1	美国
402	346	全球燃料服务公司（WORLD FUEL SERVICES）	27 015.8	126.5	美国
403	416	PHOENIX PHARMAHANDEL 公司（PHOENIX PHARMAHANDEL）	26 976.1	135.4	德国

续表

2017年排名	2016年排名	公司名称	营业收入/百万美元	利润/百万美元	母国/地区
404	382	法国威立雅环境集团 （VEOLIA ENVIRONNEMENT）	26 971.8	423.6	法国
405	304	澳大利亚国民银行 （NATIONAL AUSTRALIA BANK）	26 957.7	259.0	澳大利亚
406	398	菲利普-莫里斯国际公司 （PHILIP MORRIS INTERNATIONAL）	26 685.0	6 967.0	美国
407	364	迪尔公司 （DEERE）	26 644.0	1 523.9	美国
408	447	东日本旅客铁道株式会社 （EAST JAPAN RAILWAY）	26 586.9	2 565.0	日本
409	413	Achmea 公司 （ACHMEA）	26 493.8	-423.5	荷兰
410	—	卡夫亨氏公司 （KRAFT HEINZ）	26 487.0	3 632.0	美国
411	468	国泰人寿保险股份有限公司 （CATHAY LIFE INSURANCE）	26 291.7	934.0	中国
412	409	Tech Data 公司 （TECH DATA）	26 234.9	195.1	美国
413	439	三星人寿保险公司 （SAMSUNG LIFE INSURANCE）	26 221.7	1 770.3	韩国
414	380	安富利公司 （AVNET）	26 219.3	506.5	美国
415	—	诺基亚公司 （NOKIA）	26 113.4	-847.1	芬兰
416	407	Enbridge 公司 （ENBRIDGE）	26 072.5	1 560.9	加拿大
417	365	西班牙天然气公司 （GAS NATURAL FENOSA）	26 070.3	1 489.6	西班牙
418	362	澳新银行集团 （AUSTRALIA & NEW ZEALAND BANKING GROUP）	26 031.5	4 199.9	澳大利亚
419	357	爱立信公司 （LM ERICSSON）	26 004.4	200.5	瑞典

续表

2017年排名	2016年排名	公司名称	营业收入/百万美元	利润/百万美元	母国/地区
420	440	住友电工集团 (SUMITOMO ELECTRIC INDUSTRIES)	25 974.8	992.7	日本
421	352	亿滋国际公司 (MONDELEZ INTERNATIONAL)	25 923.0	1 659.0	美国
422	500	英国耆卫保险公司 (OLD MUTUAL)	25 912.9	769.3	英国
423	412	日本出光兴产株式会社 (IDEMITSU KOSAN)	25 887.6	813.7	日本
424	428	加拿大丰业银行 (BANK OF NOVA SCOTIA)	25 817.4	5 362.2	加拿大
425	389	梅西百货公司 (MACY'S)	25 778.0	619.0	美国
426	434	曼福集团 (MAPFRE GROUP)	25 774.5	857.5	西班牙
427	418	法国邮政 (LA POSTE)	25 759.6	938.9	法国
428	463	Inditex 公司 (INDITEX)	25 732.9	3 485.0	西班牙
429	469	艾伯维公司 (ABBVIE)	25 638.0	5 953.0	美国
430	322	大同煤矿集团有限责任公司 (DATONG COAL MINE GROUP)	25 630.0	-214.8	中国
431	414	乐天百货公司 (LOTTE SHOPPING)	25 444.2	144.9	韩国
432	—	英国标准人寿保险公司 (STANDARD LIFE)	25 278.5	496.7	英国
433	337	山西焦煤集团有限责任公司 (SHANXI COKING COAL GROUP)	25 122.5	-10.0	中国
434	442	德科集团 (ADECCO GROUP)	25 111.5	799.5	瑞士
435	421	国际航空集团 (INTERNATIONAL AIRLINES GROUP)	24 955.6	2 135.4	英国

续表

2017 年排名	2016 年排名	公司名称	营业收入/百万美元	利润/百万美元	母国/地区
436	420	麦当劳公司（MCDONALD'S）	24 621.9	4 686.5	美国
437	452	日本电气公司（NEC）	24 595.6	252.0	日本
438	379	杜邦公司（DUPONT）	24 594.0	2 513.0	美国
439	484	中国航空油料集团公司（CHINA NATIONAL AVIATION FUEL GROUP）	24 588.1	320.0	中国
440	450	美国诺斯洛普格拉曼公司（NORTHROP GRUMMAN）	24 508.0	2 200.0	美国
441	—	布鲁克菲尔德资产管理公司（BROOKFIELD ASSET MANAGEMENT）	24 411.0	1 651.0	加拿大
442	—	委内瑞拉商业金融服务公司（MERCANTIL SERVICIOS FINANCIEROS）	24 402.6	2 004.2	委内瑞拉
443	462	SAP 公司（SAP）	24 397.2	4 031.9	德国
444	339	康菲石油公司（CONOCOPHILLIPS）	24 360.0	-3 615.0	美国
445	374	山西阳泉煤业（集团）有限责任公司（YANGQUAN COAL INDUSTRY GROUP）	24 284.1	11.1	中国
446	433	达能公司（DANONE）	24 266.7	1 902.1	法国
447	—	三星 C&T 公司（SAMSUNG C&T）	24 217.3	92.5	韩国
448	370	潞安集团（SHANXI LUAN MINING GROUP）	24 087.3	-106.9	中国
449	457	雷神公司（RAYTHEON）	24 069.0	2 211.0	美国
450	481	美的集团股份有限公司（MIDEA GROUP）	24 060.4	2 210.4	中国
451	448	日本中部电力公司（CHUBU ELECTRIC POWER）	24 028.0	1 058.2	日本

续表

2017 年排名	2016 年排名	公司名称	营业收入/百万美元	利润/百万美元	母国/地区
452	415	BAE 系统公司 (BAE SYSTEMS)	24 011.2	1 232.3	英国
453	375	Tesoro 公司 (TESORO)	24 005.0	734.0	美国
454	406	中国大唐集团公司 (CHINA DATANG)	23 871.0	243.9	中国
455	441	伟创力公司 (FLEX)	23 862.9	319.6	新加坡
456	455	艾睿电子公司 (ARROW ELECTRONICS)	23 825.3	522.8	美国
457	—	贺利氏控股集团 (HERAEUS HOLDING)	23 793.4	—	德国
458	400	仁宝电脑集团 (COMPAL ELECTRONICS)	23 772.5	252.1	中国
459	—	阳光金控投资集团有限公司 (YANGO FINANCIAL HOLDING)	23 657.0	159.2	中国
460	422	高通公司 (QUALCOMM)	23 554.0	5 705.0	美国
461	492	阿弗瑞萨控股公司 (ALFRESA HOLDINGS)	23 550.5	285.1	日本
462	—	阿里巴巴集团 (ALIBABA GROUP HOLDING)	23 517.3	6 489.5	中国
463	419	KOC 集团 (KOÇ HOLDING)	23 456.2	1 144.2	土耳其
464	—	前进保险公司 (PROGRESSIVE)	23 441.4	1 031.0	美国
465	446	杜克能源公司 (DUKE ENERGY)	23 369.0	2 152.0	美国
466	451	米其林公司 (MICHELIN)	23 119.9	1 853.4	法国
467	—	碧桂园控股有限公司 (COUNTRY GARDEN HOLDINGS)	23 043.7	1 733.6	中国

续表

2017年排名	2016年排名	公司名称	营业收入/百万美元	利润/百万美元	母国/地区
468	459	喜力控股公司 (HEINEKEN HOLDING)	23 043.6	861.5	荷兰
469	392	ENTERPRISE PRODUCTS PARTNERS 公司 (ENTERPRISE PRODUCTS PARTNERS)	23 022.3	2 513.1	美国
470	435	阿斯利康公司 (ASTRAZENECA)	23 002.0	3 499.0	英国
471	487	安进公司 (AMGEN)	22 991.0	7 722.0	美国
472	445	荷兰合作银行 (RABOBANK GROUP)	22 956.2	828.3	荷兰
473	—	Altice 公司 (ALTICE)	22 952.6	-1 722.5	荷兰
474	483	Onex 公司 (ONEX)	22 943.0	-130.0	加拿大
475	461	US Foods Holding 公司 (US FOODS HOLDING)	22 918.8	209.8	美国
476	384	山西晋城无烟煤矿业集团有限责任公司 (SHANXI JINCHENG ANTHRACITE COAL MINING GROUP)	22 874.6	3.0	中国
477	494	任仕达控股公司 (RANDSTAD HOLDING)	22 873.4	650.2	荷兰
478	—	腾讯控股有限公司 (TENCENT HOLDINGS)	22 870.7	6 185.9	中国
479	429	LG DISPLAY 公司 (LG DISPLAY)	22 839.7	781.4	韩国
480	472	Emirates Group 公司 (EMIRATES GROUP)	22 798.9	340.3	阿拉伯联合酋长国
481	490	美国合众银行 (U.S. BANCORP)	22 744.0	5 888.0	美国
482	488	H&M 公司 (H & M HENNES & MAURITZ)	22 617.8	2 192.3	瑞典

续表

2017年排名	2016年排名	公司名称	营业收入/百万美元	利润/百万美元	母国/地区
483	—	美国家庭人寿保险公司 (AFLAC)	22 559.0	2 659.0	美国
484	466	索迪斯公司 (SODEXO)	22 476.6	707.2	法国
485	—	苏宁云商集团 (SUNING COMMERCE GROUP)	22 366.1	106.0	中国
486	431	GS加德士公司 (GS CALTEX)	22 207.3	1 221.1	韩国
487	474	Ultrapar控股公司 (ULTRAPAR HOLDINGS)	22 166.8	447.5	巴西
488	—	厦门建发集团有限公司 (XIAMEN C&D)	22 145.0	280.2	中国
489	425	西尔斯控股公司 (SEARS HOLDINGS)	22 138.0	-2 221.0	美国
490	383	中国通用技术（集团）控股有限责任公司 (CHINA GENERAL TECHNOLOGY)	22 113.1	413.6	中国
491	471	英国国家电网 (NATIONAL GRID)	22 035.8	10 150.6	英国
492	—	Dollar General公司 (DOLLAR GENERAL)	21 986.6	1 251.1	美国
493	404	意大利电信 (TELECOM ITALIA)	21 941.1	1 999.4	意大利
494	—	厦门国贸控股集团有限公司 (XIAMEN ITG HOLDING GROUP)	21 929.6	35.6	中国
495	—	新疆广汇实业投资（集团）有限责任公司 (XINJIANG GUANGHUI INDUSTRY INVESTMENT)	21 919.3	251.8	中国
496	—	梯瓦制药工业公司 (TEVA PHARMACEUTICAL INDUSTRIES)	21 903.0	329.0	以色列
497	427	新华人寿保险股份有限公司 (NEW CHINA LIFE INSURANCE)	21 795.7	743.9	中国
498	437	威廉莫里森超市连锁公司 (WM. MORRISON SUPERMARKETS)	21 741.4	406.4	英国

续表

2017年排名	2016年排名	公司名称	营业收入/百万美元	利润/百万美元	母国/地区
499	467	途易公司（TUI）	21 655.4	1 151.7	德国
500	—	AutoNation公司（AUTONATION）	21 609.0	430.5	美国

资料来源：http://www.fortunechina.com。

九、中文文献

[1] 陈威如，丁远，王高，等．全球化之路：中国企业跨国并购与整合［M］．北京：中信出版社，2017.

[2] 苗维胜．中国企业对外投资展望报告——区域与行业投资机遇［M］．北京：中国经济出版社，2017.

[3] 卢进勇，郜志雄，刘恩专．跨国公司经营与管理［M］．北京：机械工业出版社，2017.

[4] 王燕国．民营企业海外投资支持政策镜鉴［M］．北京：中国法制出版社，2017.

[5] 李铮．国际工程承包与海外投资税收筹划实务与案例［M］．北京：中国人民大学出版社，2017.

[6] 迟德强．跨国公司社会责任［M］．北京：中国政法大学出版社，2017.

[7] 中债资信评估有限责任公司，中国社会科学院世界经济与政治研究所．对外投资与风险蓝皮书：中国对外直接投资与国家风险报告［M］．北京：社会科学文献出版社，2017.

[8] 中国建银投资有限责任公司投资研究院．中国投资发展报告（2017）［M］．北京：社会科学文献出版社，2017.

[9] 王辉耀，苗绿．全球化VS逆全球化——政府与企业的挑战与机遇［M］．北京：东方出版社，2017.

[10] 白远．中国企业对外直接投资理论与实践研究——20年回顾［M］．北京：经济管理出版社，2017.

[11] 刘宏．第四路径——中国OFDI逆向技术溢出效应研究［M］．北京：经济日报出版社，2017.

[12] 中国国际电子商务中心．国别贸易投资环境信息半月刊［J/OL］．商务部贸易救济调查局，2017（6）［2017-04-02］．http：//trb.mofcom.gov.cn/banyuekan/NOIV/20170330.html.

[13] 赵景华，申桂萍．后金融危机时期跨国公司在华并购的现状、特征及应对策略［J］．现代管理科学，2017（2）：15-17.

[14] 王昶，胡明华，周文辉．技术寻求型跨国并购中公司总部角色演化研究——基于时代电气的纵向案例研究［J］．科学学与科学技术管理，2017，38（3）：56-68.
[15] 李竞，李文，吴晓波．跨国公司高管团队国际经验多样性与海外建立模式研究——管理自主权的调节效应［J］．经济理论与经济管理，2017（3）：72-84.
[16] 殷红．企业社会责任信息披露的制度同构现象研究——基于 GRI 的计量［J］．财会通讯，2017（9）：9-12.
[17] 朱顺林，陈悦之．逆向嵌入、母公司控制和海外网络创新研究综述与展望［J］．经济体制改革，2017（2）：94-99.
[18] 殷琪，薛伟贤．中国在"一带一路"生产网络中产业转移模式研究［J］．经济问题探索，2017（3）：123-129.
[19] 张洁，安立仁，陈关聚，等．跨国公司在华研发机构管控模式、创新开放性对突破性创新绩效的影响［J］．中国科技论坛，2017（3）：81-94.
[20] 孙芝慧，吴德军，郭淑贤．在华跨国公司社会责任跨境异化的实证分析［J］．会计之友，2017（5）：62-66.
[21] 汪勇，李雪松，刘明，等．跨国公司进入对中国工业企业增加值率的影响［J］．西部论坛，2017，27（2）：116-124.
[22] 苏莉，冼国明．中国企业跨国并购促进生产率进步了吗？［J］．中国经济问题，2017（1）：11-23.
[23] 陈希，彭羽，沈玉良．外汇管制政策调整对离岸贸易的影响——基于上海自贸区企业层面数据的实证分析［J］．华东经济管理，2017（3）：13-20.
[24] 杨建新，吴振坤．电商跨国快递公司战略联盟构建研究［J］．商业研究，2017（2）：160-165.
[25] 雷小苗．正视文化差异发展文化认同——跨国公司经营中的跨文化管理研究［J］．商业研究，2017（1）：13-18.
[26] 杨晔，朱晨，谈毅．上海鼓励设立跨国公司研发机构政策研究：历程、理论与措施［J］．科技进步与对策，2017（1）：31-36.
[27] 张竹梅，吕巍．钢铁行业的全球化研究——以宝钢集团跨国经营为例［J］．现代管理科学，2017（1）：24-26.
[28] 朱琳，崔新健．商业银行跨国经营区位选择实证研究——基于中资银行跨国经营面板数据固定效应模型的检验［J］．现代管理科学，2017（1）：18-20.
[29] 陈强，刘海峰，徐驰．中国对外直接投资对国内技术进步的影响——基于行业竞争环境的实证研究［J］．上海经济研究，2017（2）：49-56.
[30] 刘海云，廖庆梅．中国对外直接投资对国内制造业就业的贡献［J］．世界经济研究，2017（3）：56-67.
[31] 杨挺，李志中，陈子若．中国对外直接投资的新特征及趋势［J］．国际经济合作，2017（1）：18-26.
[32] 靳巧花，严太华．国际技术溢出与区域创新能力——基于知识产权保护视角的实证分析［J］．国际贸易问题，2017（3）：14-25.

[33] 崔娜，柳春，胡春田．中国对外直接投资效率、投资风险与东道国制度——来自“一带一路”沿线投资的经验证据［J］．山西财经大学学报，2017（4）：27-38.

[34] 杨世迪，韩先锋，宋文飞．对外直接投资影响了中国绿色全要素生产率吗？［J］．山西财经大学学报，2017（4）：14-26.

[35] 贺培，封肖云，林发勤．中国对外直接投资如何影响出口——基于目的地“建设许可”工具变量的研究［J］．中央财经大学学报，2017（2）：110-119.

[36] 冷艳丽，杜思正．双向直接投资的经济增长效应分析——来自中国数据的实证检验［J］．国际商务（对外经济贸易大学学报），2017（1）：88-98.

[37] 戚建梅，王明益．对外直接投资扩大母国企业间工资差距了吗——基于我国微观数据的经验证据［J］．国际贸易问题，2017（1）：116-126.

[38] 杨平丽，曹子瑛．对外直接投资对企业利润率的影响——来自中国工业企业的证据［J］．中南财经政法大学学报，2017（1）：132-139，160.

[39] 罗军．民营企业融资约束、对外直接投资与技术创新［J］．中央财经大学学报，2017（1）：96-103.

[40] 崔娜，柳春，胡春田．中国对外直接投资效率、投资风险与东道国制度——来自“一带一路”沿线投资的经验证据［J］．山西财经大学学报，2017（4）：27-38.

[41] 杨世迪，韩先锋，宋文飞．对外直接投资影响了中国绿色全要素生产率吗？［J］．山西财经大学学报，2017（4）：14-26.

[42] 陈强，刘海峰，徐驰．中国对外直接投资对国内技术进步的影响——基于行业竞争环境的实证研究［J］．上海经济研究，2017（2）：49-56.

[43] 中国服务外包研究中心．中国对外投资合作发展报告（2016）［R］．北京：中华人民共和国商务部，2017.

[44] 中国出口信用保险公司资信评估中心．国别投资经营便利化状况报告（2016）［R］．北京：中国出口信用保险公司，2017.

[45] 王辉耀，康荣平．世界华商发展报告（2017）［R］．北京：中国华侨出版社，2017.

[46] 崔凤茹，刘桂镗．后危机时代跨国公司全球生产网络研究［M］．北京：社会科学文献出版社，2016.

[47] 刘斌．21世纪跨国公司新论：行为、路径与影响力［M］．北京：知识产权出版社，2016.

[48] 黄河．中国企业跨国经营的国外政治风险及对策研究［M］．上海：上海人民出版社，2016.

[49] 翟玉胜，周文娟．中国能源企业海外投资研究［M］．武汉：武汉大学出版社，2016.

[50] 姚勤华．中国企业对外直接投资与全球投资新格局［M］．上海：上海社会科学院出版社，2016.

[51] 李珮璘．中国企业的全球战略——新兴经济体对外直接投资的动因与效应［M］．上海：上海社会科学院出版社，2016.

[52] Dunning J H, Sarianna M L. 跨国公司与全球经济［M］. 马述忠，译. 北京：中国人民大学出版社，2016.
[53] 王辉耀，苗绿. 企业国际化蓝皮书：中国企业全球化报告（2016）［M］. 北京：社会科学文献出版社，2016.
[54] 赵云辉. 看门人视角：跨国公司知识转移绩效影响因素研究［M］. 北京：经济科学出版社，2016.
[55] 张超. 跨国公司在华并购问题研究［M］. 广州：中山大学出版社，2016.
[56] 谢名一. 跨国公司的社会责任［M］. 北京：经济管理出版社，2016.
[57] 胡昭玲. 中国在跨国公司国际生产体系中的地位及发展趋势研究［M］. 天津：南开大学出版社，2016.
[58] 沈桂龙. 贸易强国与跨国公司发展［M］. 上海：上海社会科学院出版社，2016.
[59] 卢进勇，杨国亮，杨立强. 中外跨国公司发展史（上卷）［M］. 北京：对外经济贸易大学出版社，2016.
[60] 杨清，秦嗣毅，董佺. 跨国公司概论［M］. 北京：高等教育出版社，2016.
[61] 杨国亮. 跨国公司经营与管理［M］. 北京：中国人民大学出版社，2016.
[62] 罗帆. 跨国公司人力资源管理［M］. 北京：北京交通大学出版社，2016.
[63] 王允平，陈燕. 跨国公司财务管理［M］. 北京：首都经济贸易大学出版社，2016.
[64] 赵蓓文. 中国企业对外直接投资与全球投资新格局［M］. 上海：上海社会科学院出版社，2016.
[65] 向姣姣. "走出去"战略下中国对外直接投资区位选择研究［M］. 北京：知识产权出版社，2016.
[66] 张默含. 中国对外直接投资：动因、障碍与政策分析［M］. 北京：中国社会科学出版社，2016.
[67] 伍晓光. 货币波动、价格粘性与中国企业对外直接投资［M］. 北京：经济科学出版社，2016.
[68] 付海燕. 对外直接投资经济影响研究［M］. 北京：人民出版社，2016.
[69] 综合开发研究院. 中国开放褐皮书（2014—2015）中国对外直接投资元年［M］. 北京：中国经济出版社，2016.
[70] 李梅. 中国对外直接投资逆向技术溢出的理论和实证研究［M］. 北京：科学出版社，2016.
[71] 孙文莉. 中国对外直接投资的诱发机制研究：基于汇率和贸易摩擦的视角［M］. 北京：社会科学文献出版社，2016.
[72] 熊广勤，周文峰. 汇率升值对跨国公司研发投资的影响及其传导机制研究［J］. 宏观经济研究，2016（1）：101-129.
[73] 叶晓倩. 回任人员的知识转移研究——基于个体组织多重匹配视角［J］. 经济管理，2016，38（11）：105-117.
[74] 罗岭，王娟茹. 回任人员职业成长——情感承诺与知识转移的关系［J］. 经济管理，2016，38（11）：118-130.

[75] 李康宏，林润辉，李娅，等. 管制制度落差对中国跨国公司进入模式的影响 [J]. 中国科技论坛，2016（9）：78-84.

[76] 顾露露，平淑娟，王悦. 东道国多维度技术集聚与跨国公司海外投资逆向技术溢出效应研究——基于中国对 OECD 国家投资的实证分析 [J]. 浙江社会科学，2016（9）：46-57.

[77] 刘文革，周方召，肖园园. 不完全契约与国际贸易——一个评述 [J]. 经济研究，2016（11）：166-179.

[78] 张竹，谢绚丽，武常岐，等. 本土化还是一体化：中国跨国企业海外子公司网络嵌入的多阶段模型 [J]. 南开管理评论，2016，19（1）：16-29.

[79] 周常宝，林润辉，李康宏，等. 跨国公司海外子公司治理研究新进展 [J]. 外国经济与管理，2016，38（5）：99-112.

[80] 刘振林，李任. 跨国公司撤出中国的动因分析——基于跨国公司经营的视角 [J]. 经济经纬，2016，33（2）：54-59.

[81] 危平，唐慧泉. 跨国并购的财富效应及其影响因素研究——基于双重差分方法的分析 [J]. 国际贸易问题，2016（11）：120-131.

[82] 田泽，顾欣. 基于多主体仿真的跨国公司内部网络知识转移影响因素研究 [J]. 科技管理研究，2016（9）：169-174.

[83] 夏火松，李静雯，熊淦，等. 基于 24 小时知识工厂的跨国公司知识共享影响因素研究 [J]. 管理评论，2017，29（1）：114-124.

[84] 杨震宁，李东红，赵红. 跨国技术战略联盟“跨边界”立体学习模型研究 [J]. 外国经济与管理，2016，38（11）：83-100.

[85] 简德三，杨晔，刘曦腾. 跨国公司与本土企业创新合作趋势研究 [J]. 商业研究，2016（2）：149-155.

[86] 庞磊. 跨国公司全球生产网络空间集聚选择机制及战略研究——基于扩展的新新贸易理论模型分析 [J]. 经济经纬，2016，33（6）：60-65.

[87] 郑飞虎，常磊. 跨国公司研发外包活动的研究：中国的实证与新发现 [J]. 南开经济研究，2016（4）：99-114.

[88] 刘荷，王健. 跨国公司嵌入对物流产业集群本土企业创新绩效的影响 [J]. 国际贸易问题，2016（3）：128-138.

[89] 毛其淋，许家云. 跨国公司进入与中国本土企业成本加成——基于水平溢出与产业关联的实证研究 [J]. 管理世界，2016（9）：12-32.

[90] 朴英姬. 跨国公司在发展中国家的社会责任 [J]. 国际经济合作，2016（6）：21-25.

[91] 陈怀超. 战略柔性影响中国跨国公司国际化绩效了吗？——东道国环境的调节作用和子公司股权结构的中介作用 [J]. 中央财经大学学报，2016（2）：94-103.

[92] 王建华，卓雅玲. 全球研发网络、结构化镶嵌与跨国公司知识产权保护策略 [J]. 科学学研究，2016，34（7）：1017—1120.

[93] 余珮. 欧美跨国公司在华离岸研发的空间区位战略比较研究——基于城市层面集

群网络的视角［J］. 经济理论与经济管理，2016（7）：98-112.
［94］徐雨森，徐娜娜．逆向创新机会、能力支撑体系研究——新兴市场国家跨国公司案例研究［J］. 科学学研究，2016，34（2）：287-297.
［95］杨珍增．知识产权保护与跨国公司全球生产网络布局——基于垂直专业化比率的研究［J］. 世界经济文汇，2016（5）：76-93.
［96］许学国，梅冰青，吴耀威．跨国公司——代工企业知识转移主体行为研究［J］. 经济与管理研究，2016（4）：119-126.
［97］李磊，白道欢，冼国明．对外直接投资如何影响了母国就业——基于中国微观企业数据的研究［J］. 经济研究，2016（8）：144-158.
［98］李思慧，于津平．对外直接投资与企业创新效率［J］. 国际贸易问题，2016（12）：28-38.
［99］杨连星，刘晓光，张杰．双边政治关系如何影响对外直接投资——基于二元边际和投资成败视角［J］. 中国工业经济，2016（11）：56-72.
［100］杨娇辉，王伟，谭娜．破解中国对外直接投资区位分布的“制度风险偏好”之谜［J］. 世界经济，2016（11）：3-27.
［101］贾妮莎，申晨．中国对外直接投资的制造业产业升级效应研究［J］. 国际贸易问题，2016（8）：143-153.
［102］陈强，刘海峰，汪冬华，等．中国对外直接投资能否产生逆向技术溢出效应?［J］. 中国软科学，2016（7）：134-143.
［103］毛其淋，许家云．中国对外直接投资如何影响了企业加成率：事实与机制［J］. 世界经济，2016（6）：77-99.
［104］顾雪松，韩立岩，周伊敏．产业结构差异与对外直接投资的出口效应——“中国—东道国”视角的理论与实证［J］. 经济研究，2016（4）：102-115.
［105］邱立成，刘奎宁，王自锋．东道国城镇化与中国对外直接投资［J］. 国际贸易问题，2016（4）：143-154.
［106］杨宏恩，孟庆强，王晶，等．双边投资协定对中国对外直接投资的影响：基于投资协定异质性的视角［J］. 管理世界，2016（4）：24-36.
［107］姜广省，李维安．政府干预是如何影响企业对外直接投资的？——基于制度理论视角的研究［J］. 财经研究，2016（3）：122-133.
［108］汝毅，郭晨曦，吕萍．高管股权激励、约束机制与对外直接投资速率［J］. 财经研究，2016（3）：4-15.
［109］齐亚伟．研发创新背景下中国企业对外直接投资的学习效应研究［J］. 国际贸易问题，2016（2）：111-121.
［110］尹东东，张建清．我国对外直接投资逆向技术溢出效应研究——基于吸收能力视角的实证分析［J］. 国际贸易问题，2016（1）：109-120.
［111］叶娇，赵云鹏．对外直接投资与逆向技术溢出——基于企业微观特征的分析［J］. 国际贸易问题，2016（1）：134-144.
［112］蒋冠宏，张馨月．金融发展与对外直接投资——来自跨国的证据［J］. 国际贸易

问题，2016（1）：166-176.

[113] 何新易．中国发展对外直接投资的战略因素［J］．管理世界，2016（1）：172-173.

[114] 王杨．中国对外直接投资逆向溢出和吸收能力研究［J］．宏观经济研究，2016（4）：97-105.

[115] 杨珍增．全球价值链视角下的跨国公司直接投资结构研究［M］．北京：经济科学出版社，2015.

[116] 陈静，卢进勇，邹赫．中国跨国公司在全球价值链中的制约因素与升级途径［J］．亚太经济，2015（2）：79-84.

[117] 葛顺奇，罗伟．跨国公司进入与中国制造业产业结构——基于全球价值链视角的研究［J］．经济研究，2015（11）：34-48.

[118] 李康宏，林润辉，董坤祥．管制、规范、认知制度距离与跨国公司海外进入模式关系研究——基于制度逆差背景下中国跨国公司的实证研究［J］．现代管理科学，2015（12）：24-26.

[119] 吴崇，蔡婷婷．跨国公司海外投资进入模式与绩效的多视角整合研究——基于中国制造业上市公司数据的经验分析［J］．世界经济研究，2015（11）：72-89.

[120] 夏辉．走出困顿：跨国公司战略组织经营的重新审视与调整［J］．上海经济研究，2015（6）：70-78.

[121] 杨大楷，杨杰．跨国公司与本土企业创新合作的趋势及政策建议［J］．财政研究，2015（10）：101-106.

十、英文文献

[1] Hansen M W, Gwozdz W. What makes MNCs succeed in developing countries? [J]. Multinational Business Review, 2015, 23 (3): 224-247.

[2] Khan Z, Lew Y K, Park B I. Institutional legitimacy and norms-based CSR marketing practices [J]. International Marketing Review, 2015, 32 (5): 463-491.

[3] Piening E P, Salge T O, Schäfer S. Innovating across boundaries: a portfolio perspective on innovation partnerships of multinational corporations [J]. Journal of World Business, 2016, 51 (3): 474.

[4] Yuan L, Pangarkar N. Performance implications of internationalization strategies for chinese MNCs [J]. International Journal of Emerging Markets, 2015, 10 (2): 272-292.

[5] Marcel Kordos, Sergej Vojtovic. Transnational corporations in the global world economic environment [J]. Procedia-Social and Behavioral Sciences, 2016, 230: 150-158.

[6] Baum Frances E, Sanders David M, Fisher Matt, et al. Assessing the health impact of transnational corporations: its importance and a framework [J]. Globalization and

Health, 2016, 12 (1): 27.

[7] Claudia Ogrean, Mihaela Herciu. Some insights on the changing architecture of the World's Top 100 Multinationals [J]. Studies in Business and Economics, 2016, 11 (3).

[8] Marcelo André Machado, Walter Meucci Nique, Felipe Bentancur Fehse. International orientation and export commitment in fast small and medium size firms internationalization: scales validation and implications for the Brazilian case [J]. Revista de Administração, 2016.

[9] Alberto Ferraris, Stefano Bresciani, Manlio Del Giudice. International diversification and firm performance: a four-stage model [J]. EuroMed Journal of Business, 2016.

[10] HeX, Chakrabarty S, Eden L. The global emergence of chinese multinationals: A resource-based view of ownership and performance. Asian Business & Management, 2016, 15 (1): 1-31.

[11] Cravino Javier. The growth of multinational firms in the Great Recession [C]. Journal of Monetary Economics, 2016.

[12] Kit Pong Wong. Ambiguity and the multinational firm [J]. International Review of Economics and Finance, 2016, 43: 404-414.